독자의 1초를
아껴주는 정성을
만나보세요!

세상이 아무리 바쁘게 돌아가더라도 책까지 아무렇게나 빨리 만들 수는 없습니다.
인스턴트 식품 같은 책보다 오래 익힌 술이나 장맛이 밴 책을 만들고 싶습니다.
땀 흘리며 일하는 당신을 위해 한 권 한 권 마음을 다해 만들겠습니다.
마지막 페이지에서 만날 새로운 당신을 위해 더 나은 길을 준비하겠습니다.

FUTATABI NO KAKURITSU TOKEI[2] TOKEI HEN by Hiroyuki Nagano

Copyright © Hiroyuki Nagano, 2019

All rights reserved.

Original Japanese edition published by Subarusya Corporation

Korean translation copyright © 2022 by Gilbut Publishing co.

This Korean edition published by arrangement with Subarusya Linkage, Tokyo,

through HonnoKizuna, Inc., Tokyo, and Botong Agency

다시 확률 통계(통계편)

Try again, probability and statistics

초판 발행 · 2022년 4월 20일

지은이 · 나가노 히로유키

옮긴이 · 장진희

발행인 · 이종원

발행처 · (주)도서출판 길벗

출판사 등록일 · 1990년 12월 24일

주소 · 서울시 마포구 월드컵로10길 56(서교동)

대표전화 · 02)332-0931 | **팩스** · 02)323-0586

홈페이지 · www.gilbut.co.kr | **이메일** · gilbut@gilbut.co.kr

기획 및 책임편집 · 이다빈(dabinlee@gilbut.co.kr) | **디자인** · 송민우(브릭스튜디오) | **제작** · 이준호, 손일순, 이진혁

영업마케팅 · 임태호, 전선하, 지운집, 박성용, 차명환, 박민영 | **영업관리** · 김명자 | **독자지원** · 윤정아

교정교열 · 김창수 | **전산편집** · 김정하 | **출력 · 인쇄 · 제본** · 북솔루션

ISBN 979-11-6521-940-6 93000

(길벗 도서번호 080225)

정가 24,000원

독자의 1초까지 아껴주는 정성 길벗출판사

길벗 | IT 단행본, IT 교육서, 교양&실용서, 경제경영서

길벗스쿨 | 어린이학습, 어린이어학

페이스북 · www.facebook.com/gbitbook

TRY AGAIN,
PROBABILITY
AND
STATISTICS

다시
확률 통계
통계편

나가노 히로유키 지음
장진희 옮김

〈다시 확률 통계(통계편)〉을 펼쳐 주셔서 감사합니다. 〈다시 확률 통계(확률편)〉(길벗, 2020)의 속편인 이 책은 이전 편의 맺음말에 썼던 대로 고등학교에서 다루는 통계가 '다시'인 독자뿐만 아니라 '처음'인 독자도 고려하여 집필했습니다. 학생 시절에 통계를 잘 이해하지 못한 분은 물론, 지금까지 통계를 전혀 공부해 보지 않은 분도 이해할 수 있으리라 생각합니다. 페이지와 수식이 늘어나는 것을 두려워하지 않고 고등학교 교과서에서 생략된 설명이나 증명까지 가능한 한 자세하게 쓰려고 노력했습니다. 서두르지 않고 찬찬히 읽어 주셨으면 좋겠습니다.

이 책에 담긴 내용은 **고등학교의 통계 전 단원을 망라**합니다. 각 항목의 자세한 내용은 목차를 통해 알 수 있듯이 **현 교육과정에 포함된 내용뿐만 아니라 2022년부터 실시 예정인** 신교육과정(일본)에서 새롭게 추가되는 내용까지, 통계에 관련된 내용을 **모두 포함**합니다.

통계를 공부할 때 주저하게 되는 이유 중 하나는 **낯선 기호가 많다**는 점이 아닐까 합니다. 특히 처음 통계를 배우는 분은 계속해서 등장하는 알파벳이나 그리스 문자가 무엇을 의미하는지 헷갈릴 수 있습니다. 그래서 9쪽에 이 책에 등장하는 주요 기호의 의미를 기술 통계와 추측 통계로 나누어 정리한 표를 실어 두었습니다. **이 책을 읽다가 기호가 헷갈릴 때는 바로 9쪽의 표로 돌아와서 확인해 주세요.**

자, 그러면 시작해 봅시다!

2019년 8월

나가노 히로유키

확률 통계 결과를 제대로 읽고 이해하는 능력은 복잡한 현대 사회를 살아가는 데 꼭 필요합니다. 우리 주변에서 가깝게 활용되는 확률의 예로 일기예보가 있습니다. 내일의 강수 • 강설 확률뿐만 아니라 매해 찾아오는 태풍의 예측 진행 경로 확률, 지진 발생 확률 등이 모두 확률입니다. 현대 사회는 복잡하여 어떤 현상에 대한 모든 것을 조사하여 결론을 내는 게 불가능합니다. 가능하다 하더라도 비효율적이며 빠르게 변화하는 사회에서 그 과정에 걸릴 시간을 고려하면 결과를 얻었을 때는 적용하기엔 너무 늦을 수도 있습니다. 이때 등장하는 것이 바로 통계적 접근 방법입니다.

통계는 이미 우리 생활에 깊이 들어와 있습니다. 이 서문을 쓰는 시점에 우리 입에 많이 오르는 코로나-19 바이러스의 치명률이나 백신의 중증화 억제율, 부작용 발현율을 예로 들 수 있습니다. 4년마다 돌아오는 국회의원 선거나 5년마다 치러지는 대통령 선거철에 각종 매체에서 발표하는 여론조사 결과에 등장하는 지지율도 통계량입니다. 이러한 통곗값을 도출하기 위해 어떤 방식으로 얼마나 많은 데이터를 수집하였고 어떤 방식으로 처리하였는지, 결과에서 이야기하는 신뢰 구간이 무엇인지 등을 이해하면 통곗값이 나타내는 숫자가 무엇을 의미하는지를 제대로 이해할 수 있을 것입니다.

이뿐만이 아닙니다. 최근 머신 러닝, 딥 러닝의 발전으로 컴퓨터 과학 공부 및 연구를 진행할 때 넘쳐나는 데이터를 기계에게 학습시키기 위한 처리 방법으로 통계를 사용하고 있습니다. 그 어느 때보다도 통계가 필요하게 되었습니다. 이 책에 그런 고급 통계 지식이 전부 담겨 있지는 않지만, 고등학교 시절 시험에 쫓겨 만족스럽게 이해할 수 없었던 통계적 방법들과 지식을 가장 쉽고 자세하게 설명하고 있습니다. 이 책이 더 높은 단계의 통계로 나아갈 수 있는 단단한 기초를 마련해 줄 수 있으리라 믿어 의심치 않습니다.

저자가 저술한 책을 세 권 번역하며 줄곧 느꼈던 점은, 왜 내가 어릴 적엔 수학을 이렇게 자세하게 설명해 주는 사람이나 책이 없었는가 하는 아쉬움이었습니다. 아무쪼록 여러분이 이 책의 친절한 설명을 통해 어렵게 느꼈던 통계 내용을 조금이나마 더 쉽게 이해하고 친해지는 기회를 얻으셨으면 합니다.

2022년 3월

장진희

통계책을 읽을 때, 초반부는 쉽게 읽다가 후반부로 갈수록 이해가 안 되고 어렵다고 느낀 적이 많습니다. 하지만 이 책은 달랐습니다. 잘 모르고 사용해 온 개념이나 잘못 이해하고 있던 부분들도 책을 읽다 보면 자연스럽게 해결되었습니다. 또한 통계 원리를 설명하고, 예시를 통해 원리를 이해한 후, 검증하는 3단계의 과정을 통해 누구나 쉽게 통계의 원리를 습득할 수 있습니다. 이론을 설명할 때 나오는 수학자의 이야기도 독자가 책을 읽는 동안 흥미를 잃지 않게 해줍니다.

최근 다양한 서비스에서 많은 데이터가 사용되고 있습니다. 상자수염도, 히스토그램, 산포도 등 화면에서 각종 차트로 데이터를 분석하는 기능도 많아졌습니다. 이를 활용하기 위해 필요한 통계의 의미를 대략적으로만 알고 있다면 이 책이 통계의 원리와 근본적인 의미를 파악하는 데 많은 도움이 될 거라고 생각합니다. 통계의 기본을 잘 설명한 책으로서 통계의 개념을 이해하고 싶은 독자에게 아주 좋은 책입니다.

박찬웅_회사원

인공지능 개발 업무를 하면서 수학, 특히 확률 통계에 대한 기초 지식을 다시 공부할 필요성을 절실하게 느꼈습니다. 이 책은 확률 통계에 대한 기초 지식을 다질 수 있는 책으로써, 기초 통계에 대한 지식을 어렵지 않게 설명하고, 통계와 관련된 유래와 적절한 예시를 함께 제공하여 부담 없이 읽을 수 있었습니다. 이론에 대한 증명도 쉽게 설명되어 있어, 기초 통계 지식을 다시 복습하려는 사람에게도 좋은 책이라고 생각합니다.

강찬석_ LG전자 개발자

의견이나 주장에 신뢰성을 더하기 위해 통계를 근거로 이야기하는 것은 매우 중요합니다. 하지만 잘못 해석한 통계 결과는 오해를 불러일으킬 수 있습니다. 따라서 통계의 용어와 해석 방법을 알고, 통계 결과를 정확하게 이해하고 해석해야 합니다. 이 책은 용어의 어원부터 개념까지 하나하나 예를 들어 꼼꼼하게 설명하여, 쉽게 읽을 수 있는 책입니다. 통계학을 어렵게 느끼는 입문자에게 통계 입문서로 추천합니다.

이혜진_대학생

학교를 졸업하고 통계를 잊고 있었는데, 실험에 대한 데이터 산출이나 보고서 및 논문을 작성할 때 어려움을 느껴서 이 책의 베타리딩을 신청하였습니다. 대부분의 통계 책들이 어려운 용어와 학술적 내용으로 서술되어 있어서 이해하는 데 어려움을 겪었는데, 이 책은 아주 쉽게 설명되어 있어서 무리 없이 읽어나갈 수 있었습니다. 실험 데이터 산출할 때 큰 도움이 되었습니다. 통계와 데이터를 공부하는 학생과 직장인 모두에게 이 책을 추천하고 싶습니다.

김성관_건국대학교 수의과대학 연구조교

통계 분야에서 사용하는 기호의 의미

[기술 통계] (1장)

기호	읽는 법	의미	참조
$\overline{x}$	엑스 바	변량 x의 평균	49쪽
Q_1	큐 원	1사분위수	89쪽
Q_2	큐 투	2사분위수	89쪽
Q_3	큐 쓰리	3사분위수	89쪽
V	브이	분산	129쪽
s	에스	표준편차	138쪽
Σ	시그마	합	145쪽
C_{xy}	씨 엑스와이	x와 y의 공분산	170쪽
r	알	상관계수	172쪽

[추측 통계] (2장)

기호	읽는 법	의미	참조
$P(\sim)$	피 $\sim$	$\sim$ 일 확률	217쪽
X	엑스	확률변수	218쪽
x	엑스	확률변수 X의 실현값	220쪽
$E(X)$	이 엑스	X의 기댓값(또는 평균)	227쪽
m	엠	기댓값 (또는) 평균	227쪽
		모평균	397쪽
$V(X)$	브이 엑스	X의 분산	233쪽
$\sigma(X)$	시그마 엑스	X의 표준편차	233쪽

$_nC_r$	엔 씨 알	조합 개수, 2항계수	284쪽
$B(n, p)$	비 엔 피	2항분포	296쪽
e	이	자연로그의 밑, 네이피어의 수	309쪽
$N(m, \sigma^2)$	엔 엠 시그마제곱	정규분포	346쪽
Z	지	표준정규분포를 따르는 확률변수	354쪽
σ^2	시그마제곱	모분산	397쪽
σ	시그마	모표준편차	397쪽
$\overline{X}$	엑스 바	표본평균	402쪽
S	에스	표본표준편차	402쪽
S^2	에스제곱	표본분산	402쪽
p	피	모비율	418쪽
R	알	표본비율	419쪽
U^2	유 제곱	비편향 분산	431쪽
θ	세타	추정량, 모수	439쪽
T	티	t통계량	448쪽
		검정통계량	473쪽
$t_m(p)$	티 엠 피	t분포의 위쪽 $p\%$점	449쪽
θ_0	세타 제로	추정량과 모수에 대해 자신이 설정한 가정값	473쪽
t	티	검정통계량 T의 실현값	473쪽
H_0	에이치 제로	귀무가설	473쪽
H_1	에이치 원	대립가설	473쪽
α	알파	유의수준, 위험률	474쪽

2장　추측 통계　213

1^장

기술 통계

01

통계란?
통계가 없으면 국가도 없다

이번 절에서는 "도대체 통계가 뭐야?"라는 질문에 답하는 마음으로 통계의 역사와 용어의 의미 등을 설명합니다. 서둘러 실제 내용을 공부하고 싶은 사람은 이번 절을 건너뛰고 다음 절인 2절(32쪽)부터 읽어도 좋습니다.

1936년에 치러진 미국 대통령 선거는 세상에 통계의 힘을 보여주는 좋은 계기가 되었습니다. 이해의 대통령 선거에서는 블랙 프라이데이(1929년 10월 24일)를 기점으로 시작된 세계 대공황과 유럽 및 아시아의 불안한 세계 정세 속에서 재선을 목표로 하는 민주당 프랭클린 루스벨트 후보와 공화당 알프레드 랜던 후보가 경합했습니다.

당선 예측에 절대적인 신뢰를 쌓고 있던 '리터러리 다이제스트'라는 주간지는 당시에 200만 명 이상을 대상으로 조사한 여론 조사 결과를 바탕으로 랜던 후보가 당선하리라 예측했습니다. 이 예측은 선거 당시 대통령이었던 루스벨트는 보수적 색채가 강해 대공황을 막을 힘이 부족하다는 세간의 평가와도 일치했습니다.

반면 선거 전년도에 여론 조사 업계에 막 발을 들인 **조지 갤럽**(1901–1984)이 이끄는 '아메리카 여론 연구소'는 겨우 수천 명이라는 대상자의 응답을 토대로 루스벨트가 재선하리라고 예측했습니다. 결과는 갤럽의 예상대로 루스벨트 후

보의 압승[1]이었습니다.

왜 이런 일이 발생했을까요?

통계 리터러시: 승패를 가르는 힘

그 원인은 모집단에서 샘플(표본)을 선택하고 추출해서 조사할 때의 샘플링(표본 추출) 방법에 있었습니다.[2]

리터러리 다이제스트는 독자와 자동차 보유자, 전화 이용자에게 모두 편지를 보내는 여론 조사를 했습니다. 그런데 이렇게 하면 표본 대상이 부유층으로 편중됩니다.[3] 하지만 갤럽은 모집단 전체(대통령 선거의 선거권자 전체)를 수입과 거주지 등에 따라 서로 겹치지 않는 몇 개의 그룹으로 나누고 각 그룹에서 정해진 비율로 여론 조사를 했습니다.[4] 이러면 샘플링 편중을 막을 수 있습니다.

이 선거 후, 갤럽의 여론 조사 방법은 높은 평가를 받아 정계에서 중요하게 사용되었고 리터러리 다이제스트의 평판은 바닥으로 떨어져 결국 다른 회사에 흡수되었습니다.

두 회사의 흥망을 갈랐던 것은 통계에 관한 (이제는 기본적인) 소양이 있는가 없는가였습니다.

2차 세계 대전 후, 일본의 공업이 비약적으로 발전한 배경에도 통계와 깊은 관련이 있습니다. 주인공은 미국 통계학자면서 미국 **통계적 품질 관리**의 창시자 중 하나인 **윌리엄 에드워드 데밍**(1900–1993)입니다.

데밍은 전후 얼마 지나지 않아 일본을 방문하여 통계로 제품의 품질을 관리하

---

1   전미 48주 중 46주(당시 알래스카와 하와이는 준주였음)를 장악한, 1850년대에 2대 정당 체제가 시작된 이후로는 최대 승리였습니다.

2   모집단, 표본 등의 용어는 다음(387쪽)에 자세히 설명합니다.

3   당시 자동차나 전화는 부유한 가정에만 있던 물건이었습니다. 또한, 세계 대공황이 한창일 때 잡지를 구매하는 것도 수입에 여유가 있는 사람만 가능했습니다.

4   이 방법을 '할당법'이라고 부릅니다.

는 방법을 강의했습니다. 당시 일본제 공업 제품은 '조악한 모조품'이라는 딱지가 붙어 있었는데 '5년 이내에 이 오명을 씻어내겠다'는 데밍의 말대로 (5년도 채 되지 않은) 겨우 2년 만에 극적인 품질 개선을 이루어냈다고 합니다.

일본 과학 기술 연맹의 '데밍상'은 이런 데밍의 공적을 기리기 위해 1951년에 만들어졌습니다. 이후 이 상은 세계적으로도 권위가 있는 상이 되어 TQM(Total Quality Management, 종합적 품질 관리)이 훌륭한 단체나 개인에게 지금까지도 매년 수여되고 있습니다.

여기서 이야기한 내용은 20세기 전반에 있었던 겨우 두 가지 예에 불과하지만, **통계 리터러시**[5]가 있고 없고에 따라 극적인 차이를 낳은 예는 이것 말고도 수없이 많아서 일일이 열거할 수가 없을 정도입니다.

21세기에 통계는 학술 연구계와 산업계에 머물지 않고 실생활의 모든 상황에서 이용됩니다. 이제 통계는 수학이 가진 보편성을 등에 업고 데이터를 사용하는 모든 분야와 관련되어 있다고 말해도 과언이 아닙니다.

이미 알고 있듯이 현재 비즈니스에서 가장 주목받는 주제는 역시 머신 러닝과 인공지능입니다. 머신 러닝이란 인간이 행하는 학습과 동등한 '학습'을 컴퓨터로 하는 기술을 말합니다. 머신 러닝을 수행하는 컴퓨터가 막대한 데이터에서 규칙성과 판단 기준을 찾아내서 미지의 영역을 예측할 때 사용하는 방법이 바로 통계학입니다.

또한, 최근에는 '데이터 마이닝'이라는 용어도 비즈니스 현장에 정착됐습니다. 데이터 마이닝이란 데이터를 분석해서 지금까지 알지 못했던 유익(하면서 뜻밖인)한 정보를 추출하는 작업을 말합니다. 이제부터는 통계학을 사용해서 데이터를 읽고 해석하고 활용하는 능력은 빼놓을 수가 없습니다.

이렇게 된 이유는 현대가 **인류 역사상 '숫자가 세상을 이야기하는 시대'**가 되었기 때문일 것입니다. IT 기술이 진보하고 데이터 마이닝과 머신 러닝 수요가

---

5 통계의 유용성을 이해하고 통계 데이터를 활용할 수 있는 능력을 이야기합니다.

높아짐에 따라 숫자가 판단과 예측의 기준이 되는 세상으로 급격하게 변해가고 있습니다.

통계의 역사 1: 기원은 '국세 조사'

통계를 더 깊게 이해할 수 있도록 우선 통계의 역사를 대략적으로 살펴봅시다

통계를 의미하는 영어 'statistic'과 독일어 'statistik'이 라틴어 'status(국가 · 상태)'에서 유래한 것으로 미루어 보면 알 수 있듯이, 통계는 당시의 위정자가 인구 등 국가의 실태를 조사하기 위해 탄생한 것입니다. 성서에는 예수의 부모가 예수의 탄생 전에 베들레헴에 체류했던 구절이 있습니다. 무거운 몸을 이끌고 마리아(예수의 어머니)가 베들레헴으로 향한 이유는 로마 제국이 인구 조사를 위해 백성들에게 선조들이 살던 마을로 돌아가도록 명령했기 때문입니다.

19세기 프랑스의 통계학자 모리스 블록은 **'국가가 존재하는 곳에 통계가 있다'** 라는 말을 남겼습니다. 실제로 고대 이집트에서는 피라미드를 만들기 위해 인구 및 토지 조사가 수행된 기록이 남아있고, 우리나라도 삼국 시대에 인구를 파악하고 토지를 측량하기 위해 통계 시스템을 제도화했습니다. 이런 기록으로부터 통계가 국가 경영에 빠질 수 없는 도구로 발전해 온 사실을 알 수 있습니다.

근대 국가[6]가 세워진 18~19세기에 걸쳐 국가 운영의 기초로서 통계의 중요성이 더욱 더 강하게 인식하게 되어 국가 운영을 위한 체제 정비와 통계 조사가

> 백성에게 세금을 징수하려 하거나 군사를 모으려고 할 때는 그 땅에 얼마나 많은 사람이 있는지, 어떤 건물이 세워져 있는지를 알아야 했습니다.

---

6 봉건 국가가 무너지고 새롭게 나타난 (법치주의) 중앙 집권 국가를 이야기합니다. 국가 내부의 모든 주민을 하나의 구성원으로 통합하여 성립된 국가이기 때문에 '국민 국가'라고도 부릅니다.

적극적으로 수행되었습니다. 한 국가에 살고 있는 모든 사람과 세대를 대상으로 인구·세대를 자세하게 조사하는 근대적인 국세 조사가 수행된 것도 이때쯤입니다. 프랑스의 **나폴레옹 보나파르트**(1769-1821)는 '통계는 사물의 예산이다. 그리고 예산 없이는 공공의 복지도 없다'고 말했는데, 프랑스에는 1801년에 통계국이 설립되었습니다.

국세 조사처럼 대상이 되는 집단 전부를 빠짐없이 조사하는 방법을 **전수조사**(census)라고 부릅니다.

통계의 역사 2: 기술 통계의 탄생

수천 년 전 고대 국가의 발단이 된 인구 조사와 구분되는 새로운 통계 세계를 개척한 사람은 영국의 **존 그랜트**(1620-1674)였습니다. 그랜트는 당시 여러 번의 페스트 대유행에 휘말렸던 런던의 한 교회가 자료로 보존하고 있던 연간 사망자 수 등 데이터를 기초로 연대별 사망률을 정리한 표를 '제관찰'이라 불리는 책자로 정리했습니다. 그다음 이 표를 분석하여 유소년기 사망률이 높다는 점과 지방보다 도시의 사망률이 높다는 점 등을 밝혔습니다. 또한, 당시 200만 명이라 여겨졌던 런던 인구를 데이터를 통해 38만 4천 명이라 추산하고 한정된 샘플 데이터에서 전체를 예상할 수 있다는 점을 보여주었습니다.

단순히 데이터를 정리한 것뿐만 아니라 데이터를 관찰하여 **언뜻 봤을 때 질서가 없어 보이는 복잡한 사건 사이에서도 일정한 법칙을 도출할 수 있다**는 사실을 보여주었다는 점에서 그랜트의 '분석'은 그야말로 획기적이었습니다. 당시 힘 있는 상인이었던 존 그랜트는 수학자는 아니었지만, 그 공적을 기려서 그를 '근대 통계학의 아버지'라 부르는 사람도 있습니다.

그랜트의 방법은 핼리 혜성을 발견했다고 알려진 **에드몬드 핼리**(1656-1742)로 이어졌습니다. 핼리는 뉴턴에게 세기의 명저 '프린키피아'[7]를 집필하게 하고

---

7   고전역학의 기초를 세운 획기적인 저작으로 근대 과학의 가장 중요한 저작 중 하나입니다.

이 책을 자비로 출판하는 등 과학적 업적이 많은 학자인데, 한 마을의 출생과 사망 데이터를 바탕으로 인류 처음으로 '생명표'[8]를 만든 인물이기도 합니다.

핼리는 1693년에 출판한 자신의 저작에서 인간이 사망하는 데는 일정한 규칙성이 있음을 밝히고 '생명 보험의 보험료는 연령별 사망률을 바탕으로 계산해야 한다'고 말했습니다. 당시 영국에는 이미 생명 보험 회사가 여럿 있었는데 보험료는 그야말로 아무렇게나 정해져 있었습니다. 하지만 핼리의 공적 덕분에 생명 보험 회사는 드디어 합리적인 보험료를 산출할 수 있게 되었습니다.

그랜트가 정리한 '제관찰'과 핼리의 '생명표'와 같이 **조사해서 수집한 데이터를 수치나 표, 그래프 등으로 정리하고 데이터 전체가 나타내는 경향이나 성질을 파악하는 방법**을 기술 통계(descriptive statistics)라고 부릅니다.

전사 실태를 가시화: 나이팅게일의 공헌

영국의 **플로렌스 나이팅게일**(1820-1910)이 근대 통계학 발전에 공헌한 통계학자 중 한 사람이라는 걸 아나요?

크리미아 전쟁 때 스쿠타리 야전 병원에서 많은 병사가 사망했는데 그 주요 원인은 전투로 인한 부상이 아니라 병사 병원의 과밀과 비위생적인 환경이었습니다. 나이팅게일은 이를 군 관료와 의회가 이해할 수 있도록 수많은 통계 자료를 작성하여 각종 위원회에 제출했습니다.

그중에서도 '로즈 다이어그램'이라고 불리는 그림 1-1[9]은 특히 유명합니다. 그림 1-1에는 1854년 4월부터 1856년 3월까지 2년간 병원에서 사망한 사람 수가 원인별로 정리되어 있습니다. 그림의 노란색과 진한 회색 부분은 부상과 그 외의 원인으로 사망한 병사의 수를, 옅은 회색 부분은 개선이 가능한 병원 내부 환경이 원인이 되어 사망한 병사 수를 나타냅니다.

---

8 각 연령의 사람이 1년 이내에 사망할 확률과 평균적으로 앞으로 몇 년을 살 수 있는지 등을 예측하여 정리한 표를 말합니다.

9 Nightingale's 'Coxcombs' | Understanding Uncertainty (https://understandinguncertainty.org/node/213)

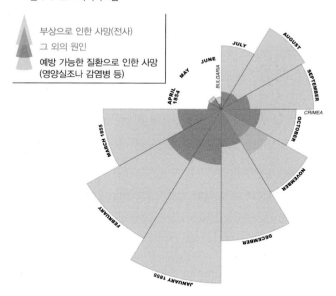

▼ 그림 1-1 로즈 다이어그램

부상으로 인한 사망(전사)
그 외의 원인
예방 가능한 질환으로 인한 사망
(영양실조나 감염병 등)

그림 1-1을 보면 전쟁 중 부상으로 사망한 병사는 전체의 10~20%이고 나머지는 영양실조나 감염병 등 예방 가능한 병으로 사망했다는 사실을 한눈에 알 수 있습니다. 참고로 원(부채꼴) 그래프는 반지름의 차이가 부채꼴의 넓이를 반영한다는(넓이는 반지름 제곱에 비례한다) 점을 이용하여 차이를 극명하게 드러낼 수 있어서 시각적으로 매우 효과적입니다. 나이팅게일이 데이터의 경향을 단적으로 나타낸다는 기술 통계의 기술과 센스를 가진 사람임을 잘 알 수 있습니다. 실제로 이 보고가 인정돼서 위생 상태가 개선된 후부터는 병사의 사망률이 극적으로 감소했습니다.

나이팅게일은 통계학 제도화에도 힘썼습니다. 통계가 활용되지 않는 이유는 사람들이 활용 방법을 모르기 때문이라고 생각한 그녀는 무엇보다도 중요한 것은 교육이라고 생각하고 대학 교육을 통해 통계 전문가를 양성하려고 노력하였습니다.

이런 활약으로 '크리미아의 천사'라고 불린 나이팅게일 자신은 그렇게 불리는 걸 좋아하지 않았으며 '천사는 아름다운 꽃을 퍼뜨리는 사람이 아니라 고뇌하는 사람을 위해 싸우는 사람이다'라는 말을 남겼습니다. 실제로 그녀는 통계의 객관성과 설득력을 가장 먼저 알아챈 학자 기질을 가진 인물이었다고 할 수 있습니다.

통계의 역사 3: 추측 통계로 발전

통계의 역사가 기술 통계에서 끝났다면 통계학은 지금처럼 중요한 학문이 되진 않았을 것입니다.

통계가 현대 생활과 연구에 빠질 수 없는 도구가 된 이유는 20세기 들어서 **추측 통계**(inferential statistics)가 발전했기 때문입니다. 기술 통계가 손에 쥐고 있는 데이터에 관한 경향과 성질을 알아내는 방법인 데 반해 **추측 통계는 수집한 샘플**(표본이라고도 부릅니다.)**에서 모집단(전체)의 성질을 확률적으로 추측하는 방법**입니다. 비유하자면 된장국을 휘저어 한 숟가락을 떠서 맛보고는 된장국 전체의 맛을 추측하는 것과 비슷하지요.

처음에 소개했던 선거 결과 예상이나 공업 제품의 품질 관리에서는 유권자나 제품 전부를 조사하기는 시간 면에서나 비용 면에서나 어렵습니다. 그럴 때 '전체를 조사하지 않으면 알 수 없다'가 아니라 몇 개를 조사해서 '○○일 확률은 △△%이다'라고 할 수 있으면 매우 유익할 겁니다.

추측 통계는 영국 통계학자 **로널드 에일마 피셔**(1890-1962)가 시작했습니다. 추측 통계에 관한 자세한 내용은 4장에서 설명하므로 여기서는 맛보기로 피셔가 티파티에서 했다는 실험을 소개합니다.

1920년대 말 피셔는 동료 몇몇과 정원에서 티파티를 즐기고 있었습니다.

파티 중 홍차를 좋아하는 한 부인이 '밀크티는 우유를 먼저 넣는지 홍차를 먼저 넣는지에 따라 맛이 변해요'라고 말했습니다. 하지만 이를 들은 신사들은 눈썹을 치켜올리며 '그럴 리가 있나. 어느 걸 먼저 넣어도 섞으면 다 똑같잖아'라며 동조하지 않았다고 합니다. 그때 피셔는 '그럼, 실험해 봅시다'라며 다음과 같이 제안했습니다.

[실험 개요]

부인이 보지 않는 곳에서 우유를 먼저 넣은 밀크티를 4잔, 홍차를 먼저 넣은 밀크티도 4잔 준비한다. 그다음 총 8잔의 밀크티를 무작위로 부인에게 내밀어 각 잔이 우유를 먼저 넣은 밀크티인지 홍차를 먼저 넣은 밀크티인지를 맞추게 한다. 단, 부인에게는 두 종류의 밀크티가 무작위로 나간다는 사실과 각각 4잔씩 있다는 사실은 미리 알려준다.

결과는 놀랍게도 부인은 8잔 모두 정확히 우유가 먼저인지 홍차가 먼저인지를 맞췄습니다. 주변의 신사들은 우연이라고 했을지 모릅니다. 하지만 부인이 우연히 말한 답이 8잔 모두 우연히 맞을 확률은 1.4%라는[10] 사실을 바탕으로 피셔는 '이는 우연이 아니다. 부인은 맛의 차이를 알 수 있다.'고 결론 내렸습니다.

추측 통계의 두 기둥: 추정과 검정

추측 통계는 샘플(표본)을 조사해서 모집단의 특성을 확률적으로 예상하는 추정(estimation)과 표본에서 얻은 데이터의 차이가 오차인지 의미가 있는 차이인지를 검증하는 검정(statistical test)이라는 두 기둥으로 이루어져 있습니다. 시청률과 선거의 개표 속보 등은 '추정'이고 '1일 2잔의 커피는 암 발생을 억제한다' 등 가정의 신빙성을 뒷받침하는 것이 '검정'입니다. 피셔가 수행한 앞 실험은 '검정'이고 추측 통계의 가장 유명한 실험으로 알려져 있습니다.

---

10 홍차를 먼저 넣은 4잔과 우유를 먼저 넣은 4잔을 일렬로 나열하는 경우의 수는 같은 것을 포함한 순열(《다시 확률 통계(확률편)》(길벗, 2020) 87쪽과 93쪽)이므로 $_8C_4$가지입니다. 이에 반해 모두 정답인 경우의 수는 1가지입니다. 따라서
$$\frac{1}{_8C_4} = 1 \div \left(\frac{8 \times 7 \times 6 \times 5}{4 \times 3 \times 2 \times 1} \right) = \frac{4 \times 3 \times 2 \times 1}{8 \times 7 \times 6 \times 5} ≒ 0.014$$입니다.

20세기에 크게 도약한 추측 통계는 머지않아 모수 자체가 확률분포[11]라고 생각하는 **베이즈 통계학**으로 발전합니다.

통계를 배우는 목적: 정보에서 이야기를 만든다

여기까지 읽고 나면 통계의 이미지가 어느 정도 굳어졌을 테니 기본적인 용어의 뜻을 확인하면서 다시 한번 통계를 공부하는 목적을 확실히 해 둡시다.

통계를 사전에서 찾아보면 '**집단적 현상이나 수집된 자료의 내용에 관한 수량적인 기술. 대상이 되는 집단을 일정한 시점에서 파악하는 것을 정태 통계, 일정한 기간에서 파악하는 것을 동태 통계라 하며, 사회나 자연 현상을 정리·분석하는 수단으로 쓰기도 한다**(표준국어대사전)'고 되어 있습니다. 다른 사전에는 '**수집된 자료를 정리하고 그 내용을 특징짓는 수치를 산정하여 일정한 체계에 따라 숫자로 나타냄**(고려대한국어대사전)'이라 되어 있습니다.

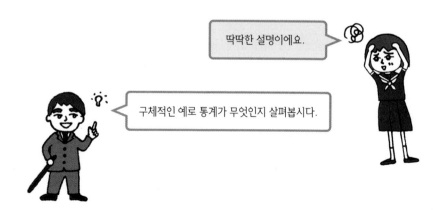

딱딱한 설명이에요.

구체적인 예로 통계가 무엇인지 살펴봅시다.

다음과 같이 한 반(40명)의 수학 시험 결과가 있습니다.

---

11 '모수'와 '확률분포'에 관해서도 395쪽과 220쪽에서 설명합니다.

수학 시험 결과(단위: 점)							
89	94	75	89	84	88	51	99
65	98	63	100	84	66	51	88
98	65	19	55	85	92	98	77
45	32	6	62	71	36	22	55
12	15	78	64	61	35	65	53

일반적으로 기온이나 강수량, 운동 기록, 키나 몸무게 등과 같이 어떤 집단을 구성하는 사람이나 물건의 특성을 수치로 표현한 값을 **변량**(variate)[12]이라고 부릅니다. 바꿔 말하면 변량이란 측정 대상이 되는 항목을 가리킵니다.

또한, 조사나 실험 등으로 얻은 **변량의 관측값이나 측정값을 모은 것**을 데이터 (data)라고 부릅니다.[13]

앞에서 나온 데이터는 변량이 40개라는 말인가요?

아니요. 그렇지 않아요. 앞에서 나온 40개 값은 모두 수학 점수이므로 이 데이터의 변량은 '수학 점수'로 1개입니다. 참고로 (수학 점수, 영어 점수) =(60, 89), (77, 94), ……와 같이 40개의 그룹 점수를 모았다면 변량은 2개가 되겠죠.

---

12 변수(variable)라고 부를 때도 있습니다.

13 '데이터'는 일상에서 자주 쓰기 때문에 잘못 사용하곤 하는데 통계에서 '데이터'는 어디까지나 몇 개의 값을 모은 것을 가리키는 단어입니다. 값 하나하나를 '데이터'라고 하지는 않습니다.

데이터는 크게 나눠서 **질적 데이터**(qualitative data)와 **양적 데이터**(quantitative data)가 있습니다.

질적 데이터란 '범주형 데이터'로도 불리며 혈액형이나 좋아하는 음식, 좋아하는 음악 장르처럼 **셀 수 없는 변량(질적 변량)**으로 이루어진 데이터를 가리킵니다.

질적 데이터(범주형 데이터)를 통계 방법으로 분석할 때는 예를 들어 'A형 → 1, B형 → 2, O형 → 3, AB형 → 4'처럼 보통 각 선택지를 숫자로 치환하기 때문에 질적 데이터를 치환한 **값 자체를 더하거나 빼도 아무 의미도 없습니다.**

양적 데이터란 값 자체를 더하거나 빼는 데 의미가 있는 변량(**양적 변량**)으로 이루어진 데이터를 가리킵니다.

양적 데이터는 다시 두 가지로 나뉘어 주사위 눈이나 차 대수, 사람 수 등과 같이 띄엄띄엄 떨어진 값을 갖는 데이터(**이산형 데이터**)와 키나 몸무게, 시간 등과 같이 연속하는 값을 갖는 데이터(**연속형 데이터**)가 있습니다.

'이산형 데이터'나 '연속형 데이터'는 익숙하지 않다면 이해하기 어려운 표현일 수도 있습니다. '이산형 데이터'란 띄엄띄엄 떨어진 값을 갖는 데이터를 가리키며 서로 이웃한 두 값 사이에 또 다른 값이 없음을 의미합니다.

예를 들어 주사위 눈을 보면 1과 2 사이에 '1.5'라는 눈은 없습니다. 그리고 차 대수를 셀 때 10대와 11대 사이에 '11.5대'라는 값도 없습니다. 이처럼 데이터를 선상에 배치했을 때 띄엄띄엄 떨어진 값만 갖는 데이터가 '이산형 데이터'입니다.

❤ 그림 1-2 이산형 데이터

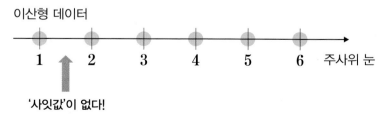

이산형 데이터

1   2   3   4   5   6   주사위 눈

'사잇값'이 없다!

이와 반대로 키는 170cm와 171cm 사이에 170.5cm인 사람이 보통은 있고, 더 정확하게 측정하면 170.5cm와 170.6cm 사이에 170.55cm인 사람도 있습니다.

이처럼 아무리 세분화해도 데이터가 가득 찬 경우를 생각할 수 있는 데이터는 '연속형 데이터'입니다.

▼ 그림 1-3 연속형 데이터

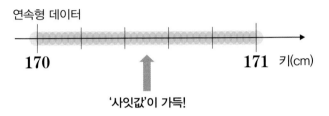

'사잇값'이 가득!

[데이터의 종류]

▼ 그림 1-4 데이터의 종류

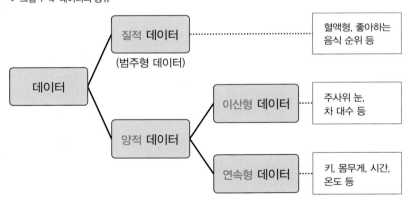

자, 이제 26쪽 데이터의 **평균점**을 계산해 보면 다음과 같이 계산할 수 있습니다.

$$합계점 \div 사람 수 = 2585 \div 40 = 60.625(점)$$

이 평균점(64.625점)은 40명인 어떤 반이라는 '집단'의 시험을 통하여 수학의 힘을 '수량적'으로 나타낸 값이므로 사전에서 말하는 통계의 정의와 일치합니다. 즉, 수학 시험을 치른다는 행위는 '통계를 구하기' 위한 활동이라고 할 수 있습니다.

또한, 앞 데이터를 다음과 같이 표[14]로 정리하거나

계급(점)	도수(명)
0 이상 ～ 10 미만	1
10 ～ 20	3
20 ～ 30	1
30 ～ 40	3
40 ～ 50	1
50 ～ 60	5
60 ～ 70	8
70 ～ 80	4
80 ～ 90	7
90 ～ 100	6
100	1
계	40

다음과 같이 그래프[15]로 정리하는 것도 이 반이 가진 수학의 힘을 수량적으로 나타낸 것이므로 통계[16] 그 자체입니다.

---

14 도수분포표(35쪽)라고 부릅니다.

15 히스토그램(40쪽)이라 부릅니다.

16 이건 '기술' 통계입니다.

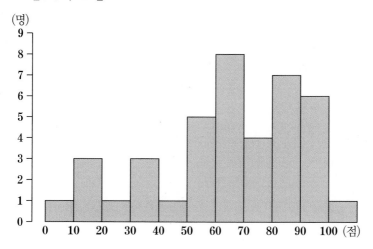

❤ 그림 1-5 히스토그램

그런데 여기까지 십수 쪽에 걸쳐서 통계의 의의와 역사를 자세하게 이야기하고 는 이런 이야기를 하면 혼날 수 있겠지만, **도대체 통계는 어디에 도움이 될까요?**

'어떤 반'의 수학 점수를 모은 데이터에서 평균점이 64.625점이라는 것을 계산 하거나 표나 그래프로 정리하는 것 자체로 의미가 있다고는 생각하지 않습니 다. 이것뿐이라면 '그렇구나~'라는 반응밖에 할 수 없기 때문입니다.

하지만 같은 수학 시험을 본 다른 반 데이터가 있고 평균점과 표, 그래프를 비 교할 수 있다면 이야기가 달라집니다.

아니면 같은 반의 지난 수학 시험 결과 데이터도 있다면 통계를 구하고 싶은 마 음이 갑자기 솟구칠 수 있습니다.

왜냐하면 이런 데이터는 **정보로서 가치가 있기 때문**입니다.

하지만 여기서 말하는 '정보'란 단순한 소식이 아니라 **관찰이나 측정을 통하여 수집한 자료를 실제 문제에 도움이 될 수 있도록 정리한 지식 또는 그 자료**(표준 국어대사전)를 가리킵니다.

같은 시험을 본 다른 반의 통계가 있다면 어느 반이 얼마나 우수한지 판단할 수 있고, 점수가 흩어진 정도는 어느 반이 얼마나 큰지를 판단할 수 있습니다.

또한, 과거에 다른 단원 시험을 봤을 때 통계가 있다면 어느 단원을 특히 어려워하는지 알 수 있어서 교사가 여름 방학 전에 그 단원을 보충 수업하는 등 행동을 취할 수도 있습니다.

캐논 회장인 미타라이 후지오는 어느 잡지 인터뷰에서

"숫자가 없는 이야기도 이야기 없는 숫자도 의미가 없다"

라고 말했습니다. 우리들이 데이터를 가치고 통계 처리를 하는 진짜 목적은 바로 **판단과 행동으로 연결되는 정보를 얻고 이야기를 만들기 위해서**입니다. 이렇게 하고 난 후에야 비로소 통계는 생활과 사회에 도움이 되는 수학이 된다고 생각합니다.

02

데이터 정리:
규칙과 방법

기술 통계란 '수집한 데이터를 수치나 표, 그래프 등으로 정리하여 데이터 전체가 나타내는 경향이나 성질을 파악하는 방법'이라고 앞에서 이야기했습니다 (21쪽). 이를 위해서는 데이터를 **시각적으로 정리**하는 것이 가장 기본적인 접근 방법입니다.

국가(지역)별 인터넷 이용률로 알아보자

다음 데이터는 2015년 세계 47개국(과 지역)의 인터넷 이용률입니다.

▼ 표 1-1 2015년 국가(지역)별 인터넷 이용률(%)

일본	아랍에미리트	이스라엘	이란	인도	인도네시아	대한민국
83.00	91.24	78.89	44.08	26.00	21.98	89.90
사우디아라비아	싱가폴	태국	대만	중국	토루코	필리핀
69.62	82.10	39.32	87.98	50.30	53.74	40.70
홍콩	말레이시아	미국	캐나다	멕시코	아르헨티나	칠레
84.95	71.06	74.55	88.47	57.43	69.40	64.29
브라질	영국	이탈리아	우크라이나	오스트리아	네덜란드	그리스
59.08	92.00	65.57	49.26	83.93	93.10	66.84
스위스	스웨덴	스페인	덴마크	독일	노르웨이	핀란드
87.97	90.61	78.69	96.33	87.59	96.81	92.65
프랑스	벨기에	폴란드	포르투갈	루마니아	러시아	알제리
84.69	85.05	68.00	68.63	55.76	73.41	38.20
이집트	남아프리카	모로코	호주	뉴질랜드		
35.90	51.92	57.08	84.56	88.22		

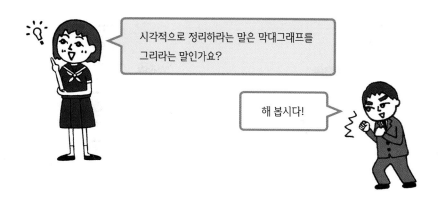

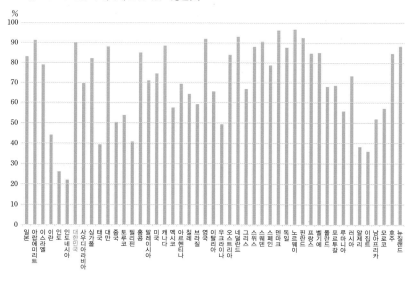

▼ 그림 1-6 2015년 국가(지역)별 인터넷 이용률(%)

이렇게 둔다면 뭐가 뭔지 알 수가 없죠……. 그러면 이번에는 이용률이 낮은 순
서로 정렬해 봅시다.

❤ 그림 1-7 2015년 국가(지역)별 인터넷 이용률(%)

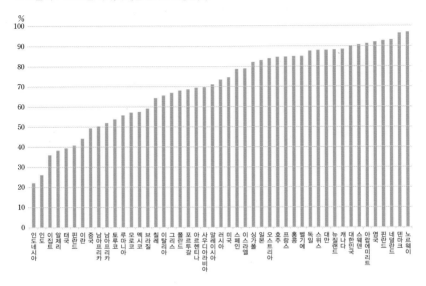

그림 1-6보다는 정리된 느낌이 들지만 알 수 있는 내용이라고는 이용률에 꽤 차이가 있구나 정도입니다. 물론 1위는 노르웨이라는 사실과 우리나라는 상위 권에 가깝다는 사실은 알 수 있지만 데이터 전체의 성질이나 경향을 알 수 있다 고는 할 수 없습니다.

듣고 보니 그렇네요.

도수분포표란? 데이터가 흩어진 정도를 파악

그렇다면 기술 통계에서 '데이터 전체의 성질과 경향'은 무엇일까요?

바로 분포(distribution)를 말합니다. '분포'는 **데이터가 흩어진 정도**를 의미합니다.

예를 들어 평균점이 50점인 시험에서 당신의 점수가 60점이었다고 합시다. 하지만 평균점보다 위라고 해서 '중간보다는 위야!'라고 안심할 수는 없습니다. 반 전체 득점 분포에 따라서는 중간보다 아래일수도 있고 반대로 반 1등일 수도 있습니다.

실제로 다음 절부터 배우는 **대푯값(다섯수요약)**이나 **상자수염도, 분산, 표준편차**와 같은 **통계량**[17]은 모두 데이터가 흩어진 정도(분포)를 나타내기 위한 값들입니다.

도수분포표(frequency table)라 불리는 표를 만드는 것은 데이터의 분포를 조사하기 위한 기본적인 해야 할 일입니다. 표 1-2는 표 1-1의 '국가(지역)별 인터넷 이용률'을 도수분포표로 정리한 것입니다. 도수분포표에서는 각 부분에 다음과 같은 이름이 붙어 있습니다.

> 계급(class): **구분된 각 구간**
> 계급폭(class interval): **각 구간 폭**
> 도수(frequency): **각 계급에 포함된 데이터 값의 개수**
> 계급값(class value): **각 계급의 중간값**

또한, 데이터를 구성하는 관측값이나 측정값 개수를 크기(size)라 부릅니다. 즉, 도수분포표에서 **도수의 합**이 그 데이터의 **크기**입니다.

---

17 데이터의 특징을 보여주는 값

▼ 표 1-2 국가(지역)별 인터넷 이용률의 도수분포표

이 도수분포표의 계급폭은 10(%)

계급(%)	계급값(%)	도수
20 이상 ~ 30 미만	25	2
30 ~ 40	35	3
40 ~ 50	45	3
50 ~ 60	55	7
60 ~ 70	65	7
70 ~ 80	75	5
80 ~ 90	85	13
90 ~ 100	95	7
합계		47

8개 계급이 있다

이 데이터의 크기(=도수 합계)는 47

[도수분포표를 볼 때의 주의 사항]

도수분포표에서 하나하나의 구체적인 값은 알 수 없습니다.

Note≡ **계급폭을 정하는 방법**

도수분포표를 만들기 전에 계급폭을 정해야 합니다. 앞 예에서는 '20(%) 이상~30(%) 미만', '30(%) 이상~40(%) 미만' ……처럼 10(%)로 정했는데 '20(%) 이상~40(%) 미만', '40(%) 이상 ~60(%) 미만' ……처럼 20(%)로 정하고 싶다거나 반대로 5(%)로 정하고 싶을 수도 있습니다.

계급폭이 작으면 작을수록 원래 데이터에 가까운 도수분포표를 만들 수 있지만 그만큼 너무 세밀해지기 때문에 전체 분포의 특징을 파악하기 어려워집니다.[18]

반대로 계급폭이 너무 넓으면 요약된 정보를 파악할 수는 있지만 데이터 특유의 분포가 갖는 특징을 이해하기가 어려워지므로 계급폭을 정할 때는 주의해야 합니다.

---

18 극단적으로 이야기하면 앞 예에서는 계급폭을 각 계급 도수가 0이나 1이 되도록 정하면 도수분포표에서 분포에 관한 원래 데이터와 같은 정보를 얻을 수 있지만 계급이 수백 개나 되는 도수분포표가 만들어집니다.

원래 데이터에서 '20(%) 이상~30(%) 미만' 값은 인도네시아 21.98(%)와 인도 26.00(%)인데 도수분포표는 이 둘 모두를 계급값 25(%)로 생각합니다. 계급값이 한 계급을 대표합니다.

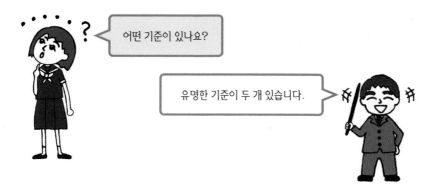

계급폭을 정하는 방법 1: JIS 규격

계급폭 결정(JIS 규격: Z9041-1)

최솟값과 최댓값을 포함하는 계급을 5~20개의 등간격 계급으로 나뉘도록 구간 폭을 정한다. 계급폭은 R(범위)을 1, 2, 5(또는 10, 20, 50; 0.1, 0.2, 0.5 등)로 나눠서 그 값이 5~20이 되는 값을 선택한다. 이 방법으로 두 가지 계급폭이 도출됐을 경우 표본의 크기가 100이상인 경우는 폭이 작은 계급폭을, 99 이하인 경우에는 폭이 큰 계급폭을 사용한다.

어려운 표현이지만 요약하자면

- **계급폭은 1, 2, 5, 10, 20, 50 등 자르기 좋은 값을 고른다.**
- **계급 개수가 5~20개 범위에 오도록 한다.**

라는 말입니다.

앞에서 살펴본 예로 실제로 해 봅시다.

앞 예에서 데이터의 최댓값은 노르웨이 96.81(%), 최솟값은 인도네시아 21.98(%)이므로

$$R(\text{범위}): \quad 96.81 - 21.98 = 74.83(\%)$$

입니다. 이 수를 자르기 좋은 수[19]로 나눠보면

$$74.83 \div 1 = 74.83 \qquad 74.83 \div 2 = 37.415$$
$$\mathbf{74.83 \div 5 = 14.966} \qquad \mathbf{74.83 \div 10 = 7.483}$$
$$74.83 \div 20 = 3.7415$$

가 되므로 몫(계급 개수)이 5~20이 되는 경우는 5나 10으로 나누었을 때입니다. 이때 데이터에 포함된 값 개수(국가와 지역 수)는 47로 99 이하이므로 계급 폭은 5와 10 중 큰 쪽, 즉 10을 선택해야한다는 이야기가 JIS 규격에서 설명하

---

19 '자르기 좋은 수'란 1, 2, 5, 10, 20, 50 …… 등을 말합니다. 또한, 이 자르기 좋은 수는 계급폭을 나타냅니다. 예를 들어 데이터의 범위를 10으로 나눈다는 말은 데이터를 10개씩 나눈다(=계급폭을 10으로 한다)는 말이고 몫이 계급 개수가 됩니다.

는 방법입니다. 앞서 소개했던 도수분포표는 JIS 규격을 따르고 있습니다.[20]

계급폭을 정하는 방법 2: 스터지스 공식

> 데이터에 포함된 값의 개수가 2^n개일 때, 적절한 계급 개수는 $n+1$개이다.

구체적으로 살펴보면 다음과 같습니다.

▼ 표 1-3 스터지스 공식

스터지스 공식	
데이터값 개수	계급 개수 기준
$2^1 = 2$	2
$2^2 = 4$	3
$2^3 = 8$	4
$2^4 = 16$	5
$2^5 = 32$	6
$2^6 = 64$	7
$2^7 = 128$	8
$\vdots$	$\vdots$
2^n	$n+1$

앞 예에서 데이터값 개수는 47개였습니다. 25(=32)개와 26(=64)개 사이이므로 적절한 계급 개수 기준은 **6개나 7개**입니다.

36쪽 도수분포표에서는 계급 개수가 8개였으므로 스터지스 공식을 따른다면

---

20 계급폭은 10(%)였죠.

계급 개수가 너무 많은(계급 폭이 너무 좁은) 경우가 됩니다.[21]

히스토그램이란? 흩어진 정도를 시각화

도수분포표로 정리된 데이터분포를 직관적으로 이해하기 쉽도록 막대그래프로 나타낸 그림을 히스토그램(histogram)이라고 부릅니다.

여담이지만 histogram의 어원인 그리스어 histos gramma는 직역하면 '모든 것을 직립하게 그린 것'이라는 의미입니다. 히스토그램을 최초로 고안한 사람은 사회학에 처음 통계학적 방법을 도입한 벨기에의 수학자 **아돌프 케틀레**(1796−1874)인데, 명명한 사람은 케틀레가 아니라 기술 통계학을 집대성한 **칼 피어슨**(1857−1936)입니다.

히스토그램을 작성할 때는 다음 두 가지를 주의하세요.

정리	**히스토그램 작성 시 주의 사항**

(i) 첫 계급 왼쪽과 마지막 계급 오른쪽에는 계급 하나만큼 공간을 둡니다.

(ii) 서로 이웃하는 세로 막대끼리는 사이를 띄우지 않습니다.

히스토그램의 첫 계급과 마지막 계급 옆에 공간을 두는 이유는 계급의 최솟값과 최댓값을 확실하게 표현하기 위해서입니다.

이 두 가지에 주의하며 표 1-2의 도수분포표로 히스토그램을 그리면 그림 1-8
과 같습니다.

❤ 그림 1-8 표 1-2의 히스토그램

계급(%)	계급값(%)	도수
20 이상 ~ 30 미만	25	2
30 ~ 40	35	3
40 ~ 50	45	3
50 ~ 60	55	7
60 ~ 70	65	7
70 ~ 80	75	5
80 ~ 90	85	13
90 ~ 100	95	7
합계		47

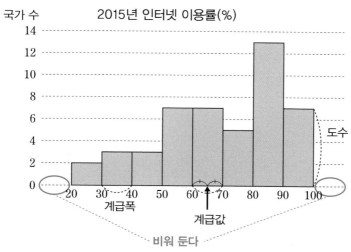

상대도수와 누적상대도수: 전체에서 차지하는 비율은?

히스토그램을 작성해서 데이터 분포를 직관적으로 이해할 수 있게 되었지만, 히스토그램만으로는 '인터넷 이용률이 50% 미만인 국가는 전체의 몇 퍼센트를 차지하는가?' 등의 질문에 확실하게 답할 수 없습니다.

이럴 때 도수분포표에 상대도수와 누적상대도수라는 도수를 추가합니다.

▼ 표 1-4 상대도수와 누적상대도수

계급(%)	계급값(%)	도수	상대도수	누적상대도수
20 이상 ~ 30 미만	25	2	0.04	0.04
30 ~ 40	35	3	0.06	0.11
40 ~ 50	45	3	0.06	0.17
50 ~ 60	55	7	0.15	0.32
60 ~ 70	65	7	0.15	0.47
70 ~ 80	75	5	0.11	0.57
80 ~ 90	85	13	0.28	0.85
90 ~ 100	95	7	0.15	1.00
합계		47	1	

(i) 상대도수는 '도수 합계로 각 계급 도수를 나눈 값'입니다.

$$상대도수 = \frac{계급\ 도수}{도수\ 합}$$

와 같이 계산합니다. 표 1-4에서 예를 들어 '30(%) 이상 ~ 40(%) 미만'의 상대도수는

$$상대도수 = \frac{3}{47} = 0.0638\cdots$$

입니다(표에서는 소수점 아래 셋째 자리에서 반올림했습니다).

(ii) 어떤 계급이 전체의 몇 %에 해당하는지가 아니라 **어떤 계급 이하(이상)가 전체의 하위(상위) 몇 %인지를 알고 싶을 때**가 있습니다. 그럴 때는 **누적상대도수**를 봅시다.

예를 들어 '40(%) 이상 ~ 50(%) 미만'의 누적상대도수는

$$\frac{2}{47} + \frac{3}{47} + \frac{3}{47} = \frac{8}{47} = 0.1702\cdots$$

로 계산되므로[22] 인터넷 이용률이 50% 미만인 국가는 전체의 20%가 안 된다(약 17%)는 점을 알 수 있습니다.

히스토그램에 **누적상대도수를 꺾은선 그래프로** 나타내면 다음 그림 1–9와 같습니다.

❤ 그림 1–9 히스토그램에 누적상대도수를 꺾은선 그래프로 표시

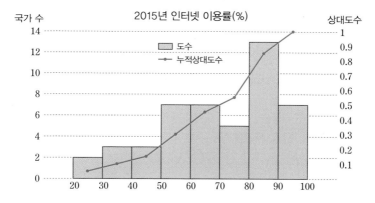

22 표 1–4의 상대도수(소수 표시)를 더하면 0.04＋0.06＋0.06＝0.16으로 누적상대도수 값이 다른데, 표의 상대도수는 소수점 아래 셋째 자리에서 반올림했기 때문입니다.

누적상대도수의 꺾은선 그래프 형태는 데이터 전체의 특징을 반영합니다. 예를 들어 그림 1-10처럼 각 계급의 **도수가 완전히 같으면** 누적상대도수의 꺾은선 그래프는 **직선**이 됩니다. 또한, 그림 1-11처럼 히스토그램이 중앙에 최고점이 있는 **아름다운 산 모양이면** 꺾은선 그래프는 **S자형**(S 문자를 잡아 늘인 것 같은 형태)이 됩니다.

▼ 그림 1-10 각 계급 도수가 완전히 같을 때

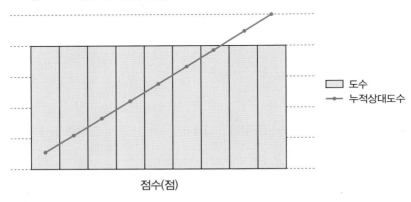

점수(점)

▼ 그림 1-11 아름다운 산 모양

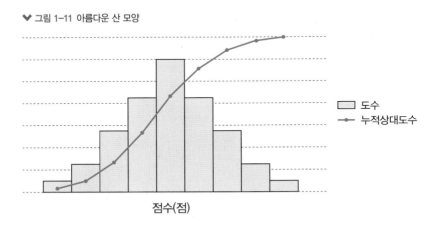

점수(점)

▶ 큰 수의 '엄청 대단한' 이야기

벌써 오래전 이야기인데 딸아이가 5살 때쯤 이런 질문을 했습니다.

'1조까지 세려면 얼마나 걸려?'

유치원이나 어딘가에서 '1조라는 매우 큰 수'가 있다는 사실을 배웠던 거겠죠. 저는 바로 그 자리에서 대충 계산해 봤습니다.

'1초에 1씩 센다고 하고(←자릿수가 늘어나면 따라잡기가 힘들겠지만……), 1시간이 3,600초이고 1일이 24시간이니까 1일에 약 9만 초군. 흠 10만까지 셀 수 있다고 하자. 1년에는 3,650만이구나…… 그럼 3년이면 약 1억까지 셀 수 있다…… 1조는 1억의 1만 배니까…… 오, 3만 년이나 걸려!'

라면서 혼자 놀란 후

"한숨도 안 자고 밥도 안 먹고 주야장천 세면 3만 년 정도 걸린다."

라고 말하니 "에에엑!"이라며 매우 놀라는 반응이 참 재밌었습니다.

딸아이를 놀라게 할 수 있어서 만족하긴 했지만 아무리 생각해도 3만 년은 참 긴 세월입니다. 참고로 네안데르탈인이 멸종한 시기가 약 3만 년 전이라고 알려져 있습니다. 1조라는 수는 정말로 큰 수죠(들은 이야기로는 한 인간의 심장이 평생 뛰는 횟수가 30억 회라고 합니다).

'조'라는 단위는 국가 예산이나 세포 수에서 볼 일은 있지만 보통은 거의 사용하지 않는 단위입니다. '○조 개'의 물건을 눈으로 볼 기회는 거의 없습니다. 우리가 '조' 크기를 실감할 수 없는 것도 이해가 갑니다.

이런 큰 수를 실감하기는 매우 어렵습니다.

로또 1등에 당첨될 확률을 '시각화'하면

근처에서 1조는커녕 1000만이라는 수를 볼 수 있는 사람은 극히 드물지 않을까요?

로또 1등에 당첨될 확률은 약 1000만분의 1이라고 합니다. 이게 얼마나 당첨되기 어려운지 상상이 되나요?

가령 로또를 1000만 장 샀다고 합시다. 1등은 이 중에 1장 섞여 있습니다. 로또 1장의 두께를 약 0.1mm라고 하면 100장 묶음의 두께는 약 1cm입니다. 1000만 장은 100장의 10만 배이므로 1000만 장 복권의 두께는

$$1\text{cm} \times 100{,}000 = 100{,}000\text{cm} = 1{,}000\text{m} = \mathbf{1\text{km}}$$

이 됩니다!

롯데월드 타워의 높이가 555m, 남산 타워의 높이는 236m이므로 100만분의 1 확률이라는 말은 이 두 타워를 합쳐도 모자란 높이의 복권 탑에서 단 1장을 뽑았을 때 당첨이 될 확률입니다. 꽤 희박한 희망이라고 할 수 있습니다……

큰 수에 대한 감각을 갈고닦는다

GDP나 국가 예산, 연간 교통사고 건수 등 통계를 통해 도출된 숫자를 뉴스 등에서 종종 마주칩니다. 사회 전체를 나타내는 이런 숫자들은 일반적으로 매우 '큰 수'입니다. 만약 '큰 수'의 크기를 실감할 수 없는 사람만 있다고 하면 악의가 있든 없든 누군가 꺼낸 큰 수의 (게다가 대부분은 틀린) 추정값이 아무에게도 지적받지 않고 받아들여집니다. 그리고 결국은 큰 문제를 일으키겠죠. 통계 리터러시를 갈고닦으려면 통계량의 계산 방법과 의미를 알아야 할 뿐만 아니라 '큰 수'에 대한 감각을 갈고닦는 것도 잊지 말아야 합니다.

▼ 그림 1-12 로또 1000만 장의 두께는 얼마나 두꺼운가

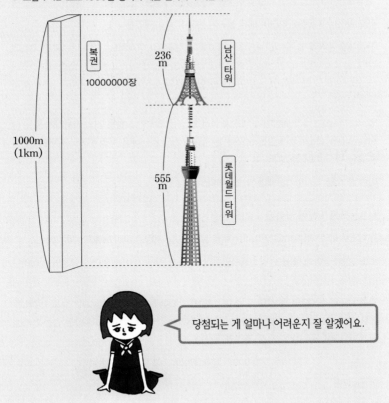

03

데이터의 대푯값:
각 대푯값의 사고방식과 구하는 방법

앞 절에서 데이터 전체의 성질과 경향을 알아내는 방법으로 도수분포표를 만들고 히스토그램을 작성하는 방법을 살펴봤습니다. 물론 히스토그램을 보면 데이터 분포(흩어진 정도)를 알 수 있긴 하지만 히스토그램을 작성하는 일은 손이 많이 가고 작성한 후에 다른 사람에게 보여주기도 간단하지 않습니다(인쇄하거나 화면을 보여줘야 합니다).

이럴 때 간단하게 데이터 전체의 특징을 하나의 값으로 나타낼 수 있습니다. 바로 **대푯값**(representative value)입니다. 자주 사용하는 대푯값으로는 평균값, 중앙값, 최빈값이 있습니다.

대푯값 1: 평균값($\overline{x}$로 표기)

평균값(mean value)이란 문자 그대로 **평편하고 균일하게 만든 값**을 말합니다.[23] 또한, '평균'을 가리키는 영어는 'average'와 'mean' 두 개가 있는데 average는 평균값, 중앙값, 최빈값 등 세 값을 통칭하는 '대푯값'을 의미하기도 하므로 통계에서 평균값을 가리킬 때는 (헷갈리지 않도록) 보통 mean을 사용합니다.[24]

예를 들어 직사각형 세 개가 있고 각각의 높이가 2, 7, 3이라고 합시다. 이 높이를 균등하게(서로 맞게) 하려면 어떻게 해야 할까요?

---

23 평균값은 단순히 '평균'이라 부르기도 합니다. 평균값과 평균은 같은 의미라고 생각해도 됩니다.

24 mean은 medium과 어원이 같고 '중간 정도 → 평균'으로 의미가 변했다고 합니다. 또한, '천하다'를 의미하는 mean과는 어원이 다르지만 여기서는 '공유하는 → 보통의 → 큰 차이 없다 → 열등하다 → 천하다'로 변했다고 알려져 있고, 의미도 비슷해 혼동하다가 같은 글자로 표기하게 됐다고 합니다.

가장 큰 7을 잘라서 다른 두 개로 나누면 되네요!

그렇죠. 그림을 그리면
그림 1-13과 같습니다.

▼ 그림 1-13 세 직사각형

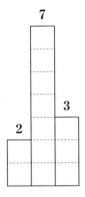

▼ 그림 1-14 평편하고 균일하게 만든다

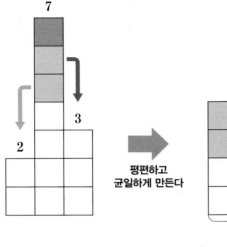

평편하고
균일하게 만든다

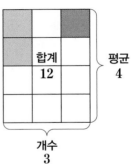

높이를 맞추면 큰 직사각형 한 개가 되는데 이 큰 직사각형의 세로 길이가 평균이고 가로 길이가 개수, 그리고 넓이가 합계가 됩니다. 즉,

$$\text{평균(세로)} \times \text{개수(가로)} = \text{합계(넓이)}$$

가 됩니다. 이로부터

$$\text{평균} = \frac{\text{합계}}{\text{개수}}$$

임을 알 수 있습니다.

이 식을 문자를 사용해서 일반화합시다.

변량[25] x에 대해 데이터가 n개 값

$$x_1, \quad x_2, \quad x_3, \quad \cdots\cdots, \quad x_n$$

이라고 할 때, 이 값을 모두 더해 데이터 개수 n으로 나눈 값이 평균입니다.

통계에서는 보통 **평균을 '$\overline{x}$'[26]로 문자 위에 가로줄(바)을 붙여서 표기합니다.**

정의 **평균**

$$\overline{x} = \frac{x_1 + x_2 + x_3 + \cdots\cdots + x_n}{n} \quad \left(\text{평균} = \frac{\text{합계}}{\text{개수}} \right)$$

▤ 예 1 ▤   A 모둠과 B 모둠의 점수

표 1-5는 학생 6명이 있는 A 모둠과 학생 5명이 있는 B 모둠의 시험 결과를 정리한 표입니다.

---

25 '측정 대상이 되는 항목'(26쪽)이었죠.

26 $\overline{x}$는 'x bar'(엑스 바)라고 읽습니다.

▼ 표 1-5 두 모둠의 시험 결과

A 모둠(점)	50	60	40	30	70	50
B 모둠(점)	40	30	40	40	100	

[A 모둠 평균점]

$$\frac{50 + 60 + 40 + 30 + 70 + 50}{6} = \frac{300}{6} = 50(점)$$

[B 모둠 평균점]

$$\frac{40 + 30 + 40 + 40 + 100}{5} = \frac{250}{5} = 50(점)$$

A 모둠과 B 모둠의 평균점은 똑같이 50점이지만 각 모둠의 득점 분포는 전혀 다릅니다.

▼ 그림 1-15 A 모둠과 B 모둠의 점수 분포

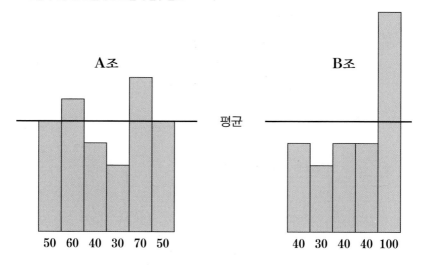

A 모둠은 평균점 위아래로 모두 분포돼 있지만, B 모둠은 평균점 미만이 4명인데 반해 평균점 이상은 1명밖에 없습니다. B 모둠은 딱 봐도 100점인 사람이 전체 평균을 끌어올렸습니다.

평균을 구하면 전체를 균일하게 했을 때의 값을 알 수 있으므로 데이터의 특징 중 하나를 파악할 수 있지만, 데이터에는 **평균만으로는 알 수 없는 특징도 있으므로 주의**해야 합니다.

예를 들어 다음은 어느 국가에 인구가 많은 순서대로 도시 300개 골라 히스토그램을 만든 것입니다.

❤ 그림 1-16 도시별 인구 순위(상위 300)

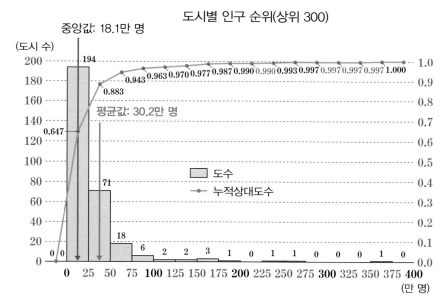

매우 편향된 분포입니다. 300개 중 194개 도시는 인구 수가 25만 명 이하이고 누적상대도수를 보면 전체의 약 88%는 인구가 50만 명 이하임을 알 수 있습니다.

이 '도시별 인구 순위(상위 300)'의 평균은 30.2만 명인데 평균을 웃도는 도시 수는 전체의 1/3보다 작은 84개밖에 없습니다.

그래프가 이런 형태(**꼬리가 긴 형태**라고 부릅니다)가 되는 분포를 **멱법칙분포** (power–law distribution)[27]라고 부릅니다. 사실 멱법칙분포가 되는 데이터는 희귀하지 않습니다. 연간 서적 매출은 멱법칙분포가 되고[28] 블로그 포스트별 열람 수 등도 이런 분포가 될 때가 많습니다.[29] 또한, 자연계에는 멱법칙분포를 보여주는 현상이 많이 있습니다. 분포가 멱법칙분포가 될 때 평균은 반드시 중앙값[30]보다 커집니다. 일부의 매우 큰 값이 전체 평균을 끌어올리기 때문입니다.

어찌 되었든 분포를 알지 못한다면 평균으로 알 수 있는 내용은 많지 않다는 사실을 명심하세요.

예제 1 ──────────────────────── **평균을 통해 알 수 있는 사실** ○ ×

어떤 중학교의 3학년 학생 100명의 키를 측정하여 평균을 계산하니 163.5cm였습니다. 이 결과로부터 확실하게 옳은 것에는 ○를 그렇지 않은 것에는 ×를 왼쪽 네모에 써 넣으세요.

☐ (1) 키가 163.5cm보다 큰 학생과 작은 학생은 각각 50명이다.

☐ (2) 100명 학생 전부의 키를 더하면 163.5cm×100＝16350cm이다.

☐ (3) 키를 10cm마다 '130cm 이상이면서 140cm 미만인 학생', '140cm 이상이면서 150cm 미만인 학생'……처럼 구분하면 '160cm 이상이면서 170cm 미만인 학생'이 가장 많다.

---

27 역주 어떤 측정값(x)과 다른 측정값(y) 사이의 관계가 $y = ax^k$ 관계를 만족할 때의 그래프는 멱법칙분포가 됩니다.

28 10만 부 이상 팔리는 서적은 전체의 극히 일부입니다.

29 블로그의 대부분은 몇 개의 포스트에 인기가 집중됩니다.

30 다음에 설명합니다.

(1) 평균≠중앙값입니다. ⇒ ×

(2) 평균×사람 수=합계입니다. ⇒ ○

(3) 평균으로 데이터 분포(흩어진 정도)는 알 수 없습니다. ⇒ ×

가평균 방법: 쉽게 계산하기 위한 힌트

5명의 키

$$168 \, \text{cm}, \; 171 \, \text{cm}, \; 176 \, \text{cm}, \; 172 \, \text{cm}, \; 173 \, \text{cm}$$

의 평균값을 구하고 싶다고 합시다.

물론

$$\frac{168 + 171 + 176 + 172 + 173}{5} = \frac{860}{5} = \mathbf{172}(\text{cm})$$

으로 계산하면 되지만, 5개 값 모두 값이 비슷하므로 조금 더 편한 계산 방법이 있을 것 같습니다.

예를 들어 170cm와의 차이를 생각하여 차이의 평균을 계산해 봅시다. 그다음 170cm를 더하면 같은 결과를 쉽게 얻을 수 있습니다.

$$\frac{(-2) + (+1) + (+6) + (+2) + (+3)}{5} + 170 = \frac{10}{5} + 170$$

$$= 2 + 170 = \mathbf{172} \; (\text{cm})$$

원래 값	168	171	176	172	173	(cm)
가평균(170)과의 차	−2	+1	+6	+2	+3	(cm)

이렇게 데이터의 각 값이 비슷하여 평균값을 대충 예상할 수 있다면 예상값(또는 예상값에 가까운 계산하기 쉬운 값)을 가평균으로 하여 **'가평균과의 차이**[31]**의 평균'과 '가평균의 합'을 이용하여 평균을 계산**하면 계산이 쉬워지므로 기억해 두면 좋습니다.

가평균과의 차이의 평균 + 가평균 = 평균

▼ 그림 1-17 가평균을 사용한 방법을 그림으로 표현

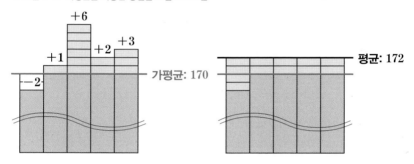

증명

변량 x의 데이터 n개 값

$$x_1, \ x_2, \ x_3, \cdots\cdots, \ x_n$$

이 있을 때 가평균을 x_0라 하면 '가평균과의 차이'는 각각

$$x_1 - x_0, \ x_2 - x_0, \ x_3 - x_0, \cdots\cdots, \ x_n - x_0$$

입니다. '가평균과의 차이의 평균'은

$$\frac{(x_1 - x_0) + (x_2 - x_0) + (x_3 - x_0) + \cdots\cdots + (x_n - x_0)}{n}$$

$$= \frac{x_1 + x_2 + x_3 + \cdots\cdots + x_n - nx_0}{n} \qquad \boxed{\overline{x} = \frac{x_1 + x_2 + x_3 + \cdots\cdots + x_n}{n}}$$

$$= \frac{x_1 + x_2 + x_3 + \cdots\cdots + x_n}{n} - \frac{nx_0}{n} = \overline{x} - x_0$$

---

31 가평균과의 차이는 변량값이 가평균보다 크면 +(양수), 작으면 −(음수)로 생각합니다.

이므로 '가평균과의 차이의 평균'+가평균은

$$\overline{x} - x_0 + x_0 = \overline{x}$$

로 평균과 같아집니다.

가평균 정하는 방법을 잘 모르겠어요.

앞 증명에서 알 수 있듯이 가평균 값은 평균과 상관없으므로 계산하기 편할 것 같은 값을 아무것이나 골라도 됩니다.

보충설명 | **여러 가지 평균**[32]

평균에는 '합÷개수' 말고도 몇 가지 종류가 있으므로 대표적인 평균을 간단하게 살펴봅시다.

(1) 산술평균

보통 '평균'이라고 했을 때 생각하는 '합÷개수'의 평균, 즉

$$\overline{x_A} = \frac{x_1 + x_2 + x_3 + \cdots + x_n}{n}$$

로 정의되는 $\overline{x_A}$는 정확히 말하면 x_1, x_2, x_3, $\cdots$, x_n의 **산술평균**(arithmetic mean) 또는 **상가평균**이라고 부릅니다.[33]

---

32 여기서부터 70쪽까지는 평균에 관한 보충 설명이므로 빨리 뒤로 넘어가고 싶은 독자는 70쪽 '중앙값'으로 넘어가도 괜찮습니다.

33 $\overline{x_A}$의 'A'는 산술평균을 뜻하는 영어 arithmetic mean의 첫 글자입니다. 다음에 나오는 $\overline{x_G}$와 $\overline{x_H}$ 등 아래첨자 알파벳도 각 평균을 뜻하는 영어의 첫 글자입니다.

참고로 두 수 a와 b의 **산술평균**은 수직선상의 a를 나타내는 점과 b를 나타내는 점의 **중점**이 됩니다.

❤ 그림 1-18 수직선상에 나타낸 산술평균

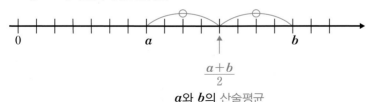

$$\frac{a+b}{2}$$

a와 b의 산술평균

증명

수직선상의 a를 나타내는 점과 b를 나타내는 점의 중점 값을 x라고 하면 다음과 같이 정리됩니다.

$$x - a = b - x \;\Rightarrow\; 2x = a + b \;\Rightarrow\; x = \frac{a+b}{2}$$

증명 끝

(2) 기하평균

n개의 양수 $x_1, x_2, x_3, \cdots\cdots, x_n$이 있을 때 **이 수들을 곱한 값의 n 제곱근**[34], 즉

$$\overline{x_G} = \sqrt[n]{x_1 x_2 x_3 \cdots\cdots x_n}$$

으로 정의되는 $\overline{x_G}$를 $x_1, x_2, x_3, \cdots\cdots, x_n$의 **기하평균**(geometric mean) 또는 상승평균이라고 부릅니다.

[기하평균을 사용한 예]

예를 들어 어떤 회사의 업적이 해마다

$$120\% \qquad 150\% \qquad 160\%$$

100억 원 → 120억 원 → 180억 원 → 228억 원

---

34 'n 제곱근'은 이 절의 마지막(78쪽)에서 설명합니다.

로 성장했다고 합시다. 전년 대비 120%, 150%, 160%입니다. 이 값들의 산술평균은

$$\frac{120 + 150 + 160}{3} = \frac{430}{3} \fallingdotseq 143.3\%$$

가 되는데, 1000억 원에서 매년 43.3%씩 성장했다고 생각하면 3년 후에 2880억 원이 되는 게 아니라 약 2940억 원이 됩니다.[35] 전년 대비 120%, 150%, 160%로 생각하여 이 값들의 기하평균을 계산하면

$$\sqrt[3]{\frac{120}{100} \times \frac{150}{100} \times \frac{160}{100}} = \sqrt[3]{\frac{2880000}{100^3}} \fallingdotseq 142.3$$

가 됩니다. 1000억 원부터 매년 42.3%씩 성장했다고 생각하면 3년 후에는 약 2880억 원이 되어 실제와 같아집니다.[36] 이처럼 매해의 성장률 평균을 생각할 때는 산술평균이 아니라 기하평균이 적절합니다.

참고로 두 양수 a와 b의 **기하평균**은 직각삼각형의 직각에서 대변에 내린 수선이 대변을 a와 b로 나눌 때의 **수선의 길이**입니다.

❤ 그림 1-19 그림으로 나타낸 기하평균

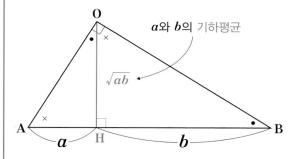

---

35 $1000 \times 1.433^3 = 2942.6\cdots$

36 $1000 \times 1.423^3 = 2881.4\cdots$

그림 1-19에서 OH의 길이를 x라 하면 △OAH와 △BOH는 서로 닮음이 므로

$$AH : HO = OH : HB \quad \Rightarrow \quad a : x = x : b \quad \Rightarrow \quad x^2 = ab$$

$x > 0$이므로

$$x = \sqrt{ab}$$

(3) 조화평균

n개의 양수 x_1, x_2, x_3, ……, x_n이 있을 때 각 수의 **역수[37]를 취한 후 산술평균을 계산한 결과의 역수를 취한 값**, 즉

$$\frac{1}{x_H} = \frac{\dfrac{1}{x_1} + \dfrac{1}{x_2} + \dfrac{1}{x_3} + \cdots\cdots + \dfrac{1}{x_n}}{n}$$

$$\Rightarrow \quad \overline{x_H} = \frac{n}{\dfrac{1}{x_1} + \dfrac{1}{x_2} + \dfrac{1}{x_3} + \cdots\cdots + \dfrac{1}{x_n}}$$

로 정의되는 $\overline{x_H}$를 x_1, x_2, x_3, ……, x_n의 **조화평균**(harmonic mean)이라고 합니다.

꽤 복잡한 식이네요.
쓸 데가 없을 것 같아
보이는데요…….

조화평균이 활약하는 유명한
예를 살펴봅시다.

---

37 '어떤 수의 역수'는 역수를 취하기 전 수와의 곱이 1이 되는 수를 가리킵니다. 예를 들어 2의 역수는 $\frac{1}{2}$이고 $\frac{2}{3}$의 역수는 $\frac{3}{2}$입니다.

[조화평균을 사용한 예]

예를 들어 300km 길을 갈 때는 시속 30km로 올 때는 시속 60km로 달렸다고 합시다. 왕복할 때의 평균 속도[38]를 구해 봅시다.

여기서 그냥 시속 30km와 시속 60km의 산술평균이 되겠구나 하면 안 됩니다. 실제로 30과 60의 산술평균은

$$\frac{30 + 60}{2} = \frac{90}{2} = 45$$

인데, 시속 45km는 우리가 구하려는 '평균 속도'가 아닙니다.

확인해 봅시다.

300km 길을 갈 때는 10시간[39], 올 때는 5시간[40] 걸려서 달렸으므로 왕복 600km를 15시간 동안 달린 게 됩니다. 즉, 평균 속도는

$$\frac{600}{15} = 40$$

로부터 시속 40km입니다. 그리고 이 40이라는 숫자는

$$\frac{2}{\dfrac{1}{30} + \dfrac{1}{60}} = 2 \div \left(\frac{1}{30} + \frac{1}{60} \right) = 2 \div \frac{2+1}{60} = 2 \div \frac{3}{60} = 2 \times \frac{60}{3} = 40$$

로 구할 수 있습니다.[41] 즉, 40은 30과 60의 조화평균입니다.

참고로 두 양수 **a와 b의 조화평균**은 그림 1-20처럼 높이가 같고 기울기[42]가 a와 b인 두 선분을 이었을 때의 **끝과 끝을 연결하는 선분의 기울기**입니다.

---

38 전 여정을 일정한 속도로 달렸다고 가정했을 때의 속도

39 거리÷속도＝시간 ⇒ 300÷30＝10(시간)

40 거리÷속도＝시간 ⇒ 300÷60＝5(시간)

41 a와 b의 조화평균은 $n=2$인 경우이므로

$$\overline{x_H} = \frac{2}{\dfrac{1}{a} + \dfrac{1}{b}} = 2 \div \left(\frac{1}{a} + \frac{1}{b} \right) = 2 \div \frac{b+a}{ab} = \frac{2ab}{a+b}$$

42 '기울기 ＝ $\dfrac{\text{높이}}{\text{가로 길이}}$'입니다. 즉, 기울기는 '가로 길이에 대한 높이의 비율'을 나타냅니다.

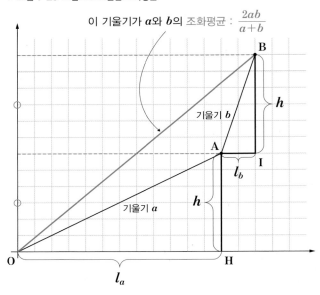

이 기울기가 a와 b의 조화평균 : $\dfrac{2ab}{a+b}$

증명

그림 1-20에서 OA의 기울기를 a, OB의 기울기를 b라 합시다. 즉,

$$a = \frac{h}{l_a}, \ b = \frac{h}{l_b}$$

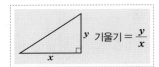

y 기울기 $= \dfrac{y}{x}$

입니다. 그러면 다음과 같이 식이 정리됩니다.

$$\text{OB의 기울기} = \frac{2h}{l_a + l_b} = \frac{2h \times \dfrac{h}{l_a l_b}}{(l_a + l_b) \times \dfrac{h}{l_a l_b}}$$

$$= \frac{2\dfrac{h}{l_a} \cdot \dfrac{h}{l_b}}{\dfrac{h}{l_b} + \dfrac{h}{l_a}} = \frac{2ab}{b+a} = \frac{2ab}{a+b}$$

증명 끝

[그런데 왜 '조화'인가?]

그런데 왜 이 평균에는 '조화'라는 이름이 붙었을까요?

그건 바로 고대 그리스의 **피타고라스**와 그 제자들이 현악기 **현의 길이와 서로 아름답게 울리는 음계 사이의 관계**를 연구했을 때 다음과 같은 사실을 발견했던 일에서 유래했다고 전해집니다.

어떤 현의 길이를 1이라고 하고 이 현을 튕겼을 때의 음이 '도'라고 하면 길이가 2인 현을 튕겼을 때의 음은 한 옥타브 아래의 '도'가 되고 길이가 1인 현의 음과 완전히 서로에게 녹아듭니다.

▼ 그림 1-21 현의 길이, 조화평균, 산술평균 그리고 소리

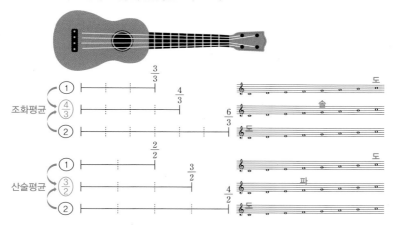

다음으로 **1과 2의 조화평균**[43]인 $\frac{4}{3}$ 길이의 현을 튕기면 '솔' 음이 나고 '도'와 아름답게 조화를 이룹니다(서로 아름답게 울립니다).

참고로 **1과 2의 산술평균**[44]인 $\frac{3}{2}$ 길이의 현을 튕기면 '파' 음이 나고 마찬가지로 '도'와 아름답게 조화를 이룬다는 사실을 알았습니다.

---

43 $\dfrac{2}{\dfrac{1}{1}+\dfrac{1}{2}} = 2 \div \left(\dfrac{1}{1}+\dfrac{1}{2}\right) = 2 \div \dfrac{3}{2} = \dfrac{4}{3}$

44 $\dfrac{1+2}{2} = \dfrac{3}{2}$

| **'산술평균 ≥ 기하평균 ≥ 조화평균'을 증명해 보자**

일반적으로 두 양수 a와 b가 있을 때

$$\frac{a+b}{2} \geq \sqrt{ab} \geq \frac{2ab}{a+b} \text{ (등호는 } a = b \text{일 때 성립)}$$

라는 관계식이 성립합니다. 이는 두 양수에 대해

산술평균 ≥ 기하평균 ≥ 조화평균

이라는 관계가 성립함을 의미합니다.[45] 위 부등식을

　　(가) 산술평균 ≥ 기하평균

　　(나) 기하평균 ≥ 조화평균

와 같이 두 개로 나눠서 증명합니다(마찬가지로 다음 내용을 빨리 보고 싶은 분은 70쪽까지 뛰어넘어도 괜찮습니다).

증명

(가) $\dfrac{a+b}{2} \geq \sqrt{ab}$ **(산술평균 ≥ 기하평균) 증명**

[도형을 사용한 증명]

▼ 그림 1-22 증명에 필요한 도형

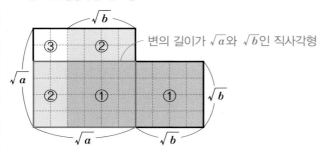

변의 길이가 $\sqrt{a}$와 $\sqrt{b}$인 직사각형

45　위 부등식의 왼쪽 '산술평균≥기하평균' 관계는 고등학교에서 배웠던 기억이 날 겁니다.

a와 b는 양수라 합시다.

그림 1-22에서 보면 알 수 있듯이 다음과 같이 넓이를 구할 수 있습니다.

정사각형 ①: 한 변의 길이가 $\sqrt{b}$인 정사각형 → 넓이: $\sqrt{b} \times \sqrt{b} = b$

직사각형 (①+②): 변의 길이가 $\sqrt{a}$와 $\sqrt{b}$인 직사각형 → 넓이: $\sqrt{b} \times \sqrt{b}$ $= \sqrt{ab}$

정사각형 (①+②+②+③): 한 변의 길이가 $\sqrt{a}$인 정사각형 → 넓이: $\sqrt{a} \times \sqrt{a} = a$

그림 1-22의 넓이에 따라 명백하게

(한 변의 길이가 $\sqrt{a}$인 정사각형 + 한 변의 길이가 $\sqrt{b}$인 정사각형)

$\geq$ (변의 길이가 $\sqrt{a}$와 $\sqrt{b}$인 직사각형$\times 2$)

이 됩니다.[46] 따라서

$$\Rightarrow \quad ① + ② + ② + ③ + ① \geq (① + ②) \times 2$$

$$\Rightarrow \quad a + b \geq \sqrt{ab} \times 2$$

$$\Rightarrow \quad \frac{a+b}{2} \geq \sqrt{ab}$$

또한, **등호(＝)가 성립할 때는** 정사각형 ③의 넓이가 0일 때, 즉 **$a = b$일 때**입니다.

[수식을 통한 증명]

a와 b는 양수라고 합시다.

> 제곱공식
> $(x - y)^2 = x^2 - 2xy + y^2$

$$(\sqrt{a} - \sqrt{b})^2 \geq 0 \quad \cdots ①$$

$$\Rightarrow \quad a - 2\sqrt{ab} + b \geq 0 \quad \Rightarrow \quad a + b \geq 2\sqrt{ab} \quad \Rightarrow \quad \frac{a+b}{2} \geq \sqrt{ab}$$

---

46 그림으로 보면 부등식은 정사각형 ③만큼 좌변이 우변보다 크다는 걸 알 수 있습니다.

등호가 성립할 때는 식 ①에서 $a=b$일 때입니다.

증명 끝

증명

(나) $\sqrt{ab} \geq \dfrac{2ab}{a+b}$ (기하평균 ≥ 조화평균) 증명

(가)에서 보였던 '산술평균 ≥ 기하평균' 관계에 따르면

양수 x와 y가 있을 때

$$\frac{x+y}{2} \geq \sqrt{xy} \quad \cdots (A)$$

입니다(등호는 $x=y$일 때 성립). 이때 양수 a와 b를 사용하여 x와 y를 다음과 같이 치환합니다.

$$x = \frac{1}{a}, \quad y = \frac{1}{b}$$

이 둘을 식 (A)에 대입하면

$$\frac{x+y}{2} \geq \sqrt{xy} \quad \Rightarrow \quad \frac{\dfrac{1}{a}+\dfrac{1}{b}}{2} \geq \sqrt{\frac{1}{a} \cdot \frac{1}{b}}$$

$$\Rightarrow \quad \left(\frac{1}{a}+\frac{1}{b}\right) \div 2 \geq \frac{1}{\sqrt{ab}}$$

$$\Rightarrow \quad \frac{b+a}{ab} \times \frac{1}{2} \geq \frac{1}{\sqrt{ab}}$$

$$\Rightarrow \quad \frac{a+b}{2ab} \geq \frac{1}{\sqrt{ab}}$$

$$\Rightarrow \quad \sqrt{ab} \geq \frac{2ab}{a+b} \quad \cdots (B)$$

> $\dfrac{1}{3} \geq \dfrac{1}{5} \quad \Rightarrow \quad 5 \geq 3$
>
> 에서도 알 수 있듯이, 일반적으로 양수 x와 y에 대해
>
> $\dfrac{1}{x} \geq \dfrac{1}{y} \quad \Rightarrow \quad y \geq x$
>
> 가 성립합니다.

가 됩니다. 식 (A)에서 등호가 성립하려면 $x=y$이므로 식 (B)의 등호는 $a=b$ **일 때** 성립합니다. (가)와 (나)에 의해

$$\frac{a+b}{2} \geq \sqrt{ab} \geq \frac{2ab}{a+b} \qquad \text{(등호는 } a=b \text{일 때 성립)}$$

임을 알 수 있습니다.

증명 끝

'산술평균≥기하평균≥조화평균'의 관계는 그림 1-23을 사용해서 직관적으로 이해할 수도 있습니다.

[세 종류의 평균을 직관적으로 이해하기]

❤ 그림 1-23 반원 위에 나타낸 세 종류의 평균

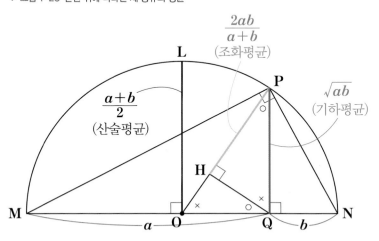

그림 1-23은 MN을 지름으로 하는 반원입니다. MQ의 길이가 a, QN의 길이

가 b일 때 반지름 OL은 지름의 절반이므로

$$OL = \frac{MN}{2} = \frac{MQ + QN}{2} = \frac{a + b}{2}$$

로 **OL은 a와 b의 산술평균(상가평균)**이 됩니다.

또한, $\triangle MPN$은 $\angle MPN = 90°$인 직각삼각형이고[47] PQ는 직각에서 대변을 a와 b로 나누는 점에 내린 수선이므로 **PQ는 a와 b의 기하평균(상승평균)**입니다.[48]

또한, $\triangle OPQ$와 $\triangle QPH$는 서로 닮음이므로

$$OP : PQ = QP : PH$$

$$\Rightarrow \quad \frac{a + b}{2} : \sqrt{ab} = \sqrt{ab} : PH$$

$$\Rightarrow \quad \frac{a + b}{2} \times PH = ab$$

$$\Rightarrow \quad PH = ab \times \frac{2}{a + b} = \frac{2ab}{a + b}$$

로 계산하면 **PH는 a와 b의 조화평균**임을 알 수 있습니다.

그림 1-23을 보면 $OL \geq PQ \geq PH$임이 자명합니다. 즉,

$$\mathbf{OL \geq PQ \geq PH} \quad \Rightarrow \quad \frac{a + b}{2} \geq \sqrt{ab} \geq \frac{2ab}{a + b}$$

입니다. 또한, $a = b$일 때는 특히 Q가 원의 중심 O와 일치하기 때문에 OL, PQ, PH는 모두 겹칩니다. 즉, OL=PQ=PH가 되어서 등호가 성립합니다.

참고로 **'산술평균 ≥ 기하평균 ≥ 조화평균'**의 관계는 수가 2개일 때뿐만 아니라 n개의 양수 $x_1, x_2, x_3 \cdots\cdots, x_n$에 대해서도 **일반적으로 성립**합니다.

---

47 지름에 대한 원주각은 90°입니다.

48 57쪽 참조

흐음……, 근데 이걸 알면 어디에 도움이 되나요?

예를 들어 다음과 같이 주식 투자 전략을 세울 때 도움이 됩니다!

1주당 구입 금액을 낮추려면 어느 쪽을 선택해야 할까?

갑작스럽지만 만약 어떤 회사의 주식에 1년 동안 투자한다면 여러분은 어떤 전략을 선택하겠습니까?

전략 A: 매달 구매하는 주 수를 일정하게 한다.

전략 B: 매달 구매하는 금액을 일정하게 한다.

이익이 크려면 1년 치를 계산했을 때 **1주당 구매 금액**이 낮아야 합니다.

$$\text{1주당 구매 금액} = \frac{\text{구매 금액 합계}}{\text{구매 주 수 합계}}$$

인 것에 주의하여 전략 A와 전략 B를 비교해 봅시다.

투자는 1월부터 시작하여 **매월 주가**는 1주당

1월은 x_1원, 2월은 x_2원, 3월은 x_3원, ……, 12월은 x_{12}원

이라고 합시다.

[전략 A]

전략 A에서 매달 구매하는 주 수가 일정하게 k라고 한다면 구매 주 수와 구매 금액은 다음 표 1-6과 같습니다.

	1월	2월	3월	……	12월	합계
주가(원)	x_1	x_2	x_3	……	x_{12}	
구매 주 수(주)	k	k	k	……	k	$12k$
구매 금액(원)	$x_1 k$	$x_2 k$	$x_3 k$	……	$x_{12} k$	$x_1 k + x_2 k + x_3 k + \cdots + x_{12} k$

1주당 구매 금액은

$$1\text{주당 구매 금액} = \frac{\text{구매 금액 합계}}{\text{구매 주 수 합계}}$$

$$= \frac{x_1 k + x_2 k + x_3 k + \cdots + x_{12} k}{12 k}$$

$$= \frac{x_1 + x_2 + x_3 + \cdots + x_{12}}{12} \quad \cdots ①$$

입니다.

[전략 B]

전략 B에서 매달 일정한 구매 금액을 m원이라고 하면 구매 주 수와 구매 금액은 표 1-7과 같습니다.

▼ 표 1-7 전략 B

	1월	2월	3월	……	12월	합계
주가(원)	x_1	x_2	x_3	……	x_{12}	
구매 주 수(주)	$\dfrac{m}{x_1}$	$\dfrac{m}{x_2}$	$\dfrac{m}{x_3}$	……	$\dfrac{m}{x_{12}}$	$\dfrac{m}{x_1} + \dfrac{m}{x_2} + \dfrac{m}{x_3} + \cdots + \dfrac{m}{x_{12}}$
구매 금액(원)	m	m	m	……	m	$12m$

1주당 구매 금액은

$$1주당\ 구매\ 금액 = \frac{구매\ 금액\ 합계}{구매\ 주\ 수\ 합계}$$

$$= \cfrac{12\hat{m}}{\dfrac{\hat{m}}{x_1} + \dfrac{\hat{m}}{x_2} + \dfrac{\hat{m}}{x_3} + \cdots\cdots + \dfrac{\hat{m}}{x_{12}}}$$

$$= \cfrac{12}{\dfrac{1}{x_1} + \dfrac{1}{x_2} + \dfrac{1}{x_3} + \cdots\cdots + \dfrac{1}{x_{12}}} \quad \cdots②$$

가 됩니다.

이미 눈치챘겠지만

> 전략 A의 1주당 구매 금액은 x_1, x_2, x_3, $\cdots\cdots$, x_{12}의 산술평균
> 전략 B의 1주당 구매 금액은 x_1, x_2, x_3, $\cdots\cdots$, x_{12}의 조화평균

입니다.[49]

산술평균 ≥ 조화평균

> 일반적으로 $x \geq z \geq y \Rightarrow x \geq y$

으로부터[50] 일 년 동안 '1주당 구매 금액'이 더 낮아지는(더 이득인) 전략은 **전략 B**임을 알 수 있습니다.

일반적으로 금융 상품을 구매할 때 전략 B처럼 일정액을 정기적으로 투자하는 방법을 **달러 코스트 평균법**(dollar cost averaging)이라고 부릅니다.

달러 코스트 평균법은 투자 전략의 기본이므로 이름을 들어본 적이 있겠죠? 하지만 이 이론의 배경에

산술평균 (≥ 기하평균) ≥ 조화평균

이 사용됐다는 사실은 의외로 알려져 있지 않습니다.

---

49 둘 다 정의식에서 $n = 12$일 때입니다.

50 산술평균 ≥ 기하평균 ≥ 조화평균이므로 산술평균 ≥ 조화평균입니다.

이 다음부터 이 책에서 아무 말 없이 '평균'이라고 말할 때는 산술평균(상가평균)이라고 생각해 주세요.

> 평균에 관해 이야기가 너무 길어졌네요(55쪽 또는 62쪽에서 뛰어넘어 온 여러분, 오래 기다렸습니다!). 이제 중앙값을 살펴봅니다.

대푯값 2: 중앙값(미디안)

다시 한번 말합니다. 분포를 보지 않고 평균값만으로 데이터의 특징을 이야기하면 위험합니다.

단, 평균값에 중앙값까지 안다면 분포를 대강 예측할 수도 있습니다.

> 중앙값(median): 데이터에 포함된 관측값이나 측정값을 큰 순서로 나열했을 때 중앙에 오는 값. **미디안**[51]이라고 부릅니다. 구하는 방법은 다음과 같습니다.

순서	중앙값을 구하는 방법

순서 ①: 데이터값을 큰 순서대로 나열합니다

순서 ②:

[데이터의 크기가 홀수일 때]: 중앙값 = 정확히 가운뎃값

[데이터의 크기가 짝수일 때]: 중앙값 = 중앙에 있는 두 값의 평균

※ 평균은 산술평균을 의미합니다.

---

51 여담이지만 median의 어원은 middle과 같고 '중앙'을 의미하는 라틴어 medius에서 유래했다고 합니다.

중앙값을 구하는 방법은 데이터의 크기가 홀수인지 짝수인지에 따라 다르므로 주의하세요.

'데이터의 크기'는 뭐였죠?

좋은 질문이에요. 데이터의 크기(size)란 **데이터를 구성하는 관측값이나 측정값의 개수**를 말합니다. 도수분포표의 도수 합계가 그 데이터의 크기였죠 (35쪽).

예 2   다시 A 모둠과 B 모둠의 점수

예 1 (49쪽)에서 사용했던 학생 수 6명인 A 모둠과 5명인 B 모둠의 시험 결과로 각 모둠의 중앙값을 구해 봅시다.

A 모둠(점)	50	60	40	30	70	50
B 모둠(점)	40	30	40	40	100	

순서 ①

작은 순서로 나열합니다.

	1번째	2번째	3번째	4번째	5번째	6번째
A 모둠(점)	30	40	50	50	60	70
B 모둠(점)	30	40	40	40	100	

순서 ②

〈A 모둠〉

데이터의 크기는 6(짝수)이므로 중앙값은 3번째와 4번째의 평균입니다.

	1번째	2번째	3번째	4번째	5번째	6번째
A 모둠(점)	30	40	50	50	60	70

이 두 값의 평균

$$A \text{ 모둠의 중앙값} = \frac{50 + 50}{2} = 50(\text{점})$$

〈B 모둠〉

데이터의 크기는 5(홀수)이므로 중앙값은 정확히 중간인 3번째 값입니다.

	1번째	2번째	3번째	4번째	5번째
B 모둠(점)	30	40	40	40	100

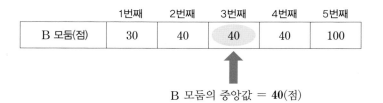

$$B \text{ 모둠의 중앙값} = 40(\text{점})$$

여기서 50쪽에서 구했던 평균값을 다시 살펴보면

$$A \text{ 모둠의 중앙값} = 50\text{점}$$
$$B \text{ 모둠의 중앙값} = 50\text{점}$$

였습니다. 이번에 구한 중앙값과 비교하면

$$A \text{ 모둠} \cdots \text{ 중앙값} = \text{평균값}$$
$$B \text{ 모둠} \cdots \text{ 중앙값} < \text{평균값}$$

이 됩니다.

[바깥값에 주의!]

이제 두 모둠의 히스토그램을 그려서 득점 분포를 살펴봅시다.

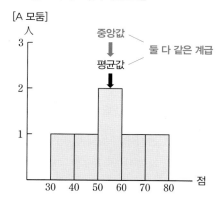

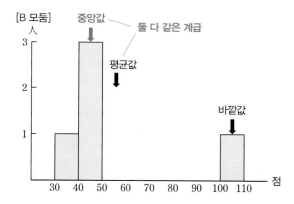

이렇게 보면 확실하게 알 수 있듯이 A 모둠은 '50점 이상 60점 미만'인 계급에 평균값과 중앙값이 포함되고 이 계급을 중심으로 좌우대칭인 예쁜 분포입니다.

B 모둠은 1명만 한쪽 끝에 좋은 점수인 사람이 있는 분포로는 일그러진 형태를 띠고 있습니다. 이렇게 다른 값과 차이가 큰 값을 바깥값(outlier)라 부릅니다.

데이터에 바깥값이 있을 때 평균값은 영향을 받지만 중앙값은 영향을 크게 받지 않는다는 특징이 있습니다. 그렇기 때문에 바깥값이 포함된 데이터는 평균값보다 중앙값으로 데이터를 대표하는 것이 적절할 때가 많습니다.

대푯값 3: 최빈값(모드)

만약 여러분이 신발 가게 주인이고 신발을 발주할 때 크기별로 개수를 정해야 한다고 합시다. 그럴 때 과거 데이터가 있다면 여러분은 데이터의 어떤 점을 주목하겠습니까?

지금까지 팔린 신발 사이즈의 평균값이나 중앙값을 보겠습니까?

역시 (우선) **과거에 몇 cm 신발이 가장 많이 팔렸는지**에 주목해야 하지 않을까요? '가장 잘 팔린 신발 크기'처럼 데이터에 가장 많이 등장하는 값, 그 값이 바로 최빈값입니다.

> 최빈값(mode): 데이터에서 가장 개수가 많은 값. **모드**라고도 부릅니다.[52] 데이터가 도수분포표로 정리되어 있으면 도수가 가장 많은 계급의 계급값을 최빈값으로 합니다.

▤ 예 3 ▤ 또다시 A 모둠과 B 모둠의 점수

또다시 앞에서 사용했던 A 모둠과 B 모둠 시험 결과로 최빈값을 구해 봅시다.[53]

A 모둠(점)	50	60	40	30	70	50
B 모둠(점)	40	30	40	40	100	

$$\text{A 모둠의 최빈값} = 50\,(\text{점})$$
$$\text{B 모둠의 최빈값} = 40\,(\text{점})$$

데이터에 바깥값이 포함돼 있다고 해도 바깥값의 도수는 (다른 값과 얼마나 떨어져 있는지 상관없이) '1'밖에 안 되므로 **최빈값은 바깥값의 영향을 거의 받지 않는다**는 특징이 있습니다.

---

52 영어 mode의 첫 번째 의미는 '양식'과 '방법'인데, 프랑스어 à la mode가 '유행하는'이나 '현대풍의' 등의 의미가 있는 것처럼 영어 mode에도 '가장 유행하는 양식(방법)'이라는 의미가 있습니다. 바로 이 의미가 최빈값을 나타내는 용어가 됐다고 합니다.

53 최빈값은 어디까지나 도수가 가장 큰 계급의 계급값입니다. 도수와 헷갈리지 않도록 주의하세요.

실제로는 양적 데이터[54]는 각 값에 대해 최빈값을 생각하는 경우는 거의 없습니다. 보통은 도수분포표를 만들어 가장 도수가 큰 계급의 계급값을 최빈값으로 합니다.

시험 점수라면 몇 점인 사람이 가장 많은지를 알더라도 별로 의미는 없어 보이지만, 신발 가게라면 몇 cm 신발이 가장 많이 팔렸는지를 아는 건 중요해요.

 2

오른쪽 표는 어떤 회사 사원 60명의 통근 시간을 조사한 결과를 정리한 도수분포표입니다. 이 데이터의 최빈값을 구하세요.

계급(분)	도수(명)
0 이상 ~ 20 미만	5
20 ~ 40	11
40 ~ 60	16
60 ~ 80	20
80 ~ 100	7
100 이상	1
합계	60

해답

도수가 가장 큰 계급은 '60(분) 이상 ~80(분) 미만'입니다. **도수분포표의 최빈값은 도수가 가장 큰 계급의 계급값(그 계급의 중앙값)**(73쪽)이므로 구하려는 최빈값은 다음과 같습니다.

$$\frac{60 + 80}{2} = \frac{140}{2} = \mathbf{70}(분)$$

답 ⋯ 70(분)

---

54 '수치 자체를 더하거나 빼는 데 의미가 있는 변량(양적 변량)으로 이루어진 데이터'였죠(27쪽).

참고로 도수분포표로만 평균값을 구할 때도 있습니다. 그때는 각 계급의 '계급값×도수'의 합계를 도수의 합으로 나눈 값이 평균값이 됩니다. 예제 2 에서라면

$$\frac{10 \times 5 + 30 \times 11 + 50 \times 16 + 70 \times 20 + 90 \times 7 + 110 \times 1}{60} = 55.33 \cdots\cdots (분)$$

입니다.

단, 이렇게 구한 평균값은 원래 데이터에서 구한 진짜 평균값의 근삿값이고 보통 원래 평균값과는 조금 다른 값이 되므로 주의해야 합니다.

세 가지 대푯값과 데이터 분포

데이터 분포가 정점을 한 개 갖는 분포[55]일 때 데이터 분포에 따라 세 가지 대푯값의 대소는 다음과 같습니다.

(i) 분포가 좌우대칭 ⇒ 평균값 = 중앙값 = 최빈값

▼ 그림 1-25 좌우대칭인 분포

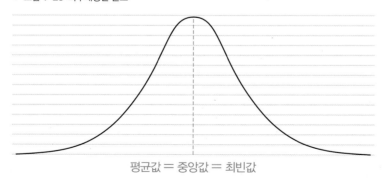

평균값 = 중앙값 = 최빈값

---

55 정점이 1개(산이 하나)인 분포를 **단봉성**(unimodal)**분포**, 정점이 2개인 분포를 **이봉성** 또는 **쌍봉성**(영어는 모두 bimodal)**분포**라고 부릅니다.

(ii) 분포가 오른쪽으로 치우쳐있다 ⇒ 평균값 < 중앙값 < 최빈값

❤ 그림 1-26 오른쪽으로 치우친 분포

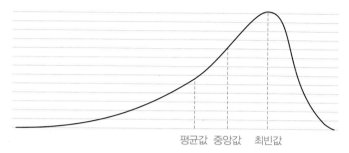

평균값 중앙값 최빈값

(iii) 분포가 왼쪽으로 치우쳐있다 ⇒ 최빈값 < 중앙값 < 평균값

❤ 그림 1-27 왼쪽으로 치우친 분포

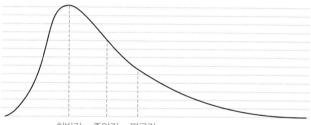

최빈값 중앙값 평균값

분포가 좌우 중 한쪽으로 치우쳐 있을 때 정점과 반대쪽으로 길게 늘어진 '꼬리'는 다른 값과 떨어진 폭이 크지만 도수가 작은 값, 즉 '바깥값'이 그쪽에 있다는 것을 나타냅니다.

치우친 분포에서는 길게 늘어진 꼬리 쪽에 평균값이 끌려가는 걸 잘 알겠어요. 그리고 평균값 다음으로 끌려오는 값이 중앙값. 그러니까 바깥값의 영향을 받기 쉬운 순서가

평균값 > 중앙값 > 최빈값

이라는 말이군요.

일반적으로 양의 정수 n을 가지고 n 제곱을 하면 a가 되는 수, 즉

$$x^n = a$$

를 만족하는 **x를 a의 n 제곱근**이라고 부릅니다.[56] n 제곱근을 통칭해서 **거듭제곱근**이라고도 부릅니다.

a의 n 제곱근은 $x^n = a$의 해이므로 $y = x^n$과 $y = a$ 그래프의 교점의 x좌표입니다. 단, 그림 1−28과 같이 $y = x^n$ 그래프는 n이 짝수일 때와 n이 홀수일 때가 많이 다르므로 주의해야 합니다.

n이 짝수일 때 **양수 a에 대해** 교점(a의 n 제곱근)은 2개이고 n이 홀수일 때는 교점(a의 n 제곱근)은 1개입니다.

n이 짝수일 때 두 개 존재하는 **a의 n 제곱근 중 양수를 $\sqrt[n]{a}$로** 표기합니다(단, $a > 0$).

n이 홀수일 때 a의 n 제곱근은 하나이므로 단순히 $\sqrt[n]{a}$로 표기합니다.[57]

단, $a = 0$일 때는 $y = x^n$과 $y = 0$ 그래프의 교점은 n이 짝수일 때나 홀수일 때나 하나입니다. 따라서 **0의 n 제곱근**은 0밖에 없고 $\sqrt[n]{0} = 0$이라고 정의합니다.

또한, $n = 2$일 때

$$x^2 = a \iff x = \pm\sqrt[2]{a} \quad (a > 0)$$

이지만 $\sqrt[2]{a}$의 2는 생략하고 보통 $\sqrt{a}$로 표기합니다.

---

[56] 단 2제곱근은 보통 **제곱근**이라고 부릅니다.

[57] n이 홀수일 때는 a의 범위에 제한이 없습니다. 예를 들어, −8의 세제곱근(세제곱하면 −8이 되는 수)은 −2이므로 $\sqrt[3]{-8} = -2$입니다.

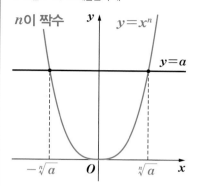

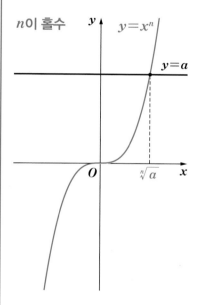

예를 들어 $\sqrt{3^2} = \sqrt{9}$는 '제곱하면 9가 되는 수 중 양수'를 가리킵니다. 즉,

$$\sqrt{3^2} = \sqrt{9} = 3$$

입니다.[58]

---

58 '제곱하면 9가 되는 수'는 3과 -3이 있는데 는 '양수'를 나타내는 기호이므로 $\sqrt{9} = 3$입니다.

틀리는 사람이 많습니다. 다음 경우도 주의해야 합니다.

마찬가지로 $\sqrt{(-3)^2}$도 $\sqrt{9}$이므로

$$\sqrt{(-3)^2} = \sqrt{9} = 3$$

이 됩니다. '$\sqrt{(-3)^2} = -3$'이 아닙니다. 위 관계는

$$\sqrt{(-3)^2} = 3 = -(-3)$$

으로 생각하여 제곱근[59]의 성질을 다음과 같이 정리할 수 있습니다.[60]

정리　**제곱근의 성질**

$$\sqrt{a^2} = \begin{cases} a & (a \geq 0\text{일 때}) \\ -a & (a \leq 0\text{일 때}) \end{cases}$$

---

[59] '제곱하면 a가 되는 수'는 2제곱근이라 부르지 않고 '제곱근'이라고 부릅니다.

[60] $a = 0$일 때는 $\sqrt{0^2} = 0$인데, $\sqrt{0^2} = -0 = -1 \times 0 = 0$으로 생각할 수 있으므로 등호($=$)는 양쪽에 모두 포함됩니다.

▶ 평균인 사람의 탄생과 환상

1940년대 미국에서 사회 현상이 되기까지 했던 이상적인 여성 '노마(Norma)'를 아시나요? 물론 노마는 실존하는 여성이 아닙니다. 노마는 당시 권위 있던 산부인과 의사 로버트 L 디킨슨(Robert L. Dickinson)이 1만 5000명의 젊은 성인 여성의 체형을 측정한 평균값을 토대로 협력자인 에이브람 벨스키(Abram Belskie)가 제작한 조각입니다.

당시의 과학자가 그랬듯이 디킨슨도 **대량의 표본을 모아 평균값을 구하면 사물의 진실이 밝혀질 것**이라고 믿고 있었습니다. 노마는 미술관에 전시됐을 뿐만 아니라 피규어로 제작되고, 신문과 잡지에서 특집으로 실리기도 했으며, TV에서도 다큐멘터리가 방영되어 금세 한 세기를 풍미했습니다. 나중에는 노마의 체형이 이상적인 체형이라고 인식돼서 미국 전역의 여성들은 노마의 체형에 가까워지려고 기를 썼다고 합니다.

뜻밖의 결과: 세계는 개성으로 넘치고 있다

'노마'가 크게 유행하던 중에 신문사와 미술관이 공동으로 '노마의 체형에 가장 가까운 여성을 선발하는 콘테스트'를 개최했습니다. 콘테스트 전, 심사원들은 대부분의 여성은 노마의 체형에 가까우리라(즉 평균값에 가까우리라) 생각하여 승부는 밀리미터 단위의 접전이 되리라 예상했습니다.

하지만 생각지도 못했던 결과가 기다리고 있었습니다. 3,864명의 참가자 중 심사 대상이 된 9개 부위 모두가 노마와의 오차가 30% 이내에 드는 참가자는 40명 미만이었습니다.

이는 **'평균적인 여성'이 현실에는 존재하지 않음**을 의미합니다. 이 결과를 보고 당시의 의사나 과학자 대부분은 '미국인 여성은 전체적으로 건강하지 않고 체형이 무너져 있다'고 비난했다고 합니다.

'평균은 참모습을 나타낸다'는 환상이 무너진 예는 이뿐만이 아닙니다.

노마 콘테스트가 열린 지 수년 후의 일입니다. 당시 추락사고가 잦아 고민하고 있던 미 공군은 병사 4,063명의 몸 치수를 자세하게 측정한 평균값을 토대로 많은 조종사에게 '딱 맞는' 사이즈의 조종석을 설계하려고 했습니다. 하지만 그렇게 도출된 각 평균값에 키와 몸무게, 팔 길이 등 10가지 항목 모두가 **'평균적인 병사'는 단 한 사람도 없었습니다.** 만약 평균값을 기반으로 조종석을 만들었다면 모든 조종사에게 (어딘가) 크기가 맞지 않는 조종석이 만들어졌을 것입니다. 미 공군은 평균값을 토대로 조종석을 설계하는 계획을 백지화했습니다.

누구에게나 맞는 물건을 만들려고 했는데 아무한테도 맞지 않는 물건이 만들어진다니 농담이라고 해도 너무합니다. 대안으로 만들어진 것이 좌석의 위치나 조종간의 높이 등은 각자가 자신에게 맞게 바꿀 수 있도록 하는 아이디어(오늘날 자동차의 표준 사양이죠)입니다. 실제로 각 장비를 조절 가능한 설계로 변경했더니 사고는 큰 폭으로 줄어들고 미 공군 조종사의 기술은 세계 제일이라 평가되기까지에 이르렀습니다.

한 세기를 풍미했던 케틀레 학설

몇 개의 항목 모두가 '평균적'인 개인이 실제로는 존재하지 않는다고 한다면 인간 사회에서 '평균'은 도대체 무얼 의미하는 걸까요?

이 물음을 최초로 생각했던 사람은 40쪽에서 소개했던 **아돌프 케틀레**(1796-1874)입니다

원래 케틀레는 천문학자였습니다. 당시 천문학계에서는 실험의 정밀도를 높이기 위해 복잡한 측정 결과의 평균을 취하는 이른바 '**평균법**'이 일반적으로 사용되었습니다. 이 방법을 사용하면 '참값'보다 너무 크거나 너무 작은 측정값 오차의 영향을 작게 만들 수 있기 때문입니다.

1830년 당시, 케틀레는 장래가 촉망받는 천문학자였습니다. 조국 벨기에의 왕립 관측소 소장으로 취임하기로 정해져 있었습니다. 그런데 그해 벨기에에서 혁명이 일어났습니다. 세상은 급변하여 케틀레의 장래도 앞이 전혀 보이지 않게 됐습니다. 정세 불안으로 자신의 커리어를 잃어가던 케틀레가 사회를 지배하는 법칙을 발견하여 사회를 관리하는 학문을 탄생시킬 수 없을까 하는 생각을 하게 됐던 것도 당연한 일이었을지 모릅니다.

케틀레는 아이작 뉴턴이 수학을 통해 자연계에 숨겨진 원리를 도출해낸 것과 마찬가지로 혼란스러워 보이는 사회를 과학적으로 파악하는 방법을 생각했습니다. 그게 바로 천문학의 '평균법'을 인간 사회에 응용하는 방법이었습니다.

케틀레는 인간에 관한 여러 가지 데이터의 평균을 계산했습니다. 인간의 가슴둘레, 키, 체중 등은 물론 결혼 시와 사망 시의 나이, 연간 출생 수와 범죄 건수 등도 평균을 계산했습니다. 또한, 오늘날 체질량지수(BMI)로 알려진 비만도를 나타내는 지수를 고안하고 그 값의 평균값을 남녀별로 계산하기도 했습니다.

케틀레는 자신이 계산해 낸 평균값이야말로 인간의(천문학의 평균값과 마찬가지로) 참모습이라고 결론지었습니다. '인간의 참모습이란 무엇인가, 바로 창조주인 신이 이상적이라 생각하는 완전무결한 인간'이라는 것이 케틀레의 주장입니다. 케틀레는 모든 점에서 평균적인 인간을 '평균인'이라고 부르며 다음과 같이 이야기했습니다.

> "어떤 사회의 어떤 시대에도 평균인의 자질을 모두 갖는 인간은 위대한 것, 선한 것, 아름다운 것 모두를 상징하는 존재이다."

'평균인'이야말로 인간의 '참모습'이고 이상이라는 케틀레의 생각은 널리 지지를 얻었습니다. 사회를 다스리는 원리를 해명했다고 인정받았던 것이었습니다.

벨기에 정부는 케틀레의 지시 아래 첫 국세 조사(19쪽)를 하였고 이는 나중에 각국의 근대적 국세 조사의 규범이 되었습니다.

미국 16대 대통령 **에이브라함 링컨**(1809-1865)도 케틀레 학설을 도입했습니다. 남북전쟁에서 북군을 통솔했던 그는 자신의 병사를 의학적으로 자세하게 측정하여 평균값을 보고하게 했습니다.

플로렌스 나이팅게일(21쪽)이 통계에 큰 흥미를 갖게 되었던 이유는 젊은 시절부터 케틀레를 신봉했기 때문입니다. 간호에 케틀레의 사상을 도입해서 '평균인'은 신의 의지입니다'라고 선언했습니다.

19~20세기 사회주의 운동에 막대한 영향을 끼친 **카를 마르크스**(1818-1883)는 공산주의 경제적 이론을 구축하기 위해 케틀레의 아이디어를 채택했습니다.

실험심리학의 아버지라 불리는 **빌헬름 분트**(1832-1920)는 '통계적 평균으로부터는 모든 철학적 지식을 합한 것보다도 심리학에 관한 더 많은 사실을 배울 수 있다고 해도 과장이 아니다. 예외는 아리스토텔레스 정도이다'라고까지 말했습니다.

어디까지나 기준 중 하나

현대를 사는 우리가 평균에서 멀어지는 데 불안을 느끼는 이유는 이런 '평균인'을 숭배하는 풍조가 남아 있기 때문이 아닐까요? 특히 먼저 해 본 사람을 따라 하는 경향이 강한 일본에서는 아직 '평균인'을 목표로 하는 분위기가 남아있습니다. 자신의 건강이나 커리어, 또는 아이의 발육 등에 관해서 평균이 아닌 것을 싫어하는 사람은 적지 않습니다. 여론이 유행에 좌우되기 쉬운 것도 뿌리를 살펴보면 '평균인'에 대한 동경이 있기 때문일 것입니다. 하지만 앞에서 살펴본 노마 콘테스트나 미국 조종사 예에서 알 수 있듯이 '평균인'은 현실에 존재하지 않습니다. 다음 절 이후부터 설명하는 **평균은 어디까지나 데이터 분포(흩어진 정도)를 조사하기 위한 기준**에 지나지 않습니다. 평균이 진실을 나타낸다고 생각하는 건 환상이며 평균에 가까운 걸 좋다고 여길 합리적인 근거는 없다고 생각합니다.

04 데이터가 흩어진 정도와 사분 위수: 4분할로 살펴본다

앞 절에서 '데이터 전체의 성질과 경향'을 나타내는 대푯값으로 평균값, 중앙값, 최빈값을 배웠습니다. 또한, 데이터 분포(흩어진 정도)의 편향 때문에 이 세 숫자의 대소가 영향을 받는다는 이야기도 했습니다.

두 리그 팀별 홈런 타수

표 1-8은 2018년도 프로야구팀별 홈런 타수입니다.

▼ 표 1-8 2018년도 팀별 홈런 타수

센트럴 리그			퍼시픽 리그		
순위	팀	홈런(타)	순위	팀	홈런(타)
1	히로시마	175	1	세부	196
2	야쿠르트	135	2	소프트뱅크	202
3	교진	152	3	니혼햄	140
4	DeNA	181	4	오릭스	108
5	주니치	97	5	롯데	78
6	한신	85	6	라쿠텐	132

복습도 할 겸 센트럴 리그와 퍼시픽 리그의 세 가지 대푯값(평균값, 중앙값, 최빈값)을 구해 봅시다. 먼저 타수가 적은 순서대로 정렬합니다.

단, 최빈값으로는 도수분포표를 만들어서 가장 도수가 큰 계급의 계급값을 사용합니다.

▼ 표 1-9 홈런 타수가 적은 순서대로 나열

	(가장 적음) 1번째	2번째	3번째	4번째	5번째	(가장 많음) 6번째
센트럴 리그(타)	85	97	135	152	175	181
퍼시픽 리그(타)	78	108	132	140	196	202

[평균값] (퍼시픽 리그는 소수점 아래 둘째 자리에서 반올림합니다)

센트럴 리그는

$$\frac{85 + 97 + 135 + 152 + 175 + 181}{6} = \frac{825}{6} = 137.5 \text{(타)}$$

퍼시픽 리그는

$$\frac{135 + 152}{2} = \frac{287}{2} = 143.5 \text{(타)}$$

[중앙값]

센트럴 리그는

$$\frac{135 + 152}{2} = \frac{287}{2} = 143.5 \text{(타)}$$

퍼시픽 리그는

$$\frac{132 + 140}{2} = \frac{272}{2} = 136 \text{(타)}$$

데이터에 포함되는 값의 개수는 둘 다 짝수(6개)니까 중앙값은 3번째와 4번째의 평균값이죠.

[최빈값]

표 1–10과 같이 도수분포표를 작성합니다.

▼ 표 1–10 도수분포표

센트럴 리그				퍼시픽 리그		
계급(타)	계급값(타)	도수		계급(타)	계급값(타)	도수
70 이상 ~ 90 미만	80	1		70 이상 ~ 90 미만	80	1
90 ~ 110	100	1		90 ~ 110	100	1
110 ~ 130	120	0		110 ~ 130	120	0
130 ~ 150	140	1		130 ~ 150	140	2
150 ~ 170	160	1		150 ~ 170	160	0
170 ~ 190	180	2		170 ~ 190	180	0
190 ~ 210	200	0		190 ~ 210	200	2
합계		6		합계		6

센트럴 리그는 **180(타)**, 퍼시픽 리그는 **140(타)**와 **200(타)**입니다.

지금까지의 내용을 표 1–11과 같이 정리할 수 있습니다.

▼ 표 1–11 세 가지 대푯값 정리

	평균값	중앙값	최빈값
센트럴 리그(타)	137.5	143.5	180
퍼시픽 리그(타)	142.7	136	140과 200

최빈값이 2개군요.

세 대푯값으로 각 분포를 판단해 보면 센트럴 리그는

$$평균값 < 중앙값 < 최빈값$$

이므로 봉우리(많은 쪽)가 오른쪽으로 치우친 분포라고 예측할 수 있고[61] 퍼시픽 리그는 최빈값이 2개여서 제대로 알 수 없습니다.

여기서 세 대푯값보다 더 자세히 데이터가 흩어진 정도를 알기 위해 **다섯수요약**이라는 다섯 가지 양를 소개합니다.

최솟값과 최댓값 그리고 범위

데이터의 흩어진 정도를 조사하는 가장 간단한 방법은 **최솟값**(minimum value)과 **최댓값**(maximum value)의 차이를 조사하는 방법입니다. 최솟값과 최댓값의 차이를 **범위**(range)라고 합니다.

정의 **범위**
최댓값 − 최솟값 = 범위

---

61 77쪽 위 그래프 참조

이렇게 일상에서도 사용하는 용어야말로 통계에서 사용하는 정의를 제대로 머릿속에 넣어두어야 합니다

다시 센트럴 리그와 퍼시픽 리그의 홈런 타수를 적은 순서대로 나열한 표 1-9를 살펴봅시다.

	1번째	2번째	3번째	4번째	5번째	6번째
센트럴 리그(타)	85	97	135	152	175	181
퍼시픽 리그(타)	78	108	132	140	196	202

센트럴 리그의 **최솟값은 85타, 최댓값은 181타**
퍼시픽 리그의 **최솟값은 78타, 최댓값은 202타**

입니다. 각각 '최댓값 − 최솟값'으로 구할 수 있는 **범위**를 구해 보면

센트럴 리그의 범위 = 181−85 = **96(타)**
퍼시픽 리그의 범위 = 202−78 = **124(타)**

가 되므로 **퍼시픽 리그가 데이터의 범위가 30타 정도 크다**는 사실을 알 수 있습니다.

단, 범위만 비교해서는 '흩어진 정도'를 자세하게는 알 수 없습니다. 이때 사분위수라는 수를 사용합니다.

사분위수란? 4등분하는 세 값

사분위수(quartile)란 데이터 전체를 큰 순서로 나열했을 때 4등분하는 세 수를 가리키고 작은 순서대로 1사분위수, 2사분위수, 3사분위수라 부릅니다. 제2사분위수는 데이터 전체의 중앙값과 같습니다.

정의   1, 2, 3사분위수의 정의

▼ 그림 1-29   1, 2, 3사분위수의 정의

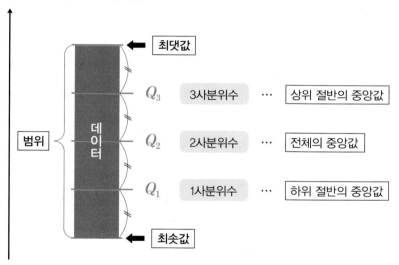

1사분위수, 2사분위수, 3사분위수는 각각 Q_1, Q_2, Q_3이라는 기호로 나타낼 때가 많습니다.

사분위수를 구할 때는 상위 절반과 하위 절반을 나누는 방법에 주의하세요. 데이터의 크기[62]가 홀수인지 짝수인지에 따라 그림 1-30과 같이 차이가 있습니다.

---

62 '데이터를 구성하는 관측값이나 측정값의 개수'였죠(35쪽).

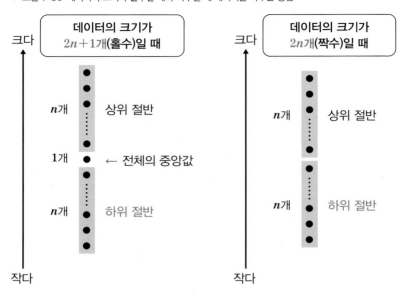

데이터의 크기가 홀수일 때는 정가운데에 있는 값(전체의 중앙값이 되는 값)은 상위 절반에도 하위 절반에도 **포함되지 않으므로** 주의합니다.

▤ 예 4 ▤ 데이터의 크기가 7개부터 10개까지

• 데이터의 크기가 7개일 때[63]

---

63 다음 데이터는 모두 작은 순서대로 정렬되어 있다고 합시다.

▼ 그림 1-31 데이터의 크기가 7개일 때

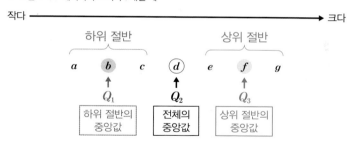

• **데이터의 크기가 8개일 때**

▼ 그림 1-32 데이터의 크기가 8개일 때

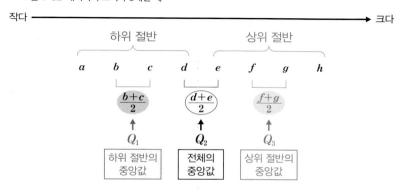

• **데이터의 개수가 9개일 때**

▼ 그림 1-33 데이터의 크기가 9개일 때

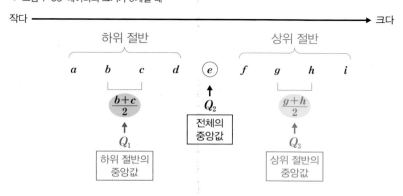

- 데이터의 개수가 10개일 때

▼ 그림 1-34 데이터의 크기가 10개일 때

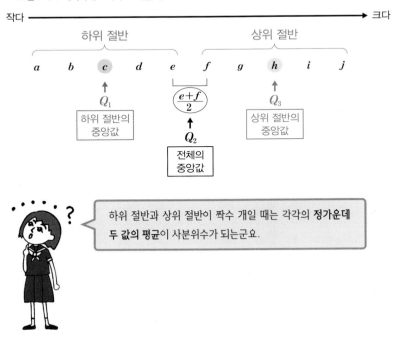

사분위수는 데이터를 작은 순서대로 나열하고 4등분 할 때의 경곗값이므로 **사분위수로 데이터를 구분하면 각 부분에는 데이터의 약 25% 값이 포함**됩니다.

▼ 그림 1-35 사분위수로 구분된 데이터

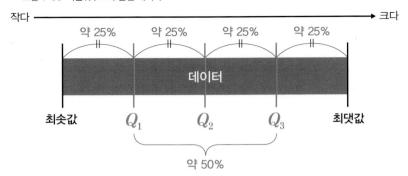

$Q_1 \sim Q_3$ 사이에 데이터의 약 50% 값이 포함되므로 주의하세요.

참고로 약 25%나 약 50%처럼 '약'이 붙는 이유는 데이터의 개수에 따라서 정확하게 25%나 50%가 되지 않기 때문입니다.

예를 들어 데이터의 개수가 8개일 때는 각 부분에 들어가는 값은 2개씩이므로

$$\text{최솟값 이상} \sim Q_2 \text{ 미만: } \frac{2}{8} = 25\%$$

$$Q_1 \text{ 이상} \sim Q_2 \text{ 미만: } \frac{2}{8} = 25\%$$

$$Q_2 \text{ 이상} \sim Q_3 \text{ 미만: } \frac{2}{8} = 25\%$$

$$Q_3 \text{ 이상} \sim \text{최댓값: } \frac{2}{8} = 25\%$$

처럼 깔끔하게 25%씩 나뉘지만 데이터 개수가 10개일 때는 각 부분에 포함되는 값이 2개나 3개가 되므로

$$\text{최솟값 이상} \sim Q_1 \text{ 미만: } \frac{2}{10} = 20\%$$

$$Q_1 \text{ 이상} \sim Q_2 \text{ 미만: } \frac{3}{10} = 30\%$$

$$Q_2 \text{ 이상} \sim Q_3 \text{ 미만: } \frac{2}{10} = 20\%$$

$$Q_3 \text{ 이상} \sim \text{최댓값: } \frac{3}{10} = 30\%$$

이 되어서 딱 25%씩이 되지는 않습니다.[64]

그러면 이제 센트럴 리그와 퍼시픽 리그의 홈런 타수에 관해 사분위수를 구해 봅시다. 우선 센트럴 리그부터 구해 보겠습니다.

---

64 데이터의 크기가 커지면 25%와의 차이는(있다고 해도) 작아지므로 대충 25%씩이라고 생각해도 괜찮습니다.

	1번째	2번째	3번째	4번째	5번째	6번째
센트럴 리그(타)	85	97	135	152	175	181

데이터의 크기는 짝수[65]이므로 작은 순서대로 나열했을 때 1번째~3번째가 '하위 절반', 4번째~6번째가 '상위 절반'입니다.

1사분위수는 하위 절반의 중앙값입니다. 즉, 1번째~3번째의 중앙값인 2번째 값이 1사분위수가 됩니다.

$$Q_1(1사분위수) = 97(타)$$

2사분위수는 (85쪽에서 구했던) 전체의 중앙값입니다. 이 데이터의 크기는 짝수이므로 전체의 중앙값은 중앙에 있는 두 값(3번째와 4번째)의 평균값이고[66] 이 값이 2사분위수가 됩니다.

$$Q_2(2사분위수) = \frac{135 + 152}{2} = \frac{287}{2} = 143.5(타)$$

3사분위수는 상위 절반의 중앙값입니다. 즉, 4번째~6번째의 중앙값인 5번째 값이 3사분위수가 됩니다.

$$Q_3(3사분위수) = 175(타)$$

	하위 절반			상위 절반		
	1번째	2번째	3번째	4번째	5번째	6번째
센트럴 리그(타)	85	97	135	152	175	181

Q_1

$\frac{135 + 152}{2}$

Q_3

Q_2
$(= 143.5)$

---

65 센트럴 리그(퍼시픽 리그도) 데이터에 포함되는 값은 6팀 분량인 6개 값이므로 '데이터의 크기'는 짝수입니다.

66 70쪽 참조

마찬가지로 퍼시픽 리그의 홈런 타수도 사분위수를 구해서 최댓값과 최솟값을 함께 표로 정리해 봅시다.

	하위 절반			상위 절반		
	1번째	2번째	3번째	4번째	5번째	6번째
퍼시픽 리그(타)	78	108	132	140	196	202

$$Q_1$$ (2번째)

$$\frac{132 + 140}{2}$$

$$Q_3$$ (5번째)

$$Q_2 \quad (= 136)$$

로부터

	최댓값	Q_1	$Q_2 =$ 중앙값	Q_3	최댓값
센트럴 리그(타)	85	97	143.5	175	181
퍼시픽 리그(타)	78	108	136	196	202

가 됩니다.[67]

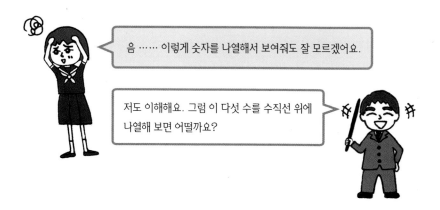

음 …… 이렇게 숫자를 나열해서 보여줘도 잘 모르겠어요.

저도 이해해요. 그럼 이 다섯 수를 수직선 위에 나열해 보면 어떨까요?

---

67 퍼시픽 리그의 2사분위수(전체의 중앙값)는 85쪽에서도 구했던 것처럼 $\frac{132 + 140}{2} = 136$(타)입니다.

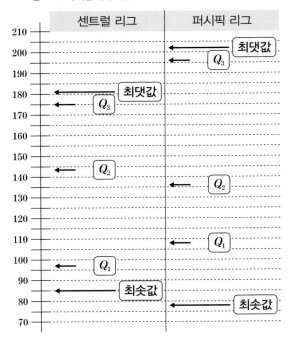

그림 1-36으로부터

① 퍼시픽 리그가 데이터의 범위[68]가 크다.

② 퍼시픽 리그에서는 Q_1과 최솟값의 차이가 크다.

③ 두 리그 모두 Q_3과 최댓값의 차이가 작다.

④ 두 리그의 Q_3과 Q_1의 차이는 비슷한 정도이다.

⑤ 퍼시픽 리그의 최댓값은 눈에 띄게 크다.

등을 알 수 있습니다.

이렇게 데이터의 흩어진 정도를 **최솟값, Q_1, Q_2, Q_3, 최댓값** 등 5개 수를 사용해서 나타내는 방법을 **다섯수요약**(five-number summary)이라고 합니다.

---

68 '범위 = 최댓값 − 최솟값'입니다(87쪽).

자. 여기서는 ④에 주목해 봅시다.

데이터 범위는 퍼시픽 리그가 큰데[69] Q_3과 Q_1의 차이는 두 리그에서 엇비슷합니다. 퍼시픽 리그 데이터 범위가 큰 이유는 최댓값[70]이 (꽤) 눈에 띄게 크기 때문입니다.

최솟값과 최댓값은 다른 값보다도 두드러지게 작거나 큰 값(바깥값)이 될 때가 있으므로 데이터가 흩어진 정도를 조사하려면 단순히 범위를 비교하지 않고 Q_3과 Q_1의 차이를 고려하는 게 나을 때가 많습니다.

3사분위수와 1사분위수의 차이 $Q_3 - Q_1$을 사분위범위(quartile range)라 합니다. 또한, **사분위범위의 절반을** 사분위편차(quartile deviation)라고 합니다.

정의   사분위범위와 사분위편차

$$Q_3 - Q_1 = 사분위범위$$

$$\frac{Q_3 - Q_1}{2} = 사분위편차$$

센트럴 리그의 사분위범위: $175 - 97 = \mathbf{78}$(타)

센트럴 리그의 사분위편차: $\dfrac{175 - 97}{2} = \dfrac{78}{2} = \mathbf{39}$(타)

퍼시픽 리그의 사분위범위: $196 - 108 = \mathbf{88}$(타)

퍼시픽 리그의 사분위편차: $\dfrac{196 - 108}{2} = \dfrac{88}{2} = \mathbf{44}$(타)

---

69 퍼시픽 리그가 약 30타 정도(정확히는 28타) 큽니다. 더 자세히 계산하면 85쪽 표 1-9에서 두 데이터 범위는 퍼시픽 리그가 $202 - 78 = 124$(타), 센트럴 리그 $181 - 85 = 96$(타). 따라서 $124 - 96 = 28$(타)입니다.

70 소프트뱅크의 홈런 타수(202타)를 말합니다.

사분위범위와 사분위편차는 범위(최댓값−최솟값)를 비교하기 때문에 극단적으로 떨어진 값(바깥값)의 영향을 적게 받는다는 특징이 있습니다.

사분위편차는 사분위범위를 2로 나눴을 뿐인데 왜 굳이 새 이름을 붙이는 거예요?

결과적으로는 2로 나눴을 뿐이지만 사분위편차는 '1사분위수와 중앙값의 차이'와 '3사분위수와 중앙값의 차이'의 평균이 됩니다(이어지는 내용 참조).

1사분위수와 2사분위수(중앙값)의 차이 $Q_2 - Q_1$과 3사분위수와 2사분위수 $Q_3 - Q_2$의 **평균**은

$$\frac{(Q_2 - Q_1) + (Q_3 - Q_2)}{2} = \frac{Q_2 - Q_1 + Q_3 - Q_2}{2} = \frac{-Q_1 + Q_3}{2} = \frac{Q_3 - Q_1}{2}$$

이고 이 값이 **사분위편차**입니다.

즉, **사분위범위는 데이터의 중앙 약 50%의 범위를 가리키는 값이고 사분위편차는 1사분위수와 3사분위수가 2사분위수(중앙값)에서 얼마나 떨어져 있는지의 평균을 나타내는** 값입니다.

어떤 경우라도 사분위범위와 사분위편차가 클수록 흩어진 정도가 크다고 생각할 수 있습니다.

예제 3

다음 표는 A사 10명과 B사 9명의 연봉을 조사해서 정리한 표입니다.

▼ 표 1-12 A사와 B사의 연봉 데이터

A사(만원)	3000	3500	3700	3800	4500	7000	4000	3800	3500	3000
B사(만원)	4200	3800	3550	3200	3100	3400	3700	4000	5100	

(1) 각 데이터의 범위를 구한 후 결과를 이용하여 데이터가 흩어진 정도를 비교하세요.

(2) 각 데이터의 제1사분위수 Q_1, 제2사분위수 Q_2, 제3사분위수 Q_3을 구하세요.

(3) 각 데이터의 사분위범위와 사분위편차를 구한 후 결과를 이용하여 흩어진 정도를 비교하세요.

해답

우선 데이터를 작은 순서대로 나열합니다.

	1번째	2번째	3번째	4번째	5번째	6번째	7번째	8번째	9번째	10번째
A사(만원)	3000	3000	3500	3500	3700	3800	3800	4000	4500	7000
B사(만원)	3100	3200	3400	3550	3700	3800	4000	4200	5100	

(1) '데이터의 범위'는 최댓값과 최솟값의 차이이므로

$$A사: \ 700 - 300 = 400(만원)$$
$$B사: \ 510 - 310 = 200(만원)$$

입니다. 따라서 데이터의 범위로 비교하면 A사 데이터의 흩어진 정도가 큽니다.

(2) 데이터의 크기에 따라 구하는 방법이 다릅니다.

[A사]

A사 데이터의 크기는 10. 따라서 1~5번째가 '하위 절반', 6~10번째가 '상위 절반'입니다. 이로부터 Q_1은 3번째 값, Q_2는 5번째와 6번째의 평균, Q_3은 8번째 값이 됩니다(92쪽 '데이터 크기가 10인 경우' 참조).

$$Q_1 = 350(만원), \qquad Q_2 = \frac{370 + 380}{2} = 375(만원),$$

$$Q_3 = 400(만원)$$

[B사]

B사 데이터의 크기는 9. 따라서 1~4번째가 '하위 절반', 6~9번째가 '상위 절반'입니다. 이로부터 Q_1은 2번째와 3번째의 평균, Q_2는 5번째, Q_3은 7번째와 8번째의 평균이 됩니다(91쪽 '데이터 크기가 9인 경우' 참조).

$$Q_1 = \frac{320 + 340}{2} = 330(만원), \qquad Q_2 = 370(만원),$$

$$Q_3 = \frac{400 + 420}{2} = 410(만원)$$

(3) 사분위범위는 $Q_3 - Q_1$, 사분위편차는 $(Q_3 - Q_1)/2$이므로

[A사]

$$400 - 350 = 50(만원) \qquad\qquad \frac{50}{2} = 25(만원)$$

[B사]

$$410 - 330 = 80(만원) \qquad\qquad \frac{80}{2} = 40(만원)$$

따라서 사분위범위와 사분위편차로 비교하면 B사 데이터의 흩어진 정도가 큽니다.

예제 3 데이터를 정리하면 다음 표와 같습니다.

	최솟값	Q_1	Q_2	Q_3	최댓값	범위	사분위범위	사분위편차
A사(만원)	3000	3500	3750	4000	7000	4000	500	250
B사(만원)	3100	3300	3700	4100	5100	2000	800	400

범위는 A사가 큰데 사분위범위랑 사분위편차는 B사가 크네요.

이로부터 A사가 눈에 띄게 연봉이 많은 사람 (또는 적은 사람)이 있다는 사실을 알 수 있죠. 그리고 B사의 사분위범위와 사분위편차가 큰 점으로부터 중앙 부근 데이터는 B사가 더 흩어져 있다는 점을 알 수 있습니다.

상자수염도란? 흩어진 정도가 잘 보인다

96쪽에서처럼 다섯수요약에서 사용하는 다섯 개의 값(최솟값, Q_1, Q_2, Q_3, 최댓값)을 수직선에 나열하면 데이터가 흩어진 정도를 직관적으로 판단할 수 있어서 편리합니다. 이제 96쪽 그림 1-36을 간략화한 그림을 그리는 방법을 소개합니다.

그림 1-37과 같은 그림을 **상자수염도**(box-and-whisker plot)라고 합니다.[71]

---

71 상자수염도의 영어는 단순하게 box plot이라고 부르기도 합니다.

▼ 그림 1-37 상자수염도

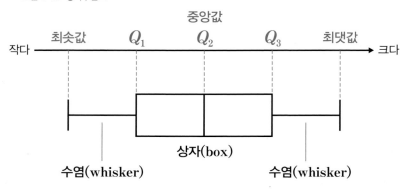

상자의 길이는 사분위범위($Q_1 \sim Q_3$)를 나타내고 수염 끝에서 끝까지의 길이는 범위(최솟값~최댓값)를 나타냅니다. 상자 안의 선은 Q_2 = 중앙값입니다.

상자수염도를 사용해서 96쪽의 그림 1-36을 다시 그려 보면 그림 1-38처럼 그릴 수 있습니다.

▼ 그림 1-38 그림 1-36의 상자수염도

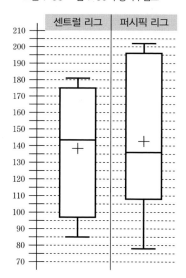

또한, 그림 1-38의 **상자수염도 안에 있는 '+'는** (85쪽에서 구한) **각 리그의 평균값**(센트럴 리그는 137.5타, 퍼시픽 리그는 142.7타)을 나타냅니다.[72]

예제 3 (99쪽) 데이터도 상자수염도로 그려봅시다.

❤ 그림 1-39 예제3 데이터의 상자수염도

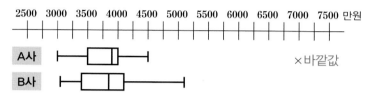

상자수염도에서 **수염의 길이는** 사분위범위(상자의 길이)의 1.5배를 최대 길이로 할 때가 많습니다.[73] 수염의 최대 길이를 넘는 위치에 있는 한 데이터를 **바깥값**으로 생각하여 'X' 등의 기호로 나타냅니다.

그림 1-39에서는 A사의 사분위범위는 500(만원)인데 반해 Q_3인 4000(만원)에서 7000(만원)까지의 길이는 3000(만원)이고 사분위범위(상자의 길이)의 6배[74]나 됩니다. 최대 길이인 1.5배를 훨씬 넘어버리므로 7000(만원)은 바깥값으로 보는 게 타당합니다.

단, 데이터의 크기가 작을 때(데이터에 포함된 값의 개수가 작을 때)는 일반적인 흩어짐 때문에 흩어진 값이 바깥값으로 보일 가능성이 큽니다. 기계적으로 '수염의 길이가 상자 길이의 1.5배 이상은 바깥값'이라고 판단하는 건 위험합니다. 바깥값이라고 판단하기 전에 세심하게 주의를 기울입시다.

---

72 상자수염도에 평균값 '+'를 꼭 넣을 필요는 없습니다.

73 2배나 2.5배까지 허용할 때도 있습니다.

74 3000÷500=6

예제 4

그림 1-40은 100명의 학생이 치른 시험 A와 같은 100명의 학생이 치른 시험 B의 득점 데이터를 상자수염도로 그린 그림입니다.

다음 ①~⑥ 중 상자수염도에서 얻을 수 있는 정보로 올바른 것을 모두 고르세요.

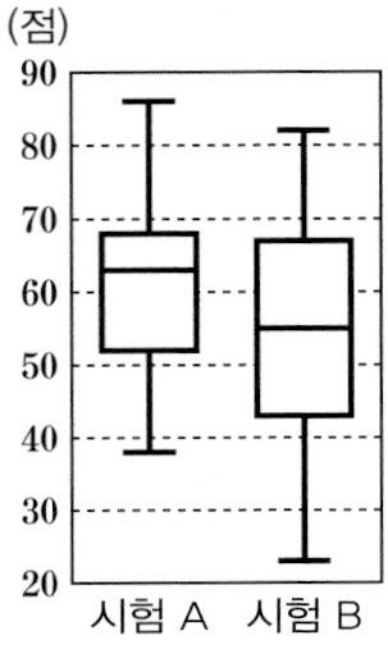

▼ 그림 1-40 시험 A와 시험 B의 상자수염도

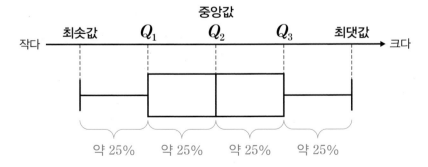

① 평균점은 시험 B보다 시험 A가 높다.

② 사분위편차는 시험 A보다 시험 B가 크다.

③ 30점대의 학생은 시험 A에는 있지만 시험 B에는 없다.

④ 40점 이상인 학생 수는 시험 B보다 시험 A가 많다.

⑤ 50점 이하인 학생 수는 시험 A는 25명 이하, 시험 B는 25명 이상이다.

⑥ 60점대인 학생 수는 시험 A가 25명 이상, 시험 B가 25명 이하이다.

해설

92쪽에서 본 것처럼 데이터는 사분위수에 의해 4등분되므로 상자수염도가 나타내는 각 부분에는 데이터에 포함된 값의 약 25%가 포함됩니다.

▼ 그림 1-41 상자수염도와 사분위수 그리고 각 부분에 포함된 데이터 값의 비율

이번에는 시험 A와 시험 B를 치른 학생이 100명이므로 상자수염도가 나타내는 각 부분에는 각각 25명의 점수가 들어 있다고 생각할 수 있습니다. 이를 바탕으로 상자수염도에서 읽어낼 수 있는 도수분포표 비슷한 표를 만들어 봅시다(점수의 1자리 숫자는 그림에서 눈으로 읽어낸 값입니다).

❤ 표 1-13 상자수염도에서 읽어낸 표

시험 A	
38점 이상 ~ 52점 미만	25명
52점 이상 ~ 63점 미만	25명
63점 이상 ~ 68점 미만	25명
68점 이상 ~ 86점	25명

시험 B	
23점 이상 ~ 43점 미만	25명
43점 이상 ~ 55점 미만	25명
55점 이상 ~ 67점 미만	25명
67점 이상 ~ 82점	25명

해답

① 평균점 표시가 없는 상자수염도나 사분위수로는 평균점 정보를 이야기할 수 없다. → **거짓**

② 상자수염도의 상자는 사분위범위를 나타내고 사분위편차는 사분위범위의 절반이다(97쪽). 그림을 보면 시험 B가 상자가 기므로 사분위편차도 B가 크다. → **참**

③ 시험 A의 최솟값은 30점대이므로 A에 30점대 학생이 있다는 점은 확실하다. 하지만 시험 B는 23점 이상~43점 미만인 학생이 25명 있다는 점을 알 수 있을 뿐 그중 30점대가 있는지는 알 수 없다. → **거짓**

④ 시험 A는 52점 이상이 75명 있으므로 40점 이상인 학생이 적어도 75명 이상 99명 이하(30점대가 1명은 있다)라는 점은 확실하다. 또한, 시험 B에는 55점 이상이 50명 있으므로 40점 이상인 학생이 50명 이상 99명 이하(20점대가 1명은 있다)인 점은 확실하지만 40점 이상인 학생이 많은지는 알 수 없다. → **거짓**

⑤ 50점 이하인 학생 수는 시험 A에는 1명 이상 25명 이하(52점 이상이 75명은 있다), 시험 B에는 25명 이상(43점 미만이 25명은 있다). → **참**

⑥ 시험 A에는 63점 이상 68점 미만이 25명 있으므로 60점대가 25명 이상
인 점은 확실하다. 시험 B에는 55 이상~82점에 50명 있다는 점으로부
터 60점대가 50명 이하라는 점은 확실하다. 하지만 60점대인 학생이 25
명 이하인지는 알 수 없다. → **거짓**

답 … ②, ⑤

Note≡　**상자수염도를 발명한 사람**

상자수염도를 발명한 사람은 미국의 **존 튜키**(1915~2000)라는 수학자이자 통계학자입니다.
그는 당시의 통계 방법이 '**가설검정**[75]에 치우쳐 있다' 점에 의문을 품었습니다. 왜냐하면 처
음에 세운 가설이 틀렸다면 그 가설이 옳다는 사실을 논의해 봤자 의미가 없다고 생각했기 때
문입니다. 그래서 그는 1977년에 간행한 자신의 저서 'Exploratory Data Analysis(탐색형
데이터 분석)'에서 다섯수요약(96쪽)이라는 단어와 함께 상자수염도를 사용하여 데이터 분석
을 직관적으로 이해하는 방법을 소개했습니다.[76] 선입관을 갖고 가설을 세우는 것이 아니라 우
선 데이터 살펴보기의 중요성을 설명했습니다. 또한, 바깥값을 제외하는 것도 추천했습니다.

튜키는 그래프(상자수염도)라는 말하자면 고전적인 방법을 사용하는 것에 관해 다음과 같이 이
야기했습니다.

　"그래프는 우리가 기대하지 않았던 점을 알아챌 수 있게 해준다. 그것보다 중요한 것은
　없다."

튜키에게 통계는 학문적인 옳음을 추구하기 위한 것이라기보다 현장의 실무에 유용한 도구
여야 했을 것입니다. 그렇기 때문에 튜키를 데이터 과학자의 선구자라고 말하는 사람도 있습
니다.

75　가설을 세우고 그 가설의 옳음을 확률적으로 논하는 통계(자세한 내용은 470쪽 참고)

76　상자수염도의 역사는 아직 40년정도밖에 되지 않았습니다.

상자수염도와 히스토그램의 관계

상자수염도와 히스토그램 모두 데이터 분포를 시각화하여 파악하려는 시도의 결과물입니다. 여기서는 두 그림의 관계를 살펴봅시다.

▼ 그림 1-42 상자수염도와 히스토그램 비교

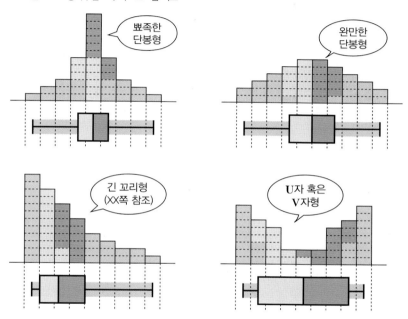

그림 1-42는 몇 개의 전형적인 데이터의 히스토그램과 상자수염도를 나란히 그린 그림입니다. 그림의 히스토그램은 히스토그램 전체의 넓이를 4등분 하도록 색을 나눴습니다. 색이 바뀌는 곳에 상자 수염도의 사분위수를 가리키는 선이 대응하고 있음을 눈치챘나요? 또한, 히스토그램의 '꼬리'와 '수염'도 서로 대응합니다.

일반적으로 **뾰족한 봉우리가 있으면 상자의 길이(사분위범위)는 짧아집니다.** 또한, **봉우리의 위치에 편향이 있으면 상자의 위치도 같은 방향으로 편향됩니다.**

히스토그램으로도 데이터 분포는 알 수 있는데 왜 상자수염도도 필요한가요?

상자수염도는 **데이터 여러 개의 흩어진 정도를 비교하고 싶을 때** 매우 편리합니다.

또한, **데이터의 크기가 작을 때**는 히스토그램은 이상한 형태가 되므로 흩어진 정도를 잘 알 수 없지만 상자수염도로는 흩어진 정도를 알 수 있습니다.

하지만 분포를 더 자세하게 표현할 수 있는 그림은 히스토그램입니다.

그림 1-43은 2018년 프로야구의 홈런타 개인 성적을 센트럴 리그와 퍼시픽 리그로 나눠서 히스토그램과 상자수염도를 그린 그림입니다. 단, 선수는 규정 타석[77] 이상인 타석에 선 선수만 대상으로 했습니다.[78]

▼ 그림 1-43 2018년 프로야구의 홈런타 개인 성적

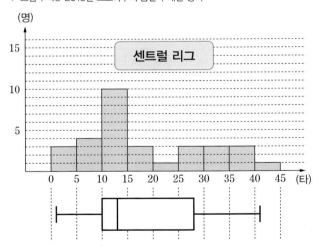

---

77 규정 타석 수＝소속 구단의 시합 수×3.1

78 규정 타석에 도달하지 못한 선수 중에는 바티스타 선수(히로시마: 홈런 25타), 게레로 선수(교진: 홈런 15타) 등이 있는데 여기서는 '규정 타석에 도달'했다는 일정 조건하의 흩어진 정도를 조사하고 싶다는 의도이므로 이 선수들은 제외했습니다.

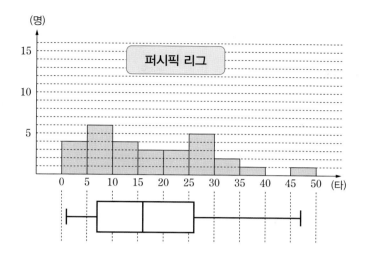

원본 데이터는 표 1-14에 실었습니다. 그림 1-43과 같은 히스토그램과 상자수염도가 그려지는지 시도해 보면 좋은 연습이 될 것입니다.

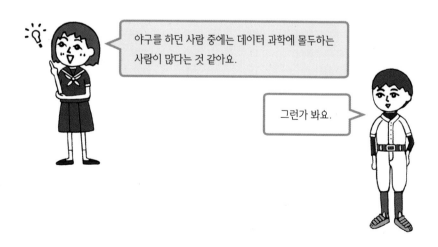

▼ 표 1-14 2018년 개인 성적(홈런타)

센트럴 리그			퍼시픽 리그		
순위	선수	홈런(타)	순위	선수	홈런(타)
1	소트	41	1	야마카와 호타카	47
2	마루 게이스케	39	2	야나기타 유키	36
3	발렌틴	38	3	아사무라 히데토	32
3	쓰쓰고 요시토모	38	3	마쓰다 노부히로	32
5	야마다 데쓰토	34	5	데스파이네	29
6	오카모토 가즈마	33	6	레아도	26
7	스즈키 세이야	30	6	요시다 마사타카	26
8	미야자키 도시로	28	8	나카다 쇼	25
9	비시에드	26	8	메로메	25
9	로페스	26	10	아키야마 쇼고	24
11	마기	21	10	이노우에 세이야	24
12	사카모토 하야토	18	12	우에바야시 세이지	22
13	이토이 요시오	16	13	도노사키 슈타	18
14	알몬테	15	13	다나카 가즈키	18
15	후쿠도메 고스케	14	15	모리 도모야	16
16	후쿠다 노부마사	13	16	나카무라 아키라	14
16	기쿠치 료스케	13	17	시마우치 히로아키	11
16	가메이 요시유키	13	18	니시카와 하루키	10
19	마쓰야마 류헤이	12	18	이마에 도시아키	10
20	다카하시 슈헤이	11	20	곤도 겐스케	9
20	유헤이	11	21	나카무라 쇼고	8
22	다나카 고스케	10	21	스즈키 다이치	8
22	아오키 노리치카	10	23	가쿠나카 가쓰야	7
22	니시우라 나오미치	10	24	긴지	5
25	히라타 료스케	9	24	후지오카 유다이	5
26	우메노 류타로	8	26	겐다 소스케	4
27	오시마 요헤이	7	27	다무라 다쓰히로	3
28	노마 다카요시	5	27	아다치 료이치	3
29	교다 요타	4	29	나카시마 다쿠야	1
30	사카구치 도모타카	3			
31	이토하라 겐토	1			

(주) 규정 타석에 도달한 타자만 추출,
출처: 일본야구기구(NPB) 웹사이트

A 모둠에서 D 모둠까지 각 모둠을 학생 30명으로 구성하여 시험을 치렀습니다. 그림 1-44는 각 모둠별 요리 시험에서 얻은 점수를 상자수염도로 나타낸 그림입니다.

▼ 그림 1-44 각 모둠 성적의 상자수염도

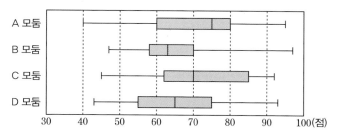

그림 1-44 C 모둠의 상자수염도에 해당하는 히스토그램으로 알맞은 것을 다음 ⓪ ~ ③ 중에서 하나 고르세요.

▼ 그림 1-45 문제

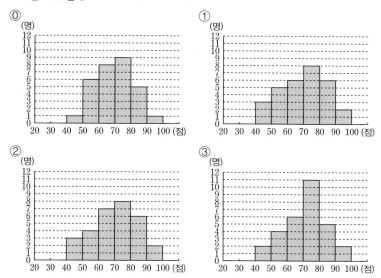

모둠의 학생은 30명이므로 시험 점수가 낮은 순서대로 나열하면 1사분위수 Q_1 은 8번째, 3사분위수 Q_3은 23번째입니다. C 모둠의 상자수염도를 보면

$$Q_1 = 62(\text{점}), \quad Q_3 = 84(\text{점})$$

임을 알 수 있습니다(점수의 1의 자리는 눈으로 읽은 값입니다).

▼ 그림 1-46 C 모둠과 사분위수

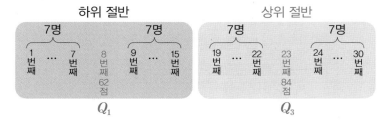

히스토그램으로 62점인 학생이 8번째, 84점인 학생이 23번째(위부터 세서 8번째)인 것을 고르면 ②밖에 없습니다.

참고로

⓪은 80점 이상이 6명밖에 없으므로(위부터 8번째가 80점 미만이 되므로) 부적절하고,

①은 60점 미만이 8명이나 있으므로(아래서부터 8번째가 60점 미만이 되므로) 부적절하고,

③은 80점 이상이 7명밖에 없으므로(위에서 8번째가 80점 미만이 되므로) 부적절합니다.

답 … ②

▶ 엑셀에서 상자수염도를 그리자

예전에는 엑셀에서 상자수염도를 그리려면 조금 귀찮았지만 엑셀 2016부터는 매우 간편해졌습니다. 여기서는 그 방법을 소개합니다. 예로 99쪽에서 사용했던 A사와 B사 데이터를 사용합시다.

A사(만원)	3000	3500	3700	3800	4500	7000	4000	3800	3500	3000
B사(만원)	4200	3800	3550	3200	3100	3400	3700	4000	5100	

우선 데이터를 그림 1-47과 같이 A사, B사를 함께 **세로 2열**로 입력합니다.

❤ 그림 1-47 데이터를 엑셀에 입력

	A	B	C
1			
2	A사	3000	
3	A사	3000	
4	A사	3500	
5	A사	3500	
6	A사	3700	
7	A사	3800	
8	A사	3800	
9	A사	4000	
10	A사	4500	
11	A사	7000	
12	B사	3100	
13	B사	3200	
14	B사	3400	
15	B사	3550	
16	B사	3700	
17	B사	3800	
18	B사	4000	
19	B사	4200	
20	B사	5100	
21			
22			

다음으로 이 데이터를 모두 선택한 후 **삽입** 탭을 클릭하고, 차트 영역에서 **통계 차트 삽입** 아이콘을 클릭하면 상자 수염 그림이 나옵니다.

❤ 그림 1-48 상자수염도 선택

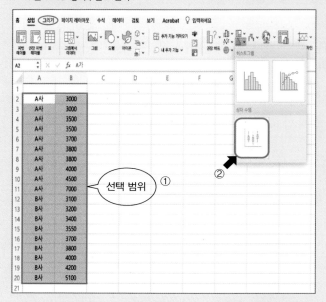

상자 수염 아이콘을 클릭하면 다음과 같이 상자 수염 그림이 나타납니다.

❤ 그림 1-49 엑셀로 그린 상자수염도

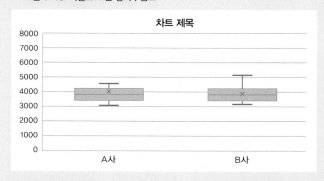

이렇게 간단하게 상자수염도를 그릴 수 있습니다.

다음에는 보기 편하도록 미세 조정을 합시다. 기본으로 상자 색이 칠해져 있는데 이를 투명하게 만들고 싶을 때는 상자를 선택하고 우클릭하세요.

❤ 그림 1–50 상자 색 변경

❤ 그림 1–50 상자 색 변경

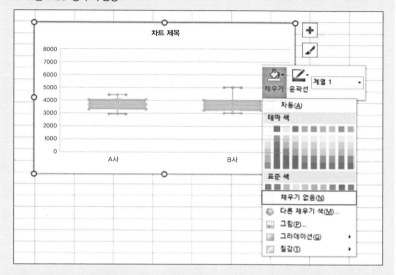

그러면 그림 1–50과 같은 화면이 나오고 **채우기 없음**을 선택하면 색이 없어집니다. **윤곽 선**을 선택하면 상자와 수염 선을 원하는 색이나 두께로 바꿀 수도 있습니다.

그래프를 조금 더 세로로 길게 하고 싶다면 **차트 영역**을 클릭하고 그림 1–51에서 표시된 부분을 잡아당기세요.

❤ 그림 1–51 그래프를 세로로 길게

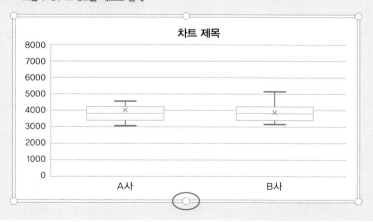

세로축을 선택하고 우클릭한 후 **축 서식**을 선택하면 세로축 눈금의 최솟값과 최댓값을 바꿀 수도 있습니다. 이번에는 최솟값을 2500으로 했습니다.

▼ 그림 1-52 세로축 최솟값을 2500으로

이렇게 완성된 상자수염도는 그림 1-53과 같습니다. 바깥값과 평균값도 제대로 그려져 있습니다.

▼ 그림 1-53 완성된 상자수염도

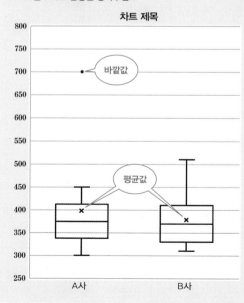

보충설명 사분위수 계산 방법에 관하여

단, 엑셀에서 그린 상자수염도는 89쪽, 102쪽에서 소개했던 상자수염도와 사분위수 위치
가 조금 다릅니다. 사분위수를 구하는 방법으로 이 책에서는 고등학교 수학에서 배우는 방
법을 소개했지만 사분위수를 구하는 방법에는 여러 가지 종류(방법)가 있습니다.

엑셀에서 사용하는 사분위수는 **포괄적 사분위수**와 **배타적 사분위수** 두 가지가 있습니다.
둘 다 고등학교에서 배우는 방법과 계산 방법이 다릅니다. 데이터의 크기(데이터에 포함된
값 개수)가 클 때는 어느 방법으로 계산해도 크게 차이가 나지 않지만, 데이터의 크기가 작
을 때는 어느 방법으로 계산했는지에 따라 결과가 꽤 달라집니다.

또한, **고등학교 수학에서 사용하는 사분위수**는 포괄적 사분위수나 배타적 사분위수와
구별하기 위해 힌지(hinge)[79]라 부를 때가 있습니다.

엑셀에서 상자수염도를 그릴 때 포괄적 사분위수를 사용할지 배타적 사분위수를 사용할지
는 **상자를 우클릭**해서 **데이터 계열 서식**을 선택하면 **사분위수 계산** 항목에서 선택할 수
있습니다. 기본값은 배타적 사분위수입니다.[80]

▼ 그림 1-54 포괄적 사분위수와 배타적 사분위수 선택

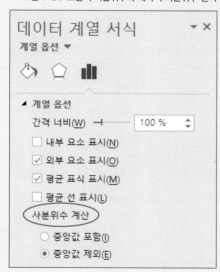

---

79 '힌지'는 튜키(106쪽)가 붙인 이름입니다. hinge는 '요점'이라는 뜻이 있기에 이렇게 이름 붙였습니다.

80 각각 '중앙값 포함', '중앙값 제외'로 '중앙값'이라 쓰여 있는 이유는 다음 쪽부터 설명합니다.

1장 기술 통계 **117**

바로 이어서 계산 방법을 자세하게 설명하겠지만 너무 자세하므로 엑셀이 어떤 방식으로 계산하는지에 관해 흥미가 없다면 다음 절(124쪽)로 넘어가도 상관없습니다.[81]

포괄적 사분위수: 중앙값을 중복하여 포함한다

데이터의 크기를 n이라고 합시다. 데이터를 작은 순서대로 나열합니다.

사분위수란 데이터를 작은 쪽부터 25%, 50%, 75% 점으로 구분했을 때 각각에 해당하는 값인데, **'포괄적'은 데이터의 범위가 0%와 100%를 포함한다**는 의미입니다. 바꿔 말하면 1번째 값(최솟값)을 0%에, n번째 값을 100%로 생각한다는 말입니다.

▼ 그림 1-55 포괄적 사분위수

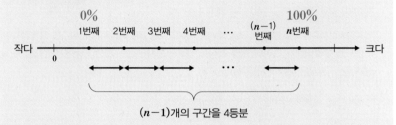

예를 들어 $n=9$일 때는 $n-1=8$(개)의 구간을 4등분하게 되므로 1번째 값부터 2개씩 나누게 됩니다.

▼ 그림 1-56 $n=9$일 때의 포괄적 사분위수

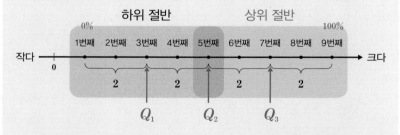

즉, $Q_1=3$번째 값, $Q_2=5$번째 값, $Q_3=7$번째 값입니다.

---

81 엑셀에는 포괄적 사분위수를 계산하는 함수로 'QUARTILE.INC'이, 배타적 사분위수를 계산하는 함수로 'QUARTILE.EXC'가 있습니다.

이는 하위 절반과 상위 절반을 생각할 때 중앙값(5번째 값)을 둘 다에 포함한다는 말입니다.[82] 이 책에서 소개했던 방법과는 다릅니다.

포괄적 사분위수는 일반적으로는 다음과 같이 구합니다.

우선 구하고 싶은 사분위수를 다음과 같이 계산합니다.

$$1\text{사분위수를 구할 때} \rightarrow 0+(n+1)\times\frac{1}{4}=\frac{n+1}{4}$$

$$2\text{사분위수를 구할 때} \rightarrow 0+(n+1)\times\frac{1}{2}=\frac{n+1}{2} \Bigg\} \cdots ☆$$

$$3\text{사분위수를 구할 때} \rightarrow 0+(n+1)\times\frac{3}{4}=\frac{3n+3}{4}$$

☆의 답이 정수 k라면 구하는 사분위수는

k번째 값

☆의 답이 $k+0.25$라면 구하는 사분위수는

k번째 값 + {($k+1$)번째 값 − k번째 값} × 0.25

☆의 답이 $k+0.5$라면 구하는 사분위수는

k번째 값 + {($k+1$)번째 값 − k번째 값} × 0.5

☆의 답이 $k+0.75$라면 구하는 사분위수는

k번째 값 + {($k+1$)번째 값 − k번째 값} × 0.75

입니다(자세한 계산은 122쪽에 있습니다).

배타적 사분위수: 중앙값을 모두 포함하지 않는다

데이터의 크기를 n이라고 합시다. 데이터를 작은 순서대로 나열합니다.

---

82 117쪽의 각주 80에서 예고했던 대로 이를 '중앙값 포함'이라고 부릅니다.

'배타적'은 데이터의 범위에 0%와 100%를 포함하지 않음을 의미합니다. 바꿔 말하면 원점을 0%로 하고 n번째 값(최댓값)을 100%로는 생각하지 않는다는 말입니다.

▼ 그림 1-57 배타적 사분위수

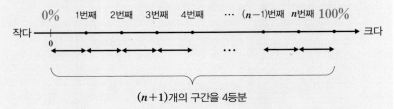

예를 들어 $n = 9$일 때는 $n + 1 = 10$(개)의 구간을 4등분 하게 되므로 원점(0%)에서 2.5씩 나누게 됩니다.

▼ 그림 1-58 $n = 9$일 때의 배타적 사분위수

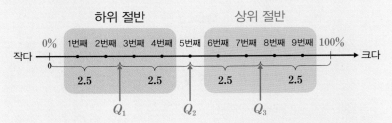

즉, $Q_1 = 2$번째와 3번째 사잇값, $Q_2 = 5$번째 값, $Q_3 = 7$번째와 8번째 사잇값입니다.

이는 하위 절반과 상위 절반을 생각할 때 중앙값(5번째 값)을 둘 다에 포함시키지 않는다는 말입니다.[83] 이 방법은 이 책에서 소개했던 방법과 같습니다. 즉, 데이터의 크기가 홀수일 때 배타적 사분위수는 고등학교 수학의 사분위수와 일치합니다.

어떤 방법으로 구해도 Q_2(중앙값)은 변하지 않지만 Q_1(1사분위수)와 Q_3(3사분위수)는 배타적 사분위수가 포괄적 사분위수보다 중앙값에서 멀어지게 됩니다. 즉, **사분위범위**($Q_3 - Q_1$)는 배타적 사분위수로 생각하는 게 포괄적 사분위수로 생각할 때보다 커지게 됩니다.

---

83 117쪽 각주 80에서 예고했던 대로 이를 '중앙값 미포함'이라고 말합니다.

배타적 사분위수는 일반적으로는 다음과 같이 구합니다.

우선 구하려는 사분위수를 다음과 같이 계산합니다.

$$
\left.
\begin{array}{l}
\text{1사분위수를 구할 때} \;\rightarrow\; 0+(n+1)\times\dfrac{1}{4}=\dfrac{n+1}{4} \\[3mm]
\text{2사분위수를 구할 때} \;\rightarrow\; 0+(n+1)\times\dfrac{1}{2}=\dfrac{n+1}{2} \\[3mm]
\text{3사분위수를 구할 때} \;\rightarrow\; 0+(n+1)\times\dfrac{3}{4}=\dfrac{3n+3}{4}
\end{array}
\right\} \cdots \text{◎}
$$

◎의 답이 정수 k라면 구하는 사분위수는

$$k\text{번째 값}$$

◎의 답이 $k+0.25$라면 구하는 사분위수는

$$k\text{번째 값} + \{(k+1)\text{번째 값} - k\text{번째 값}\} \times 0.25$$

◎의 답이 $k+0.5$라면 구하는 사분위수는

$$k\text{번째 값} + \{(k+1)\text{번째 값} - k\text{번째 값}\} \times 0.5$$

◎의 답이 $k+0.75$라면 구하는 사분위수는

$$k\text{번째 값} + \{(k+1)\text{번째 값} - k\text{번째 값}\} \times 0.75$$

입니다(자세한 계산은 123쪽에 있습니다).

참고로 앞에서 사용했던 A사와 B사의 데이터를 가지고 각 방법으로 계산한 사분위수를 비교해 봅시다.

B사는 데이터의 크기가 홀수(9개)이므로 고등학교 수학의 사분위수(힌지)와 배타적 사분위수가 일치하게 됩니다.

	A사			B사		
	Q_1	Q_2	Q_3	Q_1	Q_2	Q_3
고등학교 수학의 사분위수(힌지)	3500	3750	4000	3300	3700	4100
포괄적 사분위수	3500	3750	3950	3400	3700	4000
배타적 사분위수	3375	3750	4125	3300	3700	4100

여기까지 왔으니 모두 수직선 위에 점으로 표시해 봅시다.

119쪽의 '포괄적 사분위수' 계산은 다음과 같습니다.

A사: $n=10$

[1사분위수]

$$\frac{n+3}{4} = \frac{10+3}{4} = \frac{13}{4} = 3.25$$

A사의 3번째는 3500(만원), 4번째도 3500(만원)이므로 $Q_1 = 3500 + (3500 - 3500) \times 0.25 = \mathbf{3500}$(만원)

[2사분위수]

$$\frac{n+1}{2} = \frac{10+1}{2} = \frac{11}{2} = 5.5$$

A사의 5번째는 3700(만원), 6번째는 3800(만원)이므로 $Q_2 = 3700 + (3800 - 3700) \times 0.5 = \mathbf{3750}$(만원)

[3사분위수]

$$\frac{3n+1}{4} = \frac{3 \times 10 + 1}{4} = \frac{31}{4} = 7.75$$

A사의 7번째는 3800(만원), 8번째는 4000(만원)이므로 $Q_3 = 3800 + (4000 - 3800) \times 0.75 = \mathbf{3950}$(만원)

B사: $n=9$

[1사분위수]

$$\frac{n+3}{4} = \frac{9+3}{4} = \frac{12}{4} = 3$$

B사의 3번째는 3400(만원)이므로 $Q_1 = \mathbf{3400}$(만원)

[2사분위수]

$$\frac{n+1}{2} = \frac{9+1}{2} = \frac{10}{2} = 5$$

B사의 5번째는 3700(만원)이므로 $Q_2 = \mathbf{3700}$(만원)

[3사분위수]

$$\frac{3n+1}{4} = \frac{3 \times 9 + 1}{4} = \frac{28}{4} = 7$$

B사의 7번째는 4000(만원)이므로 $Q_3 = \mathbf{4000}$(만원)

▼ 그림 1-59 수직선 위에 표시한 각 사분위수

(● A사 ● B사)

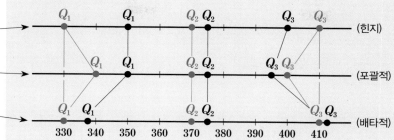

Q_1과 Q_3이 미묘하게 달라요.

121쪽의 '배타적 사분위수' 계산은 다음과 같습니다.

A사: $n = 10$

[1사분위수]

$$\frac{n+1}{4} = \frac{10+1}{4} = \frac{11}{4} = 2.75$$

A사의 2번째는 3000(만원), 3번째도 3500(만원)이므로 $Q_1 = 3000 + (3500 - 3000) \times 0.75 = \mathbf{3375}$(만원)

[2사분위수]

$$\frac{n+1}{2} = \frac{10+1}{2} = \frac{11}{2} = 5.5$$

A사의 5번째는 3700(만원), 6번째는 3800(만원)이므로 $Q_2 = 3700 + (3800 - 3700) \times 0.5 = \mathbf{3750}$(만원)

[3사분위수]

$$\frac{3n+3}{4} = \frac{3 \times 10 + 3}{4} = \frac{33}{4} = 8.25$$

A사의 8번째는 4000(만원), 9번째는 4500(만원)이므로 $Q_3 = 4000 + (4500 - 4000) \times 0.25 = \mathbf{4125}$(만원)

B사: $n = 9$

[1사분위수]

$$\frac{n+1}{4} = \frac{9+1}{4} = \frac{10}{4} = 2.5$$

B사의 2번째는 3200(만원), 3번째는 3400(만원)이므로 $Q_1 = 3200 + (3400 - 3200) \times 0.5 = \mathbf{3300}$(만원)

[2사분위수]

$$\frac{n+1}{2} = \frac{9+1}{2} = \frac{10}{2} = 5$$

B사의 5번째는 3700(만원)이므로 $Q_2 = \mathbf{3700}$(만원)

[3사분위수]

$$\frac{3n+3}{4} = \frac{3 \times 9 + 30}{4} = \frac{30}{4} = 7.25$$

B사의 7번째는 4000(만원), 8번째는 4200(만원)이므로 $Q_3 = 4000 + (4200 - 4000) \times 0.25 = \mathbf{4050}$(만원)

05

분산과 표준편차:
평균을 기준으로 흩어진 정도

앞 절의 사분위수는 중앙값 주변으로 흩어진 정도(분포)를 조사하기 위한 수였습니다. 여기서는 **평균을 기준으로 흩어진 정도**를 조사해 봅시다. 더 나아가 이번에는 **단 하나의 수를 비교**해서 어느 쪽이 더 흩어진 정도가 큰지를 판단해 봅시다.

표 1−15는 한 프랜차이즈의 매장별 4월과 10월 월 매출을 정리한 표입니다.

▤ 예 5 ▤ 매장 5곳 비교

❤ 표 1−15 매장 5곳의 월 매출

	A 매장	B 매장	C 매장	D 매장	E 매장	합계
4월(만원)	800	900	1000	1100	1200	5000
10월(만원)	400	700	1000	1300	1600	5000

어떤 달이든 매장 5곳의 매출 합계는 5000만 원이므로 평균도 같습니다.

[평균 비교]

$$\begin{cases} 4월: \ \dfrac{5000}{5} = 1000(만원) \\[2em] 10월: \ \dfrac{5000}{5} = 1000(만원) \end{cases}$$

단, 표 1-15를 보면 흩어진 정도는 10월이 큰 것을 알 수 있습니다. 목표는 이 사실(10월이 흩어진 정도가 크다는 사실)을 어떤 하나의 숫자를 비교하여 나타내는 것입니다.

평균을 기준으로 흩어진 정도를 조사하고 싶다면 평균과의 차이를 계산하면 될까요?

편차란? 평균과의 차이

우선 각 매장의 평균과의 차이를 계산해 봅시다.

일반적으로 변량 x의 데이터가 n개 값

$$x_1, \quad x_2, \quad x_3, \cdots\cdots, \quad x_n$$

일 때 **각 값과 평균 와의 차이**, 즉,

$$x_1 - \overline{x}, \quad x_2 - \overline{x}, \quad x_3 - \overline{x}, \cdots\cdots, \quad x_n - \overline{x}$$

를 각각 의 **편차**(deviation)라고 합니다.[84]

앞에서 본 매장별 4월과 10월의 편차는 다음과 같습니다.

▼ 표 1-16 4월: 매출 평균＝1000만원

	A 매장	B 매장	C 매장	D 매장	E 매장	
매출(만원)	800	900	1000	1100	1200	500
편차(만원)	−200	−100	0	100	200	⓪

편차 = 각 값 − 평균

---

84 사분위편차(97쪽)와는 다른 값입니다. deviation은 원래 '일탈'이나 '오차' 등 어떤 기준으로부터 떨어져 있음을 나타내는 용어입니다.

	A 매장	B 매장	C 매장	D 매장	E 매장	
매출(만원)	400	700	1000	1300	1600	5000
편차(만원)	−600	−300	0	300	600	(0)

편차를 계산해 본 이유는 '평균과의 차이'의 평균을 계산해 보면 어느 쪽이 평균으로부터 흩어진 정도가 큰지 알 수 있을 거라 생각했기 때문인데, 둘 다 합계는 0이 됐습니다.

그렇다는 말은 편차(평균과의 차이)의 평균도 0입니다.

[편차 평균 비교]

$$
\begin{cases}
4월:\ \dfrac{0}{5} = 0 \text{ (만원)} \\[2em]
10월:\ \dfrac{0}{5} = 0 \text{ (만원)}
\end{cases}
$$

사실 편차의 평균이 둘 다 0인 건 우연이 아닙니다. 평균이 평편하고 균일하게 만드는 작업이었으니 편차의 평균은 말하자면 평편하고 균일해진 땅의 높이를

▼ 그림 1-60 히스토그램에 나타낸 평균과 편차

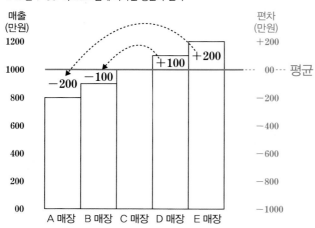

0으로 한 후 다시 땅을 파서 원래의 높이로 되돌린 후 다시 평편하고 균일하게 만들었을 때의 높이와 같은 것입니다. 어떤 데이터라도 항상 0이 됩니다.

편차의 평균이 0이 된다는 사실은 평균 정의식으로도 확인할 수 있습니다.

$$\text{편차의 평균} = \frac{1}{n}\{(x_1 - \overline{x}) + (x_2 - \overline{x}) + (x_3 - \overline{x}) + \cdots + (x_n - \overline{x})\}$$

$$= \frac{1}{n}\{x_1 + x_2 + x_3 + \cdots + x_n - n\overline{x}\}$$

$$= \frac{x_1 + x_2 + x_3 + \cdots + x_n}{n} - \frac{n\overline{x}}{n}$$

$$= \overline{x} - \overline{x} = 0$$

> 평균의 정의(49쪽)
> $$\overline{x} = \frac{x_1 + x_2 + x_3 + \cdots + x_n}{n}$$

분산이란? 편차제곱의 평균

편차의 평균(편차의 합계)은 0이므로 양수와 음수가 서로 상쇄되지 않도록 '편차'를 제곱한 후 평균을 구해 봅시다.

▼ 표 1-18 4월: 매출의 평균=1000만 원

	A 매장	B 매장	C 매장	D 매장	E 매장	합계
매출(만원)	800	900	1000	1100	1200	**5000**
편차(만원)	−200	−100	0	100	200	**0**
편차^2(만원^2)	40000	10000	0	10000	40000	100000

▼ 표 1-19 10월: 매출 평균=1000만 원

	A 매장	B 매장	C 매장	D 매장	E 매장	합계
매출(만원)	400	700	1000	1300	1600	**5000**
편차(만원)	−600	−300	0	300	600	**0**
편차^2(만원^2)	360000	90000	0	90000	360000	900000

편차제곱의 합은 4월이 **100000(만원²)**, 10월은 **900000(만원²)**이 되어서[85] 이 번에는 확실하게 차이가 납니다. 실제로 평균을 비교해 보면

[편차² 평균 비교]

$$
\begin{cases}
4월: \dfrac{100000}{5} = 20000\,(만원^2) \\[2ex]
10월: \dfrac{900000}{5} = 180000\,(만원^2)
\end{cases}
$$

이렇게 10월이 더 큰 값, 즉 **10월이 흩어진 정도가 더 크다**는 사실을 알 수 있습니다.

편차²의 평균을 비교하면 데이터의 흩어진 정도를 비교할 수 있으므로 이 값을 분산(variance)이라고 부르게 됐습니다.

분산을 구하는 방법을 정리하면 다음과 같습니다.

순서 | **분산을 구하는 방법**

순서 ①: 평균을 구한다.
순서 ②: 편차(각 값−평균)를 구한다.
순서 ③: 편차²(편차의 제곱)을 구한다.
순서 ④: 편차²(편차의 제곱)의 평균을 구한다.

일반적으로 변량 x의 데이터가 n개 값

$$x_1, \quad x_2, \quad x_3, \cdots\cdots, \quad x_n$$

일 때 **분산을 V라고 하고** 다음과 같이 나타냅니다.[86]

---

85 단위가 만원²이 된 이유는 예를 들어 편차제곱이 100만원×100만원처럼 '만원'이라는 단위가 있는 수끼리의 곱이기 때 문입니다.

86 분산은 나중에 배우는 표준편차(standard deviation)의 제곱이어서 분산을 나타내는 기호로 s^2을 사용할 때도 많습니다.

$$V = \frac{(x_1 - \overline{x})^2 + (x_2 - \overline{x})^2 + (x_3 - \overline{x})^2 + \cdots\cdots + (x_n - \overline{x})^2}{n}$$

($\overline{x}$: 평균값)

분산이 0이 되려면

$$(x_1 - \overline{x})^2 = (x_2 - \overline{x})^2 = (x_3 - \overline{x})^2 = \cdots\cdots = (x_n - \overline{x})^2 = 0$$
$$\Rightarrow \quad x_1 = x_2 = x_3 \cdots\cdots = x_n = \overline{x}$$

일 때입니다. 즉, 데이터값이 모두 평균과 같을 때만 분산은 0이 됩니다.

분산이 작다는 말은 데이터의 평균 주변으로 흩어진 정도가 작다는 말입니다.

▦ 예 6 ▦ 다시 홈런 타수

앞 절에서 사용했던 '2018년도 프로야구 팀별 홈런 타수'의 센트럴 리그와 퍼시픽 리그의 분산을 구해 봅시다. 각 팀의 홈런타 수는

센트럴 리그				퍼시픽 리그		
순위	팀	홈런(타)		순위	팀	홈런(타)
1	히로시마	175		1	세부	196
2	야쿠르트	135		2	소프트뱅크	202
3	교진	152		3	니혼햄	140
4	DeNA	181		4	오릭스	108
5	주니치	97		5	롯데	78
6	한신	85		6	라쿠텐	132

였습니다.

순서(128쪽)대로 구해 봅시다. 우선 평균을 구합니다.

▼ 표 1-20 각 리그의 홈런 타수 합계

	1위	2위	3위	4위	5위	6위	합계
센트럴 리그(타)	175	135	152	181	97	85	825
퍼시픽 리그(타)	196	202	140	108	78	132	856

로부터 다음과 같이 평균을 구할 수 있습니다.

[평균]

$$\begin{cases} \text{센트럴 리그: } \dfrac{825}{6} = 137.5 ≒ 138\,(\text{타}) \\[2mm] \text{퍼시픽 리그: } \dfrac{856}{6} = 142.66\cdots ≒ 143\,(\text{타}) \end{cases}$$

나중에 계산 결과를 보기 쉽도록 소숫점 아래 첫째 자리에서 반올림했습니다.

다음으로 편차를 구하고 '편차의 제곱'을 구해 봅시다.[87]

▼ 표 1-21 센트럴 리그: 평균138타

	1위	2위	3위	4위	5위	6위	합계
홈런(타)	175	135	152	181	97	85	825
편차(타)	37	− 3	14	43	− 41	− 53	− 3[87]
편차²(타²)	1369	9	196	1849	1681	2809	7913

▼ 표 1-22 퍼시픽 리그: 평균143타

	1위	2위	3위	4위	5위	6위	합계
홈런(타)	196	202	140	108	78	132	856
편차(타)	53	59	− 3	− 35	− 65	− 11	− 2[87]
편차²(타²)	2809	3481	9	1225	4225	121	11870

---

87 원래 편차의 합은 0이 되어야 하지만, 여기서는 평균으로 반올림한 값을 사용하므로 오차가 생겨 −3이나 −2가 되었습니다.

이 정보를 가지고 각 리그의 분산을 구하면 다음과 같습니다.

[분산]

$$\begin{cases} \text{센트럴 리그: } \dfrac{7913}{6} = 1318.833\cdots \fallingdotseq \mathbf{1319}\,(\text{타}^2) \\[4mm] \text{퍼시픽 리그: } \dfrac{11870}{6} = 1978.33\cdots \fallingdotseq \mathbf{1978}\,(\text{타}^2) \end{cases}$$

사분위수를 사용하여 비교했을 때만큼 자세한 내용을 알 수 있는 건 아니지만 분산이라는 하나의 숫자만으로 '퍼시픽 리그의 흩어진 정도가 크다'라는 경향을 쉽게 알아낼 수 있습니다.

분산을 계산하는 공식 유도하기

분산은 평균 주위로 흩어진 정도를 알기에 딱 좋은 지표이지만 계산이 복잡한 게 옥의 티입니다. 그래서 조금이라도 분산을 더 편하게 계산할 수 있는 공식을 유도해 봅시다.

$$V = \frac{(x_1 - \bar{x})^2 + (x_2 - \bar{x})^2 + (x_3 - \bar{x})^2 + \cdots\cdots + (x_n - \bar{x})^2}{n}$$

$\boxed{(x-a)^2 = x^2 - 2ax + a^2}$

$$= \frac{x_1^2 - 2x_1\bar{x} + (\bar{x})^2 + x_2^2 - 2x_2\bar{x} + (\bar{x})^2 + x_3^2 - 2x_3\bar{x} + (\bar{x})^2 + \cdots\cdots + x_n^2 - 2x_n\bar{x} + (\bar{x})^2}{n}$$

$\boxed{(\bar{x})^2 \text{는 } n\text{개}}$

$$= \frac{(x_1^2 + x_2^2 + x_3^2 + \cdots\cdots + x_n^2) - 2(x_1 + x_2 + x_3 + \cdots\cdots + x_n)\bar{x} + n(\bar{x})^2}{n}$$

$\boxed{\dfrac{a+b+c}{n} = \dfrac{a}{n} + \dfrac{b}{n} + \dfrac{c}{n}}$

$$= \frac{x_1^2 + x_2^2 + x_3^2 + \cdots\cdots + x_n^2}{n} - 2\frac{x_1 + x_2 + x_3 + \cdots\cdots + x_n}{n}\bar{x} + \frac{n}{n}(\bar{x})^2$$

$$= \overline{(x^2)} - 2\bar{x}\cdot\bar{x} + (\bar{x})^2$$

$$= \overline{(x^2)} - 2(\bar{x})^2 + (\bar{x})^2$$

$$= \overline{(x^2)} - (\bar{x})^2$$

$\boxed{\begin{array}{l} \bar{x}\ (\text{평균}) = \dfrac{x_1 + x_2 + x_3 + \cdots\cdots + x_n}{n} \\[3mm] \overline{(x^2)}\ (\text{제곱의 평균}) = \dfrac{x_1^2 + x_2^2 + x_3^2 + \cdots\cdots + x_n^2}{n} \\[3mm] (\bar{x})^2\ (\text{제곱의 평균}) = \bar{x}\cdot\bar{x} \end{array}}$

분산 계산 공식

$$V = \overline{(x^2)} - (\overline{x})^2$$

(분산 = 제곱의 평균 − 평균의 제곱)

여기서 **평균의 제곱 $(\overline{x})^2$**과 **제곱의 평균 $\overline{(x^2)}$**는 헷갈리기 쉬우므로 주의합시다.

예를 들어

x_1	x_2	x_3
3	6	9

라는 데이터가 있을 때 평균 $\overline{x}$, 평균의 제곱 $(\overline{x})^2$ 제곱의 평균 $\overline{(x^2)}$을 각각 구해 보면 다음과 같습니다.

$$\overline{x} = \frac{3+6+9}{3} = \frac{18}{3} = 6$$

$$(\overline{x})^2 = 6^2 = 36$$

$$\overline{(x^2)} = \frac{3^2 + 6^2 + 9^2}{3} = \frac{9+36+81}{3} = \frac{126}{3} = 42$$

따라서 이 데이터의 분산은

$$V = \overline{(x^2)} - (\overline{x})^2 = 42 - 36 = 6$$

임을 알 수 있습니다.

예 7 다시 매장 5곳 비교

124쪽의 A~E 매장의 4월과 10월 데이터를 가지고 분산 계산 공식을 사용해서 분산을 구해 봅시다.

[4월]

	A 매장	B 매장	C 매장	D 매장	E 매장	합계
매출(만원)	800	900	1000	1100	1200	500
매출²(만원²)	640000	810000	1000000	1210000	1440000	5100000

[10월]

	A 매장	B 매장	C 매장	D 매장	E 매장	합계
매출(만원)	400	700	1000	1300	1600	5000
매출²(만원²)	160000	490000	1000000	1690000	2560000	5900000

이 결과를 가지고 **분산＝제곱의 평균－평균의 제곱**을 계산하면 다음과 같습니다.

[분산]

$$
\begin{cases}
4월: \dfrac{5100000}{5} - \left(\dfrac{5000}{5}\right)^2 = 1020000 - 1000000 = \mathbf{20000}\,(만원^2) \\[4mm]
10월: \dfrac{5900000}{5} - \left(\dfrac{5000}{5}\right)^2 = 1180000 - 1000000 = \mathbf{180000}\,(만원^2)
\end{cases}
$$

정의를 사용하여 구한 128쪽 결과와 같은 걸 확인해 주세요.

예제 6

20개의 값으로 이루어진 데이터가 있습니다. 평균값은 7이고 분산은 20입니다. 값 중 10개의 평균값이 5, 분산이 15일 때 나머지 10개의 평균값은 (가)이고 분산은 (나)입니다.

해설

평균값과 분산이 주어져 있는 10개 값을

$$x_1, \quad x_2, \quad x_3, \quad \cdots\cdots, \quad x_{10}$$

라고 합시다. 이 10개의 평균값이 5, 분산이 15이므로 정의에 따라

$$\frac{x_1 + x_2 + x_3 + \cdots\cdots + x_{10}}{10} = 5$$

$$\frac{(x_1-5)^2 + (x_2-5)^2 + (x_3-5)^2 + \cdots\cdots + (x_{10}-5)^2}{10} = 15$$

입니다. 마찬가지로 나머지 10개 값을

$$x_{11}, \quad x_{12}, \quad x_{13}, \quad \cdots\cdots, \quad x_{20}$$

이라고 하면 20개 데이터 전체의 평균값은 7이고 분산이 20이므로

$$\frac{x_1 + x_2 + \cdots\cdots + x_{10} + x_{11} + \cdots\cdots + x_{20}}{20} = 7$$

$$\frac{(x_1-7)^2 + (x_2-7)^2 + \cdots\cdots + (x_{10}-7)^2 + (x_{11}-7)^2 + \cdots\cdots + (x_{20}-7)^2}{20} = 20$$

이 됩니다. 하지만 이 수식에서 $x_{11}, x_{12}, x_{13}, \cdots\cdots, x_{20}$은 (평균값은 물론이거니와) 분산을 계산하려면 상당한 노력이 필요한 계산을 해야 합니다. 이때 **분산 계산 공식**을 사용해 봅시다.

해답

평균값과 분산이 주어진 10개 값을 x_1, x_2, x_3, ……, x_{10}이라고 하면 이 10개 값의 평균값은 5이므로

$$\frac{x_1 + x_2 + x_3 + \cdots\cdots + x_{10}}{10} = 5$$

$$\Rightarrow \quad x_1 + x_2 + x_3 + \cdots\cdots + x_{10} = 50 \quad \cdots ①$$

이 되고, 분산이 15이므로 '분산 계산 공식'에 따라

$$\frac{x_1{}^2 + x_2{}^2 + x_3{}^2 + \cdots\cdots + x_{10}{}^2}{10} - 5^2 = 15$$

$$\Rightarrow \quad \frac{x_1{}^2 + x_2{}^2 + x_3{}^2 + \cdots\cdots + x_{10}{}^2}{10} = 40$$

$$\Rightarrow \quad x_1{}^2 + x_2{}^2 + x_3{}^2 + \cdots\cdots + x_{10}{}^2 = 400 \quad \cdots ②$$

이 됩니다. 또한, 나머지 10개 값을 x_{11}, x_{12}, x_{13}, ……, x_{20}라고 하면 20개 데이터 전체의 평균값은 7이므로

$$\frac{x_1 + x_2 + \cdots\cdots + x_{10} + x_{11} + x_{12} + \cdots\cdots + x_{20}}{20} = 7$$

$$\Rightarrow \quad x_1 + x_2 + \cdots\cdots + x_{10} + x_{11} + x_{12} + \cdots\cdots + x_{20} = 140$$

이 됩니다. ①에 따라 다음과 같이 식이 정리됩니다.

$$\Rightarrow \quad 50 + x_{11} + x_{12} \cdots\cdots + x_{20} = 140$$

$$\Rightarrow \quad x_{11} + x_{12} \cdots\cdots + x_{20} = 90 \quad \cdots ③$$

데이터 전체의 분산은 20이므로

$$\frac{x_1{}^2 + x_2{}^2 + \cdots\cdots + x_{10}{}^2 + x_{11}{}^2 + x_{12}{}^2 + \cdots\cdots + x_{20}{}^2}{20} - 7^2 = 20$$

$$\Rightarrow \quad \frac{x_1{}^2 + x_2{}^2 + \cdots\cdots + x_{10}{}^2 + x_{11}{}^2 + x_{12}{}^2 + \cdots\cdots + x_{20}{}^2}{20} = 69$$

$$\Rightarrow \quad x_1{}^2 + x_2{}^2 + \cdots\cdots + x_{10}{}^2 + x_{11}{}^2 + x_{12}{}^2 + \cdots\cdots + x_{20}{}^2 = 1380$$

이고, ②에 따라 다음과 같이 식이 정리됩니다.

$$\Rightarrow \quad 400 + x_{11}{}^2 + x_{12}{}^2 + \cdots\cdots + x_{20}{}^2 = 1380$$

$$\Rightarrow \quad x_{11}{}^2 + x_{12}{}^2 + \cdots\cdots + x_{20}{}^2 = 980 \quad \cdots ④$$

따라서 x_{11}, x_{12}, x_{13}, $\cdots\cdots$, x_{20} 10개에 대해 평균값은 ③으로부터

$$\frac{x_1 + x_2 + x_3 + \cdots\cdots + x_{10}}{10} = \frac{90}{10} = \mathbf{9}$$

가 되고, 분산은 ④에 따라

$$\frac{x_{11}{}^2 + x_{12}{}^2 + x_{13}{}^2 + \cdots\cdots + x_{20}{}^2}{10} - 9^2 = \frac{980}{10} - 81 = \mathbf{17}$$

이 됩니다.

(가)의 답 $\cdots 9$

(나)의 답 $\cdots 17$

결코 간단하진 않지만 '분산 계산 공식'을 사용하는 이점을 엿볼 수 있는 문제입니다.

표준편차란? 분산의 제곱근

분산은 평균으로부터 떨어진 정도를 알 수 있으므로 데이터가 흩어진 정도를 나타내기에는 좋은 통계량이지만 조금 문제가 있습니다. 다음 두 가지 문제입니다.

[분산의 문제점]

(1) 값이 너무 커진다.

(2) 단위가 (원래 단위)²이 된다.

앞에서 A~E 매장 매출의 4월과 10월의 분산을 다시 살펴봅시다.

$$\begin{cases} 4월의\ 분산:\ \mathbf{20000}\,(만원^2) \\ 10월의\ 분산:\ \mathbf{180000}\,(만원^2) \end{cases}$$

였습니다.

하지만 실제로는 4월은 평균에서 가장 큰 차이는 ±200만원, 10월도 평균에서 가장 큰 차이는 ±600만원입니다. 이 값과 비교해보면 20000과 180000이라는 숫자는 너무 크고 '만원²'이라는 신기한 단위에 주저하게 됩니다.

하지만 앞에서 살펴본 두 가지 문제점은 간단하게 해결할 수 있습니다.

둘 다 분산이 평균으로부터의 차이(편차)를 '제곱'했기 때문에 일어나는 현상이므로 $\sqrt{\text{분산}}$을 생각하면 됩니다.[88] 이 $\sqrt{\text{분산}}$을 **표준편차**(standard deviation)라고 합니다.

앞에서 사용한 4월과 10월 데이터의 표준편차를 구해 봅시다.

$$4월의\ 표준편차:\ \sqrt{20000} = 100\sqrt{2} = 141.42 \cdots ≒ \mathbf{141}\,(만원)$$
$$10월의\ 표준편차:\ \sqrt{180000} = 300\sqrt{2} = 424.26 \cdots ≒ \mathbf{424}\,(만원)$$

---

[88] 78~80쪽에서 확인했듯이 $\sqrt{a}$는 제곱하면 a가 되는 수($x^2 = a$의 해) 중 양수를 나타내는 기호입니다.

이 됩니다.[89]

4월이 약 141만 원이고 10월이 약 424만 원이므로 표준편차로 각 달의 흩어진 정도를 잘 표현한다고 말할 수 있어 보입니다.

일반적으로 변량 x의 데이터가 n개 값

$$x_1, \quad x_2, \quad x_3, \quad \cdots\cdots, \quad x_n$$

일 때 **표준편차를 s라 하면** 다음과 같이 표현할 수 있습니다.

정의 **표준편차**

$$s = \sqrt{\frac{(x_1 - \overline{x})^2 + (x_2 - \overline{x})^2 + (x_3 - \overline{x})^2 + \cdots\cdots + (x_n - \overline{x})^2}{n}}$$

($\overline{x}$: 평균값)

문자식으로 나타내니 무언가 무시무시하지만 앞에서 배운 분산을 $\sqrt{}$ (루트, 근호) 안에 넣었을 뿐입니다.

참고로 다봉성분포(여러 개의 봉우리가 있는 분포)에서는 분산과 표준편차 값을 해석하기 어렵습니다. 다봉성분포에서는 평균과 최빈값이 크게 멀어질 때가 많고 항상 평균값으로 데이터를 대표할 수 없는 것이 적절하지 않은 이유 중 하나입니다.

▤ 예 8 ▤ 또 다시 홈런타 수

131쪽 결과를 사용하여 '2018년도 프로야구 팀별 홈런 타수'의 센트럴 리그와 퍼시픽 리그의 표준편차를 구해 봅시다(계산할 때는 $\sqrt{}$ 버튼이 있는 계산기를

---

89 $\sqrt{2} = 1.41421356 \cdots$입니다.

사용하세요[90]).

$$\text{센트럴 리그:} \quad \sqrt{1319} = 36.3\cdots = 36\,(\text{타})$$
$$\text{퍼시픽 리그:} \quad \sqrt{1978} = 44.4\cdots = 44\,(\text{타})$$

흩어진 정도를 상상하기가 쉬워졌어요.

예제 7 ──────────────────────────────── **크기가 제각각인 정사각형**

여러 크기를 가진 정사각형이 100개 있습니다. 이 정사각형의 한 변의 길이의
평균이 8cm, 표준편차가 3cm일 때 넓이의 평균값을 구하세요.

해설

정사각형이므로 넓이＝한 변의 길이²입니다. 또한, 한 변의 길이의 표준편차가
3cm이므로 분산은 9cm입니다. 이 정보와 '분산 계산 공식'을 사용하면 의외로
쉽게 해결할 수 있습니다.

해답

정사각형 100개의 한 변의 길이를 각각

$$x_1, \quad x_2, \quad x_3, \quad \cdots\cdots, \quad x_{100}$$

라 합시다. 한 변의 길이의 평균은 8cm이므로

───

90 iPhone을 사용한다면 계산기 앱을 열고 본체를 가로로 하면 $\sqrt{}$ 버튼이 나타납니다($\sqrt[2]{}$가 $\sqrt{}$ 버튼입니다. 이 버튼
  을 1319 등 값을 입력한 후에 탭 하세요).

$$\overline{x} = \frac{x_1 + x_2 + x_3 + \cdots\cdots + x_{100}}{100} = 8$$

입니다. 또한, 정사각형 100개의 넓이는

$$x_1{}^2, \quad x_2{}^2, \quad x_3{}^2, \cdots\cdots, \quad x_{100}{}^2$$

이므로 넓이의 평균값은

$$\overline{(x^2)} = \frac{x_1{}^2 + x_2{}^2 + x_3{}^2 + \cdots\cdots + x_{100}{}^2}{100}$$

이고 이 $\overline{(x^2)}$가 구하려는 값입니다. 또한, 분산＝표준편차^2＝3^2＝9인 것도 알 수 있습니다.

이제 '분산 계산 공식'을 적용하면 다음과 같이 구할 수 있습니다.

$$9 = \overline{(x^2)} - 8^2$$
$$\Rightarrow \quad \overline{(x^2)} = 9 + 8^2 = 9 + 64 = \mathbf{73}$$

$$\boxed{V = \overline{(x^2)} - (\overline{x})^2}$$

답 ⋯ 73

정사각형의 개수는 상관없었죠.

편차치란? 가운뎃값이 50인 잣대

다음 표는 시간을 정확히 지키는 S와 시간을 느슨하게 지키는 R이 과거 10번의 약속 중 약속 시간과 얼마나 차이 나게 도착했는지 정리한 표입니다.

▼ 표 1-23 S의 편차 데이터

	1회	2회	3회	4회	5회	6회	7회	8회	9회	10회	합계
도착 시간과의 차이 = 편차(분)	-2	0	-1	-2	-2	3	-2	2	3	1	0
편차^2(분^2)	4	0	1	4	4	9	4	4	9	1	40

▼ 표 1-24 R의 편차 데이터

	1회	2회	3회	4회	5회	6회	7회	8회	9회	10회	합계
도착 시간과의 차이 = 편차(분)	10	-7	-6	15	-5	-6	-14	11	-9	11	0
편차^2(분^2)	100	49	36	225	25	36	196	121	81	121	990

문제를 간단히 하기 위해 평균 도착 시간은 둘 다 약속 시간(0분)으로 했습니다. 이제 도착 시간과의 차이는 그대로 편차(평균과의 차이)가 됩니다.

그러면 정의대로 각각 표준편차를 계산해 봅시다.

[표준편차]

$$
\begin{cases}
\text{S}: \sqrt{\dfrac{40}{10}} = \sqrt{4} = \mathbf{2}\,(\text{분}) \\[4mm]
\text{R}: \sqrt{\dfrac{990}{10}} = \sqrt{99} = 3\sqrt{11} = 9.949\cdots \fallingdotseq \mathbf{10}\,(\text{분})
\end{cases}
$$

과거 약속 10번 도착 시간의 표준편차는 S는 2분, R은 약 10분입니다. S와 R이 다음 약속을 했을 때 S가 약속 시간에 5분이 지나도록 나타나지 않았다면 어떨까요? 흩어진 정도(여기서는 도착 시간과의 차이)의 평균인 표준편차의 2.5배보다도 더 늦으므로 그런 일은 '잘 일어나지 않는다'고 생각하는 게 타당합니다. 무슨 일이 있는지 걱정해야 할지도 모릅니다. R이 똑같이 5분 늦었다고 해도 표준편차의 절반 정도밖에 차이가 나지 않으므로 '자주 있는 일'이라고 생각하는 게 타당합니다.

표준편차는 데이터가 평균값 주변으로 얼마나 흩어져 있는지를 나타내는 통계량인데 표준편차와 비교하면 그 데이터 안에 있는 값이 얼마나 '잘 일어나지 않는 일'인지 혹은 '자주 있는 있는 일'인지 알 수 있습니다.

이를 단편적으로 나타내는 숫자가 **편차치**(t–score 또는 standard score)입니다.

편차치는 평균을 50으로 했을 때 평균값에서 표준편차 1개 분량만큼 떨어질 때마다 ±10을 합니다. 어떤 데이터의 변량 x에 대해 다음 식으로 정의되는 y를 x의 **표준점수**라고 합니다.

정의 **편차치**

$$y = \frac{x - \overline{x}}{s} \times 10 + 50$$

($\overline{x}$: 제곱의 평균, s: 평균의 제곱)

▓ 예 9 ▓ **실제 시험의 예**

표 1–25는 어느 해에 치러진 대학 입시 시험의 '수학 시험 결과입니다. 이 시험에서 득점이 80점인 경우, 90점인 경우, 100점인 경우 각각의 편차치를 계산해 봅시다.

▼ 표 1–25 대학 입시 시험 실시 결과 개요

과목	수험자 수(명)	평균(점)	표준편차(점)
수학(만점: 100점)	396,479	61.91	18.69

정의에 따라 계산하면 편차치 $= \dfrac{\text{득점} - \text{평균}}{\text{표준편차}} \times 10 + 50$이므로

80점인 경우: $\dfrac{80 - 61.91}{18.69} \times 10 + 50 = 59.67\cdots \fallingdotseq \mathbf{60}$

$$90\text{점인 경우:} \quad \frac{90 - 61.91}{18.69} \times 10 + 50 = 65.02\cdots \doteqdot \mathbf{65}$$

$$100\text{점인 경우:} \quad \frac{100 - 61.91}{18.69} \times 10 + 50 = 70.37\cdots \doteqdot \mathbf{70}$$

이 됩니다.

▼ 그림 1-61 평균이 50이고 표준편차가 10인 정규분포

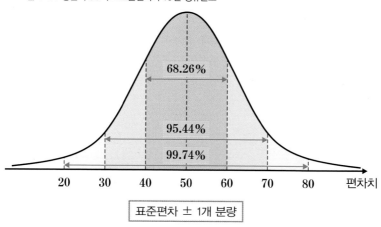

덧붙여 데이터 분포가 정규분포(평균을 봉우리로 하는 산 모양 분포로, 다음 장에서 자세히 설명합니다)가 되는 경우에는, 평균값으로부터 떨어진 정도가 표준편차±1개만큼의 범위 안에 전체 데이터의 약 70%(68.26%)가, 표준편차 ±2개만큼 범위 안에 전체 데이터의 약 95%(95.44%)가 포함된다는 걸 알고 있습니다.

즉, 득점 분포가 정규분포가 되는 시험[91]에서는 **편차치 40~60 안에 전체 수험생의 약 70%가 포함된다**는 말입니다.[92] 또한, 편차치 70 이상과 편차치 30 이하인 수험생은 전체의 5%밖에 안 되므로 편차치 70을 넘는 수험생은 상위 약

---

91 시험 득점 분포는 거의 정규분포가 될 때가 많습니다.

92 표준점수 40은 평균 − (표준편차 1개)만큼의 성적, 표준점수 60은 평균점 + (표준편차 1개)만큼의 성적입니다.

2.5%로 한정됩니다.[93]

방금 살펴본 시험의 득점 분포가 정규분포라고 하면 100점 맞은 수험생의 편차치는 약 70이므로 39만 6479명 ≈ 40만 명의 상위 2.5%, 즉 약 1만 명은 100점이라는 사실을 알 수 있습니다.[94]

편차치가 가장 많이 이용되는 분야는 역시 수험 쪽입니다. 확실히 치르는 시험이 다르더라도 편차치를 비교하면 상대적인 학력을 비교할 수 있는 점은 편리합니다. 하지만 편차치는 데이터 분포가 정규분포와 크게 달라지면 그 의미가 크게 바뀌어서 해석하기 어렵기 때문에 그다지 유용하지는 않습니다. 이 점에 주의하세요.

---

93 표준점수 30 이하와 편차치 70 이상을 합쳐서 약 5%이고 정규분포는 좌우 대칭이므로 편차치 70 이상은 약 5 ÷ 2 = 2.5%입니다.

94 $400,000 \times \frac{2.5}{100} = 10,000$

▶ 드디어 Σ(시그마 기호)를 공략하자!

본격적으로 통계를 공부하려면 Σ(시그마) 기호를 피할 수 없습니다. 실제로 수식이 적은 입문서를 끝까지 읽고 드디어 본격적으로 공부해 보자고 생각하자마자 Σ **기호 때문에 포기한 사람이 적지 않을** 것입니다. 그 정도로 수학을 어려워하는 사람들은 Σ 기호를 두려워합니다. 하지만 익숙해지면 **이렇게 편리한 기호도 없습니다.** 조금 길지만 이 기회에 제대로 공략해 봅시다!

Σ의 의미

Σ 기호의 의미를 파악하기 위해 우선 구체적인 예를 살펴봅시다. 예를 들어

$$\sum_{k=1}^{3} 2k$$

는 '$2k$의 k에 1부터 3까지 수를 순서대로 대입하고 더한 값'이라는 의미입니다. 식으로 쓰면 다음과 같습니다.

$$\sum_{k=1}^{3} 2k = 2 \cdot 1 + 2 \cdot 2 + 2 \cdot 3 = 2 + 4 + 6 = 12$$

마찬가지로

$$\sum_{k=2}^{5} k^2$$

는 'k^2의 k에 2부터 5까지 수를 순서대로 대입하고 더한 값'을 나타내며

$$\sum_{k=2}^{5} k^2 = 2^2 + 3^2 + 4^2 + 5^2 = 4 + 9 + 16 + 25 = 54$$

로 계산할 수 있습니다.

수열 기호를 사용하여 Σ의 의미를 일반화합시다.

$$\sum_{k=1}^{n} a_k = a_1 + a_2 + a_3 + \cdots\cdots + a_n$$

Σ는 영어로 합을 나타내는 Sum의 첫 글자 S에 해당하는 그리스 문자(의 대문자)입니다. k 대신 다른 문자를 사용해도 괜찮습니다.

$$a_1 + a_2 + a_3 + \cdots\cdots + a_n$$

을 나타내는데

$$\sum_{i=1}^{n} a_i = a_1 + a_2 + a_3 + \cdots\cdots + a_n$$

또는

$$\sum_{j=1}^{n} a_j = a_1 + a_2 + a_3 + \cdots\cdots + a_n$$

처럼 쓸 수도 있습니다.[95]

더 나아가 첫째 항 a_1부터의 합이 아니라도 예를 들어 $a_3 + a_4 + a_5 + \cdots\cdots + a_n$처럼 수열의 중간부터 시작하는 합도

$$\sum_{k=3}^{n} a_k = a_3 + a_4 + a_5 + \cdots\cdots + a_n$$

로 나타낼 수 있습니다.

$\sum_{k=p}^{q} a_k$의 k에 p부터 q까지 1씩 증가시키면서 대입하고 순서대로 더한다는 의미입니다.

Σ 계산 공식

(i) 상수의 합

$$\sum_{k=1}^{n} c = nc \ (c는 \ k와 \ 상관없는 \ 상수)$$

(ii) 자연수의 합

$$\sum_{k=1}^{n} k = \frac{n(n+1)}{2}$$

(iii) 제곱수의 합

$$\sum_{k=1}^{n} k^2 = \frac{n(n+1)(2n+1)}{6}$$

(iv) 세제곱수의 합

$$\sum_{k=1}^{n} k^3 = \left\{ \frac{n(n+1)}{2} \right\}^2$$

---

95 integer(정수)의 첫 글자 i의 앞뒤에 있는 알파벳을 사용할 때가 많습니다.

이중 직관적이라고 말하기 어려운 (ii) **자연수**[96]**의 합**, (iii) **제곱수**[97]**의 합**, (iv) **세제곱수**[98]
의 합에 관해 그림을 사용해서 살펴봅시다. (i)도 포함하여 수식을 사용한 증명은 나중에
보입니다.

자연수 합 Σ의 그림 풀이

다음 식을 생각해 봅시다.

$$\sum_{k=1}^{n} k = 1 + 2 + 3 + \cdots\cdots + n = \frac{n(n+1)}{2}$$

구체적으로 그림 1-62처럼 블록을 1개, 2개, 3개, 4개, 5개를 나열하여 준비합니다.

❤ 그림 1-62 나열한 블록

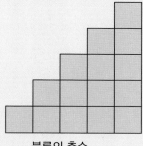

블록의 총수
$= 1 + 2 + 3 + 4 + 5$

이 블록의 총수는 $1 + 2 + 3 + 4 + 5 = \sum_{k=1}^{5} k$개입니다.

그림 1-62와 똑같은 것을 하나 더 준비하여 쌓아 올리면 그림 1-63처럼 됩니다.

---

96 1 이상인 정수

97 정수를 제곱한 수

98 정수를 세제곱한 수

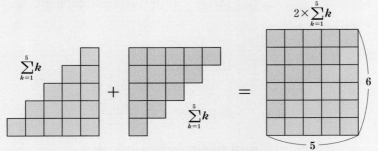

같은 것을 2개 준비하여 조립한다.

따라서 다음과 같이 식이 정리됩니다.

$$2 \times \sum_{k=1}^{5} k = 5 \times 6 \quad \Rightarrow \quad \sum_{k=1}^{5} k = \frac{5 \times 6}{2} = 15$$

같은 방법으로 생각하여 공식을 유도합니다.

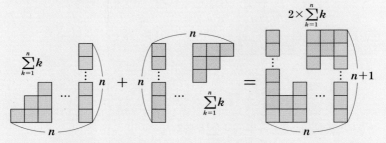

$\sum_{k=1}^{5} k$개 블록을 2개 준비해서 조립하면 블록은 가로로 n개, 세로로 $n+1$개 나열되므로 다음과 같은 식으로 나타낼 수 있습니다.

$$2 \times \sum_{k=1}^{n} k = n(n+1) \quad \Rightarrow \quad \sum_{k=1}^{n} k = \frac{n(n+1)}{2}$$

제곱수의 합 Σ의 그림 풀이

다음 식을 살펴봅시다.

$$\sum_{k=1}^{n} k^2 = 1^2 + 2^2 + 3^2 + \cdots\cdots + n^2 = \frac{n(n+1)(2n+1)}{6}$$

1kg짜리 공을 1개, 2kg짜리 공을 2개, 3kg짜리 공을 3개, 그림 1–64와 같이 삼각형 형태로 나열합니다. 그다음 6개 공을 나열 방법을 바꿔서 3층으로 쌓습니다.

▼ 그림 1–64 6개 공을 나열한다

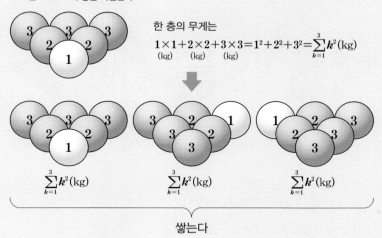

한 층의 무게는
$$1\times1+2\times2+3\times3=1^2+2^2+3^2=\sum_{k=1}^{3}k^2\,(\text{kg})$$

$$\sum_{k=1}^{3}k^2\,(\text{kg}) \qquad \sum_{k=1}^{3}k^2\,(\text{kg}) \qquad \sum_{k=1}^{3}k^2\,(\text{kg})$$

쌓는다

한 층의 무게는 $\displaystyle\sum_{k=1}^{3}k^2\,(\text{kg})$로 나타낼 수 있으므로 완성된 3층(총 18개) 공 무게의 합은

$3\times\displaystyle\sum_{k=1}^{3}k^2\,(\text{kg})$입니다.

▼ 그림 1–65 3층을 위에서 바라보면

세로로 세 개의 공을 더하면 모두 7(kg)

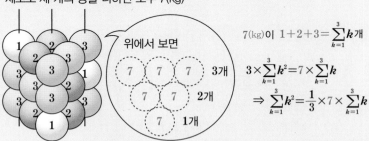

위에서 보면

7 7 7   3개
7 7   2개
7   1개

$7(\text{kg})$이 $1+2+3=\displaystyle\sum_{k=1}^{3}k$개

$$3\times\sum_{k=1}^{3}k^2=7\times\sum_{k=1}^{3}k$$

$$\Rightarrow\sum_{k=1}^{3}k^2=\frac{1}{3}\times7\times\sum_{k=1}^{3}k$$

같은 방법으로 생각해서 공식을 유도합니다.

▼ 그림 1-66 $\displaystyle\sum_{k=1}^{3} k^2$개의 공을 나열한다

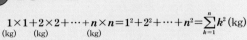

한 층의 무게는

$$1\times 1+2\times 2+\cdots+n\times n=1^2+2^2+\cdots+n^2=\sum_{k=1}^{n} k^2 \,(\text{kg})$$

$$\underset{(\text{kg})}{1\times 1}+\underset{(\text{kg})}{2\times 2}+\cdots+\underset{(\text{kg})}{n\times n}$$

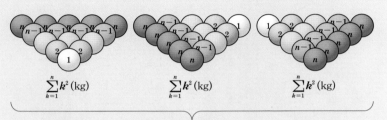

$\displaystyle\sum_{k=1}^{n} k^2 \,(\text{kg})$ $\displaystyle\sum_{k=1}^{n} k^2 \,(\text{kg})$ $\displaystyle\sum_{k=1}^{n} k^2 \,(\text{kg})$

쌓는다

▼ 그림 1-67 $\displaystyle\sum_{k=1}^{3} k^2$개의 공 3층을 위에서 바라보면

세로로 세 개의 공을 더하면 모두 $2n+1\,(\text{kg})$ 한 층의 무게는

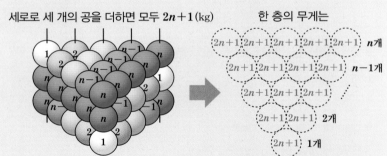

$2n+1$ $2n+1$ $2n+1$ $2n+1$ $2n+1$ n개
$2n+1$ $2n+1$ $2n+1$ $2n+1$ $n-1$개
$2n+1$ $2n+1$ $2n+1$
$2n+1$ $2n+1$ 2개
$2n+1$ 1개

$2n+1(\text{kg})$이 $\displaystyle 1+2+\cdots\cdots+(n-1)+n=\sum_{k=1}^{n} k$ 개

$$\Rightarrow\quad 3\times\sum_{k=1}^{n} k^2 = (2n+1)\times\sum_{k=1}^{n} k$$

3층의 무게

$\boxed{\begin{array}{c}\Sigma \text{ 계산 공식(146쪽)}\\[4pt] \displaystyle\sum_{k=1}^{n} k = \frac{n(n+1)}{2}\end{array}}$

$$= (2n+1)\times\frac{1}{2}n(n+1)$$

$$= \frac{1}{2}n(n+1)(2n+1)\,(\text{kg})$$

양변을 3으로 나눠서 정리하면 다음과 같습니다.

$$\sum_{k=1}^{n} k^2 = \frac{1}{6} n(n+1)(2n+1)$$

세제곱수의 합 Σ의 그림 풀이

다음 식을 살펴봅시다.

$$\sum_{k=1}^{n} k^3 = 1^3 + 2^3 + 3^3 + \cdots\cdots + n^3 = \left\{ \frac{n(n+1)}{2} \right\}^2$$

그림 1–68처럼 **한 변의 길이가** $1+2+3 = \sum_{k=1}^{3} k (=6)$**인 정사각형의 넓이**를 생각해 봅시다.

❤ 그림 1–68 한 변의 길이가 6인 정사각형

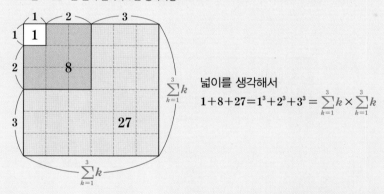

넓이를 생각해서
$$1+8+27 = 1^3 + 2^3 + 3^3 = \sum_{k=1}^{3} k \times \sum_{k=1}^{3} k$$

사실은 (그림 1–69처럼 생각하면) 이 정사각형의 넓이는 $1^3 + 2^3 + 3^3$으로 나타낼 수 있습니다. 즉, 다음과 같습니다.

$$1^3 + 2^3 + 3^3 = \sum_{k=1}^{3} k \times \sum_{k=1}$$

이런 방법을 사용하면 공식을 유도할 수 있습니다.

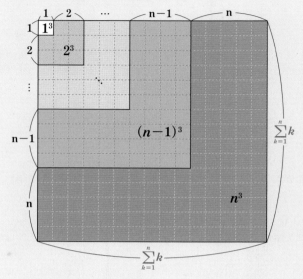

$\sum\limits_{k=1}^{n}k = 1+2+3+\cdots\cdots+(n-1)+n$은
정사각형의 한 변의 길이입니다.

넓이는 다음과 같습니다.

$$1^3+2^3+\cdots\cdots+(n-1)^3+n^3 = \sum_{k=1}^{n}k \times \sum_{k=1}^{n}k$$

$$\Rightarrow \sum_{k=1}^{n}k^3 = \left\{\frac{n(n+1)}{2}\right\} \times \left\{\frac{n(n+1)}{2}\right\}$$

Σ 계산 공식(146쪽)
$$\sum_{k=1}^{n}k = \frac{n(n+1)}{2}$$

$$\Rightarrow \sum_{k=1}^{n}k^3 = \left\{\frac{n(n+1)}{2}\right\}^2$$

참고로 그림 1–69의 L자를 뒤집어 놓은 부분(노란색 부분)의 넓이가 n^3이 되는 건 다음과 같이 생각하면 확인할 수 있습니다.

▼ 그림 1–70 그림 1–69에서 L자를 뒤집어 놓은 부분의 넓이

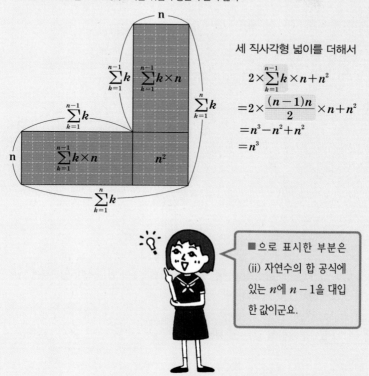

세 직사각형 넓이를 더해서

$$2 \times \sum_{k=1}^{n-1} k \times n + n^2$$
$$= 2 \times \frac{(n-1)n}{2} \times n + n^2$$
$$= n^3 - n^2 + n^2$$
$$= n^3$$

■으로 표시한 부분은 (ii) 자연수의 합 공식에 있는 n에 $n-1$을 대입한 값이군요.

Σ의 성질: 왜 Σ 기호는 편리한가?

Σ 기호가 편리한 이유는 지금까지

$$a_1 + a_2 + a_3 + \cdots\cdots + a_n$$

으로 썼던 식을

$$\sum_{k=1}^{n} a_k$$

로 (길게 쓸 필요 없이) 간단하면서 (……을 사용하지 않고) 엄밀하게 쓸 수 있다는 점은 물론, 다음 분배법칙과 같은 성질이 있기 때문입니다.

$$(2a_1+4b_1)+(2a_2+4b_2)+(2a_3+4b_3)=2(a_1+a_2+a_3)+4(b_1+b_2+b_3)$$

$$\Rightarrow \quad \sum_{k=1}^{3}(2a_k+4b_k)=2\sum_{k=1}^{3}a_k+4\sum_{k=1}^{3}b_k$$

일반적으로 다음과 같이 생각할 수 있습니다.

$$\Rightarrow \quad \sum_{k=1}^{n}(pa_k+qb_k)=p\sum_{k=1}^{n}a_k+q\sum_{k=1}^{n}b_k \qquad \text{(단, } p, q \text{는 } k \text{와 상관없는 상수)}$$

분배법칙 같은 것을
사용할 수 있군요!

이 성질이 있기 때문에 **상수와 자연수, 제곱수, 세제곱수의 합 공식**만 알아두면 매우
많은 수열의 합을 구할 수 있습니다.

▤ 예 10 ▤ 분배법칙 같은 Σ 계산의 예

(1) $\displaystyle\sum_{k=1}^{n}(3k^2+k)=3\sum_{k=1}^{n}k^2+\sum_{k=1}^{n}k$

$$=3\times\frac{n(n+1)(2n+1)}{6}+\frac{n(n+1)}{2}$$

$$=\frac{n(n+1)(2n+1)}{2}+\frac{n(n+1)}{2}$$

$$=\frac{n(n+1)}{2}(2n+1+1)$$

$$=\frac{n(n+1)}{2}(2n+2)$$

$$=\frac{n(n+1)^2}{2}$$

(2) $\displaystyle 4\sum_{i=1}^{n} i(i^2 - n) = 4\sum_{i=1}^{n}(i^3 - ni)$

$$= 4\sum_{i=1}^{n} i^3 - 4\sum_{i=1}^{n} ni$$

$$= 4\sum_{i=1}^{n} i^3 - 4n\sum_{i=1}^{n} i$$

$$= 4\left\{\frac{n(n+1)}{2}\right\}^2 - 4n\cdot\frac{n(n+1)}{2}$$

$$= 4\cdot\frac{n^2(n+1)^2}{4} - 4n\cdot\frac{n(n+1)}{2}$$

$$= n^2(n+1)^2 - 2n^2(n+1)$$

$$= n^2(n+1)\{(n+1)-2\}$$

$$= \boldsymbol{n^2(n+1)(n-1)}$$

Σ 계산 공식 증명

(ⅰ) 상수 합 Σ

c 뒤에 1^k가 숨어 있다고 생각합니다.

$$\sum_{k=1}^{n} c = \sum_{k=1}^{n} c\cdot 1^k$$

$$= \underbrace{c\cdot 1^1 + c\cdot 1^2 + c\cdot 1^3 + \cdots\cdots + c\cdot 1^n}_{n\text{개}}$$

$$= c + c + c + \cdots\cdots + c = nc$$

(ⅱ) 자연수 합 Σ

$$\sum_{k=1}^{n} k = 1 + 2 + 3 + \cdots\cdots + n = S$$

라고 합시다. 이때 다음과 같이 생각해 봅시다.

$$
\begin{array}{c}
S = \ \ 1\ \ +\ \ 2\ \ +\ \ 3\ \ +\cdots\cdots+(n-2)+(n-1)+\ \ n \\
+)\ S = \ \ n\ \ +(n-1)+(n-2)+\cdots\cdots+\ \ 3\ \ +\ \ 2\ \ +\ \ 1 \\
\hline
2S = \underbrace{(n+1)+(n+1)+(n+1)+\cdots\cdots+(n+1)+(n+1)+(n+1)}_{n\text{개}}
\end{array}
$$

$$2S = (n+1)\times n = n(n+1)$$

양변을 2로 나누면 유도한 식이 나옵니다.

$$S = \sum_{k=1}^{n} k = \frac{n(n+1)}{2}$$

(iii) 제곱근 합 Σ

이제부터 조금 귀찮아집니다. 우선 곱셈공식

$$(a+b)^3 = a^3 + 3a^2 b + 3ab^2 + b^3$$

을 사용하여 ($a=1$, $b=1$이라고 하고)

$$(l+1)^3 - l^3 = 3l^2 + 3l + 1$$

이라는 항등식(문자에 어떤 숫자를 넣어도 성립하는 식)을 만듭니다. 그리고 l에 1, 2, 3, ……, n을 순서대로 대입해서 다음과 같이 한 번에 더합니다.

$$2^3 - 1^3 = 3 \cdot 1^2 + 3 \cdot 1 + 1 \quad (l = 1)$$
$$3^3 - 2^3 = 3 \cdot 2^2 + 3 \cdot 2 + 1 \quad (l = 2)$$
$$4^3 - 3^3 = 3 \cdot 3^2 + 3 \cdot 3 + 1 \quad (l = 3)$$
$$\vdots \qquad\qquad \vdots$$
$$+ \underline{)(n+1)^3 - n^3 = 3 \cdot n^2 + 3 \cdot n + 1 \quad (l = n)}$$
$$(n+1)^3 - 1^3 = 3 \cdot (1^2 + 2^2 + 3^2 + \cdots + n^2) + 3 \cdot (1 + 2 + 3 + \cdots + n) + 1 \times n$$

$$(n+1)^3 - 1 = 3 \sum_{k=1}^{n} k^2 + 3 \sum_{k=1}^{n} k + n$$

$$\boxed{\begin{array}{l}(n+1)^3 \\ = n^3 + 3n^2 + 3n + 1\end{array}}$$

$$n^3 + 3n^2 + 3n + 1 - 1 = 3 \sum_{k=1}^{n} k^2 + 3 \cdot \frac{n(n+1)}{2} + n$$

$$\boxed{\sum_{k=1}^{n} k = \frac{n(n+1)}{2}}$$

$$\therefore \; 3 \sum_{k=1}^{n} k^2 = n^3 + 3n^2 + 3n - 3 \cdot \frac{n(n+1)}{2} - n$$

$$= \frac{2n^3 + 6n^2 + 6n - 3n^2 - 3n - 2n}{2}$$

$$= \frac{2n^3 + 3n^2 + n}{2}$$

$$= \frac{n(2n^2 + 3n + 1)}{2}$$

$$= \frac{n(n+1)(2n+1)}{2}$$

$$\boxed{abx^2 + (aq + bp)x + pq = (ax + p)(bx + q)}$$

양변을 3으로 나누면 다음과 같습니다.

$$\sum_{k=1}^{n} k^2 = \frac{n(n+1)(2n+1)}{6}$$

(iv) 세제곱수 합 Σ

방법은 (iii)과 같습니다. 다른 점은 이번에는

$$(a+b)^4 = a^4 + 4a^3b + 6a^2 b^2 + 4ab^3 + b^4$$

을 사용합니다. 이 식을 이용하여 ($a=1$, $b=1$이라 두면)

$$(l+1)^4 - l^4 = 4l^3 + 6l^2 + 4l + 1$$

이라는 항등식을 만듭니다. 그리고 역시나 l에 1, 2, 3, ……, n을 순서대로 대입해서 모두 더합니다.

$$2^4 - 1^4 = 4 \cdot 1^3 + 6 \cdot 1^2 + 4 \cdot 1 + 1 \quad (l=1)$$
$$3^4 - 2^4 = 4 \cdot 2^3 + 6 \cdot 2^2 + 4 \cdot 2 + 1 \quad (l=2)$$
$$4^4 - 3^4 = 4 \cdot 3^3 + 6 \cdot 3^2 + 4 \cdot 3 + 1 \quad (l=3)$$
$$\vdots \qquad \vdots$$
$$+)\ (n+1)^4 - n^4 = 4 \cdot n^3 + 6 \cdot n^2 + 4 \cdot n + 1 \quad (l=n)$$
$$(n+1)^4 - 1^4 = 4 \cdot (1^3 + 2^3 + 3^3 + \cdots + n^3)$$
$$+ 6 \cdot (1^2 + 2^2 + 3^2 + \cdots + n^2)$$
$$+ 4 \cdot (1 + 2 + 3 + \cdots n) + 1 \times n$$

$$(n+1)^4 - 1 = 4 \sum_{k=1}^{n} k^3 + 6 \sum_{k=1}^{n} k^2 + 4 \sum_{k=1}^{n} k + n$$

우선 좌변은 다음과 같습니다.

$$(n+1)^4 - 1 = n^4 + 4n^3 + 6n^2 + 4n + 1 - 1$$

우변에서 색칠한 각 항은 다음과 같습니다.

$$\sum_{k=1}^{n} k^2 = \frac{n(n+1)(2n+1)}{6} \quad (156쪽)$$

$$\sum_{k=1}^{n} k = \frac{n(n+1)}{2} \quad (156쪽)$$

따라서 다음과 같이 식이 정리됩니다.

$$n^4 + 4n^3 + 6n^2 + 4n = 4 \sum_{k=1}^{n} k^3 + 6 \cdot \frac{n(n+1)(2n+1)}{6} + 4 \cdot \frac{n(n+1)}{2} + n$$

$$4\sum_{k=1}^{n}k^3 = n^4+4n^3+6n^2+4n-6\cdot\frac{n(n+1)(2n+1)}{6}-4\cdot\frac{n(n+1)}{2}-n$$

$$= n^4+4n^3+6n^2+4n-(2n^3+3n^2+n)-2(n^2+n)-n$$

$$= n^4+4n^3+6n^2+4n-2n^3-3n^2-n-2n^2-2n-n$$

$$= n^4+2n^3+n^2$$

$$= n^2(n^2+2n+1)$$

$$= n^2(n+1)^2$$

양변을 4로 나누면 유도한 식이 나옵니다.

$$\sum_{k=1}^{n}k^3 = \left\{\frac{n(n+1)}{2}\right\}^2$$

통계량을 Σ로 나타내자

Σ를 사용하면 평균, 분산, 표준편차에서 사용했던 '……'을 사용해서 표현했던 통계량을 깔끔하게 표현할 수 있습니다.

[평균]

$$\overline{x} = \frac{x_1+x_2+x_3+\cdots\cdots+x_n}{n} = \frac{1}{n}(x_1+x_2+x_3+\cdots\cdots+x_n) = \frac{1}{n}\sum_{k=1}^{n}x_k$$

[분산]

$$V = \frac{(x_1-\overline{x})^2+(x_2-\overline{x})^2+(x_3-\overline{x})^2+\cdots\cdots+(x_n-\overline{x})^2}{n}$$

$$= \frac{1}{n}\{(x_1-\overline{x})^2+(x_2-\overline{x})^2+(x_3-\overline{x})^2+\cdots\cdots+(x_n-\overline{x})^2\} = \frac{1}{n}\sum_{k=1}^{n}(x_k-\overline{x})^2$$

[표준편차]

$$s = \sqrt{V} = \sqrt{\frac{1}{n}\sum_{k=1}^{n}(x_k-\overline{x})^2}$$

수고하셨습니다! 한 번에 이해하기는 어려울 겁니다. 하지만 이후 공부하면서 Σ 기호를 사용할 수 없으면 식이 쓸데없이 길어져서 이해하는 데 방해가 됩니다. 따라서 이 책에서도 이제부터는 Σ 기호를 사용하므로 잘 모르겠으면 그때마다 이 칼럼으로 돌아오세요. 시작하면서 이야기했듯이 Σ 기호는 익숙해지면 정말 편리한 기호입니다.

06
데이터의 상관:
그림의 형태와 수치로 분석

예를 들어 학창 시절 성적이 좋지 않을 때 시간을 늘려 더 공부했던 경험은 모두 있을 것입니다. 그건 공부 시간을 늘리면 그만큼 시험 점수도 올라가리라 기대했기 때문이죠. 그리고 이사를 하려고 방을 찾고 있을 때 역에서 멀어지면 월세가 낮아질 것이라고 생각하는 사람도 적지 않을 것입니다.

물론 공부 시간을 두 배로 늘린다고 시험 점수가 두 배가 될 수는 없습니다. 역에서 거리가 두 배 멀어지면 월세가 절반이 되지 않는다는 것도 알고 있습니다. 게다가 공부 시간이 같다면 언제나 같은 점수라든가 역에서 거리가 같다면 월세가 일정하다거나 하지도 않습니다. 그런 의미에서 이 값은 서로 비례나 반비례 관계가 아니라 '한 값을 정하면 다른 값이 정해지는' 관계[99]도 아닙니다.

하지만 공부 시간과 시험 점수는 **한쪽이 늘어나면 다른 쪽도 늘어난다**는 대략적인 경향이, 역에서부터 거리와 월세는 **한쪽이 늘어나면 다른 쪽은 감소한다**라는 대략적인 경향이 분명히 있을 것입니다. 이런 **경향의 세기**를 나타내기 위한 수학적인 방법을 손에 넣는 것이 이 절의 목표입니다.

산포도란? 좌표평면에 그린 그림

예를 들어 철수, 영희, 민수 세 명의 키를 조사한 다음 데이터는 변량[100]이 '키' 밖에 없으므로 **1변량 데이터**입니다.

---

99 이 관계가 성립할 때 '다른 값은 이 값의 함수이다'라고 할 수 있습니다.

100 어떤 집단을 구성하는 사람이나 물건의 특성을 수량적으로 나타낸 것으로, 측정 대상이 되는 항목(26쪽).

이름	철수	영희	민수
키(cm)	162	172	177

세 명의 '키'와 '몸무게'라는 두 변량을 조사한 다음 데이터는 **2변량 데이터**라고 합니다.

이름	철수	영희	민수
키(cm)	162	172	177
몸무게(kg)	58	65	79

앞 절까지 등장했던 데이터는 모두 어떤 집단의 시험 점수나 홈런 타수, 월 매출 등을 조사한 '1변량 데이터'였습니다. 히스토그램이나 상자수염도는 이런 1변량 데이터를 정리해서 분포의 경향을 파악하기 위한 그림입니다. 그에 반해 2변량 데이터를 정리해서 경향을 파악하려면 또 다른 그림이 필요합니다. 바로 산포도(scatter plot)[101]입니다.

산포도에서는 두 변량값을 **좌표로 좌표축 위에 표시합니다.** 표 1-26은 어떤 반에서 5명을 뽑아 수학과 물리 점수를 정리한 표입니다. 이 표를 산포도로 그려 봅시다.

❤ 표 1-26 5명의 수학과 물리 점수

	①	②	③	④	⑤
수학(점)	50	60	40	30	70
물리(점)	40	60	50	20	80

여기서는 **가로축이 수학 점수, 세로축이 물리 점수**인 좌표축을 생각해서 학생

---

101 상관도라 부를 때도 있습니다.

①~⑤ 각각의 수학과 물리 점수를

(수학 점수, 물리 점수)

처럼 좌표로 나타내기로 합시다. 그러면 학생 ①의 점수는

(50, 40)

이므로 학생 ①의 점수는 그림 1–71처럼 좌표평면 위에 그릴(plot) 수 있습니다. [102]

❤ 그림 1–71 좌표평면 위에 그린 학생 ①의 점수

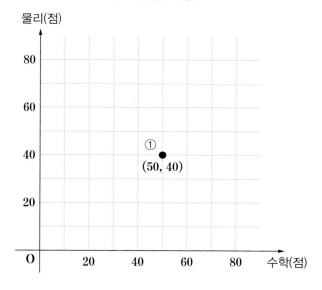

같은 방법으로 학생 ②~⑤의 점수도 표시하면 그림 1–72와 같습니다. 이 그림이 **산포도**입니다. [103]

---

102 동사 plot(플롯)에는 은밀한 계획을 '세우다', 극이나 소설의 '줄거리를 만들다' 등의 뜻이 있는데 수학에서는 점을 '좌표로 나타내다'라는 의미로 사용합니다. 참고로 plotting paper는 모눈종이를 말합니다.

103 좌표축을 어떻게 잡느냐에 특별히 정해진 방법은 없습니다. 이 예에서는 가로축을 '물리 점수', 세로축을 '수학 점수'로 해도 됩니다.

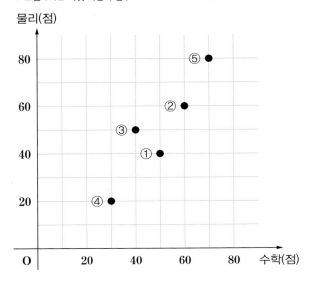

그러면 이 산포도에서 무엇을 읽어낼 수 있을까요?

수학 점수가 높은 사람일수록 물리 점수도 높은 것을 알 수 있습니다.

일반적으로 2변량 데이터에서 **한쪽이 증가하면 다른 쪽도 증가하는 경향을 확인할 수 있을 때** 두 변량 사이에는 **양의 상관관계**(positive correlation)가 있다고 합니다. 반대로 **한쪽이 증가하면 다른 쪽은 감소하는 경향을 확인할 수 있을 때**는 두 변량 사이에 **음의 상관관계**(negative correlation)가 있다고 합니다. **어떤 경향도 확인할 수 없을 때**는 상관관계가 없다고 합니다. 앞 예에서는 수학 점수와 물리 점수 사이에 '양의 상관관계가 있다'고 말할 수 있습니다.

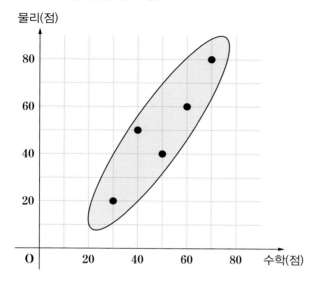
❤ 그림 1-73 양의 상관관계인 두 점수

앞에서 만든 산포도 위의 점 5개는 전체적으로 오른쪽 위로 올라가는 비교적 좁은 범위 안에 분포합니다.

일반적으로 두 변량 사이의 상관관계와 산포도의 관계는 다음과 같습니다.

> 양의 상관관계가 있다 → 산포도의 점은 오른쪽 위로 올라가는 분포
> 음의 상관관계가 있다 → 산포도의 점은 오른쪽 아래로 내려가는 분포

그리고 **분포가 직선에 가까우면 가까울수록 강한 상관관계가 있다**고 말합니다. 학생 ①~⑤의 수학 점수와 물리 점수 사이에는 '강한 양의 상관관계가 있다'고 말할 수 있습니다.

산포도는 크게 5가지로 분류됩니다. 2변량 데이터를 정리해서 산포도를 그리면 (대략적이긴 하지만) 두 변량 사이의 **상관관계의 유무와 세기**를 알 수 있습니다.

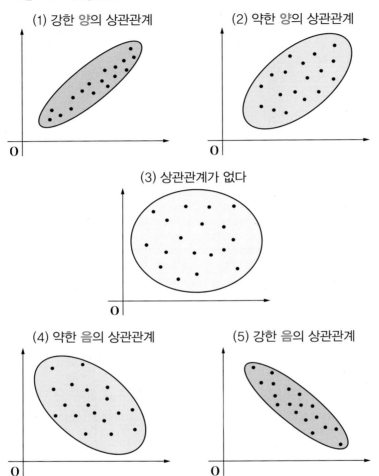

예 11 **어떤 지하철 근처의 월세**

표 1-27은 서울 도심에서 외각으로 뻗은 지하철 근처 월세의 평균을 정리한
표입니다. 만원 미만은 반올림했습니다.

	①	②	③	④	⑤	⑥	⑦	⑧	⑨	⑩
도심으로부터 소요 시간(분)	0	40	90	140	180	260	300	360	420	500
월세(만원)	120	90	80	70	70	70	80	60	70	50

표 1-27로 '도심으로부터 소요 시간'과 '월세'의 산포도를 그려서 상관관계를 조사해 봅시다.

▼ 그림 1-75 도심으로부터 소요 시간과 월세의 산포도

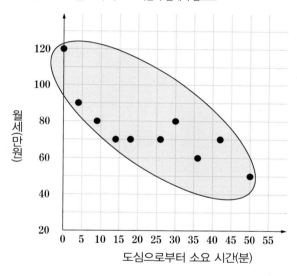

예상대로 음의 상관관계가 있네요.

공분산의 의미와 상관계수를 구하는 방법

산포도로 2변량 데이터의 상관관계를 어림잡아 파악할 수 있습니다. 하지만 세기를 판단하려면 감각에 의지할 수밖에 없습니다. 예11 의 '도심으로부터 소요 시간'과 '월세'도 음의 상관관계가 있다고는 알았지만 그 분포는 직선에서 살짝 벗어난 (폭이 넓은) 형태입니다. 이런 경우 어떤 사람은 그 상관관계가 '강하다'고 느낄지도 모르지만 다른 사람은 '약하다'고 느낄지도 모릅니다. 실제로 산포도에서 상관관계 세기의 미묘한 차이를 판단하기는 어렵습니다.

그래서 예11 의 상관관계를 수치로 나타내는 방법을 소개합니다. 최종 목표는 다음 두 가지입니다.

1. 상관관계의 부호와 세기를 수치화한다.
2. 여러 가지 2변량 데이터를 비교할 수 있다.

우선 목표 1을 달성해 봅시다.

준비 과정으로 예11 에서 그렸던 산포도에 두 변량 평균을 나타내는 직선을 그려 넣어 봅시다. 도심으로부터 소요 시간(분)은 x, 월세(만원)는 y로 표시하고 각 평균을 표 1-27로 계산하면 다음과 같습니다.

$$\bar{x} = \frac{0+4+9+14+18+26+30+36+42+50}{10} = 22.9\,(분)$$

$$\bar{y} = \frac{120+90+80+70+70+70+80+60+70+50}{10} = 76\,(만원)$$

평균을 나타내는 직선으로 산포도를 4개의 영역 I~IV로 나누면 10개 점 중 7개 점은 그림 1-76의 회색 영역(II나 IV)에 분포하고 나머지 3개 점이 노란색 영역(I나 III)에 분포하는 것을 알 수 있습니다.

이렇게 이런 사실(산포도를 평균을 나타내는 직선으로 나눌 때 어느 영역에 점이 얼마나 있는지)을 수치화하기 위해 생각해 낸 통계량이 **공분산**입니다.

❤ 그림 1-76 산포도에 평균을 가로선과 세로선으로 표시

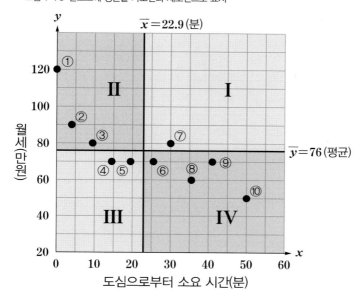

산포도 위에 있는 점이 회색 영역에 분포하는지 노란색 영역에 분포하는지는 **편차**[104]**곱**을 조사하면 알 수 있습니다.

예를 들어 그림 1-76의 점 ①은 $(0, 120)$이라는 점인데 $x = 0$은 평균($\bar{x} = 22.9$) 아래에 있고 $x = 120$은 평균 위에 있습니다. 그렇다는 말은 편차(평균과의 차이)는 각각 $x - \bar{x} < 0$, $y - \bar{y} > 0$입니다.

이렇게 회색 영역에 분포하는 점 ①의 편차곱의 부호는 다음과 같습니다.

$$(x - \bar{x})(y - \bar{y}) < 0$$

점 ②~⑩도 같은 방법으로 조사하여 표 1-28로 정리할 수 있습니다.

---

104 '편차'란 '평균과의 차이'(125쪽)를 말합니다.

	①	②	③	④	⑤	⑥	⑦	⑧	⑨	⑩	평균
x 도심으로부터 소요 시간(분)	0	4	9	14	18	26	30	36	42	50	22.9 $\overline{x}$ (x 평균)
y 월세(만원)	120	90	80	70	70	70	80	60	70	50	76 $\overline{y}$ (y 평균)
$x - \overline{x}$ x의 편차	−22.9	−18.9	−13.9	−8.9	−4.9	3.1	7.1	13.1	19.1	27.1	
$y - \overline{y}$ y의 편차	44	14	4	−6	−6	−6	4	−16	−6	−26	
$(x - \overline{x})(y - \overline{y})$ 편차곱	−1007.6	−264.6	−55.6	53.4	29.4	−18.6	28.4	−209.6	−114.6	−704.6	−226.4 공분산 (편차끼리 곱한 값의 평균)

공분산은 편차곱의 평균인가요?

이제 설명하겠습니다!

지금은 각 값을 자세히 음미할 필요는 없습니다.

여기서는 **회색 영역에 분포하는 점은 편차곱이 음수**가 되고 **노란색 영역에 분포하는 점은 편차곱이 양수**가 된다는 내용만 이해하면 충분합니다.

그러면 이런 편차곱을 전부 더하면 어떻게 될까요?

노란색 영역에 대부분의 점이 분포하는 데이터는 편차곱이 양수가 되는 점이 많아 편차곱의 합은 큰 값이 될 것 같습니다. 반대로 회색 영역에 대부분의 점이 분포하는 데이터는 편차곱이 음수가 되는 점이 많아 편차곱의 합은 작은 값이 될 것 같습니다. 두 영역에 모두 분포하는 데이터는 편차곱의 합은 양수와 음수가 서로 상쇄되어 0에 가까운 값이 될 것입니다.

그런데 산포도 위에서 **노란색 영역에 점 대부분이 분포하는 데이터**는 어떤 데이터일까요? 맞습니다! **양의 상관관계가 있는 데이터**입니다. 마찬가지로 '**회색 영역에 점 대부분이 분포하는 데이터**'는 음의 상관관계가 있는 데이터입니다. '**두 영역 모두에 분포하는 데이터**'는 **상관관계가 없는 데이터**입니다.

즉, 양의 상관관계인 데이터는 노란색 영역에 점이 많고 편차곱의 합은 큰 값이 됩니다. 한편, 음의 상관관계인 데이터는 회색 영역에 점이 많아서 편차곱의 합은 작은 값이 됩니다. 상관관계가 없는 데이터는 편차곱의 합이 0에 가까운 값이 됩니다.

단, 편차곱의 합은 데이터의 크기[105]에 영향을 받으므로 데이터의 크기가 다를 경우에도 비교할 수 있도록 단순하게 합계를 보는 것이 아니라 합계를 데이터의 크기로 나눈 **편차곱의 평균**을 보는 게 좋습니다. 이 '편차곱의 평균'을 공분산(covariance)이라고 합니다. 지금까지의 내용을 다음과 같이 정리할 수 있습니다.

$$(x_1, \ y_1), \ (x_2, \ y_2), \ \cdots\cdots, \ (x_n, \ y_n)$$

---

105 '데이터의 크기'란 '데이터를 구성하는 관측값이나 측정값의 개수'입니다(35쪽). **예 11** 에서는 데이터의 크기가 10입니다.

- 양의 상관관계 ⇒ 공분산이 큰 값

- 음의 상관관계 ⇒ 공분산이 작은 값

- 상관관계가 없다 ⇒ 공분산이 0에 가까운 값

일반적으로 두 변량 x, y의 데이터가 n개의 x, y 조합으로

$$(x_1, y_1), (x_2, y_2), \cdots\cdots, (x_n, y_n)$$

와 같이 주어졌을 때 x와 y의 공분산(기호는 c_{xy}[106])은 다음과 같이 정의됩니다.

$$c_{xy} = \frac{(x_1 - \overline{x})(y_1 - \overline{y}) + (x_2 - \overline{x})(y_2 - \overline{y}) + \cdots + (x_n - \overline{x})(y_n - \overline{y})}{n}$$

$$(\overline{x}, \overline{y}\text{는 각각 } x\text{와 } y\text{의 평균})$$

공분산의 정의를 $\sum$ 기호(145쪽)로 다시 나타내면 다음과 같습니다.[107]

정의 공분산

x와 y의 공분산을 c_{xy}라 하면 다음과 같이 나타낼 수 있습니다.

$$c_{xy} = \frac{1}{n}\sum_{k=1}^{n}(x_k - \overline{x})(y_k - \overline{y})$$

$$(\overline{x}, \overline{y}\text{는 각각 } x\text{와 } y\text{의 평균})$$

---

106 공분산을 표기하는 기호로 s_{xy}나 σ_{xy}를 사용할 때도 있습니다.

107 $c_{xy} = \dfrac{(x_1 - \overline{x})(y_1 - \overline{y}) + (x_2 - \overline{x})(y_2 - \overline{y}) + \cdots + (x_n - \overline{x})(y_n - \overline{y})}{n}$

$= \dfrac{1}{n}\{(x_1 - \overline{x})(y_1 - \overline{y}) + (x_2 - \overline{x})(y_2 - \overline{y}) + \cdots + (x_n - \overline{x})(y_n - \overline{y})\}$

$= \dfrac{1}{n}\sum\limits_{k=1}^{n}(x_k - \overline{x})(y_k - \overline{y})$

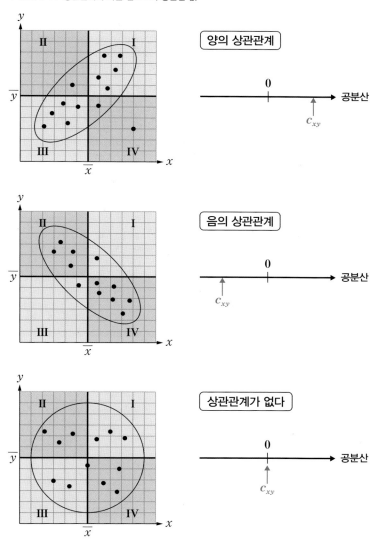

공분산을 배웠으니 166쪽에서 잡았던 목표 중 '상관관계의 부호와 세기를 수치화한다'는 거의 달성했습니다. 하지만 다른 목표인 '여러 가지 2변량 데이터

를 비교할 수 있다'는 공분산으로 달성할 수 없습니다. 설상가상으로 공분산은 같은 데이터 안에서도 단위를 바꾸면 값 자체가 바뀝니다. 실제로 예11 의 데이터에서 월세 단위를 '만원'에서 '원'으로 바꾸면 y값은 모두 10000배가 되어서 공분산 값도 10000배가 되지만, 그렇다고 해서 상관관계의 세기도 (단위를 바꾼 것만으로) 10000배가 된다고 하면 이상한 이야기가 되어버립니다.

이럴 때 공분산의 성질을 그대로 가지면서 단위와 값의 크기에 좌우되지 않는 통계량, 즉 '잣대'를 바꿔도 영향을 받지 않는 통계량이 고안됐습니다. 그게 바로 상관계수(correlation coefficient)입니다.

일반적으로 두 변량 x, y 데이터가 n개의 x, y 조합으로 다음과 같이 주어졌을 때

$$(x_1, y_1), (x_2, y_2), \cdots\cdots, (x_n, y_n)$$

x와 y의 공분산을 c_{xy}, x의 표준편차를 s_x, y의 표준편차를 s_y라고 하면 **상관계수**는 다음과 같이 정의됩니다.

정의 **상관계수**

x와 y의 상관계수를 r이라고 하면 다음과 같이 나타낼 수 있습니다.

$$r = \frac{c_{xy}}{s_x \cdot s_y}$$

$$\left(상관계수 = \frac{(x와 \ y의 \ 공분산)}{(x의 \ 표준편차) \times (y의 \ 표준편차)} \right)$$

혹시 모르니 표준편차의 정의식도 실어 둡니다.

$$s_x = \sqrt{\dfrac{(x_1 - \overline{x})^2 + (x_2 - \overline{x})^2 + (x_3 - \overline{x})^2 + \cdots + (x_n - \overline{x})^2}{n}}$$

$$= \sqrt{\dfrac{1}{n} \sum_{k=1}^{n} (x_k - \overline{x})^2}$$

$$s_y = \sqrt{\dfrac{(y_1 - \overline{y})^2 + (y_2 - \overline{y})^2 + (y_3 - \overline{y})^2 + \cdots + (y_n - \overline{y})^2}{n}}$$

$$= \sqrt{\dfrac{1}{n} \sum_{k=1}^{n} (y_k - \overline{y})^2}$$

표준편차는 분산(편차제곱의 평균)에 $\sqrt{}$ 를 취한 값이었습니다.

맨 처음에 산포도를 그릴 때 사용했던 5명의 수학과 물리 점수 데이터(160쪽)를 사용하여 상관계수를 계산해 봅시다.

상관계수를 구할 때는 표 1-29와 같은 표를 만들기를 추천합니다.

❤ 표 1-29 공분산 계산을 위한 표

	①	②	③	④	⑤	평균	
x 수학(점)	50	60	40	30	70	50	$\overline{x}$ (x 평균)
y 물리(점)	40	60	50	20	80	50	$\overline{y}$ (y 평균)
$x - \overline{x}$ x 편차	0	10	-10	-20	20		
$y - \overline{y}$ y 편차	-10	10	0	-30	30		
$(x - \overline{x})^2$ x 편차의 제곱	0	100	100	400	400	200	V_x (x 분산)
$(y - \overline{y})^2$ y 편차의 제곱	100	100	0	900	900	400	V_y (y 분산)
$(x - \overline{x})(y - \overline{y})$ 편차곱	0	100	0	600	600	260	c_{xy} (공분산)

$$(x \text{ 표준편차}) \ s_x = \sqrt{V_x} = \sqrt{200} = 10\sqrt{2}$$
$$(y \text{ 표준편차}) \ s_y = \sqrt{V_y} = \sqrt{400} = 20$$

상관계수 r을 구하는 데 필요한 값은 c_{xy}와 s_x 그리고 s_y입니다. 정의에 따라 이 데이터의 상관계수는 다음과 같습니다.[108]

$$r = \frac{c_{xy}}{s_x \cdot s_y} = \frac{260}{10\sqrt{2} \times 20} = \frac{1.3}{\sqrt{2}} = 0.919\cdots ≒ 0.92$$

참고로 같은 계산을 예11 의 '도심으로부터 소요 시간(분)'과 '월세(만원)'으로도 해 보면[109] $c_{xy} = -226.4$, $s_x = \sqrt{V_x} = \sqrt{250.89}$, $s_y = \sqrt{V_y} = \sqrt{324}$이므로[110] 상관계수는 다음과 같습니다.[111]

$$r = \frac{c_{xy}}{s_x \cdot s_y} = \frac{-22.64}{\sqrt{250.89} \times \sqrt{3.24}} = -0.794\cdots ≒ -0.79$$

앞에서 y 단위를 '원'으로 바꾸면 공분산은 10000배가 된다고 했는데 상관계수는 어떻게 될까요?

y 단위를 '원'으로 바꾸면 공분산 c_{xy}와 y 표준편차 s_y 모두 10000배가 되므로[112] 상관계수 r 값은

$$r = \frac{c_{xy}}{s_x \cdot s_y} = \frac{-22.64 \times 10000}{\sqrt{250.89} \times \sqrt{3.24} \times 10000} = -0.794\cdots ≒ -0.79$$

와 같이 단위가 '만원'이었을 때와 같습니다. 즉, 상관계수는 (적어도) 단위를 바꿔도 영향을 받지 않습니다.

---

108 $\sqrt{2} = 1.41421356\cdots$입니다(실제로는 계산기를 사용하여 계산했습니다).

109 앞과 마찬가지로 '도심으로부터 소요 시간(분)'이 x, '월세(만원)'가 y입니다.

110 한번 계산해 보세요.

111 물론 계산기를 사용했습니다.

112 2장에서 자세히 설명합니다.

상관계수의 해석: 가운뎃값이 0인 잣대

여기까지 상관계수를 구하는 방법을 설명했는데 이렇게 구한 값은 어떻게 해석하면 좋을까요?

사실은 **상관계수 r 값은 항상 $-1 \leq r \leq 1$을 만족합니다.**[113]

두 변량에 **강한 양의 상관관계가 있을** 경우에는 산포도는 오른쪽 위로 올라가는 형태의 직선에 가까운 분포가 됐습니다. 170쪽에서 봤던 것처럼 이럴 때 c_{xy}는 **큰 값이 되어서 상관계수 r도 최댓값인 1에 가까워집니다.**[114]

반대로 두 변량에 '**강한 음의 상관관계가 있다**'고 판단할 수 있는 경우에는 산포도는 오른쪽 아래로 내려가는 직선에 가까운 분포가 되고 c_{xy}는 **작은 값(절댓값이 큰 음수)이 되어서 상관계수 r은 최솟값인 −1에 가까워집니다.**

두 변량에 **상관관계가 거의 없는** 경우에는 데이터가 여기저기 퍼진 분포이고 c_{xy}는 0에 가까운 값이 되면서 상관계수 r도 0에 가까운 값이 됩니다.

그림 1–78로 정리합시다.

▼ 그림 1–78 상관관계와 산포도, 상관계수 사이의 관계

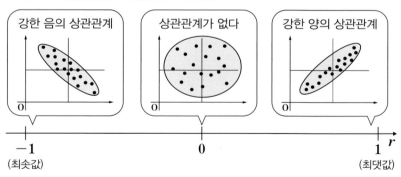

---

113 상관계수의 이론적 배경은 수학적으로 조금 어려우니 나중에 자세히 설명합니다.

114 상관계수 정의식 $\frac{c_{xy}}{s_x \cdot s_y}$의 분모 s_x(x의 표준편차)와 s_y(y의 표준편차)는 항상 양수이므로 분자인 공분산 c_{xy}의 부호는 r의 부호와 같습니다(좀 더 자세한 설명은 185쪽 이후의 '이론적 배경'을 참고하세요).

덧붙여 상관계수 값에 따른 상관관계의 세기는 그림 1-79와 같이 해석할 때가 많습니다.

▼ 그림 1-79 상관의 세기

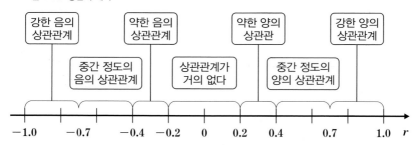

앞에서 살펴봤던 수학과 물리 점수의 상관계수는 **약 0.92**였으므로 **강한 양의 상관관계가 있다**고 말할 수 있습니다. 또한, '도심으로부터 소요 시간'과 '월세'의 상관계수는 약 **-0.79**였으므로 (약간 중간 정도에 치우친) **강한 음의 상관관계가 있습니다.**

두 예 모두 상관관계의 세기는 '강하다'였는데 값을 비교하면 **수학과 물리 점수가 좀 더 강한 상관관계가 있다**고 말할 수 있습니다.

상관관계의 성질을 정리해 보죠.

선형이 아닌 상관관계도 있나요?

상관계수는 여러 가지 2변량 데이터의 상관관계 유무와 세기를 엄밀하게 비교할 수 있는 값이지만(166쪽의 목표는 달성했습니다!) 주의할 점도 있습니다.

우선 상관계수는 어디까지나 **선형 상관관계의 유무를 조사하기 위한 지표**라는 점입니다. 예를 들어 어떤 마을 내 운동회에서 '100m 달리기 기록'과 '나이'를 조사하여 다음 그림 1-80과 같은 산포도를 얻었다고 합니다.[115] 상관계수 값은 거의 0입니다.

---

115 이 데이터는 가짜 데이터입니다.

❤ 그림 1-80 어떤 마을 운동회의 100m 달리기 기록과 나이의 산포도

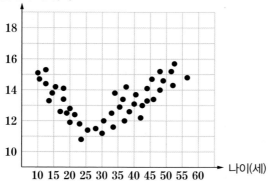

100m 달리기 기록(초)

그림 1-80 같은 경우에는 V자나 U자라고 부를 때도 있네요!

하지만 분명히 20대 중반에 최고 기록이 나타나며 100m 달리기 기록과 나이 사이에는 '어떤 관계성'이 있다는 걸 보면 알 수 있습니다.[116] 상관계수가 0에 가깝다고 해서 '어떤 상관관계도 없다'고 판단하는 건 위험합니다.

또한, 바깥값(73쪽)을 포함하는 그림 1-81과 같은 산포도는 상관계수를 구하면 양수가 되어서 '양의 상관관계'이라고 판단하지만 오른쪽 위에 있는 바깥값(노란 표시)을 제외하면 상관계수는 음수가 되어서 '음의 상관관계'라는 정반대 결과가 됩니다.

---

116 이 산포도같은 관계성을 **비선형 상관관계**이라고 부르기도 합니다.

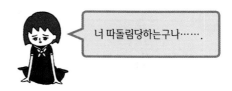

❤ 그림 1-81 바깥값이 있는 산포도

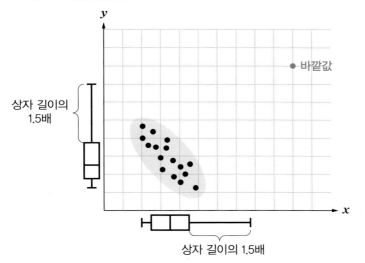

x와 y의 상자수염도를 그렸을 때 **수염 길이는 상자 길이의 1.5배를 최대로 하는** 경우가 많으므로(103쪽) x와 y 모두 이 최댓값을 넘어가는 값은 바깥값 후보가 됩니다. 단, 이는 절대적인 기준이 아니므로 바깥값을 판단할 때는 신중하게 해야 합니다.

[상관계수 주의사항]

· 산포도가 곡선을 따라갈 때는 관계성을 반영하지 않는다.
· 바깥값의 영향을 받는다.

상관관계를 조사할 때는 상관계수에만 의존하지 말고 산포도를 그려서 분포의 모양을 확인하기를 권장합니다.

예제 8

표 1-30은 어떤 고등학교 학생 8명의 키(cm)와 수학 시험 점수(점)를 정리한 표입니다.

▼ 표 1-30 어떤 고등학교 학생 8명의 키(cm)와 수학 시험 점수(점)

	①	②	③	④	⑤	⑥	⑦	⑧
키(cm)	175	170	168	172	174	175	180	162
수학(점)	79	60	65	73	70	80	78	55

키와 수학 점수의 상관계수를 r이라고 합시다. r의 범위로 옳은 것을 (가)~(라)에서 고르세요.

(가) $-0.9 \leq r \leq -0.7$ (나) $-0.4 \leq r \leq -0.2$

(다) $0.2 \leq r \leq 0.4$ (라) $0.7 \leq r \leq 0.9$

해설

물론 실제 키와 수학 점수의 공분산과 각각의 표준편차를 구해서 계산해도 되지만 이 문제에서는 상관계수가 주어져 있고 각각 다음과 같이 대응됩니다.

(가) 강한 음의 상관관계
(나) 약한 음의 상관관계
(다) 약한 양의 상관관계
(라) 강한 양의 상관관계

귀찮은 계산을 하지 않아도 표 1-30을 이용해 **산포도를 그려서** 어떤 선택지가 맞는지 판단할 수 있을 것 같습니다.

표 1–30을 이용하여 산포도를 그리면 그림 1–82와 같습니다.

▼ 그림 1–82 표 1–30의 산포도

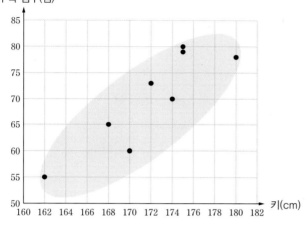

양의 상관관계가 있으므로 선택지 후보는 (다)나 (라)인데, (다)는 $0.2 \leq r \leq 0.4$로 약한 양의 상관관계이므로 산포도 형태는 좀 더 원형에 가까워집니다. 따라서 상관계수 r 값의 범위로 옳은 것은 **강한 양의 상관관계**를 나타내는 $0.7 \leq r \leq 0.9$입니다.

답 … (라)

대충 판단만 해도 된다면 산포도를 그리는 게 빠를 때도 있군요.

참고로 실제로 계산해 보면 다음과 같습니다.

▼ 표 1-31 실제 계산한 값

	①	②	③	④	⑤	⑥	⑦	⑧	평균	
x 키(cm)	175	170	168	172	174	175	180	162	172	$\overline{x}$ (x 평균)
y 수학(점)	79	60	65	73	70	80	78	55	70	$\overline{y}$ (y 평균)
$x - \overline{x}$ x 편차	3	−2	−4	0	2	3	8	−10		
$y - \overline{y}$ y 편차	9	−10	−5	3	0	10	8	−15		
$(x - \overline{x})^2$ x 편차제곱	9	4	16	0	4	9	64	100	**25.75**	V_x (x 분산)
$(y - \overline{y})^2$ y 편차제곱	81	100	25	9	0	100	64	225	**75.5**	V_y (y 분산)
$(x - \overline{x})(y - \overline{y})$ 편차곱	27	20	20	0	0	30	64	150	38.875	c_{xy} (공분산)

$$r = \frac{c_{xy}}{s_x \cdot s_y} = \frac{38.875}{\sqrt{25.75} \times \sqrt{75.5}} = 0.881 \cdots\cdots \fallingdotseq 0.88$$

상관관계를 조사할 때 주의 사항

상관관계를 조사할 때는 주의해야 할 점이 두 가지 있습니다.

첫 번째는 구한 상관관계는 어디까지나 조사 대상에 한정된 결과라는 점입니다. **예제 8** 에서도 우연히 '키가 클수록 수학 점수도 높다'라는 양의 상관관계가 나왔는데 이 결과가 전국 고등학생에게도 맞는 경향인지는 전혀 알 수 없습니다.[117]

2변량 데이터라면 어떤 데이터라도 상관관계를 조사할 수 있으므로 의외의 조합으로 상관관계를 찾아내거나 반대로 예상했던 대로 결과가 나오기도 합니다. 그러다가 갑자기 '놀랄 만한 (혹은 원했던) 법칙을 찾았습니다!'라고 소리 지르고 싶겠지만 모집단 전체를 조사한 게 아닐 때는 특히 신중한 판단이 필요합니다. 참고로 다음 장에서 배우는 추측 통계는 **모집단에서 추출한 일부 표본(샘플)**

---

117 아마도 일반적으로는 키와 수학 점수 사이에 상관관계는 없을 것입니다.

로 구한 결과가 일반적(모집단의 경향을 바르게 반영)이라고 생각할 수 있는지를 **조사**하기 위한 방법입니다. 기대해 주세요.

그리고 또 다른 주의점은 어떤 2변량 사이에 상관관계가 있다고 해서 둘 사이에 인과관계가 있다고 결론 내릴 수 없다는 점입니다.

X와 Y 사이에 인과관계[118]가 있다면 X와 Y에는 반드시 상관관계를 확인할 수 있습니다. 하지만 역은 항상 옳지는 않습니다.

X와 Y 사이에 (양의) 상관관계가 있을 때는 다음 5가지 가능성이 있습니다.

> ① X(원인) → Y(결과)의 관계가 있다.
> ② Y(원인) → X(결과)인 관계가 있다.
> ③ X와 Y가 서로 공통 원인 Z의 결과이다(Z → X면서 Z → Y).
> ④ 좀 더 복잡한 관계가 있다.
> ⑤ 우연이다.

여기서는 ④, ⑤ 이외의 가능성을 설명합니다.

우선 ①, ②를 설명합니다. 예를 들어 신문 구매와 수입 사이에 양의 상관관계가 있다고 합시다. 그러면 '신문은 읽으면 수입이 오를지도 몰라!'라고 기대할지도 모릅니다.

하지만

신문을 읽는다(원인) → 수입이 높다(결과)

가 아니라

수입이 높다(원인) → 신문을 읽는다(결과)

일 가능성도 있습니다. 수입이 높아짐에 따라 사회적 지위가 올라가서 사교를

---

118 하나가 원인이고 다른 쪽이 결과인 관계입니다.

위한 이야깃거리를 모으기 위한다든가 등의 이유로 신문을 읽을 필요성이 높아졌을지도 모릅니다.

다음으로 ③을 설명합니다. 예를 들어 지역별 은행의 수와 레스토랑의 수에 양의 상관관계가 있다고 합시다. 하지만 어느 한쪽이 다른 쪽의 직접적인 원인이라고 생각하기는 어렵습니다. 이때는 은행 수와 레스토랑 수 모두 각각 '인구'라는 공통 원인의 결과라고 생각하는 편이 타당합니다. 즉,

> 인구가 많다(원인) → 은행이 많다(결과)
>
> 인구가 많다(원인) → 레스토랑이 많다(결과)

라는 두 인과관계의 결과가 만나서 상관관계가 생긴 것에 지나지 않습니다.

이런 상관을 **가짜상관** 또는 **허위상관**이라고 할 때도 있습니다.

일반적으로 X와 Y 둘 다에 영향을 미치는 Z라는 3의 요인을 생각할 수 있을 때 이 Z를 제어변수라고 합니다. Z라는 제어변수의 존재가 의심될 때 Z의 영향을 제거하고 X와 Y의 **진짜 상관관계**를 조사하기 위한 통계량도 이미 있습니다. 바로 **편상관계수**입니다.

하지만 편상관계수의 자세한 내용은 이 책의 수준을 넘어가므로 정의식만 소개하겠습니다.

[편상관계수 정의식]

X와 Y의 상관계수를 r_{xy}, X와 Z의 상관계수를 r_{xz}, Y와 Z의 상관계수를 r_{yz}라고 하면 Z의 영향을 제거한 X와 Y의 편상관계수 는 다음 식으로 주어집니다.

$$r_{xy,z} = \frac{r_{xy} - r_{xz}\, r_{yz}}{\sqrt{1 - r_{xz}^{2}}\,\sqrt{1 - r_{yz}^{2}}}$$

예를 들어

$$\begin{cases} r_{xy} = 0.8\,(\text{X와 Y에 강한 양의 상관관계가 있다}) \\ r_{xz} = 0.9\,(\text{X와 Z에 강한 양의 상관관계가 있다}) \\ r_{yz} = 0.9\,(\text{X와 Z에 강한 양의 상관관계가 있다}) \end{cases}$$

일 때 위 식에 대입해서 계산하면 다음과 같습니다.

$$r_{xy,z} \fallingdotseq -0.05$$

이는 언뜻 X와 Y에 강한 양의 상관관계가 있는 것처럼 보이지만 제어변수 Z의 영향을 배제하면 X와 Y에는 상관이 거의 없다는 사실을 의미합니다.

정리	상관관계에 관한 주의 사항

1. 계산하여 얻은 경향이 항상 일반적이라고 할 수는 없습니다.
2. 상관관계가 있다고 해서 인과관계가 있다고 할 수는 없습니다.

상관계수의 이론적 배경

상관계수를 제창한 사람은 진화론으로 유명한 찰스 다윈의 수제자인 영국의 통계학자 **프랜시스 골턴**(1822–1911)이었습니다. 스위트피 종자나 인간의 키, 능력 등에 관해 부모 세대와 자식 세대를 비교했던 골턴은 부모가 평균에서 크게 떨어져 있을 때에는 자식은 반드시 부모보다 평균에 가까워진다는 사실을 발견하고 이를 **평균으로의 회귀**라고 불렀습니다. 그리고 평균으로의 회귀 현상을 수식화하기 위해 상관계수를 고안합니다. 하지만 골턴은 수학을 그다지 잘하지 못했기 때문에 골턴의 후계자인 **칼 피어슨**(1857–1936)이 수식으로 완성했습니다.

고등학교 교과과정에서는 상관계수 r 값이 반드시 $-1 \leq r \leq 1$이 된다는 사실의 증명은 생략됐습니다. 이론적 배경을 수학적으로 이해하기가 어렵기 때문입니다. 조금 (상당히?) 길어지긴 하지만 상관계수의 이론적 배경 설명도 빠짐없이 적어 보겠습니다. 흥미가 있다면 (도중에 쉬어가며) 함께해 주세요.

이론보다 우선 통계를 사용하는 것이 목적이라면 이 내용은 꼭 필요하진 않습니다. 다음 칼럼까지 건너뛰어도 괜찮습니다.

$-1 \leq r \leq 1$를 증명하기 위한 준비 1: 절댓값

상관계수의 이론적 배경을 이해하기 위한 첫걸음은 **절댓값**(absolute value)을 이해하는 것입니다. 절댓값은 기호를 보는 것만으로 기운이 빠지는 사람이 적지 않습니다. 수학에서 싫은 기호 순위가 있다면 틀림없이 3위 안에 들어갈 것입니다. 왜 그럴까요?

되새겨보면 절댓값을 처음 배웠을 때는 절대로 어렵지 않았을 것입니다.

▼ 그림 1-83 절댓값

선생님이 그림 1-83과 같은 그림과 함께 "절댓값은 수직선 위에서 원점으로부터의 거리입니다. $|3| = 3$이고 $|-3| = 3$이 됩니다!"라고 설명했을 때, '뭐야 **양수면 그대로고 음수면 마이너스를 빼기만** 하면 되잖아'라며 간단하게 생각했을 것입니다. 참고로 절댓값을 보통 중학교 1학년 때 배웁니다.

절댓값은 단원 내용으로 한참 동안 등장하지 않습니다. 다음에 등장하는 시기는 고등학교 1학년 때입니다.

문자식을 배우고 방정식과 함수를 x나 y 등을 사용해서 나타내는 방법을 공부한 후에 이번에는 알파벳을 사용해서 $|a|$란

$$|a| = \begin{cases} a & (a \geq 0\text{일 때}) \\ -a & (a \leq 0\text{일 때}) \end{cases} \qquad \cdots ※$$

라는 의미라고 배웁니다.[119] 절댓값의 정의가 '수직선상의 원점에서부터의 거리'라는 점은 변함없지만[120] 이렇게 알파벳으로 써 버리면 특히

$$a \leq 0 일 때 \qquad |a| = -a$$

라는 식에 위화감을 느끼는 사람이 적지 않나 봅니다.

> 맞아요! 절댓값은 절대로 양수나 0이어야 하는데
> '-'가 붙는다는 게 이해하기 어려워요.

그리고 문자식의 절댓값은 a가 **0 이상일 때**와 a가 **0 이하일 때**로 굳이 **경우를 나누어** 생각해야 하기 때문에 더 피하고 싶을 수 있습니다.

하지만 '$a \leq 0$일 때, $|a| = -a$'라는 말은 단순히 $|-3| = 3$을

$$|-3| = -(-3) = 3$$

으로 표현했을 뿐입니다. 직관적이지 않다는 점은 인정하지만 문자식을 사용해서 여러 수의 성질을 일반화할 수 있는 편리함을 대체할 수는 없습니다. 반대로 말하면 절댓값에는(a가 실수일 때) 식 ※ 이상의 의미는 없으므로 경우를 나누어 식 ※의 우변처럼 **다시 쓰면 됩니다.**

---

119 여기서 $|a| = \begin{cases} a & (a \geq 0) \\ -a & (a < 0) \end{cases}$ … ♠ 아니냐고 지적할 수 있습니다. 분명 고등학교 교과서에는 식 ♠처럼 쓰여 있습니다. 하지만 $|0| = 0$이라는 말은 $|0| = -0 = -1 \times 0 = 0$으로 생각할 수 있으므로 $a = 0$인 경우에는 '$a > 0$'에 포함시켜도 '$a < 0$'에 포함시켜도 됩니다. 어느 쪽에 포함시켜도 상관없다면 둘 다 포함시키는 게 나중에 (특히 여러 문자의 절댓값을 생각해야 될 때 등) 경우를 나누기가 간단해지므로 편리합니다. 따라서 이 책에서는 식 ※처럼 하기로 합니다.

120 고등학교 1학년 단계에서는 허수(제곱하면 음수가 되는 상상 속의 수)를 배우지 않기 때문에 이 정의는 a가 실수일 때의 정의입니다. 참고로 만약 a가 복소수(실수와 허수로 이루어진 수)일 때 절댓값 $|a|$는 '복소평면 위의 원점으로부터의 거리'로 정의됩니다. 수학에서 복소평면은 복소수를 기하학적으로 표현하기 위해 개발된 좌표평면을 의미하며, 서로 직교하는 실수축과 허수축으로 이루어져 있습니다.

실제로 절댓값이 들어간 방정식과 부등식을 풀어봅시다.

▇ 예 12 ▇   절댓값이 들어간 방정식을 풀어 보자

예를 들어 $|x| = 3$은

$$|x| = \begin{cases} x & (x \geq 0 일 \ 때) \\ -x & (x \leq 0 일 \ 때) \end{cases}$$

이므로

$$|x| = 3 \ \Leftrightarrow \ \begin{cases} x = 3 & (x \geq 0 일 \ 때) \\ -x = 3 & (x \leq 0 일 \ 때) \end{cases}$$

$$\Leftrightarrow \ \begin{cases} x = 3 & (x \geq 0 일 \ 때) \\ x = -3 & (x \leq 0 일 \ 때) \end{cases}$$

입니다. 즉,

$$|x| = 3 \ \Leftrightarrow \ x = \pm 3 \text{[121]}$$

이라는 말이 됩니다.

이를 일반화하면 다음과 같습니다.

$$|x| = c \ \Leftrightarrow \ x = \pm c \qquad (단 \ c > 0)$$

▇ 예 13 ▇   절댓값이 들어간 부등식을 풀어 보자

예를 들어 $|x| = 3$은

$$|x| = \begin{cases} x & (x \geq 0 일 \ 때) \\ -x & (x \leq 0 일 \ 때) \end{cases}$$

이므로

---

121 '±3'이라는 기호는 '+3 또는 −3'이라는 의미입니다.

$$|x| \le 3 \quad \Leftrightarrow \quad \begin{cases} x \le 3 \quad (x \ge 0\text{일 때}) \\ -x \le 3 \quad (x \le 0\text{일 때}) \end{cases}$$

$$\Leftrightarrow \quad \begin{cases} x \le 3 \quad (x \ge 0\text{일 때}) \\ x \ge -3 \quad (x \le 0\text{일 때}) \end{cases}$$

> 음수를 곱하면 부등호의 방향이 반대가 된다
> $2 < 3 \Rightarrow -2 > -3$

입니다.

$$\begin{cases} x \le 3 \quad (x \ge 0\text{일 때}) \quad \Leftrightarrow \quad 0 \le x \le 3 \\ x \ge -3 \quad (x \le 0\text{일 때}) \quad \Leftrightarrow \quad -3 \le x \le 0 \end{cases}$$

임에 주의하면

$$|x| \le 3 \quad \Leftrightarrow \quad -3 \le x \le 3$$

임을 알 수 있습니다.

▼ 그림 1-84 수직선에 나타낸 x의 범위

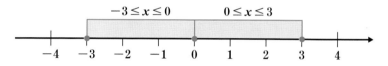

이 내용을 일반화해 봅시다.

$$|x| \le c \quad \Leftrightarrow \quad -c \le x \le c \ (\text{단 } c > 0)$$

여기서 다시 $|a|$의 의미를 나타냈던 186쪽의 식 ※을 주목해 주세요. 우변은 어디서 본 기억이 있지 않나요? 그렇습니다. 80쪽의 제곱근의 성질에서 소개했습니다.

$$\sqrt{a^2} = \begin{cases} a \quad (a \ge 0\text{일 때}) \\ -a \quad (a \le 0\text{일 때}) \end{cases}$$

> $$|a| = \begin{cases} a \quad (a \ge 0\text{일 때}) \\ -a \quad (a \le 0\text{일 때}) \end{cases}$$

의 우변과 완전히 똑같습니다. 즉,

$$\sqrt{a^2} = |a| \quad \cdots \blacklozenge$$

입니다.

또한, $(\sqrt{a^2})^2 = a^2$로부터[122] 식 $\blacklozenge$의 양변을 제곱하면

$$(\sqrt{a^2})^2 = |a|^2 \quad \Rightarrow \quad a^2 = |a|^2$$

라는 것도 알 수 있습니다. 지금까지 설명한 절댓값의 성질을 정리합시다.

정리 **절댓값의 성질**

1. $|x| = c \iff x = \pm c$
2. $|x| \leq c \iff -c \leq x \leq c$ (단 $c > 0$)
3. $\sqrt{a^2} = |a|$
4. $|a|^2 = a^2$

$-1 \leq r \leq 1$를 증명하기 위한 준비 2: 삼각부등식

상관계수의 이론적 배경을 이해하기 위한 다음 단계는 삼각부등식(triangle inequality)을 이해하는 것입니다.

$$|a| + |b| \geq |a + b| \quad \cdots (가)$$

왜 이 부등식을 '삼각부등식'이라고 부르게 됐는지를 이야기하면, a와 b가 각각 벡터일 때 '$|\vec{a}| + |\vec{b}| \geq |\vec{a} + \vec{b}|$'은 '삼각형의 두 변의 길이의 합은 나머지 한 변의 길이보다 길다'라는 삼각형의 성립 조건을 나타내기 때문입니다.[123]

---

122 $a \neq 0$일 때, $a^2 > 0$이므로 는 '제곱하면 a^2이 되는 수 중 양수'를 가리킵니다(78쪽). $a = 0$일 때 $\sqrt{a^2} = \sqrt{0} = 0 = 0^2$로 생각할 수 있습니다. 어쨌든 $(\sqrt{a^2})^2 = a^2$입니다.

123 벡터란 길이와 방향을 갖는 양으로 $|\vec{a}|$는 $\vec{a}$의 길이를 나타냅니다.

✅ 그림 1-85 각 변을 벡터로 나타낸 삼각형

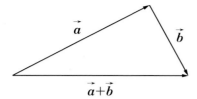

하지만 여기서는 벡터에 관해 깊게 들어가진 않고 a와 b가 실수일 때 앞쪽의 부등식 (가)가 성립한다는 내용을 증명하겠습니다.

$$(|a|+|b|)^2 - |a+b|^2$$
$$= |a|^2 + 2|a||b| + |b|^2 - (a+b)^2$$
$$= a^2 + 2|a||b| + b^2 - (a^2 + 2ab + b^2)$$
$$= a^2 + 2|a||b| + b^2 - a^2 - 2ab - b^2$$
$$= 2(|a||b| - ab) \cdots (나)$$

$$|a|^2 = a^2$$

곱셈(전개) 공식으로부터
$$(x+y)^2 = x^2 + 2xy + y^2$$

여기서 $|a||b|$는

$$|a||b| = \begin{cases} ab & (a \geq 0, \ b \geq 0일 \ 때) \\ a(-b) & (a \geq 0, \ b \leq 0일 \ 때) \\ (-a)b & (a \leq 0, \ b \geq 0일 \ 때) \\ (-a)(-b) & (a \leq 0, \ b \leq 0일 \ 때) \end{cases} = \begin{cases} ab & (ab \geq 0일 \ 때) \\ -ab & (ab \leq 0일 \ 때) \end{cases}$$

로 쓸 수 있습니다. 반면 $|ab|$는

$$|ab| = \begin{cases} ab & (ab \geq 0일 \ 때) \\ -ab & (ab \leq 0일 \ 때) \end{cases}$$

$$|a| = \begin{cases} a & (a \geq 0일 \ 때) \\ -a & (a \leq 0일 \ 때) \end{cases}$$

따라서 $|a||b|$와 $|ab|$는 우변이 완전히 같습니다. 즉, 다음과 같습니다.

$$|a||b| = |ab|$$

또한,

$$|a| - a = \begin{cases} a - a = 0 & (a \geq 0일 \ 때) \\ -a - a = -2a > 0 & (a \leq 0일 \ 때) \end{cases}$$

$a \leq 0$일 때
$$|a| - a = -a - a = -2a$$
가 되는데 $a \leq 0$이어서 음수×음수는 양수가 되어 $-2a \geq 0$ 이라는 점을 주의하세요.

지금까지의 내용을 종합하면 다음과 같습니다.[124]

$$|a| - a \geq 0$$

이 내용을 사용하면 식 (나)는 다음과 같이 변형시킬 수 있습니다.

$$\boxed{|a||b| = |ab|} \quad \boxed{|a| - a \geq 0}$$

$$(|a| + |b|)^2 - |a + b|^2 = 2(|a||b| - ab) = 2(|ab| - ab) \geq 0 \ \cdots (\text{다})$$

즉, $(|a| + |b|)^2 - |a + b|^2 \geq 0$로부터 다음과 같이 변형시킬 수 있습니다.

$$(|a| + |b|)^2 \geq |a + b|^2$$

이제 $|a| + |b| \geq 0$, $|a + b| \geq 0$이므로 다음을 구할 수 있습니다.

$$\boxed{\begin{array}{c} A \geq 0, \quad B \geq 0일 \ 때 \\ A^2 \geq B^2 \ \Leftrightarrow \ A \geq B \end{array}}$$

$$|a| + |b| \geq |a + b| \ \cdots (\text{가})$$

식 (가)의 등호(=)가 성립할 때는 식 (다)의 등호가 성립할 때이므로 $|ab| = ab$ 일 때, 다시 말해

$$ab \geq 0$$

일 때입니다.

식 (가)는 확장할 수 있습니다. 식 (가)의 $a \to a + b$, $b \to c$라 하면 다음과 같습니다.

---

124 $|a| - a \geq 0$은 '$|a| - a$는 0 또는 양수'라는 의미입니다.

$$|a|+|b| \geq |a+b| \quad \rightarrow \quad |a+b|+|c| \geq |a+b+c|$$

(등호는 $(a+b)c \geq 0$일 때 성립)

또한, $|a|+|b| \geq |a+b|$의 양변에 $|c|$를 더하면 다음과 같습니다.

$$|a|+|b|+|c| \geq |a+b|+|c|$$

(등호는 $ab \geq 0$일 때 성립)

이 두 부등호를 합치면 다음을 구할 수 있습니다.

$$|a|+|b|+|c| \geq |a+b|+|c| \geq |a+b+c|$$

마지막으로 다음 식을 얻을 수 있습니다.

$$|a|+|b|+|c| \geq |a+b+c| \quad \cdots (라)$$

등호가 성립하는 경우는 $(a+b)c > 0$이면서 $ab \geq 0$일 때이므로 다음 중 하나의 경우입니다.

$$\begin{cases} a+b \geq 0 \\ ab \geq 0 \\ c \geq 0 \end{cases} \quad \text{또는} \quad \begin{cases} a+b \leq 0 \\ ab \geq 0 \\ c \leq 0 \end{cases}$$

여기서

$$(a+b \geq 0 \text{이면서} \quad ab \geq 0) \quad + \quad (a \geq 0 \text{이면서} \quad b \geq 0)$$
$$(a+b \leq 0 \text{이면서} \quad ab \geq 0) \quad + \quad (a \leq 0 \text{이면서} \quad b \leq 0)$$

라는 점을 사용하면 식 (라)의 등호 성립 조건은 다음과 같습니다.

$$\begin{cases} a \geq 0 \\ b \geq 0 \\ c \geq 0 \end{cases} \quad \text{또는} \quad \begin{cases} a \leq 0 \\ b \leq 0 \\ c \leq 0 \end{cases}$$

마찬가지로 식 (라)에서 $a \to a+b,\ b \to c,\ c \to d$라고 하면

$$|a|+|b|+|c|+|d| \geq |a+b+c+d|$$

임을 유도할 수 있습니다. 등호가 성립하는 조건은 문자가 세 개였을 때와 마찬가지로 생각하여 다음과 같이 정리할 수 있습니다.

$$
\begin{cases} a \geq 0 \\ b \geq 0 \\ c \geq 0 \\ d \geq 0 \end{cases}
\quad \text{또는} \quad
\begin{cases} a \leq 0 \\ b \leq 0 \\ c \leq 0 \\ d \leq 0 \end{cases}
$$

결국, **모든 값이 0 이상이거나 모든 값이 0 이하일 때 등호가 성립**한다는 말이 됩니다.

마찬가지로 문자 개수를 계속해서 늘려 나갈 수 있으므로 다음과 같은 부등식이 성립합니다.

정리 **삼각부등식**

$$|a_1|+|a_2|+\cdots\cdots+|a_n| \geq |a_1+a_2+\cdots\cdots+a_n|$$

(등호는 모든 값이 0 이상이거나 모든 값이 0 이하일 때 성립)

피곤해요……. 여기서 쉬어요.

그래요!

$-1 \leq r \leq 1$를 증명하기 위한 준비 3: 코시·슈바르츠 부등식

상관계수 r의 범위가 $-1 \leq r \leq 1$라는 사실은 코시·슈바르츠 부등식(Cauchy–Schwarz inequality)라고 부르는 부등식으로 유도할 수 있습니다.

$$(X_1{}^2 + X_2{}^2 + \cdots\cdots + X_n{}^2)(Y_1{}^2 + Y_2{}^2 + \cdots\cdots + Y_n{}^2)$$
$$\geq (X_1 Y_1 + X_2 Y_2 + \cdots\cdots + X_n Y_n)^2$$

$\sum$ 기호(145쪽)로 다시 적으면 다음과 같습니다.

$$\sum_{k=1}^{n} X_k{}^2 \sum_{k=1}^{n} Y_k{}^2 \geq \left(\sum_{k=1}^{n} X_k Y_k \right)^2 \quad \cdots ①$$

코시·슈바르츠 부등식을 증명하는 몇 가지 방법 중에서 2차 방정식의 판별식을 사용하는 방법이 유명하지만, 여기서는 전에 소개했던 **산술평균 ≥ 기하평균의 관계**(62쪽)를 사용하는 방법으로 증명하겠습니다.[125]

조금 읽기 쉽게 다음과 같이 치환합시다.

$$A = \sum_{k=1}^{n} X_k{}^2, \quad B = \sum_{k=1}^{n} Y_k{}^2 \quad \cdots ②$$

여기서 A와 B는 적어도 하나가 0일 때와 둘 다 0이 아닐 때로 경우를 나누어 생각합니다.

(i) $A = 0$ 또는 $B = 0$일 때

$A = 0$일 때

$$X_1{}^2 + X_2{}^2 + \cdots\cdots + X_n{}^2 = 0 \quad \Leftrightarrow \quad X_1 = X_2 = \cdots\cdots = X_n = 0$$

이므로[126]

---

125 판별식을 사용하는 방법(2차 함수 그래프의 극대·극소에 주목하는 방법)은 이 책의 자매서인 〈다시 고등 수학〉(길벗, 2022)에 있으므로 흥미가 있다면 참고하기 바랍니다.

126 $X_1^2 \geq X_0^2 \geq 0$, $\cdots\cdots$, $X_n^2 \geq$ 이고 0 이상인 값을 더해도 0이 된다는 말은 모든 값이 0이라는 말이 됩니다.

$$①의 \ 우변 = \left(\sum_{k=1}^{n} X_k Y_k\right)^2 = (X_1 Y_1 + X_2 Y_2 + \cdots\cdots + X_n Y_n)^2 = 0$$

$$①의 \ 좌변 = \sum_{k=1}^{n} X_k{}^2 \sum_{k=1}^{n} Y_k{}^2$$
$$= (X_1{}^2 + X_2{}^2 + \cdots\cdots + X_n{}^2)(Y_1{}^2 + Y_2{}^2 + \cdots\cdots + Y_n{}^2) = 0$$

따라서

$$①의 \ 좌변 \ = \ ①의 \ 우변$$

$B=0$일 때도 완전히 같은 방법으로

$$①의 \ 좌변 \ = \ ①의 \ 우변$$

임을 보일 수 있습니다.

이렇게 $A=0$ 또는 $B=0$일 때는 식 ①이 성립합니다(식 ①의 등호가 성립합니다).

(ii) $A \neq 0$이면서 $B \neq 0$일 때

$$a_k = \frac{X_k{}^2}{A}, \quad b_k = \frac{Y_k{}^2}{B} \quad \cdots ③$$

$$\boxed{\begin{aligned} a_k &= \frac{X_k{}^2}{X_1{}^2 + X_2{}^2 + \cdots\cdots + X_n{}^2} \\ b_k &= \frac{Y_k{}^2}{Y_1{}^2 + Y_2{}^2 + \cdots\cdots + Y_n{}^2} \end{aligned}}$$

라고 합시다($k = 1, 2, \cdots\cdots, n$).[127]

그러면 $A > 0$, $B > 0$이고 $X_k^2 \geq 0$, $Y_k^2 \geq 0$이므로 a_k와 b_k는 음수가 될 수 없습니다. 이때 **산술평균 ≥ 기하평균** 관계로부터

$$\frac{a_k + b_k}{2} \geq \sqrt{a_k b_k}$$

라는 관계가 성립합니다. 이는 $k = 1, 2, \cdots\cdots, n$이므로 다음이 각각 성립한다는 말입니다.

---

127 식 ③으로 치환하는 부분이 이 증명의 최대 포인트입니다.

$$\frac{a_1 + b_1}{2} \geq \sqrt{a_1 b_1}$$

$$\frac{a_2 + b_2}{2} \geq \sqrt{a_2 b_2}$$

$$\vdots$$

$$\frac{a_n + b_n}{2} \geq \sqrt{a_n b_n}$$

다음으로 이 식을 전부 더하면

$$\frac{a_1 + b_1}{2} + \frac{a_2 + b_2}{2} + \cdots\cdots + \frac{a_n + b_n}{2} \geq \sqrt{a_1 b_1} + \sqrt{a_2 b_2} + \cdots\cdots + \sqrt{a_n b_n}$$

와 같고 Σ 기호로 적으면 다음과 같습니다.

$$\sum_{k=1}^{n} \frac{a_k + b_k}{2} \geq \sum_{k=1}^{n} \sqrt{a_k b_k} \quad \Rightarrow \quad \frac{1}{2} \sum_{k=1}^{n} (a_k + b_k) \geq \sum_{k=1}^{n} \sqrt{a_k b_k} \quad \cdots ④$$

여기서 식 ③의 치환을 원래대로 돌립니다. 그러면 식 ④는 다음과 같이 변형할 수 있습니다.

$$\frac{1}{2} \sum_{k=1}^{n} \left(\frac{X_k^2}{A} + \frac{Y_k^2}{B} \right) \geq \sum_{k=1}^{n} \sqrt{\frac{X_k^2}{A} \cdot \frac{Y_k^2}{B}}$$

$$\Rightarrow \quad \frac{1}{2} \sum_{k=1}^{n} \frac{X_k^2}{A} + \frac{1}{2} \sum_{k=1}^{n} \frac{Y_k^2}{B} \geq \sum_{k=1}^{n} \sqrt{\frac{(X_k Y_k)^2}{AB}}$$

$$\Rightarrow \quad \frac{1}{2A} \sum_{k=1}^{n} X_k^2 + \frac{1}{2B} \sum_{k=1}^{n} Y_k^2 \geq \sum_{k=1}^{n} \frac{\sqrt{(X_k Y_k)^2}}{\sqrt{AB}}$$

$$\Rightarrow \quad \frac{1}{2A} A + \frac{1}{2B} B \geq \sum_{k=1}^{n} \frac{|X_k Y_k|}{\sqrt{AB}}$$

$$\Rightarrow \quad \frac{1}{2} + \frac{1}{2} \geq \frac{1}{\sqrt{AB}} \sum_{k=1}^{n} |X_k Y_k|$$

$$\Rightarrow \quad 1 \geq \frac{1}{\sqrt{AB}} \sum_{k=1}^{n} |X_k Y_k| \quad \cdots ⑤$$

이 식에서 다음과 같이 치환하면

$$Z_k = X_k Y_k$$

삼각부등식으로부터

$$\sum_{k=1}^{n} |X_k Y_k| = \sum_{k=1}^{n} |Z_k|$$

> **[삼각부등식]**
> $|a_1| + |a_2| + \cdots\cdots + |a_n| \geq |a_1 + a_2 + \cdots\cdots + a_n|$

$$= |Z_1| + |Z_2| + \cdots\cdots + |Z_n| \geq |Z_1 + Z_2 + \cdots\cdots + Z_n| = \left| \sum_{k=1}^{n} Z_k \right|$$

$$= \left| \sum_{k=1}^{n} X_k Y_k \right|$$

이 됩니다. 결국 다음과 같습니다.

$$\sum_{k=1}^{n} |X_k Y_k| \geq \left| \sum_{k=1}^{n} X_k Y_k \right| \quad \cdots ⑥$$

식 ⑤와 ⑥에 의해

$$1 \geq \frac{1}{\sqrt{AB}} \sum_{k=1}^{n} |X_k Y_k| \geq \frac{1}{\sqrt{AB}} \left| \sum_{k=1}^{n} X_k Y_k \right|$$

$$\Rightarrow \quad 1 \geq \frac{1}{\sqrt{AB}} \left| \sum_{k=1}^{n} X_k Y_k \right|$$

$$\Rightarrow \quad \sqrt{AB} \geq \left| \sum_{k=1}^{n} X_k Y_k \right|$$

이 되고, 식 ②의 치환을 되돌리면 다음과 같이 정리됩니다.

$$\Rightarrow \quad \sqrt{\sum_{k=1}^{n} X_k^2 \sum_{k=1}^{n} Y_k^2} \geq \left| \sum_{k=1}^{n} X_k Y_k \right| \quad \cdots ⑦$$

양변을 제곱하면

$$\Rightarrow \quad \left(\sqrt{\sum_{k=1}^{n} X_k^2 \sum_{k=1}^{n} Y_k^2} \right)^2 \geq \left| \sum_{k=1}^{n} X_k Y_k \right|^2$$

$$(\sqrt{a^2})^2 = a^2$$

$$\Rightarrow \quad \sum_{k=1}^{n} X_k^2 \sum_{k=1}^{n} Y_k^2 \geq \left(\sum_{k=1}^{n} X_k Y_k \right)^2 \quad \cdots ①$$

$$|a|^2 = a^2$$

가 되어서 식 ①의 부등식이 성립함을 알 수 있습니다.

여기서 식 ①의 등호가 성립하려면 식 ④의 등호와 식 ⑥의 등호가 동시에 성립할 때입니다.

> 사실 (ii)에서 코시 · 슈바르츠 부등식의 등호가 성립할 조건은 상관계수 값이 딱 1이나 −1이 될 때의 조건에 해당하므로 자세히 살펴봅시다.

식 ④는 $k = 1, 2, \cdots, n$일 때 '산술평균 ≥ 기하평균' 관계식

$$\frac{a_k + b_k}{2} \geq \sqrt{a_k b_k}$$

를 사용한 식으로 이 부등식의 등호가 성립하려면

$$a_k = b_k$$

이어야 했습니다(63쪽). 식 ③에서

$$a_k = b_k \quad \Rightarrow \quad \frac{X_k^2}{A} = \frac{Y_k^2}{B} \quad \Rightarrow \quad Y_k = \pm \sqrt{\frac{B}{A}} X_k \quad \cdots ⑧$$

이므로 **식 ④의 등호가 성립하는 경우는 $k \neq 1, 2, \cdots, n$의 모든 k 값에 대해 식 ⑧이 성립할 때입니다.**

식 ⑥의 등호가 성립할 때는 삼각부등식

$$|Z_1| + |Z_2| + \cdots + |Z_n| \geq |Z_1 + Z_2 + \cdots + Z_n|$$

의 등호가 성립할 때인데 이 부등식의 등호가 성립하는 경우는 $Z_1, Z_2, \cdots, Z_n$ **모두가 0 이상이거나 모두 0 이하일 때였습니다**(194쪽).

$Z_k = X_k Y_k$이므로 결국 **식 ⑥의 등호가 성립할 때는**

$$k = 1, 2, \cdots\cdots, n\text{의 모든 } k \text{ 값에 대해} \quad X_k Y_k \geq 0 \quad \cdots ⑨$$

이거나

$$k = 1, 2, \cdots\cdots, n\text{의 모든 } k \text{ 값에 대해} \quad X_k Y_k \leq 0 \quad \cdots ⑩$$

식 ⑨와 식 ⑩ 중 하나가 성립할 때 입니다.

$\sqrt{\dfrac{B}{A}} > 0$이므로 식 ⑧과 식 ⑨이 성립할 때는 다음과 같고

$$k = 1, 2, \cdots\cdots, n\text{의 모든 } k \text{ 값에 대해} \quad Y_k = \sqrt{\frac{B}{A}} X_k \quad \cdots ⑪$$

식 ⑧과 식 ⑩이 성립할 때는 다음과 같습니다.[128]

$$k = 1, 2, \cdots\cdots, n\text{의 모든 } k \text{ 값에 대해} \quad Y_k = -\sqrt{\frac{B}{A}} X_k \quad \cdots ⑫$$

이렇게 해서 (i)와 (ii)로부터 코시 · 슈바르츠 부등식 ①을 증명할 수 있습니다.

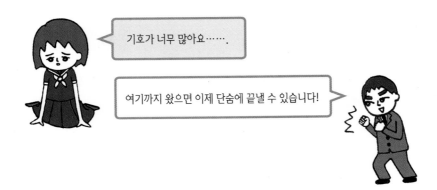

기호가 너무 많아요…….

여기까지 왔으면 이제 단숨에 끝낼 수 있습니다!

---

128 $\sqrt{\dfrac{B}{A}} > 0$이므로 식 < ⑪일 때 $X_k Y_k \geq 0$, ⑫일 때 $X_k Y_k \leq 0$가 됩니다.

$-1 \leq r \leq 1$ 증명

상관계수 r의 정의식은 다음과 같이 나타낼 수 있으며

$$r = \frac{c_{xy}}{s_x \cdot s_y} \quad \cdots ①$$

c_{xy}(x와 y의 공분산), s_x(x 표준편차), s_y(y 표준편차)는 각각 다음과 같았습니다(170쪽, 173쪽).

$$c_{xy} = \frac{(x_1 - \overline{x})(y_1 - \overline{y}) + (x_2 - \overline{x})(y_2 - \overline{y}) + \cdots\cdots + (x_n - \overline{x})(y_n - \overline{y})}{n}$$

$$= \frac{1}{n} \sum_{k=1}^{n} (x_k - \overline{x})(y_k - \overline{y})$$

$$s_x = \sqrt{\frac{(x_1 - \overline{x})^2 + (x_2 - \overline{x})^2 + (x_3 - \overline{x})^2 + \cdots\cdots + (x_n - \overline{x})^2}{n}}$$

$$= \sqrt{\frac{1}{n} \sum_{k=1}^{n} (x_k - \overline{x})^2}$$

$$s_y = \sqrt{\frac{(y_1 - \overline{y})^2 + (y_2 - \overline{y})^2 + (y_3 - \overline{y})^2 + \cdots\cdots + (y_n - \overline{y})^2}{n}}$$

$$= \sqrt{\frac{1}{n} \sum_{k=1}^{n} (y_k - \overline{y})^2}$$

여기서 (조금이라도) 식이 간단해지도록 다음과 같은 치환을 합시다.

$$X_k = x_k - \overline{x}$$
$$Y_k = y_k - \overline{y}$$

$$X_1 = x_1 - \overline{x}, \quad X_2 = x_2 - \overline{x}, \quad X_3 = x_3 - \overline{x}, \cdots\cdots$$
$$Y_1 = y_1 - \overline{y}, \quad Y_2 = y_2 - \overline{y}, \quad Y_3 = y_3 - \overline{y}, \cdots\cdots$$

로 치환하자는 말입니다.

그러면 다음과 같이 간단하게 나타낼 수 있습니다.

$$c_{xy} = \frac{1}{n} \sum_{k=1}^{n} X_k Y_k, \quad s_x = \sqrt{\frac{1}{n} \sum_{k=1}^{n} X_k^2}, \quad s_y = \sqrt{\frac{1}{n} \sum_{k=1}^{n} Y_k^2}$$

이 식들을 식 ①에 대입합시다.

$$r = \frac{c_{xy}}{s_x \cdot s_y} = \frac{\dfrac{1}{n} \sum_{k=1}^{n} X_k Y_k}{\sqrt{\dfrac{1}{n} \sum_{k=1}^{n} X_k^2} \cdot \sqrt{\dfrac{1}{n} \sum_{k=1}^{n} Y_k^2}}$$

$$\boxed{\sqrt{\frac{1}{n}} \cdot \sqrt{\frac{1}{n}} = \frac{1}{n}} \qquad = \frac{\dfrac{1}{n} \sum_{k=1}^{n} X_k Y_k}{\sqrt{\dfrac{1}{n}} \cdot \sqrt{\sum_{k=1}^{n} X_k^2} \cdot \sqrt{\dfrac{1}{n}} \cdot \sqrt{\sum_{k=1}^{n} Y_k^2}}$$

$$= \frac{\sum_{k=1}^{n} X_k Y_k}{\sqrt{\sum_{k=1}^{n} X_k^2} \cdot \sqrt{\sum_{k=1}^{n} Y_k^2}}$$

우리의 목표는 '$-1 \leq r \leq 1$'을 증명하는 것이므로 다음을 보일 수 있으면 됩니다.

$$-1 \leq \frac{\sum_{k=1}^{n} X_k Y_k}{\sqrt{\sum_{k=1}^{n} X_k^2} \cdot \sqrt{\sum_{k=1}^{n} Y_k^2}} \leq 1$$

무시무시한 식이지만 안심하세요. 사실 이 부등식 증명은 거의 끝났습니다. 198쪽 식 ⑦에서

$$\left| \sum_{k=1}^{n} X_k Y_k \right| \leq \sqrt{\sum_{k=1}^{n} X_k^2 \sum_{k=1}^{n} Y_k^2}$$

> **절댓값의 성질(190쪽)**
> $|x| \leq c \iff -c \leq x \leq c$

$$\iff -\sqrt{\sum_{k=1}^{n} X_k^2 \sum_{k=1}^{n} Y_k^2} \leq \sum_{k=1}^{n} X_k Y_k \leq \sqrt{\sum_{k=1}^{n} X_k^2 \sum_{k=1}^{n} Y_k^2}$$

$\sqrt{\displaystyle\sum_{k=1}^{n} X_k^2 \sum_{k=1}^{n} Y_k^2}$로 나누면

$$-1 \leq \frac{\displaystyle\sum_{k=1}^{n} X_k Y_k}{\sqrt{\displaystyle\sum_{k=1}^{n} X_k^2} \cdot \sqrt{\displaystyle\sum_{k=1}^{n} Y_k^2}} \leq 1$$

이렇게 다음과 같음을 증명했습니다!

$$-1 \leq r \leq 1$$

덧붙여 상관계수의 등호가 성립할 조건은 코시 · 슈바르츠 부등식의 등호가 성립할 조건과 같으므로 200쪽의 식 ⑪ 또는 식 ⑫가 성립할 때입니다.

앞에서

$$X_k = x_k - \overline{x}, \;\; Y_k = y_k - \overline{y}$$

라는 치환을 했으므로 결국 $-1 \leq r \leq 1$의 등호가 성립하려면

$k = 1, 2, \cdots\cdots, n$의 모든 k 값에 대해 $\;\; y_k - \overline{y} = \sqrt{\dfrac{B}{A}} (x_k - \overline{x}) \;\; \cdots ⑬$

이거나

$k = 1, 2, \cdots\cdots, n$의 모든 k 값에 대해 $\;\; y_k - \overline{y} = -\sqrt{\dfrac{B}{A}} (x_k - \overline{x}) \;\; \cdots ⑭$

중 하나가 성립해야 합니다.[129]

증명 끝

---

[129] 또한, 상관계수의 등호가 성립할 조건은 코시 · 슈바르츠 부등식이 (i)인 경우를 생각할 필요가 없습니다. (i)은 '$X_1 = X_2 = \cdots\cdots = X_n = 0$'이거나 '$Y_1 = Y_2 = \cdots\cdots Y_n = 0$'인 경우이므로 이 말은 다시 말하면 '$x_1 = x_2 = \cdots\cdots = x_n = \overline{x}$'이거나 '$y_1 = y_2 = \cdots\cdots = y_n = \overline{y}$'인 경우이고 그렇게 된다면 x와 y의 표준편차가 0이 되어서 상관계수를 정의할 수 없기 때문입니다.

상관계수가 최댓값과 최솟값이 될 때

상관계수 r이 딱 1이나 -1이 될 때의 산포도는 형태를 확인하기 전에 직선의 방정식을 복습합시다.

그림처럼 **점 (p, q)를 통과하는 기울기 a인 직선 위**에서 임의[130]의 점 (x, y)를 선택하면

▼ 그림 1-86 점 (p, q)를 통과하는 기울기가 a인 직선과 직선 위의 임의의 점 (x, y)

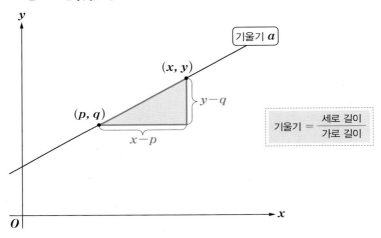

기울기의 정의로부터 다음과 같습니다.

$$\frac{y-q}{x-p} = a \quad \Rightarrow \quad y-q = a(x-p)$$

(x, y)는 직선 위의 임의의 점이므로 직선 위의 모든 점 (x, y)에 대해 위 식이 성립합니다. 즉, 이 식은 **점 (p, q)를 통과하는 기울기 a인 직선의 방정식**입니다.

---

130 '임의'란 '자유롭게 선택한다'는 의미입니다.

점 (p, q)를 통과하는 기울기가 a인 직선방정식

$$y - q = a(x - p)$$

또한, **기울기 a가 양수**라는 말은 $x - p$와 $y - q$의 부호가 같다, 즉 **직선이 오른쪽 위로 올라간다**는 말이고 **기울기 a가 음수**라는 말은 $x - p$와 $y - q$의 부호가 다르다, 즉 **직선이 오른쪽 아래로 내려간다**는 말입니다.

그런데 상관계수 r이 만족하는 부등식 '$-1 \leq r \leq 1$'의 등호가 성립하려면 203쪽에서 보였던 식 ⑬이나 식 ⑭이어야 했습니다.

두 식은 산포도의 n개 점

$(x_1,\ y_1),\ (x_2,\ y_2), \cdots\cdots,\ (x_n,\ y_n)$

$k = 1, 2, \cdots\cdots, n$의 모든 k 값에 대해
$$y_k - \overline{y} = \sqrt{\frac{B}{A}}(x_k - \overline{x}) \quad \cdots ⑬$$

$k = 1, 2, \cdots\cdots, n$의 모든 k 값에 대해
$$y_k - \overline{y} = -\sqrt{\frac{B}{A}}(x_k - \overline{x}) \quad \cdots ⑭$$

이 모두

$$y - \overline{y} = a(x - \overline{x})$$

의 형태로 표현되는 그래프 위에 있음을 나타냅니다.[131]

바로 점 $(\overline{x},\ \overline{y})$를 통과하는 직선입니다. 즉, **상관계수 r이 최댓값 1이나 최솟값 -1이 될 때는 산포도에서 모든 데이터가 점 $(\overline{x},\ \overline{y})$를 통과하는 직선 위에 있을 때입니다.**

---

[131] $a = \sqrt{\dfrac{B}{A}}$ 또는 $-\sqrt{\dfrac{B}{A}}$

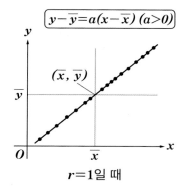

$$y - \overline{y} = a(x - \overline{x}) \ (a>0)$$

$r=1$일 때

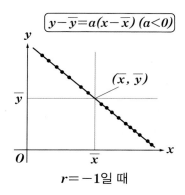

$$y - \overline{y} = a(x - \overline{x}) \ (a<0)$$

$r=-1$일 때

왜 $r=1$일 때는 오른쪽 위로 올라가고 $r=-1$일 때는 오른쪽 아래로 내려가나요?

좋은 질문이에요. r의 정의식과 식 ⑬, ⑭로 판단할 수 있는데 175쪽에서도 이야기했듯이 r과 공분산의 부호는 일치하고 산포도가 오른쪽 위로 올라갈 때는 공분산은 양수, 산포도가 오른쪽 아래로 내려갈 때는 공분산은 음수가 된다고 생각하는 게 가장 직관적일 거예요.

▶ 엑셀에서 상관계수를 살펴보자

상관계수를 손으로 계산하려면 182쪽에서처럼 표를 만들어야 해서 매우 힘듭니다. 그리고 산포도 그리기도 데이터의 크기가 어느 정도 이상이 되면 매우 귀찮아집니다.

하지만 상관계수 계산이나 산포도 그리기 모두 엑셀을 사용하면 간단하게 할 수 있습니다. 이 칼럼에서는 그 방법을 소개합니다.

…… 라는 말을 들으면

'어? 그래? 그럼 지금까지 공부했던 건 뭐야?'라고 생각할지도 모르겠습니다.

어떤 마음인지는 이해합니다. 그렇지만 수학적인 내용을 이해하지 않고 단지 값을 계산하거나 그래프를 그리기만 한다면 예상치 못했던 결과가 나왔을 때 원인을 찾을 수가 없습니다.

통계를 수행하는 목적이 '무언가를 발견하는 것'이므로 예상했던 결과를 구해냈을 때보다 **예상치 못했던 결과가 나왔을 때가 수확이 크다**고 할 수 있습니다. 그리고 **그럴 때야말로 수학적인 이해를 바탕으로 적절한 판단과 분석이 요구됩니다.**

엑셀에서 산포도를 그리고 상관계수를 출력하는 방법을 설명할 때 사용할 예로 110쪽에서 사용했던 2018년 프로야구 홈런타 개인 성적에 타점[132] 기록을 추가한 데이터를 사용합니다.[133]

홈런타 수가 많으면 당연히 타점도 높을 것이라는 건 상식적인 생각입니다. 즉, 강한 양의 상관관계가 되리라 기대됩니다. 확인해 봅시다.

우선 데이터를 그림 1-88과 같이 입력합니다(그림은 센트럴 리그 데이터입니다).

132　타자가 주자를 진행시키는 배팅을 하거나 포볼을 선택해서 주자(자신을 포함)를 홈인시켜서 획득한 득점

133　이번에도 규정 타석(= 소속 구단의 시합 수×3.1) 이상인 타석에 선 선수만을 대상으로 했습니다.

▼ 그림 1-88 센트럴 리그 데이터

	A	B	C	D
1	선수	홈런타수	타점	
2	소트	41	95	
3	마루 게이스케	39	97	
4	발렌틴	38	89	
5	쓰쓰고 요시토모	38	131	
6	야마다 데쓰토	34	89	
7	오카모토 가즈마	33	100	
8	스즈키 세이야	30	94	
9	미야자키 도시로	28	71	
10	비시에드	26	99	
11	로페스	26	77	
12	마기	21	84	
13	사카모토 하야토	18	67	
14	이토이 요시오	16	68	
15	알몬테	15	77	
16	후쿠도메 고스케	14	72	
17	후쿠다 노부마사	13	60	
18	기쿠치 료스케	13	63	
19	가메이 요시유키	13	49	
20	마쓰야마 류헤이	12	74	
21	다카하시 슈헤이	11	67	
22	유헤이	11	69	
23	다나카 고스케	10	67	
24	아오키 노리치카	10	60	
25	니시우라 나오미치	10	55	
26	히라타 료스케	9	55	
27	우메노 류타로	8	47	
28	오시마 요헤이	7	57	
29	노마 다카요시	5	46	
30	교다 요타	4	44	
31	사카구치 도모타카	3	37	
32	이토하라 겐토	1	35	

산포도를 그리는 방법

산포도를 그리는 법은 매우 간단합니다.

그림 1-89처럼 홈런 타수 열과 타점 열의 범위를 선택한 후 **삽입** 탭을 클릭해서 차트 영역에서 **산포도처럼 보이는 아이콘**을 찾습니다. 옆에 ▼를 클릭에서 가장 간단한 것을 선택합니다.

❤ 그림 1-89 산포도 그리기

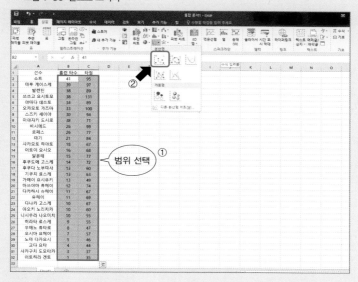

클릭하면 다음과 같이 나타납니다.

❤ 그림 1-90 산포도

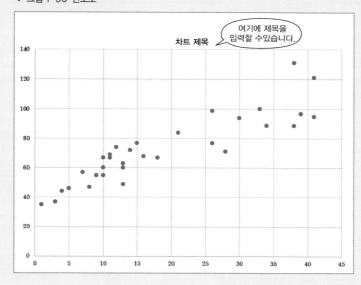

순식간에 이런 산포도가 그려집니다. 게다가 (상자수염도때와는 달리) 보기 편하도록 미세 조정할 필요도 거의 없습니다. 굳이 하자면 '차트 제목'을 클릭해서 '센트럴 리그의 홈런타와 타점'처럼 제목을 입력하는 것 정도입니다.

상관계수를 계산하는 방법

상관계수를 입력하고 싶은 셀을 클릭한 후 **수식** 탭을 클릭해서 **함수 더 보기→통계 →CORREL**로 이동합니다.

❤ 그림 1-91 상관계수 계산

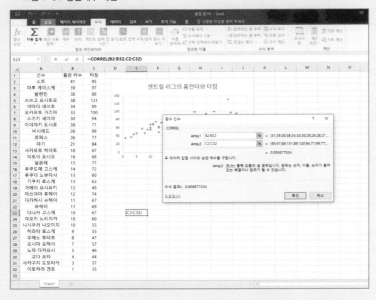

그림 1-91과 같은 화면이 되고 (이번 예에서는) Array1에 **B2:B32**, Array2에 **C2:C32** 를 입력하고 **완료**를 클릭합니다. 그러면 상관계수가 **0.886**으로 입력됩니다.[134]

그림 1-92는 퍼시픽 리그 데이터로도 같은 작업을 수행해서 비교한 그림입니다. 두 리그 모두 강한 양의 상관관계가 있습니다.[135]

---

134 소숫점 이하 자릿수는 셀 너비나 설정에 따라 변합니다.

135 참고로 홈런 타수와 안타수에 관한 상관계수는 센트럴 리그에서는 '0.188', 퍼시픽 리그에서는 '0.340'입니다. 홈런 타수와 안타수 사이에는 강한 상관관계는 없습니다.

❤ 그림 1-92 두 리그의 산포도와 상관계수

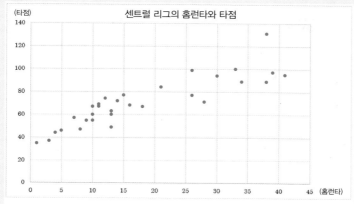

상관계수 0.886

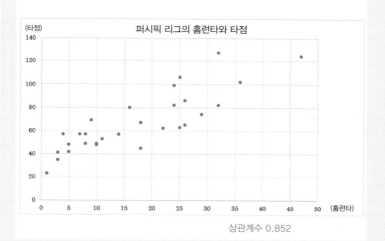

상관계수 0.852

발표 자료로 쓸 수도 있을 것 같아요!

2^장

추측 통계

01

확률변수와 확률분포:
개념부터 알고 가기

1장에서 다뤘던 데이터는 과거의 시험 점수나 과거의 매출, 과거의 홈런타 기록이었습니다. 즉, 데이터의 각 값은 이미 정해져 있었습니다.

예를 들어 142쪽 예9 에서 사용했던 표 1-25의 대학 입시 시험의 평균과 표준편차는 이 시험을 치른 40만 명의 결과 모두를 조사하여 계산한 값입니다.

▼ 표 2-1 대학 입시 시험의 평균과 표준편차

과목	수험생 수(명)	평균(점)	표준편차(점)
수학(만점: 100점)	396,479	61.91	18.69

이 조사[1]에서 '점수'라는 변량[2]에 약 40만 명 분량의 실제 점수가 들어갔습니다. 정해지지 않은 것은 없고, 모든 값이 정해져 있습니다.

하지만 40만 명 분량의 점수를 모두 조사하는 게 아니라 무작위(랜덤)[3]로 선택한 1,000명을 조사하여 평균과 표준편차를 계산했다면 어떨까요? 물론 표 2-1의 값과 1,000명의 평균·표준편차가 정확히 일치한다고는 할 수 없습니다. 하지만 무작위로 선택했으니 전혀 다른 값이 나오리라고는 생각하기 어렵습니다.[4] 그러면 얼마나 차이가 난다고 생각하는 게 타당할까요?

---

1 이런 조사를 '전수 조사'라고 했습니다(20쪽).

2 '변량'이란 '측정 대상인 항목'이고 '값을 넣는 곳'이었습니다(26쪽).

3 무작위(랜덤)는 다음에 설명합니다.

4 만약 무작위가 아니라 예를 들어 유명 인문계 학교의 학생만을 뽑았다면 차이가 크게 날 수도 있습니다.

이렇게 대상 모두가 아니라 일부를 조사했을 때 나타나는 특성(평균이나 표준편차 등)이 모두 조사했을 때와 '얼마나 차이가 날 가능성이 있는가'를 수학적으로 고찰하는 것이 이 장의 목적입니다. 이 목표를 달성하기 위해 알아야 하는 개념이 두 가지 있습니다. 바로 **확률변수**와 **정규분포**입니다. 둘 다 〈다시 확률통계(확률편)〉(길벗, 2020)에서 공부했던 확률의 개념을 기본으로 합니다.

> 특히 확률변수는 잘못 이해하기 쉬우므로 정의에 주의하며 이해하는 게 중요합니다. 또한, 정규분포는 2항분포라 부르는 분포를 이해하는 데서 출발합니다. 하나씩 살펴봅시다.

확률변수란? 복면 레슬러에 빗대면

현실에서 일어나는 여러 가지 사건을 수학으로 다루려면 다양한 모습을 보이는 사건을 수치화해서 변수로 다뤄야 합니다.

지금 아무렇지도 않게 '변수'라는 말을 사용했는데 '변수'란 뭘까요? 실은 미지수(unknown quantity)와 변수(variable)의 차이를 확실히 알고 있는 사람은 그렇게 많지 않습니다.

예를 들어 '2배해서 1을 더하면 5가 되는 수는 뭘까요?'라는 질문을 풀 때 미지수(구하려는 수)를 x로 두고

$$2x + 1 = 5$$

라는 방정식을 세우는 건 여러분도 익숙할 것입니다. 이때 미지수 x는 예를 들자면 정체를 알 수 없는 복면 레슬러 같은 것입니다. 레슬러가 누군지 알진 못하지만 복면을 쓰고 있는 레슬러 자신은 (보통) 변하지 않습니다. 지구상 어딘가에 있는 특정 인물이 복면을 쓰고 있을 뿐입니다. 실제로 $2x + 1 = 5$라는 방정식을 만족하는[5] x는 $x = 2$로 구할 수 있습니다.

---

5 '만족한다'라는 말은 '대입할 수 있다'라는 의미입니다.

미지수와 달리 **변수**는 알지 못할 뿐만 아니라 정해져 있지 않은 것을 가리키며 말하자면 가면을 쓴 사람이 계속 바뀌는 상황에 사용합니다.

예를 들어 $y=x^2$**이라는 변수를 만족하는** (x, y)는

$$(x, y) = (0, 0), (1, 1), (-1, 1), (2, 4), (-2, 4), (3, 9), (-3, 9)\cdots\cdots$$

등 무수히 많습니다.

$y=x^2$라는 수식을 만족하는 (x, y)는 그림 2-1의 그래프 위에 있는 건 확실하지만 그중 어느 점인지 특정할 수는 없습니다.

❤ 그림 2-1 $y=x^2$ 그래프

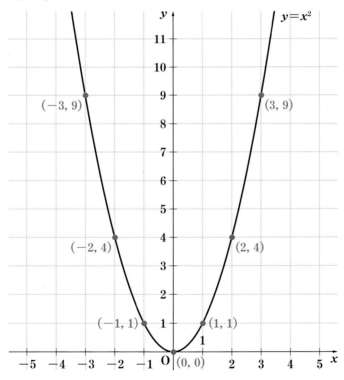

즉, $y=x^2$를 만족하는 (x, y)는 변수[6]입니다.

이 변수와 확률의 개념을 합친 개념이 **확률변수**입니다.

그러면 이제 주사위를 1번 던지는 상황을 생각해 봅시다. **주사위에서 나올 수 있는 눈을 X로 나타내기로 하면**, $X=1$이 될 확률(1이 나올 확률)은 당연히 $\dfrac{1}{6}$ 입니다. 이 내용을 수학에서는 다음과 같이 표현합니다.

$$P(X=1) = \frac{1}{6}$$

이런 표기 방법이 어렵게 느껴질 수 있지만 사실 별것 없습니다.

일반적으로

$$\boldsymbol{P}(\quad) = \sim$$

라는 표기는 ( ) 안에 쓰인 사건이 일어날 확률이 $\sim$라는 의미입니다.[7] 그리고 이 ( ) 안에는 문장, 문자, 식, 기호 등을 쓸 수 있습니다. 즉 '$P(X=1)=\dfrac{1}{6}$'은 '$X=1$이 될 확률이 $\dfrac{1}{6}$'이라는 의미이고 여기서 X는 주사위의 눈 중 '나온 주사위의 눈이 1일 확률이 $\dfrac{1}{6}$'이라고 이야기하는 것에 지나지 않습니다.

$$P(X=1) = \frac{1}{6}, \ P(\text{나온 주사위의 눈} = 1) = \frac{1}{6}$$

$$P(\text{나온 주사위의 눈이 1이다}) = \frac{1}{6}$$

는 모두 같은 의미입니다. 마찬가지로 생각하면

---

6 통계학에서는 '변량'을 '변수'라 부르기도 하므로(26쪽 각주) 헷갈릴 수 있지만, 여기서는 일단 통계를 뒤로하고 변수를 처음 생각해 낸 르네 데카르트(1596-1650)가 정한 정의에 따라 설명합니다.

7 '사건 E의 확률'을 $P(E)$로 나타내며, 이는 Probability(확률) of E의 줄임말이라는 내용은 〈다시 확률 통계(확률편)〉에서 소개했습니다.

$$P(X = 2) = \frac{1}{6}, \quad P(X = 3) = \frac{1}{6}, \quad P(X = 4) = \frac{1}{6},$$

$$P(X = 5) = \frac{1}{6}, \quad P(X = 6) = \frac{1}{6}$$

이라는 것도 이해할 수 있을 것입니다.

여기서 X는 1~6 중 하나의 정숫값이 되는 '변수'이고 X가 각 값이 될 확률이 정해져 있습니다. 이처럼 **변수 X가 특정 값이 될 확률이 정해져 있을 때 X를 확률변수**(random variable)라고 합니다.[8]

변수와 확률변수는 무엇이 다를까요?

앞에서 살펴본 예 '$y = x^2$을 만족하는 (x, y)'는 변수이긴 하지만 $(x, y) = (0, 0)$이 될 확률이나 $(x, y) = (1, 1)$이 될 확률 등은 생각하지는 않습니다. 따라서 '$y = x^2$를 만족하는 (x, y)'는 확률변수가 아니라 단순히 변수입니다.

주사위 예에서의 X처럼 몇 가지 될 수 있는 값을 갖는 변수일 뿐만 아니라, **어떤 값이 되는지[9]는 시행[10] 결과에 따라 정해지고 될 수 있는 각 값에 대해 그 값이될 확률이 정해져 있는 변수**를 특별히 **확률변수**라고 합니다.

▦ 예 1 ▦ 동전 1개를 2번

동전 1개를 2번 던지는 시행에서 앞이 나오는 횟수를 X라고 하면 표본공간[11]은 {(앞, 앞), (앞, 뒤), (뒤, 앞), (뒤, 뒤)}이고 이 네 근원사건[12]은 모두 같은 정도로 가능하므로 다음과 같습니다.

---

8 확률변수는 aleatory variable이나 stochastic variable이라고 부를 때도 있습니다. random은 '닥치는 대로', aleatory는 '결과가 우연에 의해 정해지는', stochastic은 '넘겨짚는' 등의 의미가 있습니다.

9 수학에서 자주 '(어떤) 값을 취한다'는 말을 사용하는데 이는 '(어떤) 값이 된다'는 말입니다.

10 시행이란 '몇 번이고 반복할 수 있을 뿐만 아니라 결과가 우연이 좌우되는 실험이나 관측'입니다(《다시 확률 통계(확률편)》 참고).

11 어떤 시행을 수행했을 때 일어날 수 있는 모든 결과를 모은 집합을 '표본공간' 또는 '전사건'이라고 합니다(《다시 확률 통계 (확률편)》 참고).

12 근원사건이란 표본공간의 단 하나의 성분으로 이루어진 부분집합(더는 나눌 수 없는 사건)입니다(같은 책 참고).

$$(앞, 앞)이 될 확률 \cdots \frac{1}{4} \rightarrow 이때 \ X = 2 \Rightarrow P(X = 2) = \frac{1}{4}$$

$$\left.\begin{array}{l} (앞, 뒤)이 될 확률 \cdots \dfrac{1}{4} \rightarrow 이때 \ X = 1 \\[2em] (뒤, 앞)이 될 확률 \cdots \dfrac{1}{4} \rightarrow 이때 \ X = 1 \end{array}\right\} \Rightarrow \begin{array}{l} P(X = 1) \\[1em] = \dfrac{1}{4} + \dfrac{1}{4} = \dfrac{1}{2} \end{array}$$

$$(뒤, 뒤)이 될 확률 \cdots \frac{1}{4} \rightarrow 이때 \ X = 0 \Rightarrow P(X = 0) = \frac{1}{4}$$

또한, 이 결과로부터 다음과 같이 정리할 수 있습니다.

$$P(0 \leq X \leq 1) = \frac{1}{4} + \frac{1}{2} = \frac{3}{4}, \quad P(1 \leq X \leq 2) = \frac{1}{2} + \frac{1}{4} = \frac{3}{4}$$

예 1의 X는 동전을 던지는 시행 결과 0, 1, 2 중 한 값이 될 확률이고 X가 각 값이 될 때의 확률이 앞과 같이 정해져 있으므로 X는 확률변수입니다.

확률분포란? 확률변수는 분포를 따른다

예1 의 결과는 표 2-2로 정리할 수 있습니다.

▼ 표 2-2 예1 의 결과

X	0	1	2	계
P	$\dfrac{1}{4}$	$\dfrac{1}{2}$	$\dfrac{1}{4}$	1

일반적으로 확률변수 X가 될 수 있는 값이 다음

$$x_1, \ x_2, \ x_3, \ \cdots\cdots, \ x_n$$

중 하나[13]이고

$$P(X = x_k) = p_k$$

일[14] 때 x_k와 p_k의 대응 관계는 다음과 같이 표로 정리할 수 있습니다.

▼ 표 2-3 확률변수가 될 수 있는 값과 그 값이 될 확률

X	x_1	x_2	x_3	⋯⋯	x_n	계
P	p_1	p_2	p_3	⋯⋯	p_n	1

이 대응 관계를 X의 **확률분포**(probability distribution) 또는 단순히 **분포**(distribution)라고 하고 확률변수 X는 이 분포를 **따른다**고 합니다.

표 2-3의 p_1, p_2, p_3, ⋯⋯, p_n은 확률이므로 다음이 성립합니다.

① $k = 1, 2, 3, ⋯⋯, n$에 대해 $0 \leq p_k \leq 1$

② $p_1 + p_2 + p_3 + ⋯⋯ + p_n = 1$

X가 확률변수라는 말은 X가 **될 수 있는 값을 알고** 있으면서 **각 값이 될 확률을 알고 있다**는 말이므로 결국 X에 대한 **확률분포를 알고 있다**는 말입니다. 반대로 말하면 확률분포가 없는 확률변수는 생각할 수 없습니다.

확률분포는 표로 정리할 수도 있고 그래프로 나타낼 수도 있습니다. 그림 2-2는 **예1** X의 확률분포를 그래프로 그린 그림입니다.

---

13 1장에서는 데이터의 변량(값이 들어가는 곳)은 소문자 x로 표시하고 변량의 값(실제로 관측된 값)은 x_1, x_2, ⋯⋯, x_n처럼 첨자를 붙여서 표시했습니다. 반면 확률변수(어떤 정해진 확률을 따르는 여러 가지 값이 될 수 있는 변수)는 대문자 X로 나타내고 될 수 있는 값은 소문자 x에 첨자를 붙여서 표시할 때가 많습니다.

14 '$P(X = x_n) = p_k$'라는 표기는 'X 값이 x_k가 될 확률은 p_k'라는 뜻이므로 'X 값이 x_1이 될 확률은 p_1', 'X 값이 x_2가 될 확률은 p_2', ⋯⋯ 'X 값이 x_n이 될 확률은 p_n'이라는 뜻입니다.

❤ 그림 2-2 예1 X의 확률분포 그래프

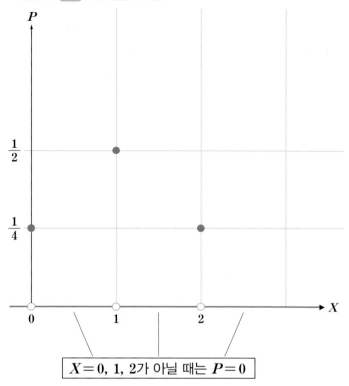

$X = 0, 1, 2$가 아닐 때는 $P = 0$

그래프로 정리해 보면 X가 0, 1, 2가 아닐 때는 $P = 0$이 되는 것을 알 수 있습니다. 동전 앞이 나오는 횟수를 X로 했으므로 $X = 1.5$ 같은 값이 될 수는 없습니다. 이렇게 '**띄엄띄엄 떨어진 값**'밖에 **될 수 없는 확률변수**를 특별히 이산확률변수(discrete random variable)라고 합니다.

반대로 키나 시간처럼 될 수 있는 값을 계속해서 정밀하게 측정할 수 있는 확률변수는 **연속확률변수**라고 하는데 먼저 이산확률변수를 공부합니다(연속확률변수는 다음에 자세히 설명합니다).

지금까지의 확률변수와 확률분포를 정리하겠습니다.

정의 | **확률변수와 확률분포**

다음 표의 X처럼 각 값에 대해 확률 P가 정해져 있는 변수를 확률변수라고 합니다.

X	x_1	x_2	x_3	……	x_n	계
P	p_1	p_2	p_3	……	p_n	1

이때

$$0 \leq p_1, \ p_2, \ p_3, \ ……, \ p_n \leq 1$$

이면서

$$p_1 + p_2 + p_3 + …… + p_n = 1$$

입니다.

앞 표처럼 확률변수가 될 수 있는 값과 확률의 대응을 나타낸 것을 확률분포라고 합니다. 확률분포는 그래프로 나타낼 때도 있습니다.

확률변수가 되려면 확률분포가 필요하므로 '될 수 있는 값 전체가 정해져 있다'라는 것도 확률변수가 되기 위한 중요한 조건입니다.

예제 1 주사위를 두 번 던지기

주사위를 두 번 던지는 시행에서 나오는 눈의 합을 X라고 하면 X의 확률분포를 표와 그래프로 나타내세요.

주사위를 두 번 던졌을 때 눈이 나오는 방법은 모두

$$6 \times 6 = 36\,(가지)$$

(1, 1)	(1, 2)	(1, 3)	(1, 4)	(1, 5)	(1, 6)
(2, 1)	(2, 2)	(2, 3)	(2, 4)	(2, 5)	(2, 6)
(3, 1)	(2, 2)	(3, 3)	(3, 4)	(3, 5)	(3, 6)
(4, 1)	(4, 2)	(4, 3)	(4, 4)	(4, 5)	(4, 6)
(5, 1)	(5, 2)	(5, 3)	(5, 4)	(5, 5)	(5, 6)
(6, 1)	(6, 2)	(6, 3)	(6, 4)	(6, 5)	(6, 6)

나온 눈의 합은 2~12이므로 각 값을 표를 보면서 계산해 봅시다.

해답

- 나온 눈의 합이 2인 경우 → (1, 1)로 1가지 → 확률 $\dfrac{1}{36}$
- 나온 눈의 합이 3인 경우 → (1, 2)와 (2, 1)로 2가지 → 확률 $\dfrac{2}{36}$
- 나온 눈의 합이 4인 경우 → (1, 3), (2, 2), (3, 1)로 3가지 → 확률 $\dfrac{3}{36}$

계속해서 세면 나온 눈의 합 X에 대한 확률분포는 다음 표와 같이 구할 수 있습니다.

X	2	3	4	5	6	7	8	9	10	11	12	계
P	$\dfrac{1}{36}$	$\dfrac{2}{36}$	$\dfrac{3}{36}$	$\dfrac{4}{36}$	$\dfrac{5}{36}$	$\dfrac{6}{36}$	$\dfrac{5}{36}$	$\dfrac{4}{36}$	$\dfrac{3}{36}$	$\dfrac{2}{36}$	$\dfrac{1}{36}$	1

이 값을 그래프로 그리면 그림 2–3처럼 됩니다.

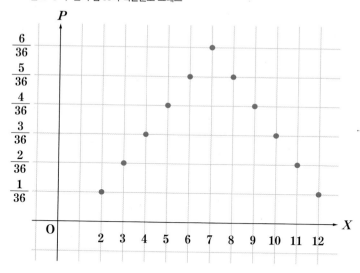

❤ 그림 2-3 두 눈의 합 X의 확률분포 그래프

확률변수의 기댓값: 평균적으로 기대되는 값

A가 볼링에서 10프레임[15]까지 던졌을 때 첫 번째로 던진 공에 넘어간 핀 개수는 5개일 때가 1회, 6개일 때가 1회, 7개일 때가 3회, 8개일 때가 3회, 9일 때가 1회, 10개일 때가 1회였습니다. 표로 정리하면 표 2-4와 같습니다.

❤ 표 2-4 볼링 게임 점수

넘어간 핀 개수(개)	5	6	7	8	9	10	계
횟수	1	1	3	3	1	1	10

A의 공 하나당 평균을 구해 봅시다.

---

15   볼링은 한 게임이 10차례로 나뉘어 있고 한 차례를 '프레임'이라고 합니다. 1프레임에서 9프레임까지 최대 2번까지 던질 수 있고 10프레임은 최대 3번까지 던질 수 있습니다.

'공 하나당 평균＝넘어간 핀의 합÷던진 횟수'이므로 다음과 같습니다.

$$\text{공 하나당 평균} = \frac{5 \times 1 + 6 \times 1 + 7 \times 3 + 8 \times 3 + 9 \times 1 + 10 \times 1}{10}$$

$$= \frac{75}{10} = 7.5 \, (\text{개}/\text{공})$$

같은 방법으로 변량 x가

$$x_1, \ x_2, \ x_3, \ \cdots\cdots, \ x_n$$

중 하나의 값이 되고 각 횟수가

$$f_1, \ f_2, \ f_3, \ \cdots\cdots, \ f_n$$

이라고 하면[16] 다음과 같습니다.

❤ 표 2-5 각 변량의 횟수

x	x_1	x_2	x_3	$\cdots\cdots$	x_n	계
횟수	f_1	f_2	f_3	$\cdots\cdots$	f_n	N

x의 평균값 $\bar{x}$는 다음 식으로 주어집니다.

$$\bar{x} = \frac{x_1 f_1 + x_2 f_2 + x_3 f_3 + \cdots\cdots + x_n f_n}{f_1 + f_2 + f_3 + \cdots\cdots + f_n} = \frac{x_1 f_1 + x_2 f_2 + x_3 f_3 + \cdots\cdots + x_n f_n}{N}$$

(단, 분모의 N은 $f_1 + f_2 + f_3 + \cdots\cdots + f_n$으로 확률의 합을 나타낸다.)

$\sum$ 기호(145쪽)를 사용하여 나타내면 다음과 같습니다.

$$\bar{x} = \frac{x_1 f_1 + x_2 f_2 + x_3 f_3 + \cdots\cdots + x_n f_n}{N}$$

$$= \frac{1}{N}(x_1 f_1 + x_2 f_2 + x_3 f_3 + \cdots\cdots + x_n f_n)$$

$$\Rightarrow \ \bar{x} = \frac{1}{N} \sum_{k=1}^{n} x_k f_k$$

---

16 f는 횟수나 도수를 나타내는 frequency의 첫 글자입니다.

그런데 표 2-5는 확률분포표와 매우 많이 닮았으므로 확률분포로도 똑같이 계산해 봅시다.

확률변수 X의 확률분포가 표 2-6과 같다고 합니다.

▼ 표 2-6 확률변수 X의 확률분포

X	x_1	x_2	x_3	……	x_n	계
P	p_1	p_2	p_3	……	p_n	1

이제 확률변수 X에 대해 다음 식으로 정해지는 m을 생각해 봅시다.

$$m = \frac{x_1 p_1 + x_2 p_2 + x_3 p_3 + \cdots\cdots + x_n p_n}{p_1 + p_2 + p_3 + \cdots\cdots + p_n} = \frac{x_1 p_1 + x_2 p_2 + x_3 p_3 + \cdots\cdots + x_n p_n}{1}$$

(단, 분모의 1은 $p_1 + p_2 + p_3 + \cdots\cdots + p_n$으로 확률의 합을 나타낸다.)

확률변수일 때 **확률을 전부 더하면 1이 되므로** 분모가 1이 된다는 점에 주의하세요.

m을 Σ를 사용해서 나타내면 다음과 같습니다.

$$m = \frac{x_1 p_1 + x_2 p_2 + x_3 p_3 + \cdots\cdots + x_n p_n}{1}$$

$$= x_1 p_1 + x_2 p_2 + x_3 p_3 + \cdots\cdots + x_n p_n$$

$$\Rightarrow \quad \boldsymbol{m = \sum_{k=1}^{n} x_k p_k}$$

구하는 방법에서 이 m을 **확률변수 X의 평균**(mean)이라고 하는 건[17] 그다지 이상하진 않죠? 그리고 **확률변수의 평균**은 **기댓값**(expectation)이라고도 합니다. **X의 기댓값**은 기대를 의미하는 expectation의 첫 글자를 사용해서 $E(X)$로 나타낼 때가 많습니다.

---

[17] 평균을 나타내는 알파벳으로 mean의 첫 글자인 m을 사용하는 경우가 많고 m에 대응하는 그리스 문자 μ(뮤)를 사용할 때도 있습니다.

일반적으로 확률변수 X의 확률분포가 표 2-6과 같이 정해져 있을 때 **확률변수 X의 기댓값(또는 평균)**은 다음과 같이 정의합니다.

정의 **확률변수 X의 기댓값 (또는 평균)**

$$E(X) = m = x_1 p_1 + x_2 p_2 + x_3 p_3 + \cdots\cdots + x_n p_n$$

$$= \sum_{k=1}^{n} x_k p_k$$

(기댓값(평균)＝(각 값×각 확률)의 합)

같은 값을 '기댓값'이라고 했다가 '평균'이라고 했다가 하는 거예요?

맞아요. 확률변수의 평균을 기댓값이라고 하는 이유는 확률변수 값을 실제로 한 번 관측할 때 **평균적으로 기대되는 값**이기 때문입니다.

▤ 예 2 ▤ **어떤 복권의 각 등이 당첨될 확률**

예를 들어 어떤 복권은 당첨 금액(X)과 각 당첨 확률(P)이 표 2-7과 같다고 합시다.

복권의 당첨 금액을 X라고 하면 X가 될 수 있는 값과 각 값이 나올 확률을 알고 있습니다. 즉, 확률분포가 주어져 있으므로 X는 확률변수입니다.

	꽝 (0원)	6등 (3,000원)	5등 (30,000원)	4등 (100만 원)
당첨 금액 X(원)	0	3,000	30,000	1,000,000
당첨 확률 P	$\dfrac{8,898,889}{10,000,000}$	$\dfrac{1}{10}$	$\dfrac{1}{100}$	$\dfrac{1}{10,000}$

3등 (1,000만 원)	2등 (1억 원)	1등 (30억 원)	합
10,000,000	100,000,000	3,000,000,000	합
$\dfrac{1}{100,000}$	$\dfrac{1}{1,000,000}$	$\dfrac{1}{10,000,000}$	1

정의를 따라서 X(당첨 금액)의 기댓값을 계산해 봅시다. **기댓값=(각 값×각 확률)의 합**이므로 다음과 같습니다.

$$E(X)=0\times\frac{8,898,889}{10,000,000}+3,000\times\frac{1}{10}+30,000\times\frac{1}{100}+1,000,000\times\frac{1}{10,000}$$

$$+10,000,000\times\frac{1}{100,000}+100,000,0000\times\frac{1}{1,000,000}$$

$$+3,000,000,000\times\frac{1}{10,000,000}$$

$$=300+300+100+100+100+300=\textbf{1,200}$$

따라서 이 복권의 기댓값은 **1,200원**이 됩니다.

이 복권을 1장 사면 실제 당첨 금액은 0원일수도, 3,000원일 수도, 1,000만 원일 수도, 어쩌면 30억 원일 수도 있습니다. 그러면 1,200원은 도대체 무엇을 나타내는 것일까요?

예2 의 당첨 금액 기댓값이 1,200원이라는 말은 당첨 금액이 예2 와 같은 확률분포를 따르는 복권을 몇 번이고 사면[18] 그 당첨 금액 평균은 사는 횟수가

---

18 복권을 한 번에 몇 장이나 산다는 뜻이 아니라 1회 추첨당 1장을 사는 행위를 몇 번이나 반복한다는 뜻입니다.

많으면 많을수록 1,200원에 가까워진다는 의미입니다.

확률변수의 기댓값은 과거 데이터를 가지고 계산한 것이 아니라 **앞으로 몇 번이고 같은 시행을 반복한다고 하면 결과적으로 가까워지리라 기대되는 평균값**입니다. 확률변수의 기댓값의 획기적인 점은 기댓값을 실제로 관측하기 전에 계산할 수 있다는 데 있습니다. 그렇게 생각하면 '기댓값'이라는 이름으로 부르던 옛사람의 기분을 알 것 같습니다.

 예제 2 ───────────────────── **손해 보지 않는 상금 정하기**

주사위를 1회 던져서 1이 나오면 1등, 짝수 눈이 나오면 2등, 그 외의 눈이 나오면 꽝이라는 게임을 만들고 있습니다. 2등의 상금은 4,000원, 게임 참가료를 3,000원으로 했을 때 기획자가 손해를 보지 않으려면 1등 상금액은 얼마 이하로 해야 할까요?

해설

상금액의 기댓값 ≤ 참가비

이면 기획자는 손해 보지 않을 것입니다.

해답

주사위를 1회 던졌을 때는 다음과 같습니다.

$$1이 나올 확률: \frac{1}{6}$$

$$짝수 눈(2, 4, 6)이 나올 확률: \frac{3}{6} = \frac{1}{2}$$

$$그 외의 눈(3, 5)가 나올 확률: \frac{2}{6} = \frac{1}{3}$$

이 게임의 상금을 X원이라고 합시다. 구하려는 1등 상금이 x원이라고 하면 X의 확률분포는 다음과 같습니다.

	1등	2등	꽝	
상금액 X(원)	x	4000	0	계
확률 P	$\dfrac{1}{6}$	$\dfrac{1}{2}$	$\dfrac{1}{3}$	1

X의 기댓값인 $E(X)$는 이렇습니다.

$$E(X) = x \times \frac{1}{6} + 4000 \times \frac{1}{2} + 0 \times \frac{1}{3} = \frac{1}{6}x + 2000$$

기댓값 = (각 값 × 각 확률)의 합

참가비가 3,000원일 때 기획자가 손해를 보지 않으려면 $E(X) \leq 3000$일 때로 생각할 수 있으므로

$$E(X) \leq 3000 \quad \Rightarrow \quad \frac{1}{6}x + 2000 \leq 3000$$

$$\Rightarrow \quad \frac{1}{6}x \leq 1000$$

$$\Rightarrow \quad \boldsymbol{x \leq 6000}$$

이면 됨을 알 수 있습니다.

답 ⋯ 6,000원 이하

기획자 쪽에서 보면 2등 확률이 높으므로 1등에게는 많은 금액을 줄 수 없겠죠.

확률변수의 분산과 표준편차: $V(X)$와 $\sigma(X)$

1장 5절(124쪽 이후)에서 평균값을 기준으로 한 데이터의 흩어진 정도를 조사하기 위한 값으로 분산과 분산의 양의 제곱근인 표준편차를 배웠습니다. 확률변수에 대해서도 같은 방법으로 **분산**과 **표준편차**를 정의하겠습니다.

예로 예제 2 의 주사위로 뽑기에서 1등 상금액이 6,000원인 경우를 생각해 봅시다. 상금액 X(원)의 확률분포는 다음 표 2-8과 같습니다.

❤ 표 2-8 주사위 뽑기

	1등	2등	꽝	계
상금액 X(원)	6,000	4,000	0	계
확률 P	$\dfrac{1}{6}$	$\dfrac{1}{2}$	$\dfrac{1}{3}$	1

X의 기댓값을 m이라고 하면[19] 다음과 같습니다.

$$m = 6000 \times \frac{1}{6} + 4000 \times \frac{1}{2} + 0 \times \frac{1}{3} = 1000 + 2000 = 3000$$

1장에서 분산은 '평균에서부터 떨어진 정도'를 제곱하여 평균을 구한 것이었습니다. '평균에서부터 떨어진 정도'는 편차였습니다(125쪽).[20]

$$V = \frac{(x_1 - \overline{x})^2 + (x_2 - \overline{x})^2 + (x_3 - \overline{x})^2 + \cdots\cdots + (x_n - \overline{x})^2}{n}$$
$$= \frac{1}{n} \sum_{k=1}^{n} (x_k - \overline{x})^2$$

확률변수에서도 같은 방법으로 **X의 각 값과 m이 떨어진 정도를 제곱하여 평균을 구한 값을 분산**이라고 부릅니다. 이제 표 2-8에 $X - m$과 $(X - m)^2$ 행을 추가해 봅시다.

---

19 기댓값을 $E(X)$라 해도 상관없지만 이후에 등장하는 표나 식을 보기 쉽도록 이번에는 m이라고 합시다.

20 '편차＝각 값－평균'입니다.

	1등	2등	꽝		
상금액 X(원)	6000	4000	0	계	$m = 3000$
$X - m$	3000	1000	-3000		
$(X - m)^2$	9000000	1000000	9000000		
확률 P	$\dfrac{1}{6}$	$\dfrac{1}{2}$	$\dfrac{1}{3}$	1	

이렇게 쓰면 $X - m$과 $(X - m)^2$도 확률변수인 것[21]을 알 수 있습니다. 이때 확률변수 $(X - m)^2$의 기댓값(평균)을 **확률변수 X의 분산**(variance)이라고 하고 기호로는 $V(X)$로 나타냅니다. 표 2-9에서는 다음과 같이 구할 수 있습니다.

$$V(X) = E((X - m)^2)$$
$$= 9000000 \times \frac{1}{6} + 1000000 \times \frac{1}{2} + 9000000 \times \frac{1}{3}$$
$$= 1500000 + 500000 + 3000000 \qquad \boxed{E(X) = x_1 p_1 + x_2 p_2 + x_3 p_3 + \cdots + x_n p_n}$$
$$= 5000000 \,(\text{원}^2)$$

1장에서 지적했던 분산의 단점은 확률변수의 분산에도 해당됩니다. 즉, 값이 너무 커지는 것과 단위가 '이상해진다'는 것입니다. 이때 1장에서와 마찬가지로 확률변수에도 흩어진 정도를 나타내는 값으로 $\sqrt{\quad}$ 분산을 이용하는 경우가 많습니다. $\sqrt{V(X)}$을 **확률변수 X의 표준편차**(standard deviation)라고 하고 기호는 $\sigma(X)$를 사용합니다.[22] 앞 예에서는 다음과 같습니다.

---

21 '될 수 있는 값 모두를 알고 있으면서 각 값이 될 확률이 정해져 있다 ＝ 확률분포를 알고 있다'고 생각할 수 있기 때문입니다.

22 확률변수의 표준편차는 standard deviation의 첫 글자 s가 아니라 s에 해당하는 그리스 문자인 σ를 자주 사용합니다. 총합을 가리키는 Σ도 '시그마'지만 Σ는 대문자, σ는 소문자입니다.

$$\sigma(X) = \sqrt{V(X)}$$
$$= \sqrt{5000000} = \sqrt{5 \times 1000^2}$$
$$= 1000\sqrt{5} = 2236.0678 \cdots \fallingdotseq 2236(원)$$

> $a > 0$일 때 $\sqrt{a^2} = a$(80쪽)
> $\sqrt{5} = 2.2360679\cdots$

정의 **확률변수의 분산과 표준편차**

X	x_1	x_2	x_3	$\cdots\cdots$	x_n	계
P	p_1	p_2	p_3	$\cdots\cdots$	p_n	1

위 표처럼 분포하는 확률변수 X에 대해 그 분산 $V(X)$와 표준편차 $\sigma(X)$를 다음과 같이 정의합니다.

$$V(X) = E((X-m)^2) = \sum_{k=1}^{n}(x_k - m)^2 p_k$$
$$\sigma(X) = \sqrt{V(X)}$$

(m은 X의 기댓값(평균))

혹시 모르니 분산을 $\sum$ 기호 없이 적어 봅시다.

$$V(X) = \sum_{k=1}^{n}(x_k - m)^2 p_k$$
$$= (x_1 - m)^2 p_1 + (x_2 - m)^2 p_2 + (x_3 - m)^2 p_3 + \cdots\cdots + (x_n - m)^2 p_n$$

> $\sum$ 기호를 쓰면 깔끔하게 나타낼 수 있습니다!

여기서 용어를 정리해 둡시다. 1장에서는 실제로 관측된 데이터를 가지고 평균, 분산, 표준편차를 소개했습니다. 그리고 이 장에서는 확률변수를 가지고 똑같이 평균, 분산, 표준편차를 정의했습니다. 단, 확률변수일 때는 평균만 '기댓값'이라는 다른 이름이 있으므로 주의하세요.

▼ 표 2-10 용어 정리

	데이터	확률변수
평편하게 균일하게 만든다	평균	평균＝기댓값
흩어진 정도를 조사한다	분산	분산
	표준편차	표준편차

하지만 확률변수는 어디까지나 '변수'이므로 값이 확정돼 있지 않습니다. 확률변수의 분산 $V(X)$와 표준편차 $\sigma(x)$가 '확률변수가 될 수 있는 값의 흩어진 정도'를 나타내는 값이라는 것은 틀림없지만 "값이 확정돼 있지 않은데 '흩어진 정도'가 있는 거야?"라고 생각할 수도 있습니다.

확률변수의 표준편차가 크다는 말은 기댓값(평균)에서부터 떨어진 값이 나올 가능성이 있음을 시사합니다.

예를 들어 예2 (227쪽)에서 사용한 복권의 표준편차를 계산하면 약 100만 원이 됩니다.[23] 기댓값(평균)이 1,200원인 데 비해 표준편차가 꽤 큰 이유입니다.

이 사실로부터 평균에서 멀리 떨어진 값이 나올 가능성이 있음을 알 수 있습니다.

실제로 예2 의 복권에서는 확률은 낮지만 당첨금은 무려 1억 원이나 30억 원으로 큽니다. 이에 비해 231~233쪽에서 구한 주사위 뽑기에서는 기댓값은 3,000원이고 표준편차는 약 2,240원이었습니다. 이 예에서는 1등(최고액)이라도 상금은 6,000원이었으므로 표준편차가 작습니다.

---

23 정확히는 954,520.0155…원입니다. 함수 계산기나 엑셀로 한번 확인해 보세요.

1장에서 데이터의 분산을 구하는 계산 공식을 소개했습니다(132쪽). 마찬가지로로 확률변수의 분산을 구하는 공식도 마련돼 있습니다.

$$V = \overline{(x^2)} + (\overline{x})^2 \ (\text{분산} = \text{제곱의 평균} - \text{평균의 제곱})$$

공식 **확률변수의 분산 계산 공식**

$$V(X) = E(X^2) - \{E(X)\}^2$$

증명 **정의를 사용한 공식 유도**

$$V(X) = E((X-m)^2)$$

$$= \sum_{k=1}^{n} (x_k - m)^2 p_k$$

$$= \sum_{k=1}^{n} (x_k^2 - 2x_k m + m^2) p_k$$

$$= \sum_{k=1}^{n} (x_k^2 p_k - 2mx_k p_k + m^2 p_k)$$

$$= \sum_{k=1}^{n} x_k^2 p_k - 2m \sum_{k=1}^{n} x_k p_k + m^2 \sum_{k=1}^{n} p_k$$

$$= E(X^2) - 2m \cdot m + m^2 \cdot 1$$

$$= E(X^2) - 2m^2 + m^2$$

$$= E(X^2) - m^2$$

> **Σ의 성질(154쪽)**
>
> $$\sum_{k=1}^{n} (pa_k + qb_k) = p\sum_{k=1}^{n} a_k + q\sum_{k=1}^{n} b_k$$
>
> $2m$과 m^2는 k의 함수가 아닌 상수이므로 Σ 앞으로 나올 수 있습니다.

> $$\sum_{k=1}^{n} x_k^2 p_k = E(X^2)$$
>
> $$\sum_{k=1}^{n} x_k p_k = m = E(X)$$
>
> $$\sum_{k=1}^{n} p_k = 1$$

여기서 $m^2 = \{E(X)\}^2$이므로

$$\Rightarrow \ V(X) = E(X^2) - \{E(X)\}^2$$

증명 끝

$$\sum_{k=1}^{n} x_k^2 p_k = E(X^2)$$

라는 식은 확률변수 X의 각 값 $x_1, x_2, \cdots\cdots, x_n$에 대해

(각 값의 제곱×각 확률)의 합

입니다. 따라서 이 값을 X^2의 기댓값(평균)이라고 생각할 수 있습니다.

X가 확률변수라면 X^2도 확률변수입니다. 이때는 X의 확률분포에 X^2행을 추가해서 표 2-11처럼 표를 만들면 확실하게 알 수 있습니다.[24]

▼ 표 2-11 확률분포표에 X^2행을 추가

X	x_1	x_2	x_3	$\cdots\cdots$	x_n	계
X^2	x_1^2	x_2^2	x_3^2	$\cdots\cdots$	x_n^2	
P	p_1	p_2	p_3	$\cdots\cdots$	p_n	1

따라서

$$E(X) = x_1 p_1 + x_2 p_2 + x_3 p_3 + \cdots\cdots + x_n p_n = \sum_{k=1}^{n} x_k p_k$$

$$E(X^2) = x_1^2 p_1 + x_2^2 p_2 + x_3^2 p_3 + \cdots\cdots + x_n^2 p_n = \sum_{k=1}^{n} x_k^2 p_k$$

로 생각할 수 있습니다.

$$\sum_{k=1}^{n} p_k = 1$$

이라는 식은 226쪽에서도 확인했던 확률의 합은 1이라는 내용, 즉 다음을 의미합니다.

$$p_1 + p_2 + p_3 + \cdots\cdots + p_n = 1$$

---

24 X^2도 확률변수라고 생각할 수 있는 이유는 '될 수 있는 값 모두를 알고 있으면서 각 값이 될 확률이 정해져 있다=확률분포를 알고 있다'고 생각할 수 있기 때문입니다.

너무 어려워서 손을 들었어요.

처음엔 눈이 휘둥그레질지도 모르겠네요. 하지만 ∑ 기호는 익숙해지면 정말 편리한 기호이므로 포기하지 말고 꼭 힘내세요.

참고로 235쪽 증명을 백지에 술술 적을 수 있게 되면 ∑ 기호는 완전 정복입니다!

예제 3

1, 2, 2, 3, 3, 3

1이라고 쓰인 카드가 1장, 2라고 쓰인 카드가 2장, 3이라고 쓰인 카드가 3장 있습니다. 총 6장 카드를 잘 섞어서 1장을 뽑았을 때 뽑힌 카드에 쓰여 있는 수를 X라고 합시다. X의 기댓값과 분산을 각각 구하세요.

해설

'1' 카드를 뽑을 확률: $\dfrac{1}{6}$

'2' 카드를 뽑을 확률: $\dfrac{2}{6} = \dfrac{1}{3}$

'3' 카드를 뽑을 확률: $\dfrac{3}{6} = \dfrac{1}{2}$

입니다. 또한, $V(X)$는 $V(X) = E(X^2) - \{E(X)\}^2$ 계산 공식을 사용합시다.

해답

X와 X^2의 확률분포는 표 2-12와 같습니다.

X	1	2	3	계
X^2	1^2	2^2	3^2	
P	$\dfrac{1}{6}$	$\dfrac{1}{3}$	$\dfrac{1}{2}$	1

X의 기댓값을 $E(X)$, X^2의 기댓값을 $E(X^2)$이라고 하면

$$E(X) = 1 \times \frac{1}{6} + 2 \times \frac{1}{3} + 3 \times \frac{1}{2} = \frac{1+4+9}{6} = \frac{14}{6} = \frac{7}{3}$$

$$E(X^2) = 1^2 \times \frac{1}{6} + 2^2 \times \frac{1}{3} + 3^2 \times \frac{1}{2} = \frac{1}{6} + \frac{4}{3} + \frac{9}{2} = \frac{1+8+27}{6} = \frac{36}{6} = 6$$

따라서 X의 분산을 $V(X)$라 하면 다음과 같이 구할 수 있습니다.

$$V(X) = E(X^2) - \{E(X)\}^2 = 6 - \left(\frac{7}{3}\right)^2 = 6 - \frac{49}{9} = \frac{54-49}{9} = \frac{5}{9}$$

답 $\cdots$ 기댓값: $\dfrac{7}{3}$, 분산: $\dfrac{5}{9}$

참고로 **예제 3** 에서 X의 표준편차는 다음과 같습니다.

$$\sigma(X) = \sqrt{V(X)} = \sqrt{\frac{5}{9}} = \frac{\sqrt{5}}{3} \fallingdotseq 0.745$$

기댓값이 2보다 크고 표준편차가 1미만이라는 사실로부터 X의 분포는 오른쪽으로(값이 커지는 쪽으로) 치우쳐 있음을 알 수 있습니다.

확률변수 변환: a배하고 b를 더한다

다음에 자세히 설명하겠지만 통계가 널리 사용되는 이유는 어려운 계산을 옛날 사람들이 이미 끝냈기 때문입니다. 하지만 그 결과를 이용하려면 자신이 다루는 확률변수를 용도에 맞는 형태[25]로 변환해야 합니다.

여기서는 첫걸음으로 확률변수 X에 a를 곱하고(상수배) 거기에 b(상수)를 더한 **새로운 확률변수 Y의 성질**을 생각하기로 합시다. Y를 식으로 나타내면 다음과 같습니다.

$$Y = aX + b \quad (a, \ b \text{는 상수})$$

이럴 때 **Y의 기댓값(또는 평균)**은 어떻게 될까요?

우선 Y의 확률분포를 나타내는 표를 만들어 봅시다.

확률변수 X가 될 수 있는 값이

$$x_1, \ x_2, \ x_3, \ \cdots\cdots, \ x_n$$

중 하나이고 X가 표 2-13에서 볼 수 있는 확률분포를 따른다고 합시다.

▼ 표 2-13 X의 확률분포

X	x_1	x_2	x_3	$\cdots\cdots$	x_n	계
P	p_1	p_2	p_3	$\cdots\cdots$	p_n	1

$$y_k = ax_k + b \, (k = 1, \, 2, \, 3, \, \cdots, \, n)$$

이라고 하면, 예를 들어 Y가 y_1일 때는 X가 x_1일 때이고 **X가 x_1 값이 될 확률은 p_1이므로 Y가 y_1이 될 확률도 p_1입니다.** 따라서, X 확률분포표에 Y행을 추가하면 표 2-14와 같습니다.

---

25 어떤 형태가 '용도에 맞는' 형태인지는 통계를 계속 공부하며 알게 됩니다.

X	x_1	x_2	x_3	……	x_n	합
Y	y_1	y_2	y_3	……	y_n	
P	p_1	p_2	p_3	……	p_n	1

이렇게 분포하는 확률변수 Y를 가지고 $E(Y)$를 계산해 봅시다.

$$E(Y) = \sum_{k=1} y_k p_k$$

$$= \sum_{k=1}^{n} (ax_k + b)p_k$$

$$= \sum_{k=1}^{n} (ax_k p_k + bp_k)$$

$$= a\sum_{k=1}^{n} x_k p_k + b\sum_{k=1}^{n} p_k$$

$$= aE(X) + b \cdot 1$$

Σ의 성질

$$\sum_{k=1}^{n} (pa_k + qb_k) = p\sum_{k=1}^{n} a_k + q\sum_{k=1}^{n} b_k$$

$$\sum_{k=1}^{n} x_k p_k = E(X)$$

$$\sum_{k=1}^{n} p_k = p_1 + p_2 + p_3 + \cdots\cdots + p_n = 1$$

$Y = aX + b$이므로 결국 다음 관계가 성립함을 알 수 있습니다.

$$E(Y) = E(aX + b) = aE(X) + b$$

정의 $Y = aX + b$의 기댓값

확률변수 X와 Y 사이에 다음 관계가 있을 때

$$Y = aX + b\,(a,\ b는 상수)$$

다음 관계가 성립합니다.

$$E(Y) = E(aX + b) = aE(X) + b$$

예를 들어 반 전체의 점수를 **2배**해서 **10점을 더했다**고 하면 평균도 **2배**하고 **10점을 더한 값**이 된다는 말이군요!

▌ 예 3 ▐ 특별 시간이 있는 추첨

어느 상점가에서 주사위를 1회 던져서 나온 눈의 100배 상금을 받을 수 있는 추첨을 한다고 합시다. 받을 수 있는 상금을 X(원)이라고 하면 X는 표 2–15의 확률분포를 따르는 확률변수입니다.

▼ 표 2–15 상금액의 확률분포

상금액 X(원)	1000	2000	3000	4000	5000	6000	계
확률 P	$\dfrac{1}{6}$	$\dfrac{1}{6}$	$\dfrac{1}{6}$	$\dfrac{1}{6}$	$\dfrac{1}{6}$	$\dfrac{1}{6}$	1

여기서 X의 기댓값(또는 평균)을 계산하면 다음과 같습니다.[26]

$$E(X) = 1000 \times \frac{1}{6} + 2000 \times \frac{1}{6} + 3000 \times \frac{1}{6} + 4000 \times \frac{1}{6} + 5000 \times \frac{1}{6} + 6000 \times \frac{1}{6}$$

$$= \frac{21000}{6} = 3500\,(\text{원})$$

자, 그러면 이 상점가 추첨은 16:00~17:00 사이에만 받을 수 있는 상금이 2배가 되는 대신 각 상금에서 1,000원을 빼서 지급하는 특별 시간이 있습니다. 특별 시간 획득 상금을 Y(원)이라고 하면 Y의 기댓값은 얼마일까요?

---

26 '기댓값=(각 값×각 확률)의 합'입니다.

이미 X의 기댓값은 **3,500원**이라는 걸 구해 놓았고 X와 Y의 관계가 $Y = 2X - 1000$이라는 것도 알고 있으므로 새로 Y의 확률분포를 만들 필요는 없습니다. '$Y = aX + b$의 기댓값' 공식을 사용하면

$$\boxed{\begin{aligned} E(Y) &= E(aX + b) \\ &= aE(X) + b \end{aligned}}$$

$$\begin{aligned} E(Y) &= E(2X - 1000) \\ &= 2E(X) - 1000 \\ &= 2 \times 3500 - 1000 = \mathbf{6000}(원) \end{aligned}$$

으로 5의 기댓값은 **6,000(원)**이라는 것을 알 수 있습니다.

의심이 많은(?) 독자분을 위해 Y의 확률분포로 Y의 기댓값을 구해서 앞에서 구한 결과와 일치하는지 확인해 봅시다.

Y의 확률분포는 표 2–16과 같습니다.

❤ **표 2-16 상금 Y의 확률분포를 추가**

2배한 후
1000원을
뺀다

상금 X(원)	1000	2000	3000	4000	5000	6000	합
상금 Y(원)	1000	3000	5000	7000	9000	11000	
확률 P	$\dfrac{1}{6}$	$\dfrac{1}{6}$	$\dfrac{1}{6}$	$\dfrac{1}{6}$	$\dfrac{1}{6}$	$\dfrac{1}{6}$	1

$$E(Y) = 1000 \times \frac{1}{6} + 3000 \times \frac{1}{6} + 5000 \times \frac{1}{6} + 7000 \times \frac{1}{6} + 9000 \times \frac{1}{6} + 11000 \times \frac{1}{6}$$

$$= \frac{36000}{6} = \mathbf{6000}(원)$$

정확히 '$Y = aX + b$의 기댓값' 공식으로 구한 결과와 일치합니다!

$Y = aX + b$의 분산과 표준편차: 상수 b는 어디로?

그런데 앞에서와 마찬가지로 새로운 확률변수 Y가 X의 1차함수라고 하고 '$Y = aX + b$ (a, b는 상수)'로 나타냈을 때 Y의 분산과 표준편차는 어떻게 될까요? 이 둘도 Σ를 사용해서 계산해 봅시다. Y의 기댓값(또는 평균)을 m_Y라고 하면[27] 확률변수 분산의 정의(233쪽)로부터

$$V(Y) = E((Y - m_Y)^2)$$
$$= \sum_{k=1}^{n}(y_k - m_Y)^2 p_k \ \cdots ①$$

> $$V(X) = E((X - m)^2) = \sum_{k=1}^{n}(x_k - m)^2 p_k$$

여기서 Y는 다음 확률분포를 따른다고 합시다.

❤ 표 2-17 Y의 확률분포

X	x_1	x_2	······	x_n	계
$Y = aX + b$	$y_1 = ax_1 + b$	$y_2 = ax_2 + b$	······	$y_n = ax_n + b$	
P	p_1	p_2	······	p_n	1

$Y = aX + b$이므로 다음과 같습니다.

$$y_k = ax_k + b \ (k = 1,\ 2,\ 3,\ \cdots,\ n)$$

또한, m_Y는 Y의 기댓값(또는 평균)이므로 '$Y = aX + b$의 기댓값' 공식으로부터 다음과 같이 나타낼 수 있습니다.

$$m_Y = E(Y) = E(aX + b)$$
$$= aE(X) + b$$
$$= am_X + b$$

> $$E(Y) = E(aX + b)$$
> $$= aE(X) + b$$

(단, m_X는 X의 기댓값(또는 평균)입니다). 이 두 식을 식 ①에 대입합시다.

---

27 231쪽에서는 X의 기댓값(또는 평균)은 단순히 m이라고 나타냈었는데 여기서는 Y의 기댓값(또는 평균)이므로 혼란을 피하기 위해 m_Y로 첨자를 붙여서 나타냈습니다. 즉, $E(Y) = m_Y$입니다. 같은 이유로 이후 등장하는 X의 기댓값(또는 평균)도 m_X라고 나타냅니다. 다시 말해 $E(X) = m_X$입니다.

$$V(Y) = \sum_{k=1}^{n} (y_k - m_Y)^2 p_k$$

$$V(Y) = \sum_{k=1}^{n} (y_k - m_Y)^2 p_k$$

$$= \sum_{k=1}^{n} \{(ax_k + b) - (am_X + b)\}^2 p_k$$

$$= \sum_{k=1}^{n} (ax_k + b - am_X - b)^2 p_k$$

$$= \sum_{k=1}^{n} (ax_k - am_X)^2 p_k$$

$$= \sum_{k=1}^{n} \{a(x_k - m_X)\}^2 p_k$$

$$= \sum_{k=1}^{n} a^2 (x_k - m_X)^2 p_k \qquad \boxed{(pq)^2 = p^2 q^2}$$

$$= a^2 \sum_{i=1}^{n} (x_i - m_X)^2 p_k \qquad \boxed{\sum_{k=1}^{n} (x_k - m_X)^2 p_k = V(X)}$$

$$= a^2 V(X)$$

표준편차$=\sqrt{\,}$분산이므로 Y의 표준편차를 $\sigma(Y)$라고 하면

$$\sigma(Y) = \sqrt{V(Y)} = \sqrt{a^2 V(X)} = \sqrt{a^2} \sqrt{V(X)} = |a|\sigma(X)$$

임을 알 수 있습니다.[28] 여기까지의 내용을 정리합시다.

공식 **$Y = aX + b$의 분산과 표준편차**

확률변수 X와 Y 사이에 다음 관계가 있을 때

$$Y = aX + b \ \ (a, b\text{는 상수})$$

Y의 분산 $V(Y)$와 표준편차 $\Sigma(Y)$는 다음과 같습니다.

$$V(Y) = V(aX + b) = a^2 V(X)$$
$$\sigma(Y) = \sigma(aX + b) = |a|\,\sigma(X)$$

---

28 a가 음수일 가능성이 있을 때는 $\sqrt{a^2} = a$가 아니라 $\sqrt{a^2} = |a|$이므로 주의하세요(188~190쪽).

분산과 표준편차에는 '$+b$'에 영향을 받지 않나요?

맞아요. 될 수 있는 모든 값에 b(상수)를 더해도 모두가 같이 이동할 뿐 흩어진 정도에는 영향을 주지 않습니다. 원래 확률변수를 a배(상수배)하면 흩어진 정도도 a배(분산은 a^2배)가 됩니다. 이 내용은 다음 예처럼 확률분포를 그래프로 나타내면 금방 알 수 있습니다.

예 4 ≣ 특별 시간이 있는 추첨 다시 살펴보기

예로 예3 에서 살펴보았던 것과 같은 추첨에서 평소 획득 상금 X(원)와 특별 시간의 획득 상금 Y(원)을 가지고 생각해 봅시다. X와 Y는 모두 확률변수이고 관계식과 확률분포는 다음과 같습니다.

$$Y = 2X - 100$$

2배한 후 1000원을 뺀다

상금액 X(원)	1000	2000	3000	4000	5000	6000	합
상금액 Y(원)	1000	3000	5000	7000	9000	11000	
확률 P	$\dfrac{1}{6}$	$\dfrac{1}{6}$	$\dfrac{1}{6}$	$\dfrac{1}{6}$	$\dfrac{1}{6}$	$\dfrac{1}{6}$	1

다음 그림 2-4는 각 확률변수를 그림으로 나타낸 것입니다.

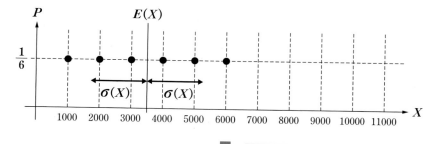

$$Y = 2X - 1000$$

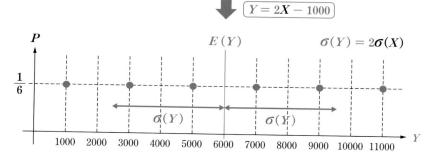

$$E(Y) = 2E(X) - 1000$$

두 그래프를 비교하면 서로 이웃한 점 사이 간격이 딱 2배가 됐습니다. 이 내용으로부터 흩어진 정도(표준편차)도 2배가 되리라 예상됩니다.

확인을 위해 X와 Y의 분산과 표준편차를 실제로 계산해 봅시다.

$$E(X^2)$$

$$= 1000^2 \times \frac{1}{6} + 2000^2 \times \frac{1}{6} + 3000^2 \times \frac{1}{6} + 4000^2 \times \frac{1}{6} + 5000^2 \times \frac{1}{6} + 6000^2 \times \frac{1}{6}$$

$$= \frac{91000000}{6}$$

으로부터 **확률변수 분산 계산 공식**(235쪽)을 사용해서 다음과 같습니다.

$$V(X) = E(X^2) - \{E(X)\}^2 = \frac{91000000}{6} - 3500^2 = \frac{17500000}{6} = \frac{8750000}{3}$$

$$\sigma(X) = \sqrt{V(X)} = \sqrt{\frac{8750000}{3}} = \sqrt{\frac{8750000 \times 3}{3 \times 3}} = \sqrt{\frac{500 \times 500 \times 35 \times 3}{3 \times 3}}$$

$$= \frac{500\sqrt{105}}{3} = (1707.8 \cdots)$$

마찬가지로 Y도 계산해 봅시다.

$$E(Y^2)$$

$$= 1000^2 \times \frac{1}{6} + 3000^2 \times \frac{1}{6} + 5000^2 \times \frac{1}{6} + 7000^2 \times \frac{1}{6} + 9000^2 \times \frac{1}{6} + 11000^2 \times \frac{1}{6}$$

$$= \frac{286000000}{6}$$

이렇게 다시 확률변수의 분산 계산 공식을 사용해서

$$V(Y) = E(Y^2) - \{E(Y)\}^2 = \frac{286000000}{6} - 6000^2 = \frac{70000000}{6} = \frac{35000000}{3}$$

$$\sigma(Y) = \sqrt{V(Y)} = \sqrt{\frac{35000000}{3}} = \sqrt{\frac{3500000 \times 3}{3 \times 3}} = \sqrt{\frac{1000 \times 1000 \times 35 \times 3}{3 \times 3}}$$

$$= \frac{1000\sqrt{105}}{3} = 2 \cdot \frac{500\sqrt{105}}{3} = 2\sigma(X)$$

$Y = 2X - 1000$일 때 확실히 $\sigma(Y) = 2\sigma(X)$임을 알 수 있습니다.

---

29 241쪽에서 $E(X) = 3500$으로 계산했습니다.

30 242쪽에서 $E(Y) = 6000$으로 계산했습니다.

예제 4

어떤 확률변수 X의 기댓값(또는 평균)을 m_X, 표준편차를 $\sigma(X)$라고 합시다. 이때 다음 확률변수

$$Z = \frac{X - m_X}{\sigma(X)}$$

의 기댓값(또는 평균)과 표준편차를 구하세요.

해설

$$E(aX + b) = aE(X) + b$$

$$\sigma(aX + b) = |a|\sigma(X)$$

가 성립함을 사용합니다.

해답

$$Z = \frac{X - m_X}{\sigma(X)} = \frac{1}{\sigma(X)}X - \frac{m_X}{\sigma(X)}$$

> $\dfrac{p - q}{a} = \dfrac{p}{a} - \dfrac{q}{a} = \dfrac{1}{a}p - \dfrac{q}{a}$
> 와 같은 형태

Z의 기댓값(또는 평균)을 $E(Z)$, 표준편차를 $\Sigma(Z)$라고 하면

$$E(Z) = E\left(\frac{1}{\sigma(X)}X - \frac{m_X}{\sigma(X)}\right)$$

> $E(aX + b) = aE(X) + b$

$$= \frac{1}{\sigma(X)}E(X) - \frac{m_X}{\sigma(X)} = \frac{E(X)}{\sigma(X)} - \frac{E(X)}{\sigma(X)} = 0$$

> $m_X = E(X)$

$$\sigma(Z) = \sigma\left(\frac{1}{\sigma(X)}X - \frac{m_X}{\sigma(X)}\right)$$

> $\sigma(aX + b) = |a|\sigma(X)$

$$= \left|\frac{1}{\sigma(X)}\right|\sigma(X) = \frac{1}{\sigma(X)}\sigma(X) = 1$$

> 표준편차는 분산의 양의 제곱근
> 이므로 $\sigma(X) > 0$으로부터
> $\left|\dfrac{1}{\sigma(X)}\right| = \dfrac{1}{\sigma(X)}$

답 ⋯ 기댓값(또는 평균): 0, 표준편차: 1

임의의[31] 확률변수 X에 대해

$$Z = \frac{X - m_X}{\sigma(X)}$$

로 정의되는 Z를 정의하는 것을 확률변수의 표준화라고 합니다.

왜냐하면 **예제 4** 에서 확인했던 것처럼 X에서 평균을 빼고 표준편차로 나눈 새로운 확률변수 Z의 **평균은 반드시 0, 표준편차는 반드시 1**이 되기 때문입니다.

이 말은 평균이 0이고 표준편차가 1인 확률변수에 관해 여러 가지 성질을 자세히 조사해 두면 다른 모든 확률변수에 그 결과를 응용할 수 있다는 의미입니다. 확률변수의 표준화를 알아두면 다음에 배우는 '표준정규분포'를 이해할 수 있습니다. 기대해 주세요.

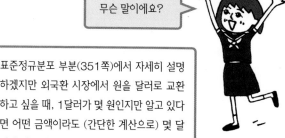

무슨 말이에요?

표준정규분포 부분(351쪽)에서 자세히 설명하겠지만 외국환 시장에서 원을 달러로 교환하고 싶을 때, 1달러가 몇 원인지만 알고 있다면 어떤 금액이라도 (간단한 계산으로) 몇 달러가 되는지 알 수 있다는 점과 비슷합니다.

---

31 수학에서 '임의의~'란 '자유롭게 선택할 수 있는~'이라는 뜻이 있고 '어떤 ~라도'로 바꿔 말할 수 있습니다.

✦ 파스칼과 페르마가 주고받은 편지

요즘에는 전혀 알 수 없는 우연으로 미래가 결정된다고 믿는 사람은 그다지 많지 않을 것입니다. 내일 비가 내릴지, 지망하는 학교에 합격할지, 응원하는 팀이 우승할지, 자동차 사고를 당할지, 등등 …… 우리들은 이제 장래에 발생할 일이 얼마나 쉽게 일어나는지를 '확률'이라는 숫자를 사용해서 평가하는 게 아주 익숙합니다.

하지만 17세기 중반까지 미래는 신만이 알 수 있는 것이었습니다. 자신이 믿는 신에게 기도를 올리는 것 외에 미래를 대비할 수 있는 일은 아무것도 없다고 믿었던 것입니다. 그러던 중 어떤 천재 2명 사이에 오간 몇 통의 편지가 인류에게 미래를 합리적으로 평가하는 계기를 마련했다는 걸 알고 있나요?

그 두 명은 바로 '페르마의 정리'[32]를 시작으로 주로 정수론 분야에서 많은 중대한 발견을 한 **피에르 페르마**(1607–1665)와 '인간은 생각하는 갈대이다'라는 말로 잘 알려진 **블레즈 파스칼**(1623–1662)입니다.

프랑스가, 아니 인류가 자랑하는 두 명의 천재가 1654년에 편지에서 나눈 생각은 다음과 같은 문제였습니다.

일어난 과거인가 일어날 수 있는 미래인가

[문제]

A, B 2명이 각각 32피스톨[33]씩을 걸고 먼저 3회 이긴 사람을 승자로 하는 승부를 한다. 이때 A가 2회 이기고 B가 1회 이긴 상황에서 승부를 중지한다면 A, B 각각의 배당금은 얼마로 하면 좋은가? 단, 무승부는 없다고 한다.

이 문제는 **미완성 게임 문제**로 널리 알려져 있습니다. 당시에는 이 문제에 대해 다음과 같이 생각했습니다.

"이미 행해진 승부 중에 A는 2승, B는 1승 했으므로 내기 금액의 합 64피스톨은 2:1로 분배해야 한다."

---

32 3 이상의 자연수 n에 대해 $x^n + y^n = z^n$을 만족하는 자연수 조합 (x, y, z)는 존재하지 않는다는 정리. 페르마는 한 책의 여백에 '나는 이 정리의 진실로 멋진 증명을 발견했지만, 이 여백에 적기에는 너무 길다'라는 메모를 남겼습니다. 하지만 이 정리가 영국 수학자 앤드류 와일즈에 의해 실제로 증명된 건 페르마의 사후 300년 이상이나 지난 1994년이었고 그 논의는 페르마 시대에는 없었던 현대 수학 테크닉을 구사한 복잡한 것이었기 때문에 페르마가 발견한 증명 방법에는 오류나 부족한 점이 있었다는 것이 대부분 수학자의 공통된 의견입니다.

33 프랑스의 오래된 통화 단위입니다.

하지만 페르마와 파스칼의 생각은 달랐습니다. 두 명은 **지금부터 일어날 수 있는 미래를 모두 조사해야 한다**고 주장했습니다.[34]

먼저 3회 이긴 쪽을 승자로 하는 승부를 하는 경우 무승부가 없다면 5번째 시합까지는 반드시 승자가 정해집니다. 이때 2명은 3번째 시합까지 A가 2승, B가 1승했을 경우에 4번째 시합, 5번째 시합에서 생각할 수 있는 승부의 행방과 각 경우의 우승자를 표 2–18에 정리했습니다.

▼ 표 2–18 4, 5번째 시합에서 일어날 수 있는 경우의 수

	4번째 시합 승자	5번째 시합 승자	우승자
①	A	A	A
②	A	B	A
③	B	A	A
④	B	B	B

A가 우승하는 경우는 ①~③으로 3가지, B가 우승하는 경우는 ④로 1가지뿐입니다. 따라서 상금(건 돈) 64피스톨은 3:1로 분배해야 하고

$$A의 배당금: 64 \times \frac{3}{4} = 48(피스톨)$$

$$B의 배당금: 64 \times \frac{1}{4} = 16(피스톨)$$

로 하는 게 옳다는 게 두 명의 결론이었습니다.

미래의 가능성을 빠짐없이 살핀다

이런 개념은 현대의 우리들이 보기엔 자연스러울지도 모르겠습니다. 하지만 그때까지 일반적이었던 개념이 과거를 보던 반면, 페르마와 파스칼 두 명은 이제부터 일어날 수 있는 미래의 가능성을 빠짐없이 살펴봤다는 점에서 정말 획기적이었습니다. 실제로 그들이 교환한 편지는 인류의 미래관을 극적으로 그리고 영원히 바꿔버린 혁명이었습니다.

두 명이 낸 결과는 A의 배당을 X라고 했을 때 X의 기댓값(또는 평균)과 일치합니다. 이제

---

34 실은 이 논의에서 항상 지도하는 입장이었던 사람은 페르마였습니다. 이후에 소개하는 생각도 처음은 페르마가 제시하고 거기에 파스칼이 동조하는 흐름으로 정리되었습니다.

확인해 봅시다.

3번째 시합 종료 시점에서 2승 1패인 A가 우승해서 64피스톨을 획득하려면

(i) 4번째 시합에서 A가 이겼을 때

$$확률: \frac{1}{2}$$

(ii) 4번째 시합에서 A가 지고 5번째 시합에 A가 이겼을 때

$$확률: \frac{1}{2} \times \frac{1}{2} = \frac{1}{4}$$

이 둘 중 하나이고[35] 이 둘은 서로 배반[36]입니다. 따라서 **확률의 덧셈정리**(《다시 확률통계(확률편)》 참고)로부터 A가 우승할 확률은 다음과 같습니다.

$$\frac{1}{2} + \frac{1}{4} = \frac{3}{4}$$

또한, A가 우승하지 못할 확률은

$$1 - \frac{3}{4} = \frac{1}{4}$$

이고 물론 이 경우는 A의 획득 상금은 0피스톨입니다.

이렇게 X(A의 획득 상금)는 표 2–19의 확률분포를 따르는 확률변수임을 알 수 있습니다.

❤ 표 2–19 A의 획득 상금 확률분포

X A의 획득 상금 (피스톨)	0	64	계
P 확률	$\frac{1}{4}$	$\frac{3}{4}$	1

따라서 X의 기댓값(또는 평균)은 다음과 같습니다.

$$E(X) = 0 \times \frac{1}{4} + 64 \times \frac{3}{4} = 48(피스톨)$$

---

35 A와 B가 승부에 이길 확률은 각각 1/2라고 생각합니다.

36 동시에는 일어나지 않는다는 의미입니다.

미래 예측을 정량화하는 획기적인 시도

하지만 페르마와 파스칼 두 명이 '기댓값'이라는 개념을 탄생시킨 건 아닙니다.

기댓값이라는 개념이 처음 논의된 것은 페르마와 파스칼이 교환한 편지로부터 3년 후인 1657년의 일이었습니다.

수학·물리학·천문학 각 분야에서 눈부신 성과를 올린 네덜란드인인 **크리스티안 하위헌스**(1629–1695)가 저술한 '우연에 따르는 게임에서의 계산에 관하여'라는 논문에서 지금 말하는 기댓값의 개념이 등장합니다.

당시에는 아직 미래 예측을 정량화[37]하는 시도는 도박 세계에 한정돼 있었습니다. 하지만 하위헌스는 여명기였던 확률론의 가능성의 크기에 눈치채고 논문에서 다음과 같이 기술했습니다.

> "만약 누군가가 이를 보다 자세히 연구하면 여기서 다뤄지는 것이 단순한 게임이 아니라 매우 좋은 그리고 매우 깊은 추측을 위한 원칙과 기반이다라는 결론에 대부분 확실히 도달할 것이라고 나는 믿고 싶다."[38]

성스러움과 세속적 이 둘을 저울질한 파스칼

1658년경에 저술된 파스칼의 〈팡세〉는 한 사람이 신앙을 갖고 인생을 보내야 하는지를 기댓값 개념을 사용해 설명합니다. 파스칼은 우선 신이 존재할 확률을 p라고 하고 신이 존재하지 않을 확률을 $1-p$라고 합니다. 다음으로 신앙을 갖는 인생을 보낼 때의 이득을 X, 신앙과는 담을 쌓은 세속적인 인생을 보낼 때의 이득을 Y라고 하면 각각은 다음 확률분포를 따른다고 생각했습니다.[39]

[신앙을 갖고 인생을 보낼 경우]

	신은 존재한다	신은 존재하지 않는다	계
이득 X	∞	a	계
확률 P	p	$1-p$	1

[세속적인 인생을 보낼 경우]

	신은 존재한다	신은 존재하지 않는다	계
이득 X	b	c	계
확률 P	p	$1-p$	1

37　사물을 수치·수량으로 나타내는 일

38　출처: 세계를 바꾼 편지(이와나미 서점, 2010)

39　당시 '확률분포'라는 용어는 아직 없었습니다.

신앙을 갖고 인생을 보냈을 경우 신이 존재한다면 천국에서 영원한 생명이 주어진다고 하니 이득은 무한대(∞)라고 생각했습니다. 또한, 이외의 경우의 이득(a, b, c)은 모두 한정적이니 유한한 값이라고 생각했습니다.

앞의 확률분포를 가지고 각 기댓값을 계산하면 다음과 같습니다.[40]

$$E(X) = \infty \times p + a \times (1-p) = \infty$$
$$E(Y) = b \times p + c \times (1-p) = (b-c)p + c$$

신을 믿는 신앙의 인생을 보낸 경우의 기댓값 $E(X)$가 무한대(∞)인 데 반해 세속적인 인생을 보낸 경우의 기댓값 $E(Y)$는 유한하다는 사실로부터 신앙을 갖고 인생을 보내는 쪽이 합리적이라는 것이 파스칼의 결론입니다.

물론 $p = 0$(신이 존재할 가능성이 0)인 경우는 $E(X)$는 $E(Y)$보다도 작아져 버리지만[41] 파스칼은 "신이 존재하지 않는지를 아는 사람은 없다. 따라서 신앙생활은 '좋은 도박'이 된다"고 설명했습니다.

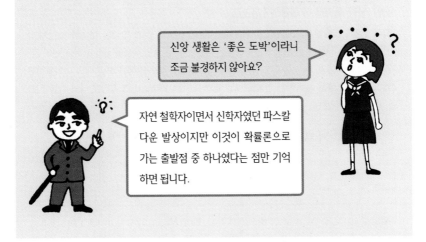

신앙 생활은 '좋은 도박'이라니 조금 불경하지 않아요?

자연 철학자이면서 신학자였던 파스칼다운 발상이지만 이것이 확률론으로 가는 출발점 중 하나였다는 점만 기억하면 됩니다.

---

40 ∞에 (양의) 상수를 곱해도 ∞, ∞에 상수를 더해도 ∞입니다.

41 $p = 0$일 때 $E(X) = a$, $E(Y) = c$인데, 신이 존재하지 않을 경우 신앙을 갖는 생활(자기 희생에 가득찬 생활)로 얻는 이득 (a)은 세속적인 생활로 얻는 이득(c)보다 작을 것이라고 생각했기 때문입니다.

02 확률변수의 합과 곱:
수식과 기호의 의미

예를 들어 A와 B 두 명이 동시에 주사위를 던질 때 나오는 눈의 합의 기댓값(평균)은 어떻게 될까요? 아마도 A 혼자서 던졌을 때의 기댓값과 B 혼자서 던졌을 때의 기댓값을 더한 값이 되겠다는 생각이 들지 않나요?[42]

이는 말하자면 수학 평균과 영어 평균을 더하면 수학과 영어를 합한 값의 평균을 구할 수 있는 것과 마찬가지이므로[43] 그렇게 이상해 보이지 않습니다.

그러면 두 명이 던진 주사위 눈의 합의 분산은 어떻게 될까요? 아니면 A와 B 두 명이 상금이 있는 뽑기를 한다고 할 때 뽑은 제비를 다시 돌려놓지 않는다면 한쪽 결과가 다른 쪽 결과에 영향을 미칩니다. 이럴 때 두 명이 획득하는 상금의 기댓값과 분산은 어떻게 될까요?

이런 의문에 답하기 위해 이 절에서는 여러 개의 확률변수를 가지고 합과 곱의 성질을 살펴봅니다. 우선 확률변수 합의 기댓값(평균값)을 살펴봅시다.

> 기호가 많은 것과 정의를 가지고 공식을 유도하는 순서가 까다로워서 이번 장이 이 책에서 어려운 장 중 하나인데 여기는 중요한 부분이므로 힘내세요.

---

42   이 다음에 볼 수 있듯이 이 상상은 실제로 옳습니다.

43   엄밀히는 시험 점수는 확률변수라고 할 수 없습니다('○○점이 될 확률은 ~다'라고 정해져 있는 게 아닙니다).

확률변수 합의 기댓값: 무조건 성립

5개 제비 중 당첨 제비가 2개인 뽑기가 있다고 합시다. 이 뽑기는 당첨 제비를 뽑으면 100원을 받을 수 있습니다. 우선 A가 제비를 1개 뽑고 남은 제비에서 B가 1개를 뽑을 때 **A와 B 두 명이 획득하는 상금의 합의 기댓값**은 어떻게 생각하면 좋을까요?

❤ 그림 2-5 당첨 제비 2개가 있는 뽑기

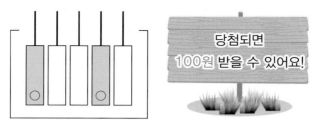

A가 받을 수 있는 상금을 X원, B가 받을 수 있는 상금을 Y원이라고 합시다.[44]

2명의 뽑기 결과는 다음 ①~④ 중 하나입니다.

① A가 당첨되고($X=100$) B도 당첨된다($Y=100$)

$$A가 당첨될 확률은 \cdots \frac{2}{5}$$

A가 당첨됐을 때 나머지 제비 4개 중에 당첨은 1개있으므로

$$B가 당첨될 확률은 \cdots \frac{1}{4}$$

입니다. 즉,

---

44 X와 Y는 될 수 있는 값이 0이나 100 중 하나이고 각 값이 될 확률이 ①~④처럼 정해져 있으므로 확률변수입니다.

$$P(\text{A, B 모두 당첨}) = \frac{2}{5} \times \frac{1}{4} = \frac{1}{10}$$

> [확률의 곱셈정리]
> → 사건 A가 일어났을 때 사건 B가 일어날 확률을 $P_A(B)$라고 하면 다음과 같습니다.
> $$P(A \cap B) = P(A)P_A(B)$$

이고 ( ) 안을 수식으로 나타내면 다음과 같습니다.[45]

$$P(X = 100,\ Y = 100) = \frac{2}{5} \times \frac{1}{4} = \frac{1}{10}$$

다음도 같은 방법으로 계산합니다.

② A가 당첨되고($X=100$) B는 꽝이다($Y=0$)

$$\text{A가 당첨될 확률은} \cdots \ \frac{2}{5}$$

A가 당첨됐을 때 나머지 제비 4개 중 꽝은 3개이므로

$$\text{B가 당첨될 확률은} \cdots \ \frac{3}{4}$$

$\Rightarrow P(\text{A가 당첨되고 B는 꽝}) = P(X=100,\ Y=0) = \frac{2}{5} \times \frac{3}{4} = \frac{3}{10}$

③ A가 꽝이고($X=0$) B가 당첨된다($Y=100$)

$$\text{A가 꽝일 확률은} \cdots \ \frac{3}{5}$$

A가 꽝일 때 나머지 제비 4개 중에 당첨은 2개 있으므로

$$\text{B가 당첨될 확률은} \cdots \ \frac{2}{4}$$

$\Rightarrow P(\text{A가 꽝이고 B는 당첨}) = P(X=0,\ Y=100) = \frac{3}{5} \times \frac{2}{4} = \frac{3}{10}$

---

45 $P(\ )= \sim$는 ( ) 안에 쓰인 사건이 일어날 확률이 $\sim$라는 의미입니다(217쪽). $P(X=a,\ Y=b)=\sim$ 처럼 ( ) 안에 여러 개의 수식을 쓸 때는 $X=a$ 그리고 $Y=b$가 될 확률은 $\sim$라는 의미가 됩니다.

④ A가 꽝이고($X=0$) B도 꽝이다($Y=0$)

$$\text{A가 꽝일 확률은} \cdots \ \frac{3}{5}$$

A가 꽝일 때 나머지 제비 4개 중에 꽝은 2개 있으므로

$$\text{B가 꽝일 확률은} \cdots \ \frac{2}{4}$$

$$\Rightarrow P(\text{A, B 둘 다 꽝}) = P(X=0, \ Y=0) = \frac{3}{5} \times \frac{2}{4} = \frac{3}{10}$$

이 결과를 표 2-20으로 정리해 봅시다. ( ) 안의 숫자는 A와 B가 받을 수 있는 상금의 합입니다.

❤ 표 2-20 상금 기댓값 정리

X \ Y	0	100	합	
0	$\frac{3}{10}$ (0원)	$\frac{3}{10}$ (100원)	$\frac{3}{5}$	← $X=0$ 행
100	$\frac{3}{10}$ (100원)	$\frac{1}{10}$ (200원)	$\frac{2}{5}$	← $X=100$ 행
합	$\frac{3}{5}$	$\frac{2}{5}$	1	← 합 행
	↑ $Y=0$ 열	↑ $Y=100$ 열	↑ 합 열	

예를 들어 $Y=0$ 열을 보면 $Y=100$이 될 확률, 즉 'B가 꽝일 확률'은 다음과 같음을 알 수 있습니다.

$$P(\text{B가 꽝}) = P(Y=0) = \frac{3}{10} + \frac{3}{10} = \frac{6}{10} = \frac{3}{5}$$

표 2-20에 '합' 행과 열을 넣은 이유는 이렇게 정리한 내용을 보기 편하게 하기

위해서입니다. 표 2–20을 가지고 X와 Y 각각의 확률분포와 기댓값(평균)을
구해 봅시다.

▼ 표 2–21 X의 확률분포

X	0	100	합
P	$\dfrac{3}{5}$	$\dfrac{2}{5}$	1

$$E(X) = 0 \times \frac{3}{5} + 100 \times \frac{2}{5} = \frac{200}{5} = \mathbf{40}$$

▼ 표 2–22 Y의 확률분포

Y	0	100	합
P	$\dfrac{3}{5}$	$\dfrac{2}{5}$	1

$$E(Y) = 0 \times \frac{3}{5} + 100 \times \frac{2}{5} = \frac{200}{5} = \mathbf{40}$$

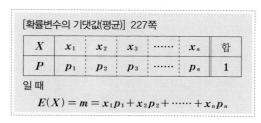

[확률변수의 기댓값(평균)] 227쪽

X	x_1	x_2	x_3	⋯⋯	x_n	합
P	p_1	p_2	p_3	⋯⋯	p_n	1

일 때

$$E(X) = m = x_1 p_1 + x_2 p_2 + \cdots\cdots + x_n p_n$$

자 그러면 이제 우리가 알고 싶은 내용은 A와 B 두 명이 획득할 상금의 합, 즉
X와 Y의 합의 기댓값입니다. 여기서

$$Z = X + Y$$

라는 Z를 생각해 봅시다. Z원이 이 게임에서 받을 수 있는 상금의 총액입니다.
X와 Y는 표 2–21과 표 2–22의 확률분포를 따르는 확률변수이므로 Z도 확률

변수일 것입니다. 실제로 Z가 될 수 있는 값은 0, 100, 200 중 하나이고 각 값이 될 확률은 표 2−23과 같이 정리할 수 있습니다.[46]

▼ 표 2−23 Z의 확률분포

Z	0	100	200	합
P	$\dfrac{3}{10}$	$\dfrac{6}{10}$	$\dfrac{1}{10}$	1

$Z = 100$이 될 확률은 ②, ③의
$P(X = 100, Y = 0) = \dfrac{3}{10}$와 $P(X = 0, Y = 100) = \dfrac{3}{10}$
의 합이 되는군요.

따라서 $Z(=X+Y)$의 기댓값(평균)은 다음과 같습니다.

$$E(Z) = 0 \times \frac{3}{10} + 100 \times \frac{6}{10} + 200 \times \frac{1}{10} = \frac{600 + 200}{10} = 80 \quad \cdots ※$$

앞에서 $E(X)=40$, $E(Y)=40$이었으므로

$$E(Z) = E(X+Y) = E(X) + E(Y)$$

가 됩니다.[47]

식 ※을 다음과 같이 변형하면 이는 **우연이 아님**을 알 수 있습니다.

---

46 즉, Z는 표 2−23의 확률분포를 따르는 확률변수입니다.

47 80＝40＋40입니다.

$$E(Z)$$

$$= 0 \times \frac{3}{10} + 100 \times \frac{6}{10} + 200 \times \frac{1}{10}$$

$$= 0 \times \frac{3}{10} + 100 \times \left(\frac{3}{10} + \frac{3}{10}\right) + 200 \times \frac{1}{10}$$

$$= 0 \times \frac{3}{10} + 100 \times \frac{3}{10} + 100 \times \frac{3}{10} + 200 \times \frac{1}{10}$$

$$= (0+0) \times \frac{3}{10} + (0+100) \times \frac{3}{10} + (100+0) \times \frac{3}{10} + (100+100) \times \frac{1}{10}$$

$$= 0 \times \frac{3}{10} + 0 \times \frac{3}{10} + 0 \times \frac{3}{10} + 100 \times \frac{3}{10}$$
$$+ 100 \times \frac{3}{10} + 0 \times \frac{3}{10} + 100 \times \frac{1}{10} + 100 \times \frac{1}{10}$$

$$= 0 \times \left(\frac{3}{10} + \frac{3}{10}\right) + 100 \times \left(\frac{3}{10} + \frac{1}{10}\right) + 0 \times \left(\frac{3}{10} + \frac{3}{10}\right) + 100 \times \left(\frac{3}{10} + \frac{1}{10}\right)$$

$$= 0 \times \frac{3}{5} + 100 \times \frac{2}{5} + 0 \times \frac{3}{5} + 100 \times \frac{2}{5}$$

$$= E(X) + E(Y)$$

$$E(X) = 0 \times \frac{3}{5} + 1000 \times \frac{2}{5}$$
$$E(Y) = 0 \times \frac{3}{5} + 1000 \times \frac{2}{5}$$

와 같습니다.[48]

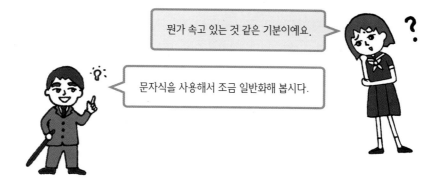

뭔가 속고 있는 것 같은 기분이예요.

문자식을 사용해서 조금 일반화해 봅시다.

---

48 도중에 검은색 $0\times$, 검은색 $100\times$, 노란색 $0\times$, 노란색 $100\times$로 나눠서 정리했습니다.

이번에는

$$Z = X + Y$$

일 때 X와 Y가 각각 표 2-24의 확률분포를 따르는 확률변수라고 합시다.

▼ 표 2-24 X와 Y의 확률분포

X	x_1	x_2	x_3	합
P	u_1	u_2	u_3	1

Y	y_1	y_2	합
P	v_1	v_2	1

이때 X와 Y의 기댓값(평균)은 각각 다음과 같습니다.[49]

$$E(X) = x_1 u_1 + x_2 u_2 + x_3 u_3$$
$$E(Y) = y_1 v_1 + y_2 v_2$$

그리고

$$P(X = x_i, \ Y = y_j) = p_{ij}$$

로 나타내기로 합시다.[50] 그러면 표 2-25처럼 i와 j의 **모든 조합**에 대해 (x_i, y_j) 와 p_{ij}의 대응을 구할 수 있습니다. 참고로 이런 대응을 **X와 Y의 동시분포** 또는 **결합분포**(joint distribution)라고 합니다.[51]

---

49   Y가 될 수 있는 값(y_1과 y_2)에 색을 칠한 이유는 다음에 식 변형을 보기 쉽게 하기 위해서입니다.

50   예를 들어 '$X = x_1$이고 $Y = y_2$'가 될 확률은 p_{12}로 나타낸다는 말입니다.

51   258쪽 표(표 2-20)도 X와 Y의 동시분포(결합분포)입니다.

▼ 표 2-25 X와 Y의 동시분포

X ＼ Y	y_1	y_2	합
x_1	$p_{11}\ (x_1 + y_1)$	$p_{12}\ (x_1 + y_2)$	u_1
x_2	$p_{21}\ (x_2 + y_1)$	$p_{22}\ (x_2 + y_2)$	u_2
x_3	$p_{31}\ (x_3 + y_1)$	$p_{32}\ (x_3 + y_2)$	u_3
합	v_1	v_2	1

> $Z(= X + Y)$
> 값이 '$x_1 + y_1$'이
> 될 확률이 'p_{11}'
> 이라는 의미

표를 보면 알 수 있듯이 $X = x_1$이 되는 경우는

$$X = x_1 \quad \text{그리고} \quad Y = y_1$$

인 경우와

$$X = x_1 \quad \text{그리고} \quad Y = y_2$$

인 경우가 있습니다. 이 두 경우는 서로 배반이라고[52] 생각할 수 있으므로 **$X = x_1$이 될 확률**을 u_1이라고 하면 다음과 같습니다.

$$u_1 = p_{11} + p_{12}$$

> [확률의 덧셈정리]
> 사건 A와 사건 B가 서로 배반일 때
> $$P(A \cup B) = P(A) + P(B)$$

마찬가지로 역시 표를 보면 알 수 있듯이 **$Y = y_1$이 되는** 경우는

$$X = x_1 \quad \text{그리고} \quad Y = y_1$$

인 경우와

$$X = x_2 \quad \text{그리고} \quad Y = y_1$$

인 경우에 더해

$$X = x_3 \quad \text{그리고} \quad Y = y_1$$

---

52 동시에 발생하지 않는다는 의미입니다.

인 경우가 있습니다. 이 세 경우도 역시 서로 배반이라고 생각할 수 있으므로 $Y=y_1$이 될 확률을 v_1이라고 하면 다음과 같습니다.

$$v_1 = p_{11} + p_{21} + p_{31}$$

다른 값도 마찬가지로 생각하면 다음과 같습니다.

$$u_1 = p_{11} + p_{12}, \quad u_2 = p_{21} + p_{22}, \quad u_3 = p_{31} + p_{32}$$
$$v_1 = p_{11} + p_{21} + p_{31}, \quad v_2 = p_{12} + p_{22} + p_{32}$$

자 여기까지를 준비했으니 $Z=X+Y$일 때 Z의 기댓값(평균), 즉 $E(Z) = E(X+Y)$를 계산해 봅시다.

$$
\begin{aligned}
E(Z) &= E(X+Y) \\
&= (x_1+y_1)p_{11} + (x_2+y_1)p_{21} + (x_3+y_1)p_{31} \\
&\qquad + (x_1+y_2)p_{12} + (x_2+y_2)p_{22} + (x_3+y_2)p_{32} \\
&= x_1 p_{11} + y_1 p_{11} + x_2 p_{21} + y_1 p_{21} + x_3 p_{31} + y_1 p_{31} \\
&\qquad + x_1 p_{12} + y_2 p_{12} + x_2 p_{22} + y_2 p_{22} + x_3 p_{32} + y_2 p_{32} \\
&= x_1(p_{11}+p_{12}) + x_2(p_{21}+p_{22}) + x_3(p_{31}+p_{32}) \\
&\qquad + y_1(p_{11}+p_{21}+p_{31}) + y_2(p_{12}+p_{22}+p_{32})
\end{aligned}
$$

$$
\boxed{
\begin{aligned}
&u_1 = p_{11}+p_{12}, \; u_2 = p_{21}+p_{22}, \; u_3 = p_{31}+p_{32} \\
&v_1 = p_{11}+p_{21}+p_{31}, \; v_2 = p_{12}+p_{22}+p_{32}
\end{aligned}
}
$$

$$
\begin{aligned}
&= x_1 u_1 + x_2 u_2 + x_3 u_3 + y_1 v_1 + y_2 v_2 \\
&= E(X) + E(Y)
\end{aligned}
$$

$$
\boxed{
\begin{aligned}
E(X) &= x_1 u_1 + x_2 u_2 + x_3 u_3 \\
E(Y) &= y_1 v_1 + y_2 v_2
\end{aligned}
}
$$

작은 문자가 너무 많아서 눈이 깜깜해요.

심정은 이해하지만 261쪽의 식 변형과 비교하면서 천천히 따라오세요. 힘내세요!

여기까지 살펴본 방법을 응용하면 일반적으로 두 확률변수 X, Y의 합 $X+Y$의 기댓값에 대해 다음 공식이 성립함을 알 수 있습니다.

공식　**확률변수 합의 기댓값(평균)**

$$E(X+Y) = E(X) + E(Y)$$

또한, 앞 공식과 240쪽의 확률변수를 변환할 때의 공식을 사용하면 다음도 알 수 있습니다.

$$E(aX+bY) = E(aX) + E(bY)$$
$$= aE(X) + bE(Y)$$

$$E(aX+b) = aE(X) + b$$
$$E(aX) = aE(X)$$

더 나아가, 셋 이상의 확률변수 합의 기댓값도 마찬가지 공식이 성립합니다. 예를 들어 세 확률변수 X, Y, Z의 합 $X+Y+Z$의 기댓값에 대해

$$E(X+Y+Z) = E(X) + E(Y) + E(Z)$$

가 성립하고

$$E(aX+bY+cZ) = aE(X) + bE(Y) + cE(Z)$$

가 성립합니다.

> 각 확률변수가 어떤 값이 될지가 다른 확률변수에 영향을 미칠 때도 미치지 않을 때도 이 공식은 성립합니다.

▓ 예 5 ▓　3종류 동전

10원짜리 동전 1개, 50원짜리 동전 1개, 100원짜리 동전 1개를 동시에 던졌을 때 앞이 나온 동전 금액 합의 기댓값을 구해 봅시다.

앞이 나오는 10원, 50원, 100원짜리 동전 개수를 각각 X개, Y개, Z개라고 하면 확률변수 X, Y, Z의 확률분포와 기댓값(평균)은 각각 표 2-26과 같습니다.

❤ 표 2-26 X, Y, Z의 확률분포

X	0	1	합
P	$\dfrac{1}{2}$	$\dfrac{1}{2}$	1

$$E(X) = 0 \times \frac{1}{2} + 1 \times \frac{1}{2} = \frac{1}{2}$$

Y	0	1	합
P	$\dfrac{1}{2}$	$\dfrac{1}{2}$	1

$$E(Y) = 0 \times \frac{1}{2} + 1 \times \frac{1}{2} = \frac{1}{2}$$

Z	0	1	합
P	$\dfrac{1}{2}$	$\dfrac{1}{2}$	1

$$E(Z) = 0 \times \frac{1}{2} + 1 \times \frac{1}{2} = \frac{1}{2}$$

앞이 나온 동전 액수의 합은 $10X + 50Y + 100Z$이므로 구하는 기댓값은

$$E(10X + 50Y + 100Z) = 10E(X) + 50E(Y) + 100E(Z)$$

$$= 10 \times \frac{1}{2} + 50 \times \frac{1}{2} + 100 \times \frac{1}{2}$$

$$= 5 + 25 + 50$$

$$= 80(원)$$

확률변수 곱의 기댓값: 조건부 성립

확률변수 합의 기댓값(평균)은 배웠습니다. 그러면 **곱의 기댓값(평균)**은 어떨까요?

이번에는 두 확률변수 X, Y의 곱을

$$W = XY$$

라 하고 W의 기댓값 $E(W)$를 살펴봅시다.

예로 258쪽과 같은 X와 Y의 동시분포를 사용합니다.

❤ 표 2-27 X와 Y의 동시분포

X ＼ Y	0	100	합
0	$\frac{3}{10}$ (0)	$\frac{3}{10}$ (0)	$\frac{3}{5}$
100	$\frac{3}{10}$ (0)	$\frac{1}{10}$ (10000)	$\frac{2}{5}$
합	$\frac{3}{5}$	$\frac{2}{5}$	1

단, 이번에는 확률변수의 곱이므로 ( ) 안은 X와 Y가 될 수 있는 값의 곱입니다.

W가 될 수 있는 값은 0과 10000 중 하나이고 $W=0$이 될 확률은

$$P(W = 0) = \frac{3}{10} + \frac{3}{10} + \frac{3}{10} = \frac{9}{10}$$

이고 $W=10000$이 될 확률은

$$P(W = 10000) = \frac{1}{10}$$

이므로 W의 확률분포를 다시 정리하면 표 2-28과 같습니다.

W	0	10000	합
P	$\dfrac{9}{10}$	$\dfrac{1}{10}$	1

따라서 $W(=XY)$의 기댓값(평균)은 다음과 같습니다.

$$E(W) = E(XY) = 0 \times \frac{9}{10} + 10000 \times \frac{1}{10} = \frac{10000}{10} = \mathbf{1000}$$

259쪽에서 $E(X)=40$, $E(Y)=40$이었으므로 이 결과는 $E(X)$와 $E(Y)$를 곱한 값이 아닙니다. 즉,

$$E(W) = E(XY) \neq E(X)E(Y)$$

입니다.[53] 아쉽지만 확률변수의 **곱의 기댓값**[54]은 **기댓값을 곱한 값**[55]이 아닌 것 같습니다. 하지만 어떤 확률변수 X와 학률변수 Y가 **어떤 조건**을 만족할 때는 다음 등식이 성립합니다.

$$E(XY) = E(X)E(Y)$$

'어떤 조건'은 뭐예요?

---

53 $1000 \neq 40 \times 40$입니다.

54 $= E(XY)$

55 $= E(X)E(Y)$

'어떤 조건'이란

$$X \text{ 값과 } Y \text{ 값이 서로 영향을 미치지 않는다}$$

는 조건을 말합니다.

분명히 앞의 예는 '당첨 제비 2개를 포함하는 제비 5개에서 우선 A가 뽑고 계속해서 나머지 제비에서 B가 뽑는다'는 경우였으므로 B가 받을 수 있는 상금 (Y 값)은 X의 영향을 받습니다.[56]

일반적으로 두 확률변수 X와 Y가 있을 때 'X 값과 Y 값이 서로 영향을 미치지 않는다'를 **확률변수 X와 Y는 서로 독립**(independent)이라고 합니다.[57] 확률변수의 독립은 다음과 같이 정의됩니다.

공식 **확률변수의 독립**

$$P(X = x_i, \ Y = y_j) = P(X = x_i) \, P(Y = y_j)$$

가 모든 (i, j)에 대해 성립할 때 두 확률변수 X와 Y는 서로 독립이라고 한다.

▤ 예 6 ▤ 2종류 동전

10원짜리 동전 1개, 50원짜리 동전 1개를 동시에 던질 때 앞이 나오는 10원짜리 동전, 50원짜리 동전의 개수를 각각 X개, Y개라고 하면, X와 Y는 서로 독립입니다. 확인해 봅시다. X와 Y의 동시분포를 표로 정리하면 표 2-29와 같습니다.

---

56 $X = 100$일 때(A가 당첨됐을 때) $Y = 0$이 될 확률이 높아지고(B가 꽝이 되기 쉬워지고) 반대로 $X = 0$일 때(A가 꽝일 때)는 $Y = 100$이 될 확률이 높아집니다(B가 당첨되기 쉬워집니다).

57 '독립'이라는 용어는 〈다시 확률 통계(확률편)〉 '독립시행'에서도 등장했습니다. 독립시행은 '몇 개의 시행에서 어떤 결과도 다른 시행의 결과에 영향을 미치지 않는다'고 이야기했습니다. 두 시행 S와 T가 독립일 때 S의 결과에 따라 정해지는 확률변수 X와 T 결과에 따라 정해지는 확률변수 Y는 서로 독립입니다.

X \ Y	0	1	합
0	$\frac{1}{2} \times \frac{1}{2}$	$\frac{1}{2} \times \frac{1}{2}$	$\frac{1}{2}$
100	$\frac{1}{2} \times \frac{1}{2}$	$\frac{1}{2} \times \frac{1}{2}$	$\frac{1}{2}$
합	$\frac{1}{2}$	$\frac{1}{2}$	1

네 칸(굵은 글씨가 있는 칸) 모두

$$P(X=0, \ Y=0) = P(X=0)P(Y=0) = \frac{1}{2} \times \frac{1}{2}$$

$$P(X=0, \ Y=1) = P(X=0)P(Y=1) = \frac{1}{2} \times \frac{1}{2}$$

$$P(X=1, \ Y=0) = P(X=1)P(Y=0) = \frac{1}{2} \times \frac{1}{2}$$

$$P(X=1, \ Y=1) = P(X=0)P(Y=0) = \frac{1}{2} \times \frac{1}{2}$$

분명히 (상식대로) X와 Y는 독립이라고 할 수 있습니다.

앞에서 보았던 당첨되면 100원을 받을 수 있는 제비 예에서도 조금 규칙을 바꿔서 **A가 뽑은 제비를 다시 되돌려 놓기**로 하면 X(A의 상금)과 Y(B의 상금)은 서로 독립이 됩니다.

예를 들어 A가 당첨($X=100$), B도 당첨($Y=100$)인 경우를 생각해 봅시다.

A가 뽑을 때 당첨 제비는 5개 중 2개이므로

$$A가 \ 당첨될 \ 확률은 \cdots \ \frac{2}{5}$$

A가 당첨돼도 뽑은 제비를 다시 돌려놓으므로 B가 뽑을 때도 당첨 제비는 5개 중 2개. 따라서

$$\text{B가 당첨될 확률도} \cdots \frac{2}{5}$$

즉, 다음과 같습니다.

$$P(X = 100, \ Y = 100) = \frac{2}{5} \times \frac{2}{5}$$

다른 경우도 마찬가지이므로 A가 뽑은 제비를 다시 돌려놓는 경우 X와 Y의 동시분포는 표 2-30과 같습니다. ( ) 안은 앞에서와 마찬가지로 X와 Y를 곱한 값입니다.

▼ 표 2-30 X와 Y의 동시분포

X ＼ Y	0	100	합
0	$\frac{3}{5} \times \frac{3}{5}$ (0)	$\frac{3}{5} \times \frac{2}{5}$ (0)	$\frac{3}{5}$
100	$\frac{2}{5} \times \frac{3}{5}$ (0)	$\frac{2}{5} \times \frac{2}{5}$ (10000)	$\frac{2}{5}$
합	$\frac{3}{5}$	$\frac{2}{5}$	1

이번에는 $W = 0$이 될 확률은

$$P(W = 0) = \frac{3}{5} \times \frac{3}{5} + \frac{2}{5} \times \frac{3}{5} + \frac{3}{5} \times \frac{2}{5} = \frac{9 + 6 + 6}{25} = \frac{21}{25}$$

이고 $W = 10000$이 될 확률은

$$P(W = 10000) = \frac{2}{5} \times \frac{2}{5} = \frac{4}{25}$$

이므로 W의 확률분포는 표 2-31과 같습니다.

▼ 표 2-31 W의 확률분포

W	0	10000	합
P	$\frac{21}{25}$	$\frac{4}{25}$	1

자, 앞에서 'X 값과 Y 값이 서로 영향을 미치지 않는다'는 조건을 만족하면, 다시 말해 **확률변수 X와 Y가 서로 독립이라면**

$$E(XY) = E(X)E(Y)$$

가 성립한다고 말했습니다. 정말 그럴까요? 계산해 봅시다. $W(=XY)$의 기댓값(평균)은

$$E(W) = E(XY) = 0 \times \frac{21}{25} + 10000 \times \frac{4}{25} = \frac{40000}{25} = 1600$$

$E(X)=40$, $E(Y)=40$이었으므로(259쪽) 확실히 이 결과는 $E(X)$와 $E(Y)$를 곱한 값입니다![58]

$$E(XY) = E(X)E(Y)$$

입니다.

이 결과도 (또 수식이 잔뜩 튀어나오겠지만 …) 조금 더 일반화된 형태로 적어 봅시다.

$$W = XY$$

라 하고 다시 **X**와 **Y**가 각각 표 2-32의 확률분포를 따르는 확률변수라고 합시다.

▼ 표 2-32 X와 Y의 확률분포

X	x_1	x_2	x_3	합
P	u_1	u_2	u_3	1

Y	y_1	y_2	합
P	v_1	v_2	1

---

58 $1600 = 40 \times 40$

이때 X와 Y의 기댓값(평균)은 각각 다음과 같았습니다.[59]

$$E(X) = x_1 u_1 + x_2 u_2 + x_3 u_3$$
$$E(Y) = y_1 v_1 + y_2 v_2$$

모든 (i, j)에 대해

$$P(X = x_i, \, Y = y_j) = P(X = x_i)P(Y = y_j)$$

일 때, 즉

$$P(X = x_1, \quad Y = y_1) = u_1 v_1, \quad P(X = x_1, \quad Y = y_2) = u_1 v_2$$
$$P(X = x_2, \quad Y = y_1) = u_2 v_1, \quad P(X = x_2, \quad Y = y_2) = u_2 v_2$$
$$P(X = x_3, \quad Y = y_1) = u_3 v_1, \quad P(X = x_3, \quad Y = y_2) = u_3 v_2$$

일 때 **X와 Y의 동시분포**는 표 2-33과 같습니다.

❤ 표 2-33 X와 Y의 동시분포

X \ Y	y_1	y_2	합
x_1	$u_1 v_1 \ (x_1 y_1)$	$u_1 v_2 \ (x_1 y_2)$	u_1
x_2	$u_2 v_1 \ (x_2 y_1)$	$u_2 v_2 \ (x_2 y_2)$	u_2
x_3	$u_3 v_1 \ (x_3 y_1)$	$u_3 v_2 \ (x_3 y_2)$	u_3
합	v_1	v_2	1

$W(= XY)$ 값이 '$x_1 + y_1$'이 될 확률이 '$u_1 v_1$'이라는 의미

자, $E(W) = E(XY)$를 계산합시다.

---

59 Y가 될 수 있는 값(y_1과 y_2)에 색을 칠한 이유는 마찬가지로 다음에 식 변형을 보기 쉽게 하기 위해서입니다.

$$E(Z) = E(XY)$$

$$= x_1 y_1 u_1 v_1 + x_1 y_2 u_1 v_2 + x_2 y_1 u_2 v_1 + x_2 y_2 u_2 v_2 + x_3 y_1 u_3 v_1 + x_3 y_2 u_3 v_2$$

$$= x_1 u_1 y_1 v_1 + x_1 u_1 y_2 v_2 + x_2 u_2 y_1 v_1 + x_2 u_2 y_2 v_2 + x_3 u_3 y_1 v_1 + x_3 u_3 y_2 v_2$$

$$= (x_1 u_1 + x_2 u_2 + x_3 u_3) y_1 v_1 + (x_1 u_1 + x_2 u_2 + x_3 u_3) y_2 v_2$$

$$= (x_1 u_1 + x_2 u_2 + x_3 u_3)(y_1 v_1 + y_2 v_2)$$

$$= E(X)E(Y)$$

$$\boxed{\begin{aligned} E(X) &= x_1 u_1 + x_2 u_2 + x_3 u_3 \\ E(Y) &= y_1 v_1 + y_2 v_2 \end{aligned}}$$

일반적으로 두 확률변수 X, Y가 서로 독립이면 두 확률변수를 곱한 XY의 기 댓값(평균)에 대해 다음 공식이 성립합니다.

공식 **확률변수 곱의 기댓값(평균)**

두 확률변수 X, Y가 서로 독립일 때 다음이 성립합니다.

$$E(XY) = E(X)E(Y)$$

덧붙여 서로 독립인 셋 이상의 확률변수를 곱한 값의 기댓값에도 앞 공식과 같은 형태의 공식이 성립합니다. 예를 들어 세 확률변수 X, Y, Z가 **서로 독립이라면** 세 확률변수를 곱한 값의 기댓값에 대해 다음 공식이 성립합니다.

$$E(XYZ) = E(X)E(Y)E(Z)$$

중요한 내용이므로 다시 한번 강조합니다.

두 확률변수를 합한 값의 기댓값 공식

$$E(X + Y) = E(X) + E(Y)$$

를 사용할 때 독립성을 확인할 필요는 없지만, 곱한 값의 기댓값 공식

$$E(XY) = E(X) + E(Y)$$

를 사용할 때는 반드시 독립성을 확인해야 한다는 사실을 잊지 마세요!

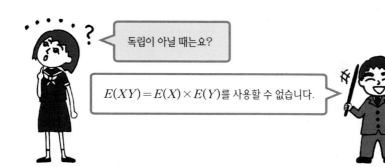

독립이 아닐 때는요?

$E(XY) = E(X) \times E(Y)$를 사용할 수 없습니다.

 5 X와 X^2

다음 확률분포를 따르는 확률변수 X에 대해 일반적으로 X와 X^2는 독립이라고 할 수 있는지를 확인하세요.

▼ 표 2-34 X의 학률분포

X	x_1	x_2	x_3	합
P	p_1	p_2	p_3	1

해답

예를 들어 $X = x_1$일 때 X^2는 반드시 $X^2 = x_1{}^2$입니다. 즉, $X = x_1$이라는 조건으로는 $X^2 = x_1{}^2$일 확률이 1이므로 **확률의 곱셈정리**에 따라 다음과 같습니다.

$$P(X = x_1,\ X^2 = x_1{}^2) = p_1 \cdot 1 = p_1$$

> [확률의 곱셈정리]
> 두 사건 A, B가 동시에 일어날 확률은 다음과 같습니다.
> $$P(A \cap B) = P(A)P_A(B)$$

한편, X가 표 2-34의 확률분포를 따를 때 X^2은 표 2-35의 확률분포를 따릅니다.

▼ 표 2-35 X^2의 확률분포

X^2	$x_1{}^2$	$x_2{}^2$	$x_3{}^2$	합
P	p_1	p_2	p_3	1

즉, 다음과 같습니다.

$$P(X=x_1)=p_1, \quad P(X^2=x_1{}^2)=p_1$$

따라서 $p_1=0$ 또는 $p_1=1$인 경우가 아닐 때는

$$P(X=x_1,\ X^2=x_1{}^2) \neq P(X=x_1)P(X^2=x_1{}^2)$$

이므로 일반적으로 X와 X^2는 독립이라고 할 수 없습니다.

> 모든 (i, j)에 대해
> $$P(X=x_i,\ Y_j=y)=P(X=x_i)P(Y=y_j)$$
> 가 아니면 X와 Y는 독립이라고 할 수 없습니다.

덧붙여 $k=1,\ 2,\ 3$ 모두에 대해

$$p_k=p_k{}^2 \text{이면서} \quad p_1+p_2+p_3=1$$

이 성립하는 경우, 다시 말해 p_1, p_2, p_3 중 어느 것이든 하나만 1이고 나머지는 0인[60] 경우, 바꿔 말하면 X가 될 수 있는 값이 하나밖에 없는 특별한 경우일 때는 X와 X^2은 독립이지만, **일반적으로[61] X와 X^2은 독립이 아닙니다.**

예를 들어 X가 예1 (218쪽)이 표 2-36의 확률분포

---

60 $p_k=p_k{}^2 \Rightarrow p_k{}^2-p_k=0 \Rightarrow p_k(p_k-1)=0 \Rightarrow p_k=0$ 또는 1. 또한, $p_1+p_2+p_3=1$로부터 p_1, p_2, p_3 모두가 0인 경우나 둘 이상이 1인 경우는 없습니다.

61 '일반적으로'라는 말은 '항상'이라는 의미입니다.

X	0	1	2	합
P	$\dfrac{1}{4}$	$\dfrac{1}{2}$	$\dfrac{1}{4}$	1

를 따르는 경우에는

▼ 표 2-37 **예 1** X의 X^2 확률분포

X^2	0	1	4	합
P	$\dfrac{1}{4}$	$\dfrac{1}{2}$	$\dfrac{1}{4}$	1

이므로

$$P(X=0,\ \ X^2=0)=\frac{1}{4}\neq P(X=x_1)P(X^2={x_1}^2)=\frac{1}{4}\times\frac{1}{4}$$

등으로부터 X와 X^2은 독립이 아닌 것을 알 수 있습니다.

실제로

$$E(X)=0\times\frac{1}{4}+1\times\frac{1}{2}+2\times\frac{1}{4}=\frac{1}{2}+\frac{1}{2}=1$$

$$E(X^2)=0\times\frac{1}{4}+1\times\frac{1}{2}+4\times\frac{1}{4}=\frac{1}{2}+1=\frac{3}{2}$$

인데 **X와 X^2은 독립이 아니므로**

$$E(X^2)=E(XX)=\frac{3}{2}\neq E(X)E(X)=\{E(X)\}^2=1^2$$

즉,

$$\boldsymbol{E(X^2)\neq\{E(X)\}^2}$$

입니다.

X^2 값은 X 값을 제곱한 값이니까 X와 X^2이 서로 영향을 미치는(독립이 아닌 건) 건 당연하군요.

여기서 $E(X^2) \neq \{E(X)\}^2$을 보고

$$E(X^2) \neq \{E(X)\}^2$$
$$\Rightarrow \quad E(X^2) - \{E(X)\}^2 \neq 0$$
$$\Rightarrow \quad V(X) = E(X^2) - \{E(X)\}^2 \neq 0$$

를 연상할 수 있다면 지금까지 내용을 잘 이해하고 있다는 뜻입니다.[62] 확실히 일반적으로 확률변수의 분산은 0이 아닙니다.

반대로 말하면 X와 X^2가 독립이고 $E(X^2) = \{E(X)\}^2$가 되는 특별한 경우[63] 즉, X가

X	x_1	합
P	1	1

와 같은 확률분포를 따를 때는 확률변수 X의 분산(평균부터 떨어진 정도)는 0이 됩니다.

---

62 $V(X) = E(X^2) - \{E(X)\}^2$는 235쪽에서 공부한 '확률변수의 분산 계산 공식'입니다.

63 X가 될 수 있는 값이 하나밖에 없는 경우입니다.

▼ 그림 2-6 X와 X^2가 독립이고 $E(X^2) = \{E(X)\}^2$가 되는 특별한 경우

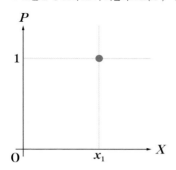

애초에 값이 하나밖에 없으니까 흩어질 수가 없습니다.

독립인 확률변수 합의 분산: 공식을 모두 사용하여 유도하는 공식

여기서는 (절 제목 대로지만) 독립인 확률변수 합의 분산 공식을 유도합니다. 앞의 논의를 사용하면 두 **확률변수 X와 Y가 서로 독립일 때**, $X+Y$의 분산은 다음 공식이 성립합니다.

$$V(X+Y) = V(X) + V(Y)$$

기댓값(평균) 공식 $E(X+Y) = E(X) + E(Y)$와 닮은 단순한 공식이지만, 이 공식을 유도하는 데는 지금까지 배운 내용을 모두 사용해야 합니다. 게다가 수식이 많아지는데 이걸 다르게 생각하면 매우 좋은 복습이 된다는 말이므로 이 내용을 읽고 이해한 후에는 스스로 증명을 할 수 있게 연습하세요.

지금까지 배웠던 4가지 공식을 정리해 둡니다.

$$
\begin{cases}
\text{[확률변수 분산 계산 공식]} & V(X) = E(X^2) - \{E(X)\}^2 \quad \cdots① \\
\text{[}Y=aX+b\text{의 기댓값]} & E(aX+b) = aE(X)+b \quad \cdots② \\
\text{[확률변수 합의 기댓값]} & E(X+Y) = E(X)+E(Y) \quad \cdots③ \\
\text{[확률변수 곱의 기댓값]} & E(XY) = E(X)E(Y) \quad \cdots④
\end{cases}
$$

(④는 X와 Y가 서로 독립일 때만 성립)

①로부터 $V(X+Y)$는 다음과 같이 구할 수 있습니다.

$$V(X+Y) = E((X+Y)^2) - \{E(X+Y)\}^2 \quad \cdots⑤$$

항 1 　　　　　항 2

식 변형이 조금 복잡하므로 항 1과 항 2로 나눠서 계산합시다.

〈항 1〉

$$
\begin{aligned}
& E((X+Y)^2) \\
=\ & E(X^2 + 2XY + Y^2) \qquad \boxed{(a+b)^2 = a^2 + 2ab + b^2} \\
=\ & E(X^2) + E(2XY) + E(Y^2) \qquad \boxed{\text{식 ③으로부터 } E(A+B+C) = E(A)+E(B)+E(C)} \\
=\ & E(X^2) + 2E(XY) + E(Y^2) \qquad \boxed{\text{식 ②로부터 } E(aX) = aE(X)} \\
=\ & E(X^2) + 2E(X)E(Y) + E(Y^2) \quad \cdots⑥ \qquad \boxed{\text{식 ④로부터 } E(XY) = E(X)E(Y)}
\end{aligned}
$$

〈항 2〉

$$
\begin{aligned}
& \{E(X+Y)\}^2 \qquad \boxed{\text{식 ③으로부터 } E(X+Y) = E(X)+E(Y)} \\
=\ & \{E(X)+E(Y)\}^2 \qquad \boxed{(a+b)^2 = a^2 + 2ab + b^2} \\
=\ & \{E(X)\}^2 + 2E(X)E(Y) + \{E(Y)\}^2 \quad \cdots⑦
\end{aligned}
$$

식 ⑥과 식 ⑦을 식 ⑤에 대입하면 다음과 같습니다.

$$V(X+Y)$$

$$= E((X+Y)^2) - \{E(X+Y)\}^2$$

$$= \underbrace{E(X^2) + 2E(X)E(Y) + E(Y^2)}_{\text{항 1 변형}} - \underbrace{[\{E(X)\}^2 + 2E(X)E(Y) + \{E(Y)\}^2]}_{\text{항 2 변형}}$$

$$= E(X^2) + 2E(X)E(Y) + E(Y^2) - \{E(X)\}^2 - 2E(X)E(Y) - \{E(Y)\}^2$$

$$= E(X^2) - \{E(X)\}^2 + E(Y^2) - \{E(Y)\}^2$$

$$= V(X) + V(Y)$$

> 식 ①로부터 $V(X) = E(X^2) - \{E(X)\}^2$

이렇게 확률변수 X, Y가 서로 독립일 때의 분산에 관한 다음 공식이 성립합니다.

공식 **독립인 확률변수 합의 분산**

두 확률변수 X, Y가 서로 독립일 때 다음이 성립합니다.

$$V(X+Y) = V(X) + V(Y)$$

이 공식과 244쪽에서 배운

$$[Y = aX + b \text{의 분산}] \quad V(aX+b) = a^2 V(X)$$

을 사용하면 X와 Y가 독립일 때

$$V(aX+bY) = V(aX) + V(bY) = a^2 V(X) + b^2 V(Y)$$

로부터 다음이 성립합니다.

$$V(aX+bY) = a^2 V(X) + b^2 V(Y)$$

더 나아가 서로 독립인 셋 이상의 확률변수 곱의 기댓값에도 위와 마찬가지 공식이 성립합니다. 예를 들어 세 확률변수 X, Y, Z가 서로 독립이라면 다음이 성립합니다.

$$V(aX+bY+cZ) = a^2 V(X) + b^2 V(Y) + c^2 V(Z)$$

예제 6

주사위를 6번 던져서 1이 나온 횟수×300원의 상금을 받는 게임이 있습니다. 상금을 Z(원)이라고 할 때 Z의 분산을 구하세요.

해설

주사위를 6번 던질 때 1이 나올 수 있는 횟수는 0~6회이므로 각 확률을 **반복시행**[64] 개념을 사용해서 구한 후 분산을 구해도 상관없지만, 기왕이면 먼저 앞에서 배운 '독립인 확률변수 합의 분산' 공식을 사용해서 구해 봅시다.

해답

k번째 던질 때 1이 나온 횟수를 X_k라고 하면 X_k가 될 수 있는 값은 0이나 1입니다(1이 나오지 않는다면 0회, 1이 나온다면 1회라고 생각합니다). 단, k는 1~6으로 정수입니다. 이때 X_k는 표 2–38 확률분포를 따르는 확률변수입니다.

❤ 표 2–38 X_k의 확률분포

X_k^2	0	1	계
P	$\dfrac{5}{6}$	$\dfrac{1}{6}$	1

이로부터 X_k의 기댓값(평균)은

$$E(X_k) = 0 \times \frac{5}{6} + 1 \times \frac{1}{6} = \frac{1}{6}$$

이고, 또한

---

64 《다시 확률 통계(확률편)》 168쪽에서 소개했습니다.

$X_k{}^2$	0	1	계
P	$\dfrac{5}{6}$	$\dfrac{1}{6}$	1

이므로 $X_k{}^2$의 기댓값(평균)은 다음과 같습니다.

$$E(X_k{}^2) = 0 \times \frac{5}{6} + 1 \times \frac{1}{6} = \frac{1}{6}$$

따라서 X_k의 분산은 다음과 같습니다.

$$V(X_k) = E(X_k{}^2) - \{E(X_k)\}^2 = \frac{1}{6} - \left(\frac{1}{6}\right)^2 = \frac{1}{6} - \frac{1}{36} = \frac{6-1}{36} = \frac{5}{36}$$

$$(k = 1,\, 2,\, 3,\, 4,\, 5,\, 6)$$

주사위를 6번 던졌을 때 1이 나오는 횟수를 X라고 하면

$$X = X_1 + X_2 + X_3 + X_4 + X_5 + X_6$$

또한, X_1, X_2, X_3, ……, X_6 각각이 0이나 1이 되는지는 서로 영향을 받지 않습니다. 즉, '독립인 확률변수 합의 분산' 공식을 사용할 수 있습니다. 따라서 Z의 분산은 다음과 같습니다.

$$
\begin{aligned}
V(Z) &= V(300X) \\
&= 300^2\, V(X) \qquad\qquad \boxed{V(aX+b) = a^2\,V(X)} \\
&= 90000\, V(X_1 + X_2 + X_3 + X_4 + X_5 + X_6) \\
&= 90000\,\{V(X_1) + V(X_2) + V(X_3) + V(X_4) + V(X_5) + V(X_6)\} \\
&= 90000\left(\frac{5}{36} + \frac{5}{36} + \frac{5}{36} + \frac{5}{36} + \frac{5}{36} + \frac{5}{36}\right) \quad \boxed{V(X+Y) = V(X) + V(Y)} \\
&= 90000\left(\frac{5}{36} \times 6\right) \\
&= 90000 \times \frac{5}{6} = \mathbf{75000}
\end{aligned}
$$

답 ⋯ 75000

참고로 Z의 표준편차는

$$\sigma(Z) = \sqrt{V(Z)} = \sqrt{75000} = 50\sqrt{30} \fallingdotseq 274$$

같은 결과를 반복시행 개념을 사용해서 직접 Z의 확률분포를 구하고 분산을 계산하는 방법도 실어둡니다. 이 방법은 손으로 계산하기 매우 귀찮은 계산입니다.

주사위를 6번 던져서 그 중 r번 1이 나올 확률은

$$_6\mathrm{C}_r \left(\frac{1}{6}\right)^r \left(\frac{5}{6}\right)^{6-r}$$

로 구할 수 있으므로 $r=0,\ 1,\ 2,\ 3,\ 4,\ 5,\ 6$에 대해 실제로 계산해 보면

$$_6\mathrm{C}_0 \left(\frac{1}{6}\right)^0 \left(\frac{5}{6}\right)^6 = 1 \cdot 1 \cdot \frac{5^6}{6^6} = \frac{5^6}{6^6} = \frac{15625}{46656}$$

$$_6\mathrm{C}_1 \left(\frac{1}{6}\right)^1 \left(\frac{5}{6}\right)^5 = 6 \cdot \frac{1}{6} \cdot \frac{5^5}{6^5} = \frac{6 \cdot 5^5}{6^6}$$
$$= \frac{18750}{46656}{}^{65}$$

$$_6\mathrm{C}_2 \left(\frac{1}{6}\right)^2 \left(\frac{5}{6}\right)^4 = 15 \cdot \frac{1}{6^2} \cdot \frac{5^4}{6^4} = \frac{15 \cdot 5^4}{6^6}$$
$$= \frac{9375}{46656}{}^{65}$$

$$_6\mathrm{C}_3 \left(\frac{1}{6}\right)^3 \left(\frac{5}{6}\right)^3 = 20 \cdot \frac{1}{6^3} \cdot \frac{5^3}{6^3} = \frac{20 \cdot 5^3}{6^6}$$
$$= \frac{2500}{46656}{}^{65}$$

$$_6\mathrm{C}_4 \left(\frac{1}{6}\right)^4 \left(\frac{5}{6}\right)^2 = 15 \cdot \frac{1}{6^4} \cdot \frac{5^2}{6^2} = \frac{15 \cdot 5^2}{6^6}$$
$$= \frac{375}{46656}{}^{65}$$

〈다시 확률 통계(확률편)〉 101쪽에서
$$_6\mathrm{C}_0 = {}_6\mathrm{C}_6 = 1$$
또한, 같은 책 91쪽 공식으로부터
$$_n\mathrm{C}_r = \frac{_n\mathrm{P}_r}{r!} = \frac{n!}{r!(n-r)!}$$
따라서
$$_6\mathrm{C}_1 = \frac{6!}{1! \cdot (6-1)!}$$
$$= \frac{6 \cdot 5 \cdot 4 \cdot 3 \cdot 2}{5 \cdot 4 \cdot 3 \cdot 2} = 6$$
$$_6\mathrm{C}_2 = \frac{6!}{2! \cdot (6-2)!}$$
$$= \frac{\overset{3}{6} \cdot 5 \cdot 4 \cdot 3 \cdot 2}{2 \cdot 4 \cdot 3 \cdot 2} = 15$$
$$_6\mathrm{C}_3 = \frac{6!}{3! \cdot (6-3)!}$$
$$= \frac{6 \cdot 5 \cdot 4 \cdot 3 \cdot 2}{3 \cdot 2 \cdot 3 \cdot 2} = 20$$
마찬가지로 101쪽으로부터
$$_n\mathrm{C}_r = {}_n\mathrm{C}_{n-r}$$
따라서
$$_6\mathrm{C}_4 = {}_6\mathrm{C}_2 = 15$$
$$_6\mathrm{C}_5 = {}_6\mathrm{C}_1 = 6$$

---

[65] 가장 위 식의 $_6C_0$의 분모 46656으로 맞추기 위해서 일부러 만들었습니다.

$$_6C_5 \left(\frac{1}{6}\right)^5 \left(\frac{5}{6}\right)^1 = 6 \cdot \frac{1}{6^5} \cdot \frac{5}{6} = \frac{6 \cdot 5}{6^6} = \frac{30}{46656} \quad {}^{65}$$

$$_6C_6 \left(\frac{1}{6}\right)^6 \left(\frac{5}{6}\right)^0 = 1 \cdot \frac{1}{6^6} \cdot 1 = \frac{1}{6^6} = \frac{1}{46656}$$

이 값을 사용해서 Z와 Z^2의 확률분포를 만들면

▼ 표 2-40 Z와 Z^2의 확률분포

Z	0	300	600	900	1200	1500	1800	계
Z^2	0	90000	360000	810000	1440000	2250000	3240000	
P	$\frac{15625}{46656}$	$\frac{18750}{46656}$	$\frac{9375}{46656}$	$\frac{2500}{46656}$	$\frac{375}{46656}$	$\frac{30}{46656}$	$\frac{1}{46656}$	1

따라서 다음과 같습니다.

$$E(Z) = 0 \times \frac{15625}{46656} + 300 \times \frac{18750}{46656} + 600 \times \frac{9375}{46656} + 900 \times \frac{2500}{46656}$$
$$+ 1200 \times \frac{375}{46656} + 1500 \times \frac{30}{46656} + 1800 \times \frac{1}{46656} = 300$$

$$E(Z^2) = 0 \times \frac{15625}{46656} + 90000 \times \frac{18750}{46656} + 360000 \times \frac{9375}{46656}$$
$$+ 810000 \times \frac{2500}{46656} + 1440000 \times \frac{375}{46656} + 2250000 \times \frac{30}{46656}$$
$$+ 3240000 \times \frac{1}{46656} = 165000$$

$$V(Z) = E(Z^2) - \{E(Z)\}^2 = 165000 - 300^2 = \mathbf{75000}$$

수고했습니다! 이 절에서 공부한 내용은 다음 절의 2항분포를 이해하기 위한 준비 운동입니다. 그리고 2항분포는 통계에서 가장 중요한 분포인 정규분포로 직접 연결됩니다. 수식이 많고 수학적으로 어려울지도 모르지만 여기서 수고한 만큼 나중에 확실하게 이해하는 데 크게 도움이 될 것입니다.

준비하는 데 이런 수고를 들이다니…….
너무나 전문가 느낌이예요!

▶ 왜 이렇게 수식에 집착할까

이 절에서는 특히 수식이 많이 등장했습니다.

최근에는 수식을 전혀 (거의) 사용하지 않는 통계 책이 많이 출판되었습니다. 게다가 그 대부분은 수식 없이도 통계의 의미나 의의를 전하기 위한 구성이 충분히 돼 있기 때문에 그런 책과 비교하면 이 책은 읽기 어렵고 힘들다고 느낄 수도 있습니다.

보통 학생뿐만 아니라 사회인들에게도 과외로 수학을 가르치고 있어서 수식 알러지가 있는 사람은 수식을 얼마나 싫어하는지를 잘 알고 있습니다. 하지만 아무리 처음에는 다가가기 힘들어도 꼭 용기를 내서 '수식을 통한 이해'를 목표로 했으면 좋겠다고 생각합니다.

갈릴레오 갈릴레이(1562-1642)가 말했다고 전해지는

"우주는 수학이라는 언어로 쓰여있다."

라는 말은 매우 유명합니다. 이 말에 다음과 같이 이어지는 내용이 있습니다.

"그리고 그 문자는 삼각형이고 원이며 그 외의 기하학 도형이다. 이것이 없었다면 우주의 언어는 인간이 하나도 이해할 수 없다. 이것이 없었다면 사람은 그저 어두운 미로를 헤맬 뿐이다."

갈릴레오는 신이 창조한 우주는 기호를 통해서만 이해할 수 있다고 말했던 것입니다.

왜 기호가 아니면 안 될까요?

그건 숫자도 포함하는 기호에는 절대적인 정확성과 오해가 비집고 들어갈 여지가 없는 엄밀함이 있기 때문입니다. 이와 반대로 우리들이 일상에서 사용하는 언어는 어딘가에 모호함과 불명확함이 남습니다. 같은 말을 사용하고 있음에도 듣는 사람에 따라 크게 다른 해석이 되는 경험은 누구에게나 있을 것입니다. 하지만 기호에는 그런 것이 없습니다. 우주라는 신의 행위를 기술하는 데 모호함과 오해는 허락되지 않습니다. 조금 더 말하면 완벽한 '언어'가 아니라면 완벽해야 할 우주를 기술할 수 없다고 갈릴레오는 생각했던 것이 아닐까요?

이번 절에서는

(1) $E(X+Y)=E(X)+E(Y)$

(2) $E(XY)=E(X)E(Y)$

(3) $V(X+Y)=V(X)+V(Y)$

등의 공식을 구했습니다. 물론 이는

(1) 합의 기댓값은 기댓값의 합과 같다.

(2) 곱의 기댓값은 기댓값의 곱과 같다.

(3) 합의 분산은 분산의 합과 같다.

라는 일반적인 문장으로 '번역'할 수는 있습니다. 하지만 만약 위 수식이 없었을 때 그 문장의 의미를 정확하게 이해할 수 있을까요? 또한, 그 아름다움을 느낄 수 있는 사람이 얼마나 있을까요?

수학의 아름다움이란?

지금 '아름다움'이라고 썼습니다. 수학을 좋아하는 사람은 자주 수학의 개념과 수식에 '아름답다'라는 형용사를 사용합니다. 그러면 수학의 아름다움이란 도대체 뭘까요? 여러 의견이 있겠지만 '수학의 아름다움'에는 다음 네 가지 요소가 있다고 생각합니다.

[수학의 네 가지 아름다움]

① 대칭성

② 합리성

③ 의외성

④ 간결성

'대칭성'은 '어떤 변환에 대해 불변이다'라는 의미인데, 서울타워나 백두산처럼 겉모습에 대칭성이 있는 것은 아름다움의 기본이 아닐까요? 앞쪽의 식 (1)과 식 (3)은 E와 V가 서로 바뀌었을 뿐 다른 것은 같다는 대칭성이 있습니다. 또한, 수식에서 문자를 바꿔도 같아지는 식을 대칭식이라고 말하는데 식 (1)~(3)은 모두 X와 Y에 대해 대칭식이라는 성질도 갖습니다.

또한, 사람은 무언가를 깊게 납득했을 때 그 합리성에 감동합니다. 표준국어대사전에 '아름다움(미)'이 **개인적인 이해관계가 없이, 내적 쾌감을 주는 감성적인 대상**이라고 정의된 것으로부터 알 수 있듯이 깊은 납득이 내적 쾌감을 주고 그것에 아름다움을 느끼는 건 신기한 일이 아닙니다. 간단하게 알 수 있는 것은 편하긴 하지만 재미있지는 않다고 생각합니다. 편안함만으로는 내적 쾌감으로 연결되지 않습니다.

긴 과정 하나하나를 자신의 것으로 만들어야 그 여정이 험하긴 하지만 여정을 끝냈을 때 무릎을 치고 싶은 기분이 듭니다. 실제로 위 세 공식은 어느 하나도 간단하게 유도할 수 있지 않고 여러 번에 걸친 이해의 산물입니다. 만약 지금 그 모두를 이해하지 못했다고 해도 몇 번이고 도전한다면 언젠가 반드시 충분히 이해할 날이 올 것입니다. 그때에는 정말로 큰 감동과 흥분을 느낄 수 있을 것입니다.

예를 들어 공식 (1)이 X와 Y가 서로 독립이 아닌 경우에도 사용할 수 있다는 사실이 의외이지 않나요? 두 확률변수가 서로 영향을 미치는데도 그 합의 기댓값(평균)은 각자의 기댓값(평균)의 합에 지나지 않는다는 건 웬만해서는 직관적으로 이해할 수 있는 내용은 아닙니다.

이처럼 수학에서는 수식이라는 오해가 끼어들 여지가 없는 도구(언어)를 사용해서 논리적 사고를 거듭한 결과 절대로 옳은 결론이지만 뜻밖의 결론에 도달할 때가 이따금 있습니다. 이게 내적 쾌감으로 연결된다는 건 말할 것도 없습니다.

그리고 간결함. 수학자뿐만이 아니라 어쩌면 모든 과학자는 이 세상은 심플한 아름다움으로 넘쳐흐르고 있다고 믿고 있을지 모릅니다. 그 옛날, 행성이 문자 그대로 '갈팡거리는' 별이었던 이유는 천동설을 이용하여 설명하려고 하면 화성과 금성이 기괴한 움직임을 보였기 때문입니다. 하지만 지동설이라는 진리에 도달한 후에는 혹성의 움직임도 다른 별과 마찬가지로 간단하게 설명할 수 있게 됐습니다. '지구가 태양 주위를 돌고 있다'라는 간결한 결론 안에 풍부한 진실이 있었던 것입니다.

수학이라는 '언어'의 목소리를 들을 수 있도록

이번 절에서 구한 공식도 그 결과는 매우 간단합니다. 그럼에도 응용 범위(자세히는 다음 절에 소개합니다)는 더없이 넓고, 이 공식이 없다면 계속되는 공부를 이어갈 수 없을 정도로 중요합니다. 이런 표현의 간결함과 내용의 풍부함은 수식으로 표현했기에 발견하고 전달할 수 있었다고 말한다면 지나친 말일까요?

수식을 통해 수학의 아름다움을 느낌으로 수식 알러지를 벗어 던지고 더 나아가서는 수학이라는 '언어'의 목소리를 들을 수 있게 되는 사람이 한 사람이라도 많아지길 바라며 지금 이 책을 쓰고 있습니다.

03

2항분포와 정규분포:
추측 통계의 대들보

미국 경제학자이자 시카고 대학교 교수인 **스티븐 D 레빗** 박사(1967-)는 2002 년에 발표한 논문[66]에서 일본의 오즈모 경기에서는 승부 조작이 횡행하고 있을 가능성이 있다고 지적했습니다. 이 사실은 베스트셀러가 된 스티븐 레빗 박사 의 저서 〈괴짜 경제학〉(웅진지식하우스, 2007)에도 실렸기에 큰 화제가 되었습 니다.

그래프가 이야기하는 오즈모 경기의 승부조작 의혹

레빗 박사가 논문에서 제시한 근거 중 하나는 1989~2000년 상위 선수의 승패 데이터로 작성한 그림 2-7의 그래프입니다.

검은 선으로 그려진 그래프는 **모든 선수의 승패가 반반 확률이라고 생각했을 경 우의 승수의 분포**를 나타냅니다. 이 **이론값**에서는 7승하는 선수와 8승하는 선 수는 둘 다 전체의 19.6%가 되는데 **실제 데이터**(노란 선 그래프)에서는 8승 (겨우 이겨서 통과하는[67] 8승인 선수는 26.0%인 데 반해 7승인 선수는 겨우 12.2%밖에 없습니다. 이에 관해 레빗 박사는 센슈라쿠(최종일)의 대진 전에 7 승 7패인 선수는 '나머지 1승'이 너무 간절한 반면, 8승 6패인 선수는 센슈라쿠 에서 져서 8승 7패가 되었다고 해도 잃는 것이 그렇게 많지 않기에 둘 사이에

---

66 Winning Isn't Everthing; Corruption in Sumo Wrestling (2002) by Mark Duggan and Steven D. Levitt
67 1년에 6회 열리는 오즈모의 경기에서는 십량(역주: 스모 선수의 등급을 나타내는 단위 중 하나) 이상의 선수는 총 15번 시 합을 합니다. 8승 이상을 하면 등급이 올라가고 선수에게는 큰 이익이 생깁니다.

어떤 형태의 '거래'가 이루어지고 있는 것이 아닐까 하고 추론했습니다.[68]

▼ 그림 2-7 스티븐 레빗의 논문에 실린 그래프

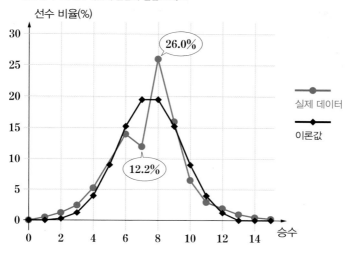

그림 2-7의 그래프를 보면 7승과 8승만 이론값과 실제 데이터가 크게 차이 나는 것을 알 수 있습니다.

그러면 이 '이론값'은 어떻게 계산된 것일까요? 바로 이 이론값을 나타내는 분포가 바로 지금부터 공부할 **2항분포**입니다.

이제부터 자세히 살펴봅시다.

2항분포란? $B(n, p)$

예를 들어 동전을 4회 던질 때 앞이 나오는 횟수를 X라고 하면 X는 0, 1, 2, 3, 4 중 하나의 값이 되는 확률변수입니다. X의 확률분포 계산에는 **반복시행의 확률**을 사용합니다.

---

68 이외에도 승부 조작이 일어나고 있는 게 아닐까 하는 근거가 〈괴짜 경제학〉에 자세히 나와 있으므로 흥미가 있다면 참고하세요.

여기서는 복습하는 의미로 조금 정성스럽게 구해 봅시다.

동전을 1회 던졌을 때 동전의 앞이 나올 확률과 뒤가 나올 확률은 1/2이고 동전을 던지는 시행 결과는 서로 독립[69]입니다.

조금 전에도 나왔는데 **반복시행의 확률**이 뭔가요?

반복시행의 확률이란

'1회 시행으로 사건 A가 일어날 확률이 p일 때, 이 시행을 n번 반복하는 반복시행(각 시행이 독립인 시행의 반복)으로 사건 A가 딱 k번만 일어날 확률은

$$_n\mathrm{C}_k p^k (1-p)^{n-k} \quad (0 \le k \le n)$$

이다'라는 내용이었습니다. 자세히는 〈다시 확률 통계(확률편)〉에 소개되어 있습니다.

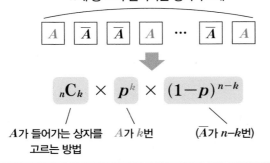

n개 중 A가 들어가는 상자가 k개

| A | $\overline{A}$ | $\overline{A}$ | A | $\cdots$ | $\overline{A}$ | A |

$$_n\mathrm{C}_k \times p^k \times (1-p)^{n-k}$$

A가 들어가는 상자를 A가 k번   ($\overline{A}$가 $n-k$번)
고르는 방법

---

69 어떤 회차의 결과가 다른 회차의 결과에 영향을 미치지 않는다는 의미입니다.

이번에는 4회 던지므로 상자를 4개 마련해서 앞이 나오는 횟수에 따라 상자에 ○(앞)과 ×(뒤)를 넣는 방법이 몇 가지 있는지를 생각합니다. 그러려면 상자 4개 중에서 ○가 들어가는 상자를 선택하는 경우의 수를 생각하면 됩니다.

(ⅰ) $X=0$일 때

▼ 그림 2-8 $X=0$일 때

따라서 $X=0$일 확률은 다음과 같이 나타낼 수 있습니다.[70]

$$P(X = 0) = {}_4C_0 \left(\frac{1}{2}\right)^4 = \frac{1}{16}$$

(ⅱ) $X=1$일 때

▼ 그림 2-9 $X=1$일 때

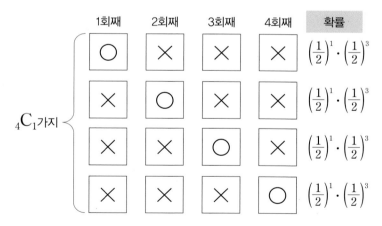

---

[70] ${}_4C_0 = 1$이므로 $X=0$이 될 확률은 단순히 $P(X=0) = \left(\frac{1}{2}\right)^4$인데 다른 경우와 통일된 표기를 위해 이렇게 표현했습니다.

$X=1$이 되는 경우는 $X=0$인 경우와 마찬가지로 $_4\mathrm{C}_1=4$가지가 있고 각 확률은 $\left(\dfrac{1}{2}\right)^1\left(\dfrac{1}{2}\right)^3$이므로 $X=1$일 확률은 다음과 같습니다.

$$P(X=1) = {}_4\mathrm{C}_1\left(\frac{1}{2}\right)^1\left(\frac{1}{2}\right)^3 = \frac{4}{16} = \frac{1}{4}$$

(iii) $X=2$일 때

❤ 그림 2-10 $X=2$일 때

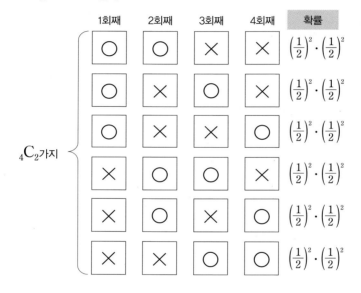

$X=2$가 되는 경우는 그림 2-10과 같이 $_4\mathrm{C}_2=6$가지고 각 확률은 $\left(\dfrac{1}{2}\right)^2\left(\dfrac{1}{2}\right)^2$이므로 $X=2$일 확률은

$$P(X=2) = {}_4\mathrm{C}_2\left(\frac{1}{2}\right)^2\left(\frac{1}{2}\right)^2 = \frac{6}{16} = \frac{3}{8}$$

입니다. 계속해서 같은 방법으로 생각하면 다음과 같습니다.

(iv) $X=3$일 때

$$P(X=3) = {}_4\mathrm{C}_3\left(\frac{1}{2}\right)^3\left(\frac{1}{2}\right)^1 = \frac{4}{16} = \frac{1}{4}$$

(v) $X=4$일 때

$$P(X = 4) = {}_4C_4\left(\frac{1}{2}\right)^4 = \frac{1}{16}$$

(i)~(v)로부터 X의 확률분포는 표 2-41로 정리할 수 있습니다.

▼ 표 2-41 X의 확률분포

X	0	1	2	3	4	합
P	$\dfrac{1}{16}$	$\dfrac{1}{4}$	$\dfrac{3}{8}$	$\dfrac{1}{4}$	$\dfrac{1}{16}$	1

이 확률분포를 ${}_nC_r$ 표기를 사용하여 다시 적으면 표 2-42를 구할 수 있습니다.

▼ 표 2-42 ${}_nC_r$ 표기를 사용한 X의 확률분포

X	0	1	2	3	4	합
P	${}_4C_0\left(\dfrac{1}{2}\right)^4$	${}_4C_1\left(\dfrac{1}{2}\right)^1\left(\dfrac{1}{2}\right)^3$	${}_4C_2\left(\dfrac{1}{2}\right)^2\left(\dfrac{1}{2}\right)^2$	${}_4C_3\left(\dfrac{1}{2}\right)^3\left(\dfrac{1}{2}\right)^1$	${}_4C_4\left(\dfrac{1}{2}\right)^4$	1

이 분포의 그래프를 그려보면 그림 2-11처럼 그릴 수 있습니다.

▼ 그림 2-11 X의 확률분포 그래프

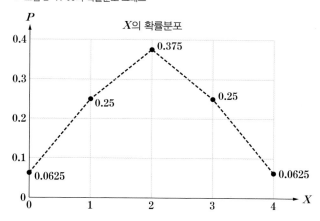

일반적으로 1회 시행에서 사건 A가 일어날 확률이 p일 때 이 시행을 n회 반복하는 반복시행에서 사건 A가 일어날 확률을 X라고 하면 다음과 같이 쓸 수 있습니다.

$$P(X = r) = {}_nC_r p^r (1-p)^{n-r} \ (0 \le r \le n)$$

$q = 1 - p$라고 치환하면

$$P(X = r) = {}_nC_r p^r q^{n-r} \quad 0 \le r \le n$$

이므로 **확률변수 X의 확률분포**는 표 2-43처럼 정리할 수 있습니다.

❤ 표 2-43 확률변수 X의 확률분포

X	0	1	······	r	······	n	합
P	${}_nC_0 q^n$	${}_nC_1 p q^{n-1}$	······	${}_nC_r p^r q^{n-r}$	······	${}_nC_n p^n$	1

이 확률분포[71]를 2항분포(Binomial Distribution)라고 하고 기호로는 $B(n, p)$로 나타냅니다.[72]

또한, 표 2-43의 확률은 **2항정리**의 전개식

$$(q + p)^n = {}_nC_0 q^n + {}_nC_1 p q^{n-1} + \cdots + {}_nC_r p^r q^{n-r} + \cdots + {}_nC_n p^n \ \cdots ①$$

의 우변을 순서대로 나열한 것입니다. 식 ①이 '2항분포'라는 이름의 유래입니다.

---

71 '이 확률분포'란 '$X = r$이 될 확률이 $P(X = r) = {}_nC_r \ p^r \ q^{n-r}$로 주어지는 X의 확률분포'라는 의미입니다. 또한, 표 2-43의 확률분포를 확률 p에 대한 n차 2항분포로 부르기도 합니다.

72 $B(n, p)$의 B는 Binomial Distribution의 첫 글자입니다.

전에 2항정리를 공부했을 때는 다음과 같은 형태였습니다.

$$(a+b)^n = {}_nC_0\,a^n + {}_nC_1\,a^{n-1}\,b + \cdots\cdots + {}_nC_r\,a^{n-r}\,b^r$$
$$+ \cdots\cdots + {}_nC_n\,b^n$$

a의 차수(오른쪽 위 숫자)가 줄어드는 순서대로 쓴 식입니다. 하지만 2항분포에서는 보통 p의 차수가 증가하는 순서로 적으므로 식 ①의 우변은 약간 부자연스럽긴 하지만 $(p+q)^n$이 아니라 $(q+p)^n$으로 적었습니다.

또한,

$$q = 1 - p \quad \Rightarrow \quad p + q = 1$$

이므로 식 ①로부터

$${}_nC_0\,q^n + {}_nC_1\,p\,q^{n-1} + \cdots\cdots + {}_nC_r\,p^r\,q^{n-r} + \cdots\cdots + {}_nC_n\,p^n = (p+q)^n = 1^n = 1$$

로 계산할 수 있으므로 표 2-43의 확률분포표의 오른쪽 끝에 '합'이 1이 된다는 사실도 알 수 있습니다.

참고로 앞에서 구한

X	0	1	2	3	4	합
P	$\dfrac{1}{16}$	$\dfrac{1}{4}$	$\dfrac{3}{8}$	$\dfrac{1}{4}$	$\dfrac{1}{16}$	1

$\parallel$

X	0	1	2	3	4	합
P	${}_4C_0\left(\dfrac{1}{2}\right)^4$	${}_4C_1\left(\dfrac{1}{2}\right)^1\left(\dfrac{1}{2}\right)^3$	${}_4C_2\left(\dfrac{1}{2}\right)^2\left(\dfrac{1}{2}\right)^2$	${}_4C_3\left(\dfrac{1}{2}\right)^3\left(\dfrac{1}{2}\right)^1$	${}_4C_4\left(\dfrac{1}{2}\right)^4$	1

는 $B\left(4, \dfrac{1}{2}\right)$로 나타낼 수 있는 2항분포이고 동전을 4번 던졌을 때 앞이 나오는 횟수 X는 **2항분포** $B\left(4, \dfrac{1}{2}\right)$**를 따르는 확률분포**라고 할 수 있습니다.

또 새로운 기호가 나타났어요.

일반적으로 '성공 · 실패', '승리 · 패배', '앞 · 뒤' 처럼 **결과(사건)가 둘 중 하나가 되는 독립인 시행을** 베르누이 시행(Bernoulli trial)이라고 합니다.[73] 베르누이 시행에서 한쪽 사건이 일어날 확률(**성공 확률**이라고 할 때가 많습니다)이 일정하다면 이 **베르누이 시행을** n**번 반복했을 때 그 사건이 일어나는 횟수(성공하는 횟수)는 2항분포를 따릅니다.**

스모 승부도 '승리 · 패배' 둘 중 하나이므로 '베르누이 시행'입니다. 따라서 1회 승부에서 이길 확률을 p(일정)라고 하고 오즈모 경기 15번 중에 승수를 X라고 하면 X는 2항분포 $B(15, p)$를 따릅니다.

이 절의 시작에서 소개했던 레빗 박사의 '이론값'은, '$p = \dfrac{1}{2}$일 때 X의 확률분포, 즉 $B\left(15, \dfrac{1}{2}\right)$입니다.

---

73 스위스의 수학자 야곱 베르누이(1652–1705)의 이름을 따왔습니다. 베르누이가 저술한 〈추측법〉(출판은 1713년으로 베르누이의 사후였습니다)은 인류 최초의 본격적인 확률 서적이었습니다.

2항분포의 기댓값(또는 평균)과 분산

그러면 다음으로 2항분포의 기댓값(또는 평균)과 분산을 살펴봅시다. 2항분포는 일반적으로 계산이 많으므로 예제 6 (282쪽)에서 사용한 조금 독특한 방법을 사용합니다.

각 시행이 독립인 어떤 시행이 있을 때 사건 A가 발생할 확률이 p라고 합시다. 이 시행을 세 번 반복했을 때 A가 발생하는 횟수를 X라고 하면 X는 표 2-44로 정리할 수 있는 **2항분포 $B(3, p)$를 따르는 확률변수**입니다.

▼ 표 2-44 X의 확률분포

X	0	1	2	3	합
P	$_3\mathrm{C}_0\,q^3$	$_3\mathrm{C}_1\,pq^2$	$_3\mathrm{C}_2\,p^2q$	$_3\mathrm{C}_3\,p^3$	1

$$(단, \ q = 1 - p)$$

여기서 X와는 다른 k번째 시행에서

A가 발생하면 1, A가 발생하지 않으면 0

이 되는 X_k라는 새로운 확률변수를 준비합니다($k = 1, 2, 3$).

그러면 X는 식 ①과 같습니다.

$$X = X_1 + X_2 + X_3 \quad \cdots ①$$

▼ 표 2-45 X와 X_k의 관계

X	X_1	X_2	X_3
0	0	0	0
1	1	0	0
1	0	1	0
1	0	0	1
2	1	1	0
2	1	0	1
2	0	1	1
3	1	1	1

응? 무슨말이예요?

예를 들어 1번째와 3번째에 A가 발생하는 경우에는

인 경우에 해당합니다. 이때 사건 A는 3번 중 2번 일어났으므로 $X=2$이고

$$X = X_1 + X_2 + X_3 = 1+0+1 = 2$$

가 됩니다. 이렇게 조금 특이한 방법을 사용해서 원래는 복잡한 2항 분포의 기댓값(또는 평균)과 분산을 구하는 계산이 훨씬 쉬워집니다. 이제 왜 그렇게 되는지를 보겠습니다.

X_k가 될 수 있는 값은 0이나 1밖에 없으므로 $X_k\ (k=1,2,3)$의 확률분포는 k와 관계없이 표 2-46처럼 됩니다.[74]

▼ 표 2-46 X_k의 확률분포

X_k	0	1	합
P	q	p	1

(단, $q=1-p$, $k=1, 2, 3$)

여기서 $X_k\ (k=1, 2, 3)$의 기댓값(또는 평균)과 분산을 구해 둡시다.

---

74 p는 k번째에 A가 발생할 확률($X_k=1$이 될 확률), q는 k번째에 A가 발생하지 않을 확률($X_k=0$이 될 확률)

$$E(X_k) = 0 \cdot q + 1 \cdot p = p \quad \cdots ②$$

또한, 표 2-46으로부터 $X_k{}^2$의 확률분포는 표 2-47과 같이 구할 수 있습니다.[75]

▼ 표 2-47 $X_k{}^2$의 확률분포

$X_k{}^2$	0	1	합
P	q	p	1

(단, $q = 1 - p$, $k = 1, 2, 3$)

그러면

$$E(X_k{}^2) = 0 \cdot q + 1 \cdot p = p \quad \cdots ③$$

가 됩니다. **확률변수의 분산 계산 공식**(235쪽)을 사용하면 식 ②와 ③으로부터

$$V(X_k) = E(X_k{}^2) - \{E(X_k)\}^2 = p - p^2 = p(1-p) = pq \quad \cdots ④$$

$$\boxed{V(X) = E(X^2) - \{E(X)\}^2} \qquad \boxed{1 - p = q}$$

이고, 식 ②와 ④로부터

$$E(X_k) = p \ (k = 1, 2, 3)$$
$$V\ X_k\ = pq \ (k = 1, 2, 3)$$

임을 알 수 있습니다.

여기서 식 ①로부터

$$X = X_1 + X_2 + X_3$$

임에 주의하면 X의 기댓값은 **확률변수 합의 기댓값 공식**(265쪽)을 사용해서 계산할 수 있습니다.

---

[75] $X_k{}^2 = 0$이 되는 경우는 $X_k = 0$일 때이고 그때의 확률은 q입니다. 마찬가지로 $X_k{}^2 = 1$이 되는 경우는 $X_k = 1$일 때이고 그때의 확률은 p입니다.

$$
\begin{aligned}
E(X) &= E(X_1 + X_2 + X_3) \\
&= E(X_1) + E(X_2) + E(X_3) \\
&= p + p + p \\
&= 3p
\end{aligned}
$$

$E(X_k) = p \quad (k = 1, 2, 3)$

또한, 1번째, 2번째, 3번째 시행은 서로 독립[76]이므로 독립인 **확률변수 합의 분산 공식**(281쪽)도 사용할 수 있습니다.

[독립인 확률변수 합의 분산 공식]
$$V(X_1 + X_2 + X_3 + \cdots\cdots + X_n) = V(X_1) + V(X_2) + V(X_3) + \cdots\cdots + V(X_n)$$

$$
\begin{aligned}
V(X) &= V(X_1 + X_2 + X_3) \\
&= V(X_1) + V(X_2) + V(X_3) \\
&= pq + pq + pq \\
&= 3pq
\end{aligned}
$$

$V(X_k) = pq \quad (k = 1, 2, 3)$

물론 표준편차는 다음과 같습니다.

$$\sigma(X) = \sqrt{V(X)} = \sqrt{3pq}$$

$\sigma(X) = \sqrt{V(X)}$

여기까지와 완전히 똑같은 논리 전개로 **2항분포 $B(n, p)$를 따르는 확률변수 X에 대해 다음 공식이 성립함**을 알 수 있습니다.

---

76 '반복시행'은 독립인 시행의 반복입니다.

> **공식** | **2항분포를 따르는 확률변수의 기댓값과 분산**
>
> 확률변수 X가 2항분포 $B(n, p)$를 따를 때 다음이 성립합니다.
>
> $$\text{기댓값(평균)} : E(X) = np$$
> $$\text{분산} : \quad\quad V(X) = npq$$
> $$\text{표준편차} : \quad\quad \sigma(X) = \sqrt{npq}$$
>
> $$\text{(단, } q = 1 - p\text{)}$$

▥ 예 7 ▥ 공식에 익숙해지자

확률변수 X가 다음 2항분포를 따를 때 X의 기댓값 $E(X)$, 분산 $V(X)$ 그리고 표준편차 $\sigma(X)$를 구해 봅시다.

(1) $B\left(8, \dfrac{1}{2}\right)$일 때

$$E(X) = 8 \times \frac{1}{2} = 4$$

$$V(X) = 8 \times \frac{1}{2} \times \left(1 - \frac{1}{2}\right) = 8 \times \frac{1}{2} \times \frac{1}{2} = 2$$

$$\sigma(X) = \sqrt{V(X)} = \sqrt{2}$$

> $B(n, p)$일 때
> $E(X) = np$

> $B(n, p)$일 때
> $V(X) = npq$
> $q = 1 - p$로부터
> $V(X) = np(1-p)$

(2) $B\left(90, \dfrac{1}{3}\right)$일 때

$$E(X) = 90 \times \frac{1}{3} = 30$$

$$V(X) = 90 \times \frac{1}{3} \times \left(1 - \frac{1}{3}\right) = 90 \times \frac{1}{3} \times \frac{2}{3} = 20$$

$$\sigma(X) = \sqrt{V(X)} = \sqrt{20} = 2\sqrt{5}$$

앞 절과는 확 다르게 엄청 간단하네요.

그렇죠? 하지만 (그렇기 때문에) 식을 유도하기까지 많은 준비가 필요했다는 것을 잊지 마세요.

예제 7

빨간 구슬 r개, 파란 구슬 b개, 흰색 구슬 w개로 모두 100개의 구슬이 들어 있는 주머니가 있습니다. 이 주머니에서 무작위로 구슬 1개를 뽑아서 색을 조사한 후 다시 돌려놓는 작업을 n번 반복합니다. 이때 빨간 구슬을 뽑은 횟수를 X라고 합시다.

(1) X의 평균과 표준편차를 n, r을 사용하여 표현하세요.

(2) X의 평균이 $\dfrac{16}{5}$, 표준편차가 $\dfrac{8}{5}$일 때 주머니 안의 빨간 구슬의 개수 r과 횟수 n을 구하세요.

해설

빨간 구슬은 100개 중 r개 들어 있으므로 시행 한 번에 빨간 구슬을 뽑을 확률은 $\dfrac{r}{100}$. 또한, 뽑은 구슬은 다시 돌려놓으므로 각 작업(시행)은 각각 서로 독립이라고 생각할 수 있습니다. 즉 n회 작업은 반복시행입니다. 따라서 X는 2항분포 $B\left(n, \dfrac{r}{100}\right)$을 따릅니다.

해답

(1) X는 $B\left(n,\ \dfrac{r}{100}\right)$을 따르므로

> X가 $B(n,\ p)$를 따를 때
> $E(X) = np$
> $\sigma(X) = \sqrt{np(1-p)}$

$$E(X) = n \times \frac{r}{100} = \frac{nr}{100}$$

$$\sigma(X) = \sqrt{V(X)} = \sqrt{n \cdot \frac{r}{100} \cdot \left(1 - \frac{r}{100}\right)}$$

$$= \sqrt{\frac{nr(100-r)}{100^2}} = \frac{\sqrt{nr(100-r)}}{100}$$

따라서

평균 $\cdots$ $\dfrac{nr}{100}$, **표준편차** $\cdots$ $\dfrac{\sqrt{nr(100-r)}}{100}$ $\cdots$ **답**

(2) 조건에서

$$\frac{nr}{100} = \frac{16}{5} \quad \cdots ①, \qquad \frac{\sqrt{nr(100-r)}}{100} = \frac{8}{5} \quad \cdots ②$$

식 ①로부터

$$nr = \frac{16}{5} \times 100 = 320 \quad \cdots ③$$

이 되고, 식 ②로부터

$$\sqrt{nr(100-r)} = \frac{8}{5} \times 100 = 160 \quad \Rightarrow \quad nr(100-r) = 160^2$$

이 됩니다. 식 ③을 대입해서 r을 구하고,

$$320(100-r) = 160^2 \quad \Rightarrow \quad 100 - r = \frac{160^2}{320} = 80$$

$$\Rightarrow \quad r = 20$$

다시 식 ③에 대입해 n을 구하면

$$n \times 20 = 320 \quad \Rightarrow \quad \boldsymbol{n = 16}$$

이 됩니다.

답 ··· $r = 20, \quad n = 16$

푸아송 분포: 자주 일어나지 않는 사건의 확률

어떤 공장에서는 0.1%의 확률로 불량품이 나옵니다. 이 공장에서 1000개의 제품을 만들었을 때 불량품이 2개 만들어질 확률을 생각해 봅시다. 0.1%의 확률로 불량품이 나온다는 말은 1000개 생산할 때마다 불량품이 1개 나온다는 말입니다.[77] 하지만 불량률이 0.1%라도 1000개 중 2개의 불량품이 나올 수도 있습니다. 그러니 그 확률을 구해 봅시다.

제품 1개를 만드는 시행의 결과는 '불량품이다'와 '불량품이 아니다'로 둘 중 하나이고 각 시행은 독립[78]이라고 생각해도 크게 틀리지 않아 보이므로 제품을 만드는 시행은 **베르누이 시행**(298쪽)이라고 말할 수 있습니다.

▼ 그림 2-12 불량품이 2개일 확률은?

---

[77] 나중에 설명하지만 공장에서 제품을 만든다는 시행은 베르누이 시행이라고 생각할 수 있으므로 불량품 수는 2항분포 $B(1000, 0.001)$을 따릅니다. 따라서 불량품 수의 기댓값(또는 평균)은 $1000 \times 0.001 = 1$(개)로 생각해도 됩니다.

[78] 시행 결과가 서로 영향을 미치지 않는다는 의미였습니다.

따라서 0.1%(0.001)의 확률로 불량품을 내는 공장에서 제품 1000개를 만들 때 발생하는 불량품 수 X는 2항분포 B(1000,0.001)을 따르는 확률변수입니다.[79] $X=r$이 될 확률은 다음과 같습니다.[80]

$$P(X = r) = {}_{1000}C_r \cdot 0.001^r \cdot (1 - 0.001)^{1000-r}$$

불량품 2개가 나올 확률은 $X=2$가 될 확률이므로 다음과 같습니다.

$$P(X = 2) = {}_{1000}C_2 \cdot 0.001^2 \cdot (1 - 0.001)^{1000-2}$$
$$= {}_{1000}C_2 \cdot 0.001^2 \cdot (0.999)^{998}$$

하지만 …… 이 계산은 매우 귀찮습니다.

확률변수가 2항분포를 따를 때 그 확률변수의 기댓값과 표준편차는 공식을 사용하면 간단하게 계산할 수 있었습니다. 하지만 특별히 시행 횟수 n이 클 때 **2항분포를 따르는 확률변수**가 어떤 값이 될 확률을 계산하려면 (조금 전처럼) 매우 귀찮아집니다. 하지만 안심하세요. n이 클 때의 2항분포의 좋은 근사[81]가 되어서 계산이 2항분포보다 훨씬 편한 분포가 있습니다. 바로 곧 소개하는 푸아송 분포(Poisson distribution)입니다.

단, **2항분포를 푸아송 분포로 근사할 수 있을 때는 n이 크면서 p가 작을 때라는 조건**이 있으므로 주의하세요.[82]

즉, 푸아송 분포는 '시행 횟수가 매우 많으면서 발생할 확률이 매우 작은' **반복시행**(베르누이 시행의 반복)일 때 사용할 수 있는 분포입니다.

푸아송 분포를 사용할 수 있는 예로는 다음을 들 수 있습니다.

---

79 베르누이 시행은 각 시행이 독립이므로 베르누이 시행을 반복한다는 말은 반복시행을 가리킵니다. 그리고 반복시행 확률로 계산되는 확률을 갖는 확률변수는 2항분포를 따릅니다.

80 시행 한 번으로 사건 A가 발생할 확률이 p일 때 이 시행을 n번 반복하는 반복시행으로 사건 A가 발생하는 횟수를 X라고 하면 $X=r$이 될 확률은 $P(X=r)={}_nC_r\,p^r\,(1-p)^{n-r}$(296쪽)입니다.

81 좋은 근사는 '원래 값과 오차가 작은 근사'라는 의미입니다.

82 수학적으로는 약간 어려워지지만 왜 p도 작아야 하는지는 나중에 316쪽에서 설명합니다.

- 한 번의 비행으로 사고를 낼 확률이 0.001%인 비행기가 10만 번 비행할 때의 사고 횟수
- 포커를 1만 번 했을 때 내 패가 로열 스트레이트 플러시가 될 횟수[83]
- 아마추어 골프 선수가 평생 동안 홀인원을 하는 횟수[84]

정말 모두 다 별로 일어나지 않을 것 같은 상황이네요.

대체로 시행 횟수(n)이 100회 이상, 확률(p)가 1% 이하 정도가 되면 푸아송 분포가 좋은 근사가 됩니다.

푸아송 분포는 프랑스 수학자 **시메옹 드니 푸아송**(1781-1840)이 고안했습니다. 이 분포가 세상에 널리 알려지게 된 계기는 독일에서 활약했던 경제학자 겸 통계학자인 **라디슬라우스 보르트키에비츠**(1868-1931)의 저서 〈The Law of Small Numbers〉에서 '1년 동안 말에 차여 사망한 병사 수'가 푸아송 분포를 잘 따른다는 점을 보인[85] 것이었다고 알려져 있습니다. 확실히 말에게 차여 죽는 사건은 그렇게 많이 일어나지는 않을 것 같습니다. 이럴 때 푸아송 분포를 사용할 수 있습니다.

그럼 드디어 푸아송 분포를 수식으로 나타내봅시다. 단, 2항분포의 근사로 푸아송 분포의 식을 구하는 식 변형은 '극한'을 이해해야하는 어려운 내용이므로

---

83 로열 스트레이트 플러시는 5장의 카드가 10, J, Q, K, A면서 5장의 카드가 모두 같은 모양일 때를 말합니다. 로열 스트레이트 플러시가 될 확률은 카드 교환이 없는 경우는 약 0.00015%, 교환을 1번 허용했을 경우에도 약 0.005%입니다.

84 평균적인 아마추어 골프 선수인 경우 홀인원을 할 확률은 0.003% 정도라고 알려져 있습니다.

85 프로이센 육군이 1875년부터 1894년까지 20년에 걸쳐 조사·분석한 결과를 사용했습니다.

나중에 316쪽에서 정리하겠습니다. 이론적 배경에 흥미다면 참고하세요.

일반적으로 어떤 사건이 일어나는 횟수를 X라고 할 때 X의 **기댓값(또는 평균)** **이 λ(람다)**[86]이고 X가 푸아송 분포를 따른다면 다음 식이 성립합니다.

> **정의** **푸아송 분포**
>
> 확률변수 X가 푸아송 분포를 따를 때
> $$P(X = r) = e^{-\lambda}\frac{\lambda^r}{r!}$$
> (단, λ는 X의 기댓값)

여기서 e는 자연로그의 밑(또는 네이피어 상수)이라 부르는 상수이고 $e = 2.718$ ……입니다. 이 e는 원주율 π와 함께 수학에서 매우 중요한 상수이고 이후 통계를 공부하는 데도 빠뜨릴 수 없으므로 이 상수에 관해서도 나중에 보충하겠습니다.

또 뭔가 상당히 어려워 보이는 식이 나왔어요.

심정은 이해합니다. 하지만 어떤 횟수 중에서 평균 λ번 일어나는 사건이 r번 일어날 확률을 $e^{-\lambda}\dfrac{\lambda^r}{r!}$라는 나름 간단한 식으로 계산할 수 있다는 건 획기적인 일입니다.

---

86 λ(람다)는 알파벳 L에 해당하는 그리스 문자입니다. 푸아송 분포의 기댓값(또는 평균)에는 λ를 사용하는 경우가 많으므로 여기서도 사용하겠습니다.

$r=0,\ 1,\ 2,\ \cdots\cdots,\ n$에 대해 확률변수 X(어떤 사건이 발생할 횟수)가 푸아송 분포를 따른다면 X의 확률분포는 표 2-48과 같습니다.

▼ 표 2-48 푸아송 분포를 따르는 확률변수 X의 확률분포(푸아송 분포)

X	0	1	2	$\cdots\cdots$	r	$\cdots\cdots$	n	합
P	$e^{-\lambda}\dfrac{\lambda^0}{0!}$	$e^{-\lambda}\dfrac{\lambda^1}{1!}$	$e^{-\lambda}\dfrac{\lambda^2}{2!}$	$\cdots\cdots$	$e^{-\lambda}\dfrac{\lambda^r}{r!}$	$\cdots\cdots$	$e^{-\lambda}\dfrac{\lambda^n}{n!}$	1

(단, λ는 X의 기댓값)

$$0! = 1$$
$$a^0 = 1$$

그림 2-13처럼 푸아송 분포는 기댓값(또는 평균) λ가 **작을 때는 좌우 비대칭이** **지만 λ가 커짐에 따라 좌우 대칭인 형태에 가까워지는** 경향이 있습니다.

▼ 그림 2-13 $\lambda=1$, 3, 8일 때의 푸아송 분포 비교

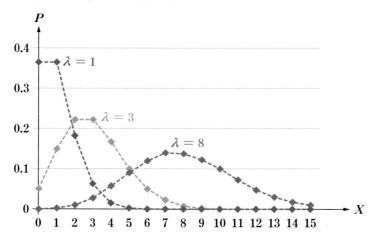

확률변수 X가 **2항분포 $B(n,\ p)$를 따를 때 n이 충분히 크고 p가 충분히 작으면** **X는 근사적으로 푸아송 분포를 따른다**고 볼 수 있습니다. 이때 푸아송 분포의

기댓값(또는 평균)은 **2항분포의 기댓값**(또는 평균)과 **같다**고 생각할 수 있으므로[87] 다음 식이 성립합니다.

$$E(X) = \lambda = np$$

참고로 절 초반에 나왔던 공장의 예[88]에서는

$$\lambda = np = 1000 \times 0.001 = 1$$

이므로 불량품이 2개($X = 2$)일 확률은 푸아송 분포를 사용하면 다음과 같습니다.

$$P(X = 2) = e^{-1}\frac{1^2}{2!} = \frac{1}{e} \times \frac{1}{2 \times 1} = \frac{1}{2.718\cdots\cdots} \times \frac{1}{2} = 0.183939\cdots \fallingdotseq 18\%$$

2항분포를 사용해서 제대로 계산한 결과는 다음과 같습니다(함수 전자계산기를 사용했습니다).

$$P(X = 2) = {}_{1000}C_2 \cdot 0.001^2 \cdot (0.999)^{998} = 0.184031\cdots\cdots$$

둘의 차이는 약 0.009%이므로 푸아송 분포를 사용한 근사는 매우 좋은 근사라고 말할 수 있습니다.

그리고 특히 강조하고 싶은 점은 푸아송 분포를 사용하면 계산이 매우 편하다는 점입니다.

그림 2-14의 두 그래프는 $\lambda = 3$은 그대로 두고 n이 작고 p가 클($n = 10$, $p = 0.3$) 때(위 그림)와 n이 크고 p가 작을($n = 100$, $p = 0.03$) 때(아래 그림)의 2항분포와 푸아송 분포를 비교한 그림입니다. 다음 그림에서는 두 분포가 거의 일치하는 것을 확인할 수 있습니다.

---

[87] 분포 전체를 근사할 수 있을 때 분포에서 도출되는 기댓값(또는 평균)도 근사할 수 있다고 자연스럽게 생각할 수 있습니다.

[88] 0.1%(0.001)의 확률로 불량품을 만드는 공장에서 1000개 제품을 만들 때 발생하는 불량품 수. 2항분포 $B(1000, 0.001)$을 따른다는 예였습니다.

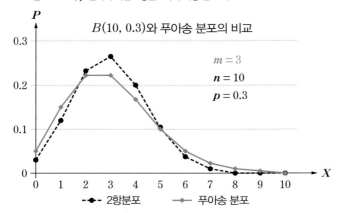

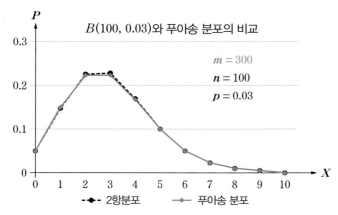

푸아송 분포의 응용

예를 들어 하루 평균 5번 전화가 걸려오는 집이 있다고 합시다. 이 집에

· 하루 동안 걸려오는 전화 횟수

하루에 **몇 번** 오나요?

도 푸아송 분포를 따른다고 알려져 있습니다.

이런 식으로 이야기하면

"어? '잘 일어나지 않는 일'이 아니면 푸아송 분포는 사용할 수 없는 거잖아? 하루 평균 5번이나 걸려오면 '집에 전화가 걸려 오는 건 잘 일어나지 않는 일'이라고 할 수 없는 거 아니야?"

라고 생각할지도 모릅니다. 하지만 다음과 같이 생각하면 앞 예에서도 푸아송 분포를 적용할 수 있는 이유를 이해할 수 있습니다.

▼ 그림 2-15 하루에 걸려오는 전화 횟수

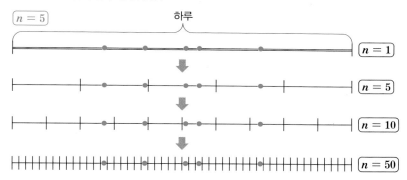

그림 2-15는 하루의 길이를 나타내는 선분에 평균으로 5개 ●를 임의로 배치했을 때를 보여주는 예입니다.[89] 이 ●가 집에 걸려 온 전화를 나타낸다고 합시다.

다음으로 그림 2-15의 하루를 나타내는 선분을 n등분합니다. 그렇게 해서 '하루 동안 X번 전화가 걸려올 확률'을 생각해 봅시다.

예를 들어 그림 2-15에서 $n = 10$일 때를 보면 각 칸에 들어있는 ● 수는 0개, 1개 또는 2개입니다. 물론 ● 배치에 따라 한 칸에 ●가 3개 이상 들어갈 수도 있습니다. 그렇게 되면 '하루 중 X번 전화가 걸려올 확률'을 계산하기 귀찮아집니다.

하지만 n을 충분히 크게 해서 칸을 작게 나누면 어떻게 ●가 배치돼 있어도 각

---

89 그림에서는 ● 수는 5개지만 어디까지나 '평균 5개'이므로 5개보다 많을 수도 5개보다 적을 수도 있으므로 주의하세요.

칸의 ● 수는 **0개 또는 1개 중 하나가 되도록** 할 수 있습니다. 예를 들어 하루를 86400등분[90]해서 1초 단위로 나누면 전화 한 통을 끊고 난 직후에 다음 전화가 오는 경우에도 한 칸에 ●가 2개가 되는 경우는 없습니다. 그렇게 되면 **한 칸은 전화가 '왔다'나 '안 왔다' 중 하나가 되고** 게다가 각 칸에 전화가 왔는지 아닌지는 **서로 독립**일 것이므로 X는 86400회의 베르누이 시행에 대한 성공 횟수(전화가 온 횟수)가 됩니다. 즉, X는 2항분포를 따릅니다.

n이 충분히 커져도 기댓값(또는 평균)은 변하지 않으므로(일정) $n = 86400$, $\lambda = 5$라면

$$\lambda = np \;\Rightarrow\; 5 = 86400 \times p \;\Rightarrow\; p = \frac{5}{86400} = \frac{1}{17280} = 0.0000578\cdots$$

가 되어서 p는 충분히 작아집니다.[91]

즉, '하루 동안 걸려온 전화 횟수'인 X는 n이 충분히 크고 p가 충분히 작은 2항분포를 따르므로 **X는 푸아송 분포를 따르게** 됩니다. 같은 방법으로 생각하면

> **'⋯ 시간에 ～가 발생하는' 횟수**

를 생각하는 경우 대부분 푸아송 분포를 따르는 것을 알 수 있습니다.

전화 예에서는 '하루'라는 시간의 길이를 작게 나누었지만 시간뿐만 아니라 공간도 똑같이 작게 나눌 수 있습니다. 예를 들어

> '10km 이동하는 동안 교통사고를 목격하는' 횟수
> '1m²에 떨어지는 빗방울' 수

등도 푸아송 분포를 따른다고 알려져 있습니다. 즉,

> **'⋯ 영역에 ～가 존재하는' 개수**

도 많은 경우 푸아송 분포를 사용할 수 있습니다.

---

90 하루=24시간=1440분=86400초

91 $\lambda = np$이므로 λ가 일정할 때 n과 p는 반비례합니다.

또한, 푸아송 분포를 따르는 확률변수 X의 확률은

$$P(X = r) = e^{-\lambda} \frac{\lambda^r}{r!}$$

로 주어지므로 λ(기댓값 또는 평균)만 안다면 확률 계산을 할 수 있는 것도 푸아송 분포가 매우 유용한 이유입니다. 푸아송 분포 계산에 시행 횟수나 1회 시행의 성공 확률 등을 생각할 필요는 없습니다.

예를 들어 여러분이 평균적으로 1년에 2번 감기에 걸리는 사람이라고 합시다. 여러분이 1년 동안 전혀 감기에 걸리지 않을 확률을 계산하세요 라고 한다면 많은 사람이 망설입니다. 시행 횟수를 어떻게 설정하면 좋을까, 각 시행의 확률은 어떻게 생각하면 좋을까 주저하게 됩니다. 하지만 이런 확률도 푸아송 분포를 사용하면 다음과 같이 계산해버릴 수 있습니다.

기댓값(또는 평균)은 $\lambda = 2$. 1년 동안 감기에 걸리는 횟수를 X라고 하면 '전혀 감기에 걸리지 않는 경우'는 $X = 0$이므로 다음과 같습니다.[92]

$$P(X = 0) = e^{-2} \cdot \frac{2^0}{0!} = \frac{1}{e^2} \cdot \frac{1}{1} = \frac{1}{2.718\cdots^2} \fallingdotseq 13.5\%$$

▤ 예 8 ▤　10년에 1명꼴인 인재가 2명이나

프로 스포츠계에서 내년 1년 동안 10년에 1명꼴인 인재가 2명 등장할 확률을 구해 봅시다.

10년에 1명꼴인 인재는 말 그대로 '평균하면 10년에 1명 나온다'고 생각할 수 있으므로 기댓값(또는 평균)을 λ라고 하면 $\lambda = 0.1$. 또한, 1년 동안 등장하는 '10년에 1명꼴인 인재'의 명수를 X명이라고 하면 구하려는 값은 $X = 2$인 경우이므로 확률은 다음과 같습니다(함수 전자계산기로 계산합니다).

$$P(X = 2) = e^{-0.1} \cdot \frac{0.1^2}{2!} = \frac{1}{e^{0.1}} \cdot \frac{0.01}{2 \times 1} = \frac{0.01}{2.718\cdots^{0.1} \times 2} \fallingdotseq 0.45\%$$

---

92 $0! = 1$, $a^0 = 1$입니다.

내년 1년 동안 등장하는 모든 프로 스포츠 선수를 구하는 건 불가능할테고 각 선수가 '10년에 1명꼴인 인재'일 확률을 생각하는 것도 쉽지 않습니다. 하지만 이처럼 계산할 수 있다는 것이 핵심입니다.

이후에는 이론적 배경에 흥미가 있는 독자를 위한 내용입니다. 다음 내용을 빨리 공부하고 싶은 분은 320쪽까지 건너뛰어도 괜찮습니다.

보충설명 | **2항분포에서 푸아송 분포를 유도하기**

확률변수 X가 2항분포를 따를 때 $X=r$이 될 확률은 다음 식과 같았습니다(296쪽).

$$P(X=r) = {}_n\mathrm{C}_r p^r (1-p)^{n-r} \quad \cdots ①$$

2항분포의 기댓값은 $E(X) = np$(303쪽)이므로 여기서

$$E(X) = \lambda$$

라고 두면 p를 다음과 같이 정리할 수 있습니다.

$$E(X) = \lambda = np \quad \Rightarrow \quad p = \frac{\lambda}{n} \quad \cdots ②$$

식 ②를 식 ①에 대입하면

$$P(X=r) = {}_n\mathrm{C}_r p^r (1-p)^{n-r}$$

$$= {}_n\mathrm{C}_r \left(\frac{\lambda}{n}\right)^r \left(1-\frac{\lambda}{n}\right)^{n-r}$$

$$= \frac{n!}{(n-r)!\,r!} \left(\frac{\lambda}{n}\right)^r \left(1-\frac{\lambda}{n}\right)^{n-r}$$

$$\boxed{a^{m+n} = a^m a^n}$$

$$= \frac{n!}{(n-r)!\,r!} \left(\frac{\lambda}{n}\right)^r \left(1-\frac{\lambda}{n}\right)^{n} \left(1-\frac{\lambda}{n}\right)^{-r}$$

$$= \frac{n!}{(n-r)!} \cdot \frac{1}{r!} \cdot \frac{\lambda^r}{n^r} \cdot \left(1-\frac{\lambda}{n}\right)^{n} \cdot \left(1-\frac{\lambda}{n}\right)^{-r}$$

$$= \underbrace{\frac{n!}{(n-r)!\,n^r}}_{(가)} \cdot \underbrace{\left(1-\frac{\lambda}{n}\right)^{n}}_{(나)} \cdot \underbrace{\left(1-\frac{\lambda}{n}\right)^{-r}}_{(다)} \cdot \frac{\lambda^r}{r!} \quad \cdots ③$$

이후 식 ③은 (가), (나), (다)를 따로 살펴보겠습니다.[93]

(가)

$$\frac{n!}{(n-r)!\,n^r}$$

$$= \frac{n(n-1)(n-2)\cdots\cdots(n-r+1)\overline{(n-r)(n-r-1)(n-r-2)\cdots\cdots 3\cdot 2\cdot 1}}{\underline{(n-r)(n-r-1)(n-r-2)\cdots\cdots 3\cdot 2\cdot 1}\cdot n^r}$$

$$= \frac{n(n-1)(n-2)\cdots\cdots(n-r+1)}{n^r}$$ ← $(n-r)!$로 약분했습니다.

$$= \frac{n\cdot(n-1)\cdot(n-2)\cdots\cdots\{n-(r-1)\}}{n\cdot n\cdot n\cdots\cdots n}$$ ← 분모도 분자도 r개의 곱

$$= 1\cdot\left(1-\frac{1}{n}\right)\cdot\left(1-\frac{2}{n}\right)\cdots\cdots\left(1-\frac{r-1}{n}\right)$$ $\dfrac{5\cdot 4\cdot 3}{5\cdot 5\cdot 5}=1\cdot\dfrac{4}{5}\cdot\dfrac{3}{5}$ 처럼 계산

로부터 다음과 같이 정리됩니다.

$$\lim_{n\to\infty}\frac{n!}{(n-r)!\,n^r} = \lim_{n\to\infty}\left\{1\cdot\left(1-\frac{1}{n}\right)\cdot\left(1-\frac{2}{n}\right)\cdots\cdots\left(1-\frac{r-1}{n}\right)\right\}$$

$$= 1\cdot 1\cdot 1\cdots\cdots 1 = 1$$

(나) $-\dfrac{\lambda}{n}=h$라고 하면,

$-\dfrac{\lambda}{n}=h \ \Rightarrow\ n=-\dfrac{\lambda}{h}$

$$\left(1-\frac{\lambda}{n}\right)^n = (1+h)^n = (1+h)^{\frac{-\lambda}{h}} = \left\{(1+h)^{\frac{1}{h}}\right\}^{-\lambda}$$ $a^{mn}=(a^m)^n$

이고 $n\to\infty$일 때 $h\to 0$이므로 다음과 같습니다.

$$\lim_{n\to\infty}\left(1-\frac{\lambda}{n}\right)^n = \lim_{h\to 0}\left\{(1+h)^{\frac{1}{h}}\right\}^{-\lambda} = e^{-\lambda}$$

$\displaystyle\lim_{h\to 0}(1+h)^{\frac{1}{h}}=e$

e는 318쪽에서 자세히 설명합니다.

---

93 이후 $\displaystyle\lim_{n\to\infty}A=B$라는 표현이 많이 나오는데 이는 '$n$을 한없이 크게 하면 A와 B는 한없이 가까워진다'는 극한의 개념을 나타내는 표기입니다. 극한에 관한 자세한 내용은 《다시 미분 적분》(2019, 길벗)을 참고하세요.

(다) $-\dfrac{\lambda}{n} = h$ 라고 하면,

$$\lim_{n \to \infty} \left(1 - \frac{\lambda}{n}\right)^{-r} = \lim_{h \to 0} (1 + h)^{-r} = 1^{-r} = 1$$

입니다. 이렇게 식 ③에서 $n \to \infty$로 하면

$$\lim_{n \to \infty} \left\{ \underbrace{\frac{n!}{(n-r)! \, n^r}}_{(\text{가})} \cdot \underbrace{\left(1 - \frac{\lambda}{n}\right)^{n}}_{(\text{나})} \cdot \underbrace{\left(1 - \frac{\lambda}{n}\right)^{-r}}_{(\text{다})} \cdot \frac{\lambda^r}{r!} \right\} = \underbrace{1 \cdot e^{-\lambda} \cdot 1}_{(\text{가})(\text{나})(\text{다})} \cdot \frac{\lambda^r}{r!} = e^{-\lambda} \frac{\lambda^r}{r!}$$

이 됩니다. 따라서 $n \to \infty$일 때 다음과 같습니다.

$$P(X = r) \longrightarrow e^{-\lambda} \frac{\lambda^r}{r!}$$

이렇게 **2항분포가** $n \to \infty$**일 때의 극한이 푸아송 분포와 일치한다는 사실을** 푸 아송의 작은 수 법칙(Poisson's law of small numbers)이라 고 합니다.

보충설명 | 자연로그의 밑(또는 네이피어 상수) e

앞의 (나)의 식 변형에서는 극한을 이용해 다음과 같이 정의되는 상수 e를 사용 했습니다.

> **정의** | **자연로그의 밑 (네이피어 상수) e**
>
> 다음 극한으로 정의되는 상수 e를 자연로그의 밑 또는 네이피어 상수라 고 합니다.
>
> $$\lim_{h \to 0} (1 + h)^{\frac{1}{h}} = e$$

이 상수 e를 **자연로그의 밑**(base of natural logarithm) 또는 네이피어 상수(Napier's Constant)라고 합니다. 다음에 소개하는 것처럼

$$e = 2.7182818\cdots\cdots$$

임을 알고 있습니다

자연로그의 밑(또는 네이피어 상수) e는 앞 정의식에서 $h = \dfrac{1}{t}$로 두고

$$\lim_{t \to 3}\left(1 + \frac{1}{t}\right)^t = e$$

로 정의될 때도 많습니다.

이제 정의와 같이 정의되는 극한이 '2.7182818……'라는 상수에 가까워지는 모습을 관찰해 봅시다.

$h = \dfrac{1}{10}$일 때

$$(1 + h)^{\frac{1}{h}} = \left(1 + \frac{1}{10}\right)^{\left(\frac{1}{\frac{1}{10}}\right)} = \left(1 + \frac{1}{10}\right)^{10} = 2.593724\cdots\cdots$$

같은 방법으로 계산하면 다음과 같은 결과를 얻을 수 있습니다.[94]

▼ 표 2-49 h 값에 따른 $(1+h)^{\frac{1}{h}}$ 값

h	$(1+h)^{\frac{1}{h}}$
$\dfrac{1}{10}$	$2.5937424\cdots\cdots$
$\dfrac{1}{100}$	$2.7048138\cdots\cdots$
$\dfrac{1}{1000}$	$2.7169239\cdots\cdots$
$\dfrac{1}{10000}$	$2.7181459\cdots\cdots$
$\dfrac{1}{100000}$	$2.7182682\cdots\cdots$
$\dfrac{1}{1000000}$	$2.7182804\cdots\cdots$

---

94 엑셀을 사용해서 계산했습니다.

이렇게 보면 확실히 '2.71828……'라는 어떤 값으로 가까워지는 모습을 볼 수 있습니다.

자연로그의 밑(또는 네이피어 상수)는 〈다시 확률 통계(확률편)〉에서 소개했던 소수정리와 몽모르 수와도 관련돼 있습니다. 자연과학을 공부하면 도처에서 얼굴을 들이미는 정말 불가사의한 상수입니다.

참고로 이 상수를 '네이피어 상수'라고 부르게 된 이유는 존 네이피어(1550-1617)가 첫 번째 연구자이기 때문이고, 기호 e를 사용하는 이유는 레온하르트 오일러(1707-1783)가 자기 성의 첫 글자(Euler의 e)를 이 상수에 사용한 것이 저작을 통해 퍼졌기 때문입니다.

또한, 일반적인 로그함수를 미분하면

$$\frac{d}{dx}\log_a x = \frac{1}{x\log_e a}$$

가 되는 반면, e를 밑으로 하는 로그함수의 미분은

$$\frac{d}{dx}\log_e x = \frac{1}{x}$$

로 매우 간단한 형태가 되어서[95] $\log_e x$는 가장 자연스러운＝꾸밈없는(인간에 의한 쓸 데 없는 장식이 없는) 로그라는 의미에서 **자연로그**(natural logarithm)라고 부르게 됐습니다.

연속확률변수와 그 분포: 명 연주로 생각한다

표 2-50은 모차르트가 작곡한 '터키행진곡'(피아노 소나타 11번 K (쾨헬).311 3악장)을 연주한 고금동서의 명 피아니스트 30명의 연주 시간을 조사하여 짧은

95 　이 부분의 자세한 내용에 흥미가 있는 분은 〈다시 미분・적분〉(길벗, 2019)을 참고하세요.

순서대로 나열한 데이터입니다.[96]

▼ 표 2–50 피아노 소나타 11번 K.311 3악장 연주시간

1	랑랑	2분 20초	16	안드레이 가드릴로프	3분 29초
2	에릭 하이드섹쿠	2분 38초	17	잉그리드 헤블러	3분 31초
3	알프레드 브렌델	2분 48초	18	우치다 미츠코	3분 31초
4	스타니슬라프 부닌	2분 57초	19	빌헬름 켐프	3분 32초
5	다케시 가케하시	3분 05초	20	클라우디오 아라우	3분 33초
6	빌헬름 박하우스	3분 08초	21	크리스토프 에셴바흐	3분 35초
7	미하일 플레트네프	3분 12초	22	미와 이쿠	3분 37초
8	다니엘 바렌보임	3분 16초	23	쓰지이 노부유키	3분 37초
9	고야마 미치에	3분 20초	24	크리스티안 차하리하스	3분 38초
10	기쿠치 요코	3분 23초	25	발터 기제킹	3분 38초
11	프리드리히 굴다	3분 23초	26	블라디미르 호로비츠	3분 40초
12	파질 사이	3분 24초	27	마리아 조앙 피레스	3분 41초
13	머리 퍼라이아	3분 24초	28	알리시아 데 라로차	3분 43초
14	이보 포고렐리치	3분 25초	29	파울 바두라스코다	3분 52초
15	안드라스 쉬프	3분 29초	30	글렌 굴드	4분 03초

표 2–50의 연주를 '명 연주가들의 터키행진곡 베스트 30'이라는 제목으로 플레이리스트로 정리해서 임의 재생할 때 **첫 번째로 흐르는 곡의 연주 시간을** X라고 합시다. 생각하기 쉽도록 표 2–50의 데이터를 도수분포표[97]로 정리하면 표 2–51과 같이 정리할 수 있습니다.

표 2–51에서 자연스럽게 다음[98]과 같이 생각할 수 있습니다.

$$P(3분\ 00초 \leq X < 3분\ 15초) = \frac{3}{30} = \frac{1}{10}\ (= 0.100)$$

---

96 같은 곡을 연주했는데 연주 시간이 이렇게 차이가 날 수 있다는 점에 놀랄 수도 있지만 드라마 등과 같이 일정한 템포가 아닌 클래식 연주에서는 특이한 일이 아닙니다.

97 데이터를 값의 대소 순서로 몇 개의 계급(구간)으로 나눠서 계급별로 도수(각 계급에 포함되는 데이터 값의 개수)를 표로 나타낸 것입니다(35쪽).

98 '첫 번째 연주 시간이 3분 00초 이상~3분 15초 미만이 될 확률은 0.100'이라는 의미입니다.

즉, X가 어떤 계급에 포함될 확률은 그 계급의 상대도수와 같다고 생각해도 된다는 말입니다.

▼ 표 2-51 표 2-50 데이터의 도수분포표

계급	도수	상대도수
2분 15초 이상 ~ 2분 30초 미만	1	0.033
2분 30초 ~ 2분 45초	1	0.033
2분 45초 ~ 3분 00초	2	0.067
3분 00초 ~ 3분 15초	3	0.100
3분 15초 ~ 3분 30초	9	0.300
3분 30초 ~ 3분 45초	12	0.400
3분 45초 ~ 4분 00초	1	0.033
4분 00초 ~ 4분 15초	1	0.033
합	30	1.000

$$상대도수 = \frac{주목하고 \ 있는 \ 계급의 \ 도수}{도수의 \ 합}$$

이 점을 이용하여 각 계급 위 **직사각형의 넓이가 그 계급의 상대도수를 나타내도록 히스토그램을 그리면** 예를 들어 **3분 00초 ≤ X < 3분 30초가 될 확률은 그림 2-16의 색칠한 부분의 넓이로 나타낼 수 있다**[99]는 것을 알 수 있습니다.

---

99 P(3분 00초 ≤ X < 3분 15초) = 0.100 + 0.300 + 0.400

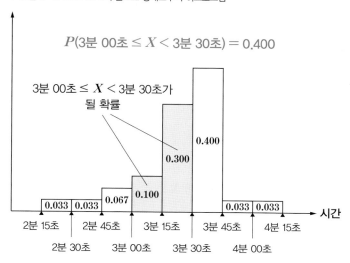

$P(3분\ 00초 \leq X < 3분\ 30초) = 0.400$

3분 00초 ≤ X < 3분 30초가
될 확률

0.400

0.300

0.100

0.033 0.033 0.067

0.033 0.033

시간

2분 15초   2분 45초   3분 15초   3분 45초   4분 15초

2분 30초   3분 00초   3분 30초   4분 00초

?

넓이가 확률을 나타낸다고요? 왜 갑자기
이런 말을 꺼내죠?

앞 절까지 배운 확률변수는 주사위 눈이나 당
첨 제비 수 등 띄엄띄엄 떨어진 값이었지만 이
제부터는 시간이나 키, 몸무게 등 **확률변수가
될 수 있는 값으로 연속적인 값을 다루는 경우
나 그래야 더 편리한 경우**를 살펴봅니다. 넓이
가 확률을 나타낸다는 이야기를 한 이유는 바
로 그 준비입니다.

자, 당신은 이제 어떤 피아니스트의 연주회에 왔습니다. 다음 프로그램은 '터키
행진곡'입니다. 이 피아니스트가 **지금부터 연주할 터키행진곡의 연주 시간을 다
시 X라고 하면**, 예를 들어 'X＝3분 30초일 확률'을 생각할 수 있을까요?

이 피아니스트가 연주하는
'터키행진곡'이 X분일 확률은?

이 확률을 구하는 데는 다음 두 가지 어려운 점이 있습니다.

(i) **될 수 있는 값이 무수히 많다**

(ii) **각 값이 '같은 정도로 가능한' 것이 아니다**

(i)

모차르트가 작곡한 '터키행진곡'에 관한 지식이 조금 있다면 연주 시간이 1분이 되지 않을 때나 반대로 10분을 넘어버리는 일도 있을 수 있다[100]는 걸 이해할 것입니다. X의 범위가 1분 이상 10분 미만이라는 점은 확실합니다. 하지만 그렇다고 해서 X가 될 수 있는 값이 유한하다고 생각할 수는 없습니다. X를

1분 00초, 1분 01초, 1분 02초 …… 9분 58초, 9분 59초

중 하나[101]라고 생각한다면 X가 될 수 있는 값은 유한하다고 말할 수 있습니다. 하지만 실제로 X는 무수히 많습니다. X=3분 30초 2일 가능성도 X=3분 30초 26일 가능성도 있기 때문입니다. 측정 기기의 한계를 생각하지 않는다면 1초 미만 수는 얼마든지 자릿수를 늘릴 수 있습니다. X는 무수히 많습니다. 이럴 때 X가 될 수 있는 값은 연속(적)이라고 합니다.

---

100 피아니스트가 연주 도중에 갑자기 몸 상태가 나빠져 쓰러지거나 머리에 들어 있어야 할 악보를 잊어버려 즉흥적으로 계속 연주한다거나 하는 경우도 절대로 없다고는 할 수 없지만 그런 상황은 '터키행진곡' 연주로는 불충분하므로 여기서는 생각하지 않기로 합니다.

101 00초부터 59초까지는 60개이므로 전부 540개

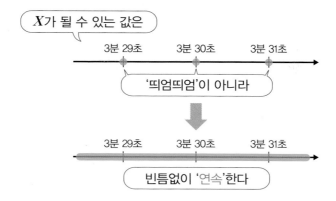

이렇게 하면 가령 $X = 3$분 30초 000…(딱 3분 30초)라고 하고 무수히 많은 각 값이 같은 정도로 가능하다고 가정하더라도

$$X = 3분 30초 000…가 될 확률 = \frac{1}{무수한 후보} \to 0$$

이 되어서[102] 부자연스럽다고 생각하는 사람이 적지 않을 것입니다.[103]

(ii)

앞에서 '명 연주가들의 터키 행진곡 베스트 30'의 연주 시간을 정리한 도수분포표와 히스토그램으로부터 알 수 있듯이 터키행진곡의 연주 대부분은 3분 15초 이상 3분 45초 미만입니다. 그러므로 지금부터 피아니스트가 연주하는 터키행진곡도 이 범위에 들어갈 가능성이 높고 그렇지 않을 가능성은 낮다고 말할 수 있을 것 같습니다. 즉, X가 될 수 있는 값 각각은 **같은 정도로 가능하다**[104]**고 할 수는 없습니다.** 그렇게 되면 X가 될 수 있는 값이 유한하다고 가정해도 더 이상 $\left(\dfrac{특정\ 사건\ 요소\ 수}{모든\ 사건\ 요소\ 수} \right)$을 사용해서 확률을 계산할 수 없습니다.

---

102 근원사건 각각이 같은 정도로 가능할 때, 특정 사건이 일어날 확률 = $\dfrac{특정\ 사건\ 요소\ 수}{모든\ 사건\ 요소\ 수}$

103 무수히 많은 것(무한한 것)을 유한한 것과 같은 방식으로 다루는 데서 발생하는 불합리성에 관해서는 〈다시 확률 통계(확률편)〉의 칼럼을 참조해 주세요.

104 어떤 사건이 일어나든 같은 정도로 기대할 수 있다는 의미입니다. 자세히는 〈다시 확률 통계(확률편)〉을 참고해 주세요.

어떻게 해야 되는 거예요?

'넓이가 확률을 나타낸다'는 개념을 응용해 봅시다.

앞에서는 30명의 연주를 조사해서 계급 폭이 15초인 히스토그램을 만들었는데 이번에는 100명의 연주를 조사해서 계급 폭이 5초인 히스토그램을 그린다고 하면 어떻게 될까요?

그림 2-17의 그래프는 그 결과를 나타낸 것이라고 생각합시다.[105] **그래프 안의 노란색 꺾은선은 각 직사각형 윗변의 중점을 연결한 선입니다.**

▼ 그림 2-17 100명의 연주를 조사하였다고 가정하고 그린 히스토그램

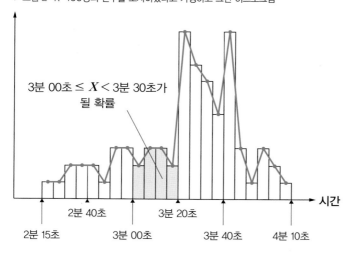

3분 00초 ≤ X < 3분 30초가 될 확률

2분 15초　　　2분 40초　　　3분 00초　　　3분 20초　　　3분 40초　　　4분 10초

시간

---

105 이 히스토그램은 가짜입니다. 실제 데이터를 사용한 것이 아닙니다.

그림 2-17도 역시 각 계급 위의 직사각형 넓이는 그 계급의 상대도수를 나타냅니다. **이 상대도수는 X(터키행진곡 연주 시간)가 그 계급에 포함될 확률을 나타낸다고 생각**해도 된다고 했습니다. 즉, 그림 2-17의 색칠된 직사각형의 넓이는 연주 시간이 3분 00초 이상 3분 20초 이하가 될 확률을 나타낸다고 생각할 수 있습니다.

더 나아가 **데이터의 크기**[106]**를 키워서 계급 폭을 좁게 만들면** 히스토그램 위의 각 직사각형은 점점 가늘어집니다. 결국, 한 개의 선분으로 착각할 정도로 직사각형이 무수히 많아집니다.

▼ 그림 2-18 계급 폭이 작아지면 직사각형은 선분으로 가까워진다

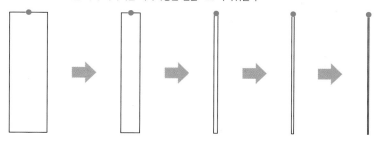

그렇게 됐을 때 각 직사각형 윗변의 중점을 연결한 **꺾은선은 부드러운 곡선에 가까워집니다.** 그림 2-19은 그럴 때의 꺾은선(곡선으로 보입니다)만 그린 그림입니다.

이렇게 되면 예를 들어 3분 00초 이상 3분 20초 미만 사이에 있는 히스토그램 직사각형(무수히 많은 선분) 넓이의 합은 그림 2-19의 그래프에서 색칠된 부분의 넓이와 같다고 생각할 수 있습니다.

---

106 데이터를 구성하는 관측값이나 측정값의 개수＝도수의 합입니다(35쪽).

▼ 그림 2-19 계급 폭이 매우 작아졌을 때 중점을 연결한 선은 곡선에 가까워진다

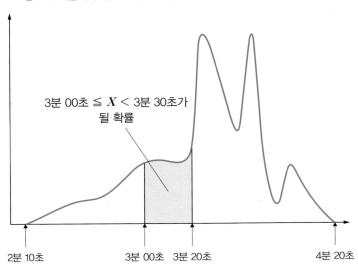

3분 00초 ≦ X < 3분 30초가
될 확률

2분 10초   3분 00초   3분 20초   4분 20초

여기까지는 어떻게든 알겠어요. 하지만 어째서 계급 폭을 좁게 만들 필요가 있나요? 어차피 넓이를 구한다면 계급 폭이 넓은 게 계산하기 편하지 않아요?

좋은 질문입니다. 그건 X가 될 수 있는 값이 연속적이기 때문에 $a \leq X < b$일 확률을 생각할 때 a나 b로 여러 가지 값을 넣을 수 있기 때문입니다. 예를 들어 그림 2-16의 히스토그램에서는 3분 02초 이상 3분 08초 미만인 확률 등을 생각하기가 오히려 어렵습니다.

이렇게 생각하면 X가 연속적인 값이 될 경우에도 X가 특정 범위 안의 값이 될 확률은 넓이로 나타낼 수 있을 것 같습니다.

앞 절까지는 띄엄띄엄한 값이 될 확률 X가 특정한 값이 될 때의 확률이 정해져 있을 때 X를 확률변수라고 불렀습니다(221쪽). 지금부터는 **변수 X가 될 수 있는 값이 연속(적)인 경우 X가 특정 범위에 포함될 확률이 정해져 있다면 X를 확률변수**라고 부릅니다. 단, 전자는 **이산확률변수**(discrete random variable), 후자는 **연속확률변수**(continuous random variable)로 나눠 구별합니다.

▼ 표 2-52 확률변수의 종류

종류	될 수 있는 값	확
이산확률변수	띄엄띄엄	특정 값이 될 확률이 확정
연속확률변수	연속(적)	특정 범위에 있을 확률이 확정

확률밀도함수: 여기서 적분이 등장

일반적으로 곡선으로 둘러싸인 도형의 넓이는 적분을 사용해서 나타낼 수 있습니다.[107]

[적분과 넓이]

$y=f(x)$와 $x=a$, $x=b$ $(a<b)$ 그리고 x축으로 둘러싸인 도형의 넓이 S는 $\int$ 와 dx를 사용하여 다음과 같이 나타냅니다.

$$S = \int_a^b f(x)dx \quad \cdots \bigstar$$

---

107 적분과 넓이의 관계에 관한 자세한 내용에 흥미가 있다면 〈다시 미분 · 적분〉(길벗, 2019)을 참고하세요.

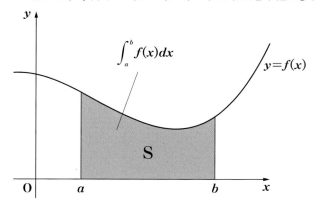

갑자기 적분이 등장해서 움츠러들수도 있습니다. 하지만 안심하세요. 통계에서는 실제로 적분값을 계산하는 상황은 (상당한 수준까지 공부를 하지 않는 한) 거의 없습니다. 오히려 당장은 옛 선배들이 계산한 결과를 이용하는 방법을 공부한다고 할 수 있습니다. 여기서는 다만 **넓이는 식 ★과 같은 기호를 사용하여 나타낼 수 있다**는 것만 이해하면 됩니다.

▮ 예 9 ▮ 적분 복습하기

▼ 그림 2-21 적분 복습

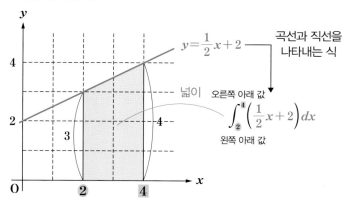

그림 2-21에 색칠된 도형(사다리꼴)의 넓이[108]는 다음과 같습니다.

$$\int_{2}^{4}\left(\frac{1}{2}x+2\right)dx = (3+4) \times 2 \div 2 = 7$$

연속확률변수의 확률분포는 어떻게 나타내나요?

일반적으로 **연속확률변수 X의 확률분포**를 생각할 때는 X에 하나의 곡선을 대응시켜서 $a \le X \le b$가 될 확률이 그림 2-22의 색칠된 부분의 넓이로 나타나도록 합니다. 이런 곡선을 **분포 곡선**(distribution curve)이라고 하고 **분포 곡선을 나타내는 방정식**을 $y = f(x)$라 할 때 $f(x)$를 **확률밀도함수**(probability density function)라고 합니다.

❤ 그림 2-22 확률밀도함수

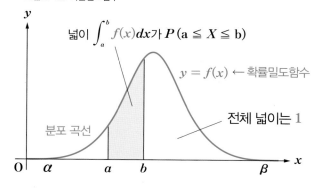

넓이 $\int_{a}^{b} f(x)dx$가 $P(a \le X \le b)$

$y = f(x)$ ← 확률밀도함수

전체 넓이는 1

분포 곡선

---

108 '사다리꼴의 넓이=(윗변+아랫변)×높이÷2'를 사용해서 계산했지만 정적분을 사용해서 계산하면

$$\int_{2}^{4}\left(\frac{1}{2}x+2\right)dx = \left[\frac{1}{4}x^{2}+2x\right]_{2}^{4} = \frac{1}{4}(4^{2}-2^{2})+2(4-2) = 3+4 = 7$$

입니다.

확률밀도함수의 중요한 성질을 정리해 둡시다.

정의 **확률밀도함수의 성질**

$f(x)$가 X의 확률밀도함수일 때 다음이 성립합니다.

(1) X가 될 수 있는 값의 범위에서 항상 $f(x) \geq 0$

(2) $P(a \leq X \leq b) = \displaystyle\int_a^b f(x)dx$

(3) X가 될 수 있는 값의 범위 $\alpha \leq X \leq \beta$ 일 때

$$\int_\alpha^\beta f(x)dx = 1$$

---

(1)은 확률은 음수가 되지 않는다는 사실에 대응합니다.

(2)은 확률밀도함수[109]의 정의입니다.

(3)은 **모든 확률을 더하면 1이 된다**는 사실에 대응하고 특히 중요합니다. 이 내용은 이번 이야기가 상대도수를 넓이로 갖는 히스토그램에서 시작했다는 사실을 기억한다면 상대도수의 합은 반드시 1인 것도 이해될 것입니다.

> X가 될 수 있는 값에 정해진 범위가 없을 때는 $f(x)$의 정의역은 실수 전체가 되므로 (3)은 다음과 같이 됩니다.
>
> $$\int_{-\infty}^{\infty} f(x)dx = 1$$

---

[109] 밀도라는 말은 '혼잡한 정도'를 나타낼 때 사용합니다. '밀도×부피＝무게'나 '인구밀도×넓이＝인구'죠. 밀도가 크면 같은 부피와 넓이를 곱했을 때의 값도 커집니다. 확률밀도함수도 그 값이 크면 X의 폭이 같아도 확률은 커져서 이런 이름이 붙었습니다.

(1)과 (3)은 $f(x)$이 확률밀도함수이기 위한 조건이기도 합니다. 또한, (2)로부터 다음 중요한 성질을 알 수 있습니다.

$$P(a \leq X \leq b) = \int_a^b f(x)dx$$

에서 특히 $b=a$일 때, 즉 다음과 같습니다.

$$P(a \leq X \leq a) = \int_a^a f(x)dx = 0$$

는 $X=a$를 의미하므로 결국 다음과 같습니다.

$$P(X = a) = \int_a^a f(x)dx = 0$$

확률변수가 연속형일 때 X가 어떤 한 값이 될 확률은 항상 0이라는 말입니다. 이는 $X=a$를 나타내는 선분은 (폭을 갖지 않으므로) 넓이가 0이라는 사실에 대응합니다.

앞에서 어떤 피아니스트가 연주하는 터키행진곡 연주 시간을 X라고 할 때 '$X=3$분 30초 000…가 될 확률→0'이 된다는 사실이 부자연스럽다고 느끼는 사람도 적지 않다고 이야기했지만(325쪽) 실은 이는 완벽하게 올바른 답입니다.

이 내용은 (2)의 확률밀도함수의 정의로부터 합리적으로 유도되는 결론이라고 말하고 끝낼 수도 있지만 여기서는 조금 더 이유를 생각해 봅시다.

연속확률변수는 시간, 길이, 넓이, 무게 등 대부분 '측정'해서 구하는 값입니다. 측정의 정밀도에는 제한이 있습니다. 또한, 더 작은 숫자를 측정하면 측정할수록 오차도 생깁니다. 소수점 이하에 0이 영원히 계속되는 시간을 실제로 그리고 확실하게 측정하는 건 불가능합니다.

또한, 확률이란 원래 '어떤 사건이 일어나리라 기대되는 정도를 나타내는 수치'입니다. 3분 30초 000…(0이 영원히 계속된다)라는 시간을 측정하는 건 불가능한데도 어떤 피아니스트의 연주 시간이 3분 30초 000…(앞과 같다)임을 기대한다는 건 웃긴 이야기입니다. 마찬가지로 연속하는 값이 될 수 있는 X가 어떤 특정한 한 값이 되는 건(그런 일이 실현된다＝그 값이 측정된다) 기대할 수 없습니다. 그렇기 때문에 '연속확률변수 X가 어떤 한 값이 될 확률은 0'입니다.

혹시라도 예리한 분 중에서 332쪽에서는

$$3분 00초 \leq X < 3분 15초가 될 확률$$

이라고 자연스럽게 썼는데 어느샌가

$$a \leq X \leq b가 될 확률$$

로 두 부등호 모두에 등호(＝)가 붙어있는 걸 의아해하는 분도 있을 것입니다. 하지만 연속확률변수에서는

$$P(X = a) = 0$$

이기 때문에 **확률변수의 범위에 등호가 있든 없든 확률은 같습니다.** 실제로

$$
\begin{aligned}
P(a \leq X \leq b) &= P(a \leq X < b) + P(X = b) \\
&= P(a \leq X < b) + 0 \\
&= P(a \leq X < b) \\
P(a \leq X \leq b) &= P(X = a) + P(a < X \leq b) \\
&= 0 + P(a < X \leq b) \\
&= P(a < X \leq b) \\
P(a \leq X \leq b) &= P(X = a) + P(a < X < b) + P(X = b) \\
&= 0 + P(a < X < b) + 0 \\
&= P(a < X < b)
\end{aligned}
$$

가 되어서 결국 다음 식이 성립합니다.

$$\boldsymbol{P(a \leq X \leq b) = P(a \leq X < b) = P(a < X \leq b) = P(a < X < b)}$$

확률변수 X 값의 범위가 $0 \leq X \leq 2$이고 확률밀도함수가

$$f(x) = \frac{1}{2}x \quad (0 \leq x \leq 2)$$

일 때 $P(0 \leq X \leq 1)$을 구해 봅시다.

$$P(a \leq X \leq b) = \int_a^b f(x)dx$$

구하려는 확률은

$$P(0 \leq X \leq 1) = \int_0^1 f(x)dx = \int_0^1 \left(\frac{1}{2}x\right)dx$$

이고 이 적분은 그림 2–23의 넓이를 나타냅니다.

▼ 그림 2–23 적분

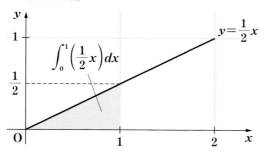

따라서

$$P(0 \leq X \leq 1) = \int_0^1 \left(\frac{1}{2}x\right)dx = 1 \times \frac{1}{2} \div 2 = \frac{1}{4}$$

예 10 의 확률밀도함수

$$f(x) = \frac{1}{2}x \quad (0 \leq x \leq 2)$$

가 332쪽에서 소개했던 확률밀도함수의 조건

· X가 될 수 있는 값의 범위에서 항상 $f(x) = 0$

· X가 될 수 있는 값의 범위가 $\alpha \leq X \leq \beta$일 때

$$\int_\alpha^\beta f(x)dx = 1$$

을 만족한다는 사실을 확인해 봅시다.

연속확률변수의 기댓값, 분산, 표준편차

연속확률변수에도 기댓값(또는 평균), 분산, 표준편차가 정의돼 있습니다.

정의 **연속확률변수의 기댓값, 분산, 표준편차**

연속확률변수 X가 될 수 있는 값의 범위가 $\alpha \le X \le \beta$이고 확률밀도함수가 $f(x)$일 때 다음이 성립합니다.

기댓값(또는 평균) : $E(X) = \displaystyle\int_{\alpha}^{\beta} xf(x)dx$

분산 : $V(X) = \displaystyle\int_{\alpha}^{\beta} (x - m)^2 f(x)dx$

(단, $m = E(X)$)

표준편차 : $\sigma(X) = \sqrt{V(X)} = \sqrt{\displaystyle\int_{\alpha}^{\beta} (x - m)^2 f(x)dx}$

뭔가 무시무시한 식이 늘어서 있네요.

하지만 이 식은 이산확률변수의 기댓값(또는 평균), 분산, 표준편차를 살짝 변형하면 이해할 수 있는 정의입니다.

'살짝 변형'이란 **이산확률변수 X에 대해** X 값이 x_k이 될 확률이 p_k일 때 즉,

$$P(X = x_k) = p_k$$

일 때

$$p_k \to f(x_k)\Delta x$$

로 하는 변환입니다.[110] 이는 이산확률변수를 연속확률변수의

$$x_k - \frac{\Delta x}{2} \le X \le x_k + \frac{\Delta x}{2}$$

---

110 Δ는 '델타'라고 읽고 알파벳 D에 해당하는 그리스 문자입니다. 수학을 시작으로 자연과학 전반에서 차이(특히 작은 차이)를 나타낼 때 자주 사용합니다. Δx는 'x의 작은 차이'라는 의미입니다.

로 치환했음을 의미합니다.

무슨 말을 하는지 도통 모르겠어요.

어렵게 이런 식이다라고 적어놨지만 **이런 변환은 우리들이 일상생활에서 매우 당연하게 받아들이고 있습니다.**

예를 들어 '아침 최고 기온이 20℃가 될 확률은 80%입니다'라는 말을 일상에서 들었을 때[111] 딱 '20.00…(소수점 이하 0이 영원히 계속된다)℃가 될 확률은 80%구나'라고 생각하지 않지요?

역시 (무의식적으로) '내일 최고 기온이 소숫점 첫째 자리를 반올림해서 20℃가 될 확률은 80%'라고 해석하는 사람[112]이 대부분 아닐까요?

내일 최고 기온을 X로 두면 **'내일 최고 기온이 20℃가 될 확률은 80%입니다'** 라는 말은 X를 이산확률변수라고 생각해서 다음과 같이 나타냅니다.

$$P(X = 20℃) = 0.80$$

'내일 최고 기온이 소수점 첫째 자리에서 반올림했을 때 20℃가 될 확률은 80%' 라는 말은 X를 연속확률변수로 생각하면 다음과 같습니다.

$$P(19.5℃ \leq X < 20.5℃) = 0.80$$

---

111 실제로 일기예보에서는 최고 기온이나 최저 기온을 확률로 말하지는 않지만 그렇게 한다고 생각해 주세요.

112 이렇게까지 명시적이지 않아도 보통 '내일 최고 기온이 20℃ 정도가 될 확률은 80%'라고 해석합니다.

즉,

$$P(X = 20℃) \rightarrow P(19.5℃ \leq X < 20.5℃) \quad \cdots ①$$

라고 머릿속으로 변환하고 있다는 말입니다.[113] 이 해석의 변환을 그림으로 그리면 그림 2-24와 같습니다.

❤ 그림 2-24 이산확률변수를 연속확률변수로 변환

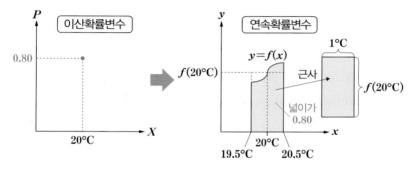

더 나아가 X를 연속확률변수로 생각할 때 $P(19.5℃ \leq X < 20.5℃) = 0.80$을 나타내는 곡선으로 둘러싸인 넓이를 폭이 1℃이고 높이가 $f(20℃)$인 직사각형으로 근사하면 다음과 같이 적을 수 있습니다.

$$P(19.5℃ \leq X < 20.5℃) \fallingdotseq f(20℃) \times 1℃$$

이 근사를 사용하면 식 ①의 변환은 다음과 같이 고쳐 쓸 수 있습니다.

$$P(X = 20℃) \rightarrow P(19.5℃) \leq X < 20.5℃) \fallingdotseq f(20℃) \times 1℃$$

앞에서 썼던 $\boldsymbol{p_k} \rightarrow \boldsymbol{f(x_k)}\Delta x$는 이 내용을 일반화한 것[114]입니다. 즉, 다음과 같

---

113 $P(X=20℃)$라고 썼을 때 X는 이산확률변수고 $P(19.5℃ \leq X < 20.5℃)$라고 썼을 때 X는 연속확률변수임에 주의하세요.

114 앞 예에서 20℃ $\rightarrow x_k$, 1℃ $\rightarrow \Delta x$라고 했습니다.

습니다.[115]

$$P(X = x_k) = p_k \rightarrow P\left(x_k - \frac{\Delta x}{2} \leq X \leq x_k + \frac{\Delta x}{2}\right) \fallingdotseq f(x_k)\,\Delta x$$

그림으로 나타내면

❤ 그림 2-25 근사를 사용하여 나타낸 이산확률변수의 연속확률변수로의 변환

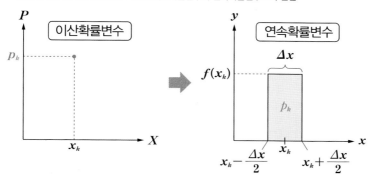

여기서 다시 한번 이산확률변수와 연속확률변수의 기댓값(또는 평균), 분산, 표준편차를 비교해 봅시다.

	이산형 확률변수	연속형 확률변수	의미
기댓값 (또는 평균)	$\displaystyle\sum_{k=1}^{n} x_k p_k$	$\displaystyle\int_{\alpha}^{\beta} x f(x)dx$	확률변수 분포의 중심이 되는 값
분산	$\displaystyle\sum_{k=1}^{n} (x_k - m)^2 p_k$	$\displaystyle\int_{\alpha}^{\beta} (x - m)^2 f(x)dx$	기댓값(또는 평균)으로부터 흩어진 정도
표준편차	$\displaystyle\sqrt{\sum_{k=1}^{n} (x_k - m)^2 p_k}$	$\displaystyle\sqrt{\int_{\alpha}^{\beta} (x - m)^2 f(x)dx}$	위와 같다(분산과 같다)

---

115 끈질기지만 $P(X = x_k)$라고 쓸 때의 X는 이산확률변수고 $P\left(x_k - \frac{\Delta x}{2} \leq X \leq x_k + \frac{\Delta x}{2}\right)$라고 쓸 때의 X는 연속확률변수입니다. 또한, $P(19.5℃ \leq X < 20.5℃) = P(19.5℃ \leq X \leq 20.5℃)$이므로 일반형으로는 X의 범위를 나타내는 부등호 양쪽에 등호를 붙였습니다.

여기서 살짝 적분 기호의 의미를 알아봅시다.

적분이란 원래 넓이를 구하기 위한 것이고 그 본질은 작게 나눈 것을 모아서 더하는 것입니다.

▼ 그림 2-26 적분

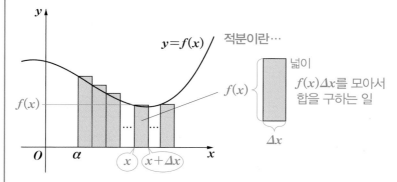

$f(x)$의 **적분**은 $f(x)\Delta x$를 모아서 합을 구한다는 의미로, 기호로는 다음과 같이 나타냅니다.

$$\int f(x)dx$$

$\int$은 **인테그랄**(integral)이라고 읽는데 이 기호는 합이나 더하기를 나타내는 영어 Sum의 첫 글자 S를 위아래로 늘인 것이라고 생각하면 됩니다. 또한, **dx는 한 없이 작은 Δx**를 뜻합니다.

$$\text{Sum of } f(x)\underset{dx}{\underline{\Delta x}} \implies \int f(x)\,dx$$

$f(x)\Delta x$의 합

그런데 Σ 기호도 순서대로 더한다는 의미이고 Σ도 역시 Sum의 첫 글자 S에 해당하는 그리스문자입니다.

실제로 $p_k \rightarrow f(x_k)\Delta x$로 변환한 후 이산확률변수의 정의식에서

$$\sum \rightarrow \int , \quad \Delta x \rightarrow dx$$

라고 생각하면 연속확률변수의 기댓값(또는 평균), 분산, 표준편차의 정의식도
이해하기 쉬울 것입니다.[116]

마지막으로 연속확률변수의 분산이 달라지면 확률밀도함수 형태에 어떤 영향
을 미치는지를 살펴봅시다.

확률밀도함수와 x축으로 둘러싸인 부분의 전체 넓이는 반드시 '1'이 되므로 분
산(과 표준편차)이 크다면 확률밀도함수의 그래프는 높은 봉우리가 없는 부드
러운 곡선이 되고 분산이 작다면 높은 봉우리가 있는 뾰족한 곡선이 됩니다.

❤️ 그림 2-27 분산 크기에 따른 확률밀도함수의 형태

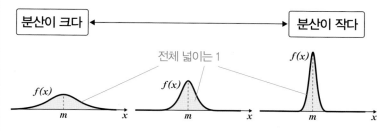

예제 8 ──────────────────────────────── 상수함수인 경우

확률변수 X가 될 수 있는 값의 범위가 $0 \leq X \leq 3$이고 확률밀도함수가 $f(x) = a$
라고 합시다. 단, a는 상수이고 $a \geq 0$이라고 합니다.

(1) a 값을 구하세요.

(2) 확률변수 X의 기댓값 $E(X)$를 구하세요.

---

116 덧붙여 $x_k \rightarrow x$가 되는데 이는 X가 연속적인 변수가 됐음을 의미한다고 생각하세요.

(1)은 확률밀도함수가 만족해야 하는 조건에서 생각합니다.

- X가 될 수 있는 값의 범위에서 항상 $f(x) = 0$
- X가 될 수 있는 값의 범위가 $\alpha \leq X \leq \beta$일 때

$$\int_{\alpha}^{\beta} f(x)dx = 1$$

(2)는 적분을 계산할 수 있다면 정의대로 계산하면 됩니다. 적분에 자신이 없는 사람은 그래프를 그려서 넓이를 직접 계산합시다.

해답

(1) 확률밀도함수가 만족해야 하는 조건에 따라

$$\int_{0}^{3} a\,dx = 1 \quad \cdots ①$$

이 됩니다. 좌변의 적분은 그림 2–28의 직사각형 넓이에 해당하므로 다음과 같이 계산할 수 있습니다.

▼ 그림 2–28 확률밀도함수 그래프

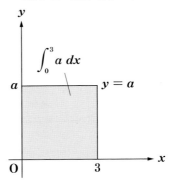

$$\int_{0}^{3} a\,dx = 3a \quad \Rightarrow \quad \cdots ①로부터$$

$$3a = 1 \quad \Rightarrow \quad a = \frac{1}{3}$$

(2) (1)에서 $f(x) = \dfrac{1}{3}$ 이므로 정의로부터

$$E(x) = \int_{\alpha}^{\beta} xf(x)dx$$

$$E(X) = \int_{0}^{3} xf(x)dx = \int_{0}^{3} x \cdot \frac{1}{3}dx = \int_{0}^{3} \left(\frac{1}{3}x\right)dx$$

제일 오른쪽 적분은 그림 2–29의 삼각형 넓이에 해당하므로 다음과 같이 계산

할 수 있습니다.

▼ 그림 2-29 확률밀도함수 그래프

$$\int_0^3 \left(\frac{1}{3}x\right)dx = 3 \times 1 \div 2 = \frac{3}{2}$$

$$\Rightarrow \quad E(X) = \frac{3}{2}$$

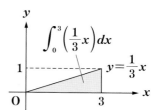

《다른 풀이》

(2)에서 적분을 계산하면

$$E(X) = \int_0^3 \left(\frac{1}{3}x\right)dx = \left[\frac{1}{6}x^2\right]_0^3 = \frac{1}{6}(3^2 - 0^2) = \frac{3}{2}$$

참고로 분산은 다음과 같이 계산할 수 있습니다.

$$V(X) = \int_0^3 (x-m)^2 f(x)dx$$

$$= \int_0^3 \left(x - \frac{3}{2}\right)^2 \cdot \frac{1}{3}dx$$

$$= \frac{1}{3}\int_0^3 \left(x^2 - 3x + \frac{9}{4}\right)dx$$

$$= \frac{1}{3}\left[\frac{1}{3}x^3 - \frac{3}{2}x^2 + \frac{9}{4}x\right]_0^3$$

$$= \frac{1}{3}\left\{\frac{1}{3}(3^3 - 0^3) - \frac{3}{2}(3^2 - 0^2) + \frac{9}{4}(3-0)\right\}$$

$$= \frac{1}{3}\left(\frac{27}{3} - \frac{27}{2} + \frac{27}{4}\right) = \frac{9}{12} = \frac{3}{4}$$

증명은 생략하지만 앞에 사용한 공식은 다음과 같습니다.

$$\int_\alpha^\beta x^n\, dx = \left[\frac{1}{n+1}x^{n+1}\right]_\alpha^\beta = \frac{1}{n+1}(b^{n+1} - a^{n+1})$$

정규분포란? 8가지 특징

확률밀도함수 중에서 가장 자주 등장하면서 가장 중요한 함수는 정규분포
(normal distribution)입니다.[117]

▼ 그림 2-30 정규분포

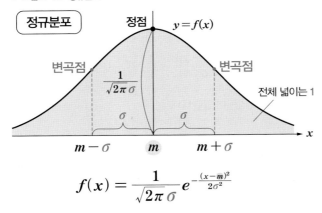

$$f(x) = \frac{1}{\sqrt{2\pi}\,\sigma} e^{-\frac{(x-m)^2}{2\sigma^2}}$$

여기서 그림 2-30의 각 문제는 다음을 나타냅니다.

   σ : 표준편차

   m : 기댓값(또는 평균)

   $\pi = 3.1415926\cdots\cdots$ (원주율: 상수)

   $e = 2.7182818\cdots\cdots$ (자연로그의 밑: 상수)

정규분포 확률밀도함수 $f(x)$를 나타내는 수식은 몸이 움츠러들 정도로 복잡한
수식이지만 정규분포가 보여주는 그래프는 매우 아름다운 **종형 곡선**(bell curve)
입니다. 정규분포 확률밀도함수 그래프는 정규분포 곡선(normal distribution
curve) 또는 정규 곡선(normal curve)이라고 부릅니다.[118] 정규분포 곡선의 특징
을 정리해 둡시다.

---

117 정규분포 발견의 역사나 이름의 유래 등은 이 절 칼럼(383쪽)을 참고하세요.

118 '**오차곡선**'이나 '**가우스 곡선**'이라고도 합니다. 이 이름의 유래는 348쪽에 있습니다.

정리	정규분포 곡선의 8가지 특징

(i) 봉우리(정점)가 1개이다

(ii) 좌우대칭이다

(iii) m 위에 봉우리(정점)가 있다

(iv) 평균에서 σ만큼 떨어진 곳에 변곡점

(v) x의 범위는 $-\infty \leq x \leq \infty$

(vi) 그래프와 x축으로 둘러싸인 전체 넓이는 1

(vii) x축에 한없이 가까워진다

(viii) 봉우리(정점)의 높이는 $\dfrac{1}{\sqrt{2\pi}\sigma}$

정규분포 곡선의 전체 형태는 정점의 위치와 변곡점의 위치만으로 **정해집니다.**
변곡점이란 곡선의 휘는 방향이 ↗(아래로 볼록 ▽)에서 ↘(위로 볼록 △)으로
변하거나 ↘에서 ↗로 변하는 점을 말합니다.

그리고 정규분포의 정점과 변곡점은 기댓값(또는 평균) m과 표준편차 σ에 의해
정해집니다.

다음으로 정규분포의 확률밀도함수도 살펴봅시다. 다시 한번 적어 보면……

$$f(x) = \frac{1}{\sqrt{2\pi}\,\sigma}\,e^{-\frac{(x-m)^2}{2\sigma^2}} \quad \cdots ☆$$

이 식은 (적어도 지금 단계에서는) 기억할 필요가 없으므로 안심하
세요!

또한, 참고서 등에서는 $f(x) = \dfrac{1}{\sqrt{2\pi}\sigma}\exp\left\{-\dfrac{(x-m)^2}{2\sigma^2}\right\}$ 로
적혀있을 때도 있는데 $\exp▲ = e^{▲}$이므로 같은 식입니다. $\exp▲$
(읽는 방법: 익스포넨셜 ▲)은 지수함수의 지수(오른쪽 위)를 강조
하고 싶을 때 자주 사용하는 기호입니다.

분명 매우 복잡한 수식입니다. 실제로 이렇게 정의되는 $f(x)$가 '정규분포 곡선의 8가지 성질'을 만족하는 곡선이 되는지 확인하기는 쉽지 않습니다.[119] 특히 조건 (vi)

$$\int_{-\infty}^{\infty} f(x)dx = 1$$

를 보이려면 보통 대학교 1학년 때 배우는 **가우스 적분**을 사용해야합니다. 가우스 적분은 대학원 입학 시험에서도 자주 출제되는 문제이지만 고등학교 수학에서는 다루지 않습니다. 단, 흥미가 있는 분을 위해 나중에(376쪽) 계산 방법을 소개합니다.

어찌 되었든 지금은 앞 수식으로 나타낼 수 있는 곡선이 정규분포 곡선이 된다는 사실을 확인할 필요는 없습니다. 그뿐 아니라 앞 수식을 기억할 필요도 없습니다. 계산이 어려운 부분은 모두 선배들이해 두었으므로 지금 단계에서는 계산 결과를 어떻게 사용할지를 알고 있으면 충분합니다.

앞에서 이야기했던 대로 정규분포 곡선의 형태는 **기댓값(또는 평균) m과 표준편차 σ에 의해 결정되므로**, 일반적으로 확률변수 X에 대해 ☆로 표현한 $f(x)$가 확률밀도함수를 따를 때 **X는** 정규분포 $N(m, \sigma^2)$**을 따른다**고 합니다.

m은 기댓값(또는 평균)이고 σ는 표준편차이므로 당연하지만 다음과 같이 정리할 수 있습니다.

공식　**정규분포의 기댓값, 분산, 표준편차**

X가 정규분포 $N(m, \sigma^2)$를 따를 때

$$\text{기댓값(평균)}: E(X) = m$$
$$\text{분산}\qquad : V(X) = \sigma^2$$
$$\text{표준편차}\quad : \sigma(X) = \sigma$$

---

119 **지수함수**에 관한 지식이 있다면 이 $f(x)$ 그래프가 정점이 하나라는 것, 좌우대칭이라는 것, x축에 한없이 가까워진다(**접근한다**고 합니다)는 것, $x = m$에 정점이 있다는 것 등을 확인하는 건 비교적 간단합니다.

▨ 예 11 ▨ 공식에 익숙해지자

확률변수 X가 정규분포 $N(10,\ 4)$를 따를 때 다음과 같습니다.

기댓값(평균): $E(X) = 10$,　분산: $V(X) = 4$

표준편차: $\sigma(X) = \sqrt{4} = 2$

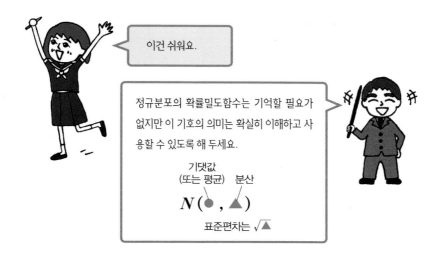

이건 쉬워요.

정규분포의 확률밀도함수는 기억할 필요가 없지만 이 기호의 의미는 확실히 이해하고 사용할 수 있도록 해 두세요.

기댓값
(또는 평균)　분산

$$N(\,\bullet\,,\,\blacktriangle\,)$$

표준편차는 $\sqrt{\blacktriangle}$

또한, X가 정규분포 $N(m,\ \sigma^2)$를 따를 때 $E(X) = m$이고 $V(X) = \sigma^2$이라는 것은 연속확률변수의 기댓값(또는 평균)과 분산의 정의(336쪽)로부터 다음과 같음을 의미합니다.

$$E(X) = \int_{-\infty}^{\infty} xf(x)dx = \int_{-\infty}^{\infty} x\frac{1}{\sqrt{2\pi}\,\sigma} e^{-\frac{(x-m)^2}{2\sigma^2}} dx = m$$

$$V(X) = \int_{-\infty}^{\infty} (x-m)^2 f(x)dx = \int_{-\infty}^{\infty} (x-m)^2 \frac{1}{\sqrt{2\pi}\,\sigma} e^{-\frac{(x-m)^2}{2\sigma^2}} dx = \sigma^2$$

노란 글씨 부분은 매우 어려운 적분 계산이지만 결과는 맥빠질 정도로 간단합니다. 의외이면서 간결한 이 결론에 287쪽 칼럼에서 소개한 '수학의 아름다움'을 느끼는 사람이 저뿐만은 아닐 것입니다.

빵집의 사기를 꿰뚫어 본 푸앙카레

자연현상이나 사회현상 중에는 데이터 분포가 정규분포에 가까운 것이 적지 않습니다. 예를 들어 떨어지는 빗방울의 크기나 생물의 키, 무게, 심지어 수능 시험 등 많은 사람이 치르는 시험 결과도 정규분포에 가까운 것으로 알려져 있습니다.

이게 다예요? 그러면 그렇게 응용 범위가 넓은 것 같지 않은데요…….

확실히 이게 다라면 그렇게 중요하게 느껴지지 않을지도 모르겠습니다. 하지만 정규분포(곡선)에는 이 밖에도 오차곡선, 다른 분포의 근사곡선 그리고 모집단에서 추출한 표본의 평균이 따르는 분포(중심극한정리)라는 점에서 매우 중요한 분포라고 할 수 있습니다.

정규분포 곡선에는 오차곡선(error curve)이라는 별명이 있습니다.

어떤 기준을 목표로 해서 뭔가를 만들 때 사람이 만드는 경우는 물론 기계가 작업하는 경우에도 엄밀히 말하면 반드시 오차가 생깁니다.[120] 기준보다 작거나 커지게 되는 이유입니다. 마찬가지로 무언가를 측정할 때도 측정오차를 피할 수는 없습니다. 그런 '오차의 크기'는 자주 정규분포를 따른다[121]는 사실이 알려져 있습니다.

---

120 길이나 무게는 연속형 변수이므로 정확히 기준대로 (소수점 이하에 0이 영원히 계속되는) 물건을 만들 가능성은 0이기 때문입니다(333쪽).

121 오차의 크기가 정규분포가 된다는 사실을 처음 발견한 사람은 **카를 프리드리히 가우스**(1777–1855)입니다. 그 공적으로 정규분포는 **가우스 분포**라고도 불립니다(자세한 내용은 칼럼을 참고해 주세요).

오차가 있는 곳에 정규분포가 있다는 말입니다. 이렇게 생각하면 모든 상황에 정규분포를 사용할 수 있을 것 같은 느낌이 들지 않나요? 실제로 19세기에는 **케틀레**(40쪽, 82쪽)**나 골턴**(185쪽) 등을 중심으로 통계학자 대부분이 '정규 곡선이 아니고서는 데이터를 표현하는 건 생각할 수 없다'고 생각했습니다. '정규분포 지상주의' 시대가 왔던 것입니다.

앞 칼럼(81쪽)에서 케틀레가 '평균인'이라는 개념을 만들었다고 이야기했는데, 그 인간 사회의 평균에서 오차가 여러 가지 경우에 정규분포를 따른다는 것을 처음 발견한 것도 케틀레였습니다. 그때까지 천문학이나 측지학 등 측정이 수반되는 극히 일부 자연과학에서만 사용되고 있던 오차곡선(정규 곡선)을 인간 집단에 대해서도 이용할 수 있다는 사실을 보인 점은 획기적이라서 케틀레가 그랜트와 나란히 '근대 통계학의 아버지'라고 불리는 이유입니다.

어떤 수학자가 정규분포를 오차곡선으로 활용했던 유명한 일화를 소개합니다.[122]

위상기하학의 대가로 알려진 19세기 말부터 20세기 초에 걸쳐 활약했던 프랑스 수학자 **쥘 앙리 푸앙카레**(1852–1912)는 한 빵집을 자주 이용했습니다.

푸앙카레가 즐겨 찾는 빵은 '1kg짜리 식빵'이었다고 합니다. 거의 매일 사는 그 빵이 정말 1kg인지 아닌지를 확인하고 싶었던 푸앙카레는 어느 순간부터 사 온 빵의 무게를 측정하기 시작했습니다. 당연히 항상 정확하게 1kg이 아니라는 사실은 알고 있었지만 1kg을 중심으로 정규분포가 되기를 기대했을 것입니다. 그런데 1년치 데이터가 모였을 때 그래프를 그려보니 950g을 중심으로 정규분포가 됐습니다. 이 말은 빵집이 원래부터 50g을 속여서 950g짜리 빵을 만들려고 했다는 말입니다. 푸앙카레는 이 사실을 알고 빵집에 경고했습니다. 빵집은 아마 '쳇, 수학자는 못 속였구먼'이라며 씁쓸해했을 것입니다.

그 후에도 의심 많은 푸앙카레는 기록을 계속했습니다. 빵집에 경고한 후에 다시 빵 무게를 그래프로 그려보니 이번에는 정규분포가 되지 않고 오른쪽(무거

---

122 이 일화가 정말 실화인지는 의심스럽다는 의견도 있지만 정규 곡선의 활용법으로 이해하기 쉬우므로 소개합니다.

운 쪽)으로 왜곡된 그래프가 된 것을 발견했습니다. 이걸 본 푸앙카레는 빵집은 여전히 1kg보다 가벼운 빵을 만들고 있고 말 많은 자기에게만 그때 가게에 있는 빵 중에서 무거운 빵을 골라서 준다는 사실을 꿰뚫어 봤습니다.

푸앙카레는 다시 빵집에 경고했습니다. 푸앙카레를 경계해서 무거운 빵을 줬음에도 1kg보다 가벼운 빵을 계속 만들고 있다는 사실을 들킨 빵집은 첫 번째 경고와는 비교도 안 될 정도로 놀랐다고 합니다.

이렇게 **정규분포가 돼야 할 분포가 그렇지 않았을 경우 뭔가 부자연스러운 힘이 작용했다고 생각할 수 있습니다.** 즉 이상한 점을 발견할 수 있다는 말입니다.

정규분포의 넓은 응용 범위와 중요성

정규분포에는 다른 분포의 근사곡선이 될 수 있다는 측면도 있습니다. 다음에 살펴보겠지만 특히 2항분포를 정규분포로 근사할 수 있다는 사실은 매우 유용합니다. 세상에는 결과가 성공이나 실패와 같이 양자택일인 베르누이 시행(298쪽)인 경우가 많고 이를 반복한 결과는 2항분포를 따르므로 2항분포를 근사할 수 있다면 그것만으로도 정규분포의 응용 범위는 굉장히 넓어짐을 알 수 있을 것입니다.

또한, 모집단이 정규분포여도 정규분포가 아니어도 모집단에서 추출한 표본(샘플)의 평균은 정규분포가 된다는 사실도 알려져 있습니다. 자세히는 칼럼(383쪽)과 다음 절에서도 다루지만 이를 **중심극한정리**(Central Limit Theorem)라고 합니다. 정규분포가 중심극한정리에 힘입어 더 중요해졌다고 말해도 과언이 아닙니다.

지금까지 살펴본 정규분포의 중요성을 정리해 둡시다.

> **정리** | **정규분포의 중요성**
>
> 1. 자연현상과 사회현상 중에는 정규분포가 되는 것이 많습니다.
> 2. '오차의 크기'가 따르는 분포입니다.
> 3. 2항분포 등 다른 분포를 근사할 수 있습니다.
> 4. 표본평균이 따르는 분포입니다(중심극한정리).

표준정규분포: 다른 모두를 측정할 수 있는 척도

앞에서 본 것처럼 정규분포는 매우 중요한데 그 분포가 기댓값(또는 평균) m과 표준편차 σ에 의해 정해지므로 m과 σ에 아무 값이나 대입하여[123] 무수히 많은 정규분포가 존재할 수 있습니다. 정규분포의 확률밀도함수는 복잡해서 정규분포를 따르는 확률변수 X가 존재하는 범위에 있는 확률을 그때마다 계산하는 건 너무 힘들고 수학을 상당히 잘하지 않으면 어렵습니다. 그래서 정규분포를 이용하는 데 상당히 제한적입니다.

하지만 안심하세요. 정규분포는 다음과 같은 멋진 성질이 있습니다!

> **정리** | **정규분포의 변수변환**
>
> 확률변수 X가 정규분포 $N(m, \sigma^2)$를 따를 때
>
> $$Y = aX + b \ (a, b\text{는 상수})$$
>
> 라고 하면 Y는 정규분포 $N(am + b, a^2 \sigma^2)$을 따른다.

---

[123] 단, m은 (기댓값 또는 평균이므로) 실수, σ는 (표준편차이므로) 양의 실수입니다.

왜 이게 멋진 거예요?

단 하나의 정규분포를 자세히 알아두면 다른 정규분포도 알 수 있기 때문이지만…… 이제부터 자세히 설명합니다!

앞에서 X가 이산확률변수일 때 $Y = aX + b$로 변수변환을 하면 다음 두 식이 성립합니다(240쪽, 244쪽).

$$E(Y) = E(aX + b) = aE(X) + b$$
$$V(Y) = V(aX + b) = a^2 V(X)$$

사실 **X가 연속확률변수일 때도 똑같은 식이 성립합니다.**[124] 따라서 X가 정규분포 $N(m, \sigma^2)$을 따를 때, 즉 연속확률변수 X에 대해 $E(X) = m$, $V(X) = \sigma^2$일 때 $Y = aX + b$라고 하면 다음이 성립합니다.

$$E(Y) = E(aX + b) = aE(X) + b = am + b$$
$$V(Y) = V(aX + b) = a^2 V(X) = a^2 \sigma^2$$

따라서 Y의 기댓값(또는 평균)은 $am + b$이고 분산은 $a^2\sigma^2$이 됩니다.

그러면 확률분포는 어떻게 될까요? 실은 X가 정규분포를 따를 때 $Y = aX + b$가 따르는 확률분포도 정규분포가 된다는 사실이 알려져 있습니다.[125] 따라서 Y는 $N(am + b, a^2\sigma^2)$를 따릅니다.

---

[124] 단, 증명은 조금 어려우므로 다음(380쪽)에 정리합니다.

[125] 이 내용을 증명하려면 '모멘트 모함수'라는 중급 이상의 통계 지식이 필요하므로 이 책에서는 생략합니다.

'정규분포의 확률변환'을 사용하면 특히

$$Z = \frac{X - m}{\sigma}$$

일 때 **Z는 정규분포** $N(0, 1)$을 따른다고 알려져 있습니다.[126] 이 **정규분포 $N(0, 1)$을** 표준정규분포(standard normal distribution)라고 합니다.

참고로 표준정규분포를 따르는 Z의 확률밀도함수는 다음과 같습니다.[127]

$$f(Z) = \frac{1}{\sqrt{2\pi}} e^{-\frac{z^2}{2}}$$

증명

$$E(X) = m, \quad V(X) = \sigma^2, \quad z = \frac{X - m}{\sigma}$$

$$E(Z) = E\left(\frac{X - m}{\sigma}\right) = E\left\{\frac{1}{\sigma}X + \left(-\frac{m}{\sigma}\right)\right\} \qquad \boxed{E(aX + b) = aE(X) + b}$$

$$= \frac{1}{\sigma}E(X) + \left(-\frac{m}{\sigma}\right) = \frac{1}{\sigma}m - \frac{m}{\sigma} = 0$$

$$V(Z) = V\left(\frac{X - m}{\sigma}\right) = V\left\{\frac{1}{\sigma}X + \left(-\frac{m}{\sigma}\right)\right\} = \left(\frac{1}{\sigma}\right)^2 V(X) = \frac{1}{\sigma^2} \cdot \sigma^2 = 1$$

$$\boxed{V(aX + b) = a^2 V(X)}$$

증명 끝

---

[126] 즉, Z는 평균이 0, 표준편차가 1인 정규분포를 따릅니다. 'Z'를 사용하는 건 관례지만 보통 변수변환 'Y'가 아니라 특별한 변수변환입니다라는 의미로 사용합니다.

[127] 345쪽의 식 ☆에 $m = 0$, $\sigma^2 = 1$을 대입하면 구할 수 있습니다.

표준정규분포로 변환

확률변수 X가 정규분포 $N(m, \sigma^2)$를 따를 때

$$Z = \frac{X - m}{\sigma}$$

이라고 하면 확률변수 Z는 표준정규분포 $N(0, 1)$을 따른다.

표준정규분포 그래프는 그림 2−31과 같습니다.[128]

▼ 그림 2−31 표준정규분포 그래프

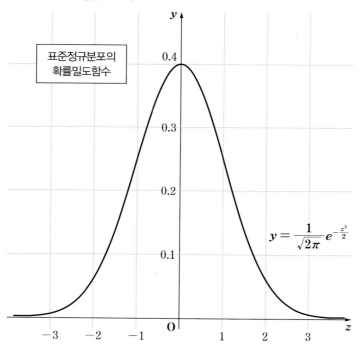

표준정규분포의
확률밀도함수

$$y = \frac{1}{\sqrt{2\pi}} e^{-\frac{z^2}{2}}$$

---

128   $z = 0$일 때 $y = \dfrac{1}{\sqrt{2\pi}} e^0 = \dfrac{1}{\sqrt{2\pi}} \cdot 1 = 0.3989\cdots$입니다.

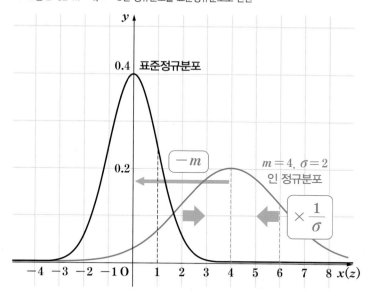

❤ 그림 2-32 $m = 4$, $\sigma = 2$인 정규분포를 표준정규분포로 변환

그림 2-32는 기댓값(또는 평균)이 4, 표준편차가 2인 정규분포 $N(4,\ 2^2)$을 표준정규분포로 변환하는 모습의 모식도입니다.

$$X \longrightarrow Z = \frac{X - m}{\sigma}$$

변환은 언뜻 보기에 어려워 보일 수도 있지만

① 평균(중심)의 차이를 0으로 수정 $\Rightarrow -m$

② 표준편차(넓은 정도)를 '1'로 수정 $\Rightarrow \times \frac{1}{\sigma}$

로 한다는 것만 알면 별것 없습니다.

정규분포표를 사용하는 방법: 선배들의 노력에 감사하며

❤ 그림 2-33 정규분포 확률밀도함수로 확률을 표현

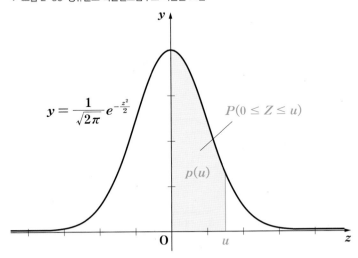

표준정규분포 $N(0, 1)$을 따르는 **Z가 0 이상 u 이하가 될 확률**을 $p(u)$라고 나타낼 때, 다시 말해

$$P(0 \le Z \le u) = p(u)$$

라고 할 때, $p(u)$는 그림 2-33의 색칠한 부분의 넓이입니다.

$p(u)$를 구하려면 표준정규분포의 확률밀도함수를 이용하여

$$p(u) = \int_0^u \frac{1}{\sqrt{2\pi}} e^{-\frac{z^2}{2}} dz$$

라는 복잡한 적분을 계산해야 하지만 감사하게도 선배들이 이미 여러 u에 대해 이 정적분 결과를 계산해 두었습니다. 계산 결과를 정리한 표가 표 2-53의 정규분포표[129]입니다.

---

[129] 정규분포표는 표준정규분포를 따르는 Z에 대해 여러 가지 구간의 확률(넓이)을 정리한 표인데 '표준정규분포표'라고는 하지 않고 보통 '정규분포표'라고 합니다.

▼ 표 2-53 정규분포표

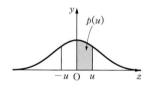

u	.00	.01	.02	.03	.04	.05	.06	.07	.08	.09
0.0	0.0000	0..0040	0.0080	0.0120	0.0160	0.0199	0.0239	0.0279	0.0319	0.0359
0.1	0.0398	0.0438	0.0478	0.0517	0.0557	0.0596	0.0636	0.0675	0.0714	0.0753
0.2	0.0793	0.0832	0.0871	0.0910	0.0948	0.0987	0.1026	0.1064	0.1103	0.1141
0.3	0.1179	0.1217	0.1255	0.1293	0.1331	0.1368	0.1406	0.1443	0.1480	0.1517
0.4	0.1554	0.1591	0.1628	0.1664	0.1700	0.1736	0.1772	0.1808	0.1844	0.1879
0.5	0.1915	0.1950	0.1985	0.2019	0.2054	0.2088	0.2123	0.2157	0.2190	0.2224
0.6	0.2257	0.2291	0.2324	0.2357	0.2389	0.2422	0.2454	0.2486	0.2517	0.2549
0.7	0.2580	0.2611	0.2642	0.2673	0.2704	0.2734	0.2764	0.2794	0.2823	0.2852
0.8	0.2881	0.2910	0.2939	0.2967	0.2995	0.3023	0.3051	0.3078	0.3106	0.3133
0.9	0.3159	0.3186	0.3212	0.3238	0.3264	0.3289	0.3315	0.3340	0.3365	0.3389
1.0	0.3413	0.3438	0.3461	0.3485	0.3508	0.3531	0.3554	0.3577	0.3599	0.3621
1.1	0.3643	0.3665	0.3686	0.3708	0.3729	0.3749	0.3770	0.3790	0.3810	0.3830
1.2	0.3849	0.3869	0.3888	0.3907	0.3925	0.3944	0.3962	0.3980	0.3997	0.4015
1.3	0.4032	0.4049	0.4066	0.4082	0.4099	0.4115	0.4131	0.4147	0.4162	0.4177
1.4	0.4192	0.4207	0.4222	0.4236	0.4251	0.4265	0.4279	0.4292	0.4306	0.4319
1.5	0.4332	0.4345	0.4357	0.4370	0.4382	0.4394	0.4406	0.4418	0.4429	0.4441
1.6	0.4452	0.4463	0.4474	0.4484	0.4495	0.4505	0.4515	0.4525	0.4535	0.4545
1.7	0.4554	0.4564	0.4573	0.4582	0.4591	0.4599	0.4608	0.4616	0.4625	0.4633
1.8	0.4641	0..4649	0.4656	0.4664	0.4671	0.4678	0.4686	0.4693	0.4699	0.4706
1.9	0.4713	0.4719	0.4726	0.4732	0.4738	0.4744	0.4750	0.4756	0.4761	0.4767
2.0	0.4772	0.4778	0.4783	0.4788	0.4793	0.4798	0.4803	0.4808	0.4812	0.4817
2.1	0.4821	0.4826	0.4830	0.4834	0.4838	0.4842	0.4846	0.4850	0.4854	0.4857
2.2	0.4861	0.4864	0.4868	0.4871	0.4875	0.4878	0.4881	0.4884	0.4887	0.4890
2.3	0.4893	0.4896	0.4898	0.4901	0.4904	0.4906	0.4909	0.4911	0.4913	0.4916
2.4	0.4918	0.4920	0.4922	0.4925	0.4927	0.4929	0.4931	0.4932	0.4934	0.4936
2.5	0.4938	0.4940	0.4941	0.4943	0.4945	0.4946	0.4948	0.4949	0.4951	0.4952
2.6	0.49534	0.49547	0.49560	0.49573	0.49585	0.49598	0.49609	0.49621	0.49632	0.49643
2.7	0.49653	0.49664	0.49674	0.49683	0.49693	0.49702	0.49711	0.49720	0.49728	0.49736
2.8	0.49744	0.49752	0.49760	0.49767	0.49774	0.49781	0.49788	0.49795	0.49801	0.49807
2.9	0.49813	0.49819	0.49825	0.49831	0.49836	0.49841	0.49846	0.49851	0.49856	0.49861
3.0	0.49865	0.49869	0.49874	0.49878	0.49882	0.49886	0.49889	0.49893	0.49897	0.49900

예를 들어 $u = 1.96$일 때의 값은 표에서 1.9와 .06이 교차하는 곳의 숫자를 읽습니다. 표로부터

$$P(0 \leq Z \leq 1.96) = p(1.96) = 0.4750 = \mathbf{47.50\%}$$

임을 알 수 있습니다. 이 값은 **Z가 0 이상 1.96 이하인 값이 될 확률은 47.50%**라는 말입니다.

또한, **표준정규분포가 y축에 대해 대칭임을 이용**하면

$$P(-1.96 \leq Z \leq 1.96) = p(1.96) \times 2 = 0.4750 \times 2 = \mathbf{95.00\%}$$

를 구할 수도 있습니다. 즉, Z가 -1.96 이상 1.96 이하인 값이 될 확률은 95.00%입니다.

▌ 예 12 ▌ 표준정규분포 계산 연습

(1) $P(1 \leq Z \leq 2.5)$

❤ 그림 2-34 표준정규분포 계산 연습 1

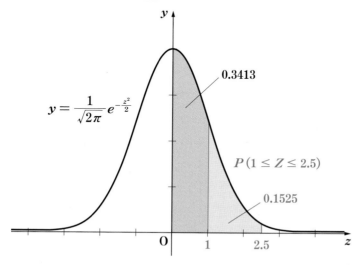

구하려는 확률은 그림 2-34의 노란색 부분입니다. **이 값은 0 이상 2.5 이하의 넓이에서 0 이상 1 이하의 넓이**를 뺀 넓이입니다. 이제 표 2-53의 정규분포표에서 $p(2.5) = 0.4938$, $p(1.00) = 0.3413$을 찾아봅시다.

$$P(1 \leq Z \leq 2.5) = P(0 \leq Z \leq 2.5) - P(0 \leq Z \leq 1)$$
$$= p(2.5) - p(1.00) = 0.4938 - 0.3413 = 0.1525$$
$$= 15.25\%$$

(2) $P(-1.5 \leq Z \leq 0.56)$

❤ 그림 2-35 표준정규분포 계산 연습 2

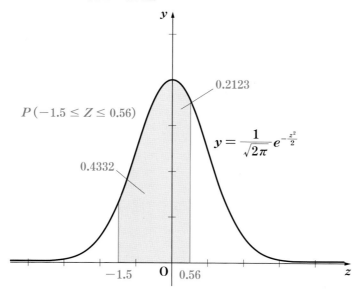

구하려는 확률은 그림 2-35의 노란색 부분입니다. **이 값은 -1.5 이상 0 이하인 넓이와 0 이상 0.56 이하인 넓이를 더한 값**과 같지만 표준정규분포 그래프는 y축에 대해 대칭이므로 -1.5 이상 0 이하인 넓이와 0 이상 1.5 이하인 넓이는 같습니다. 그러므로 정규분포표에서 $p(1.50) = 0.4332$, $p(0.56) = 0.2123$을 찾아봅시다.

$$P(-1.5 \leq Z \leq 0.56) = P(-1.5 \leq Z \leq 0) + P(0 \leq Z \leq 0.56)$$
$$= P(0 \leq Z \leq 1.5) + P(0 \leq Z \leq 0.56)$$
$$= p(1.50) + p(0.56)$$
$$= 0.4332 + 0.2123 = 0.6455 = 64.555$$

이제 조금 익숙해졌어요.

예제 9

확률변수 X가 정규분포 $N(10, 5^2)$을 따를 때 다음 확률을 구하세요.

(1) $P(5 \leq X \leq 15)$

(2) $P(X \leq 20)$

해설

우선 X를 표준정규분포로 변환해서 정규분포표를 사용해 봅시다.

해답

$$Z = \frac{X - 10}{5}$$

> X가 $N(m, \sigma^2)$를 따를 때
> $$Z = \frac{X - m}{\sigma}$$

라고 합시다.

(1) $5 \leq X \leq 15$일 때

$$5 \leq X \leq 15 \quad \Rightarrow \quad -5 \leq X - 10 \leq 5$$
$$\Rightarrow \quad -1 \leq \frac{X - 10}{5} \leq 1 \quad \Rightarrow \quad -1 \leq Z \leq 1$$

y축에 대한 대칭성을 사용하면 다음과 같습니다.

$$
\begin{aligned}
P(5 \leq X \leq 15) &= P(-1 \leq Z \leq 1) \\
&= P(-1 \leq Z \leq 0) + P(0 \leq Z \leq 1) \\
&= P(0 \leq Z \leq 1) + P(0 \leq Z \leq 1) \\
&= P(0 \leq Z \leq 1) \times 2 \\
&= p(1.00) \times 2 = 0.3413 \times 2 = 0.6826 \ (= 68.26\%)
\end{aligned}
$$

(2) $X \leq 20$일 때

$$
X \leq 20 \ \Rightarrow \ X - 10 \leq 10 \ \Rightarrow \ \frac{X-10}{5} \leq 2 \ \Rightarrow \ Z \leq 2
$$

이때 Z가 2 이하인 확률은 Z가 음수일 확률과 Z가 0 이상 2 이하인 확률의 합이므로

$$
P(Z \leq 2) = P(Z < 0) + P(0 \leq Z < 2)
$$

인데 표준정규분포는 y축에 대해 대칭이면서

$$
P(-\infty < Z < \infty) = 1 \ (\text{전체 넓이 = 전체 확률의 합은 1})
$$

임을 생각하면 다음과 같이 구할 수 있습니다.

$$
P(Z < 0) = 1 \times \frac{1}{2} = 0.5
$$

$$
\begin{aligned}
\Rightarrow \ P(Z \leq 2) &= P(Z < 0) + P(0 \leq Z < 2) \\
&= 0.5 + p(2.00) = 0.5 + 0.4772 \\
&= 0.9772 \ (= 97.72\%)
\end{aligned}
$$

> 표준정규분포를 자세히 조사한 정규분포표 덕분에 정규분포는 앞 예제처럼 간단한 계산으로 확률을 구할 수 있습니다. 편리하죠! 그 어려운 적분을 하나하나 계산하지 않아도 된다는 건 참 고마운 일입니다.

참고로 본문에서 구한 값은 그림 2-36의 넓이입니다.

❤ 그림 2-36 예 12 의 (1)과 (2)에서 구한 값을 도식화

(1)

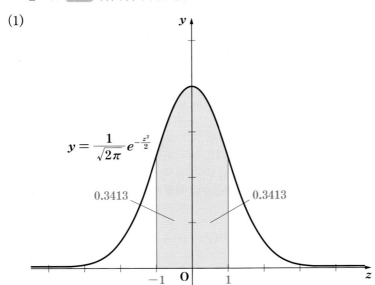

$$y = \frac{1}{\sqrt{2\pi}} e^{-\frac{z^2}{2}}$$

0.3413   0.3413

-1 O 1 z

(2)

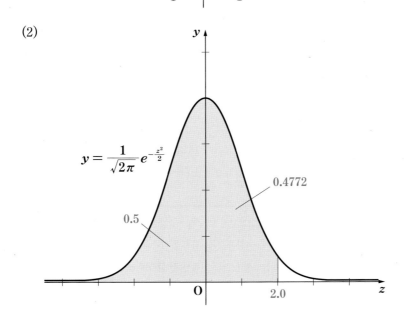

$$y = \frac{1}{\sqrt{2\pi}} e^{-\frac{z^2}{2}}$$

0.4772

0.5

O   2.0 z

그래프가 y축 대칭인 성질을 이용하는 게 포인트군요.

정규분포표의 응용: 다시 등장한 적분

정규분포를 표준정규분포로 변환하는 것과 정규분포표를 사용하면 다음과 같은 문제를 풀 수 있습니다.

▋ 예 13 ▋ 어떤 공장의 불량품

어떤 공장에서 만드는 제품 1만 개의 무게는 평균 900g이고 표준편차가 2g인 정규분포를 따릅니다. 904g 이상인 제품은 불량품으로 판정될 때 1만 개 제품 중에는 몇 개의 불량품이 포함돼 있다고 생각할 수 있을까요?

이 공장에서 만든 제품의 무게를 Xg이라고 하면 X는 정규분포 $N(900, 2^2)$을 따릅니다. 여기서 X를 표준정규분포하는 변수로 변환하기 위해

$$Z = \frac{X - 900}{2}$$

> X가 $N(m, \sigma^2)$을 따를 때
> $$Z = \frac{X - m}{\sigma}$$

이라고 하면 다음과 같습니다.

$$X \geq 904 \;\Rightarrow\; X - 900 \geq 4 \;\Rightarrow\; \frac{X - 900}{2} \geq 2 \;\Rightarrow\; Z \geq 2$$

예제 9 (2)와 같이 계산하면

$$P(Z \leq 2) = 0.9772$$

이므로

$$P(Z \geq 2) = 1 - P(Z \leq 2) = 1 - 0.9772 = 0.0228 = \mathbf{2.28\%}$$

입니다.

이는 표준정규분포로 변환한 확률변수 Z가 2 이상이 될 확률은 2.28%라는 말이고 이 값을 가지고 확률변수 X가 904g 이상이 될 확률, 즉 **불량품일 확률이 2.28%임**을 의미합니다.

그런데 정규분포 지식이 없었다면 1만 개 제품 중에서 1개를 뽑았을 때 그 제품이 불량품일(904g 이상일) 확률은 어떻게 계산할까요? 현실적으로 가능한지는 제쳐두고 1만 개 제품 중 하나하나의 무게를 모두 조사해서 그중에 불량품(904g 이상인 제품)이 몇 개 있는지를 조사할 수밖에 없습니다. 그렇게 모든 제품 중 불량품의 비율을 알면 그 비율이 불량품일 확률입니다. 즉,

$$\text{불량품일 확률} = \frac{\text{불량품 개수}}{\text{1만 개(모든 제품)}} = 2.28\%$$

라는 말입니다.

따라서

$$\text{불량품 개수} = \text{1만 개} \times 2.28\% = 10000 \times \frac{2.28}{100} = \mathbf{228}\text{개}$$

라고 생각할 수 있습니다.

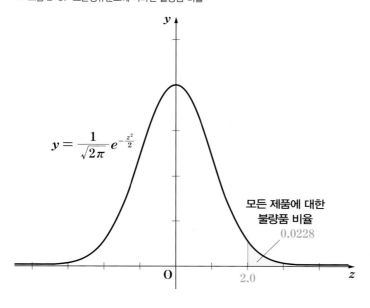

예제 10

어떤 기업 입사 시험은 채용 인원 300명인 자리에 500명이 응시했습니다. 500점 만점인 시험에서 평균 245점, 표준편차 50점으로 결과가 나왔습니다. 득점 분포가 정규분포라고 생각할 때 합격 최저점은 약 몇 점입니까? 소숫점 이하는 버리고 답하세요. 단, 확률변수 Z가 표준정규분포를 따를 때 $P(Z > 0.25) = 0.4$, $P(Z > 0.5) = 0.3$, $P(Z > 0.54) = 0.2$입니다.

해설

500명 중 300명(60%)이 합격하므로 전체 득점 분포 중에서 40% 이하는 불합격입니다. 이 입사 시험의 득점을 X라고 하고 합격 최저점을 k라고 하면 k는 $P(X < k) = 0.40$을 만족합니다.

이 입사 시험의 득점을 X(점)이라고 하면 X는 정규분포 $N(245,\ 50^2)$을 따릅니다. 여기까지와 마찬가지로 X를 표준정규분포 변수로 변환하기 위해

$$Z = \frac{X - 245}{50}$$

이라고 합시다. 또한, 합격 최저점을 k점이라고 합시다. 불합격은 전체의 40% (0.4)이므로

$$P(X < k) = 0.4$$

가 k가 만족해야 하는 조건입니다.

▼ 그림 2-38 합격 최저점

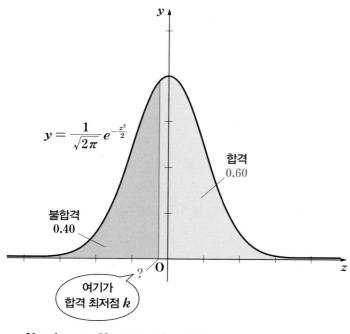

$$X < k \quad \Rightarrow \quad X - 245 < k - 245$$

$$\Rightarrow \quad \frac{X - 245}{50} < \frac{k - 245}{50} \quad \Rightarrow \quad Z < \frac{k - 245}{50}$$

이 식으로부터 $P(X<k)=0.4 \Rightarrow P\left(Z < \dfrac{k-245}{50}\right)=0.4$임을 알 수 있습니다.

문제에 $P(Z>0.25)=0.4$라고 나와 있으므로 표준정규분포가 y축에 대해 대칭임을 생각하면

$$P(Z < -0.25) = 0.4$$

입니다. 따라서

$$\dfrac{k-245}{50} = -0.25 \quad \Rightarrow \quad k-245 = -12.5 \quad \Rightarrow \quad k = 232.5$$

입니다. 소수점 아래 첫째 자리에서 반올림하면 **233**점이 됩니다.

답 ⋯ 약 233점

지금까지는

$$P(1 \leq Z \leq 2.5)$$

또는

$$P(X \leq 20)$$

등을 살펴봤습니다. 다시 말해 표준정규분포를 따르는 Z가 1 이상 2.5 이하가 될 확률이나 정규분포를 따르는 X가 20 이하가 될 확률 등을 정규분포표에서 찾아서 답을 구했습니다.

하지만 이 문제에서는 0.40이라는 비율(확률)이 먼저 정해져 있고

$$P(X < k) = 0.4$$

를 만족하는 k를 찾는, 말하자면 (단어로 의미를 찾는 게 아니라) 의미에서 단어를 거꾸로 찾아내는 재미가 있습니다.

또한, 문제에서는 $P(Z > 0.25) = 0.4$라는 정보로부터

$$P(Z < -0.25) = 0.4$$

를 알아채는 게 포인트였습니다. 표준정규분포가 y축에 대해 대칭이기 때문에 Z가 0.25보다 큰 부분의 비율(확률)과 Z가 -0.25보다 작은 부분 비율(확률)이 같기 때문입니다(그림 2-39 참조).

❤ 그림 2-39 표준정규분포는 y축에 대해 대칭

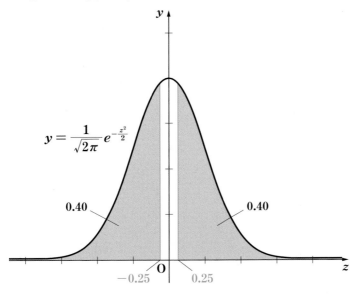

2항분포를 정규분포로 근사

앞에서 이야기했던 대로 정규분포가 중요한 이유 중 하나는 정규분포가 2항분포를 근사할 수 있기 때문입니다. 하지만 수학적으로 증명하는 것은 매우 어려우므로 여기서는 실제로 2항분포 그래프를 그려보고 n(시행 횟수)을 늘릴수록 정규분포와 비슷한 형태가 되어가는 모습을 살펴보기로 합시다.

주사위를 n번 던져서 1이 나오는 횟수를 X라고 하면 X는 이산확률변수고 1이 나올지 나오지 않을지(성공 확률: $\frac{1}{6}$)인 베르누이 시행[130]의 반복이므로 2항분포 $B\left(n, \frac{1}{6}\right)$을 따릅니다.

이때 X의 기댓값(또는 평균)과 분산은 다음과 같았습니다.

$$E(X) = np = n \times \frac{1}{6} = \frac{n}{6}, \ V(X) = np(1-p) = n \times \frac{1}{6} \times \frac{5}{6} = \frac{5n}{36}$$

다 까먹었어요.

$(n, \ p)$일 때
$E(X) = np = np$
$V(X) = np(1-p)$

일반적으로 베르누이 시행을 n번 반복했을 때 그 사건이 일어나는 횟수(성공하는 횟수)는 2항분포를 따랐습니다. 그리고 이산확률변수 X가 시행 횟수 n, 성공 확률 p인 2항분포를 따른다는 것을 X는 $B(n, p)$를 따른다고 했습니다(296~298쪽).

그림 2-40의 그래프는 2항분포 $B\left(n, \frac{1}{6}\right)$을 따르는 확률변수 X에 대해 $X=r$이 될 확률 P_r[131]을

$$n = 10, \, 30, \, 50$$

---

130 '성공이나 실패'처럼 결과(현상)가 양자택일이 되는 독립시행을 말합니다(298쪽).

131 $P_r = P(X=r)$

의 각 경우에 대해 계산하고[132] 각 값을 꺾은선 그래프로 그린 것입니다.

▼ 그림 2-40 n에 따른 2항분포 그래프

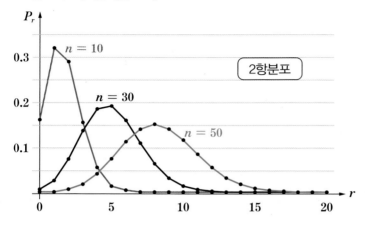

그림에서 볼 수 있듯이 n이 커지면 그래프는 좌우 대칭인 종형 곡선(bell curve)이 되어 갑니다.

다음으로 X가 **정규분포** $N\left(\dfrac{n}{6}, \dfrac{5n}{36}\right)$을 따를 때, 즉 **연속확률변수 X가 정규분포**를 따르고 위 이산형과 같은 기댓값(또는 평균)과 분산

$$m = E(X) = \frac{n}{6}, \quad \sigma^2 = V(X) = \frac{5n}{36}$$

을 가질 때, 역시

$$n = 10, \, 30, \, 50$$

일 때에 대해 정규분포 곡선을 그려 보면 다음과 같습니다.

---

132   X가 $B\left(n, \dfrac{1}{6}\right)$을 따를 때 $P_r = P(X = r) = {}_nC_r \left(\dfrac{1}{6}\right)^r \left(1 - \dfrac{1}{6}\right)^{n-r}$

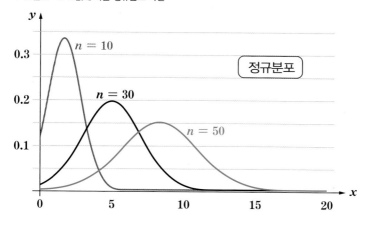

특히 $n=50$일 때는 그림 2-40의 그래프와 매우 많이 닮았습니다. 값을 몇 개 비교해 봅시다.

❤ 표 2-54 $n=50$

r 또는 x	0	3	6	9	12	15	18
2항분포	0.00011	0.01723	0.11175	0.14096	0.05464	0.00810	0.00052
정규분포	0.00102	0.01953	0.10229	0.14662	0.05750	0.00617	0.00018

일반적으로 다음이 성립합니다.

> **정리** **2항분포를 정규분포로 근사**
>
> 2항분포 $B(n, p)$를 따르는 확률변수 X는 n이 클 때 근사적으로
>
> $$\text{정규분포 } N(np, npq)$$
>
> (단, $q = 1 - p$)
>
> 를 따릅니다.

이 정리는 증명에 성공한 두 수학자의 이름을 따서 **드무아브르–라플라스 정리**라고 합니다.[133]

$$\text{2항분포 } B(n, p) \begin{cases} \text{기댓값(또는 평균)} \\ m = np \\ \text{분산} \\ \sigma^2 = npq \\ \qquad [q = 1 - p] \end{cases}$$

n이 크다
근사
↓

$$\text{정규분포 } N(np, npq)$$

▓ 예 14 ▓ 동전 던지기 400회

동전 1개를 400번 던질 때 앞이 나오는 횟수가 180 이상 200 이하일 확률을 구합니다.

앞이 나오는 횟수를 X라고 하면 X는 이산확률변수고 동전을 한 번 던졌을 때 앞이 나올 확률은 $\frac{1}{2}$이므로 400번 던졌을 때의 X는 다음 분포를 따릅니다.

$$\text{2항분포 } B\left(400, \frac{1}{2}\right)$$

이때 X의 기댓값(또는 평균)과 분산은 각각 다음과 같습니다.

$$m = 400 \times \frac{1}{2} = 200, \quad \sigma^2 = 400 \times \frac{1}{2} \times \left(1 - \frac{1}{2}\right) = 100$$

n이 크므로 이 2항분포는

$$\text{정규분포 } N(200, 100)$$

로 근사할 수 있어 보입니다. 표준편차는 $\sigma = \sqrt{100} = 10$임에 주의하며

$$Z = \frac{X - 200}{10}$$

> X가 $N(m, \sigma^2)$을 다를 때
> $$Z = \frac{X - m}{\sigma}$$

---

133 자세한 내용은 칼럼(383쪽)을 참고하세요.

라고 하면 Z는 근사적으로 **표준정규분포 $N(0, 1)$**을 따릅니다.

구하려는 값은 앞이 나오는 횟수가 180 이상 200 이하일 확률이므로 다음과 같습니다.

$$180 \leq X \leq 200 \quad \Rightarrow \quad -20 \leq X - 200 \leq 0$$
$$\Rightarrow \quad -2 \leq \frac{X-200}{10} \leq 0 \quad \Rightarrow \quad -2 \leq Z \leq 0$$

y축에 대한 대칭성을 사용하면

$$P(180 \leq X \leq 200) = P(-2 \leq Z \leq 0)$$
$$= P(0 \leq Z \leq 2) = 0.4772 = 47.72\%$$

앞에서 2항분포는 푸아송 분포로 근사할 수 있다고 말하지 않았나요? 어떤 분포를 사용해도 된다는 말인가요?

날카로운 질문입니다. 기본적으로는 다음처럼 생각하세요.

2항분포 → 시행 횟수 n이 큰가? → **NO** → **착실히 계산**

↓ **YES**

성공 확률 p가 낮은가? → **NO**

↓ **YES**

푸아송 분포 로 근사   **정규분포** 로 근사

일반적으로 2항분포를 정규분포로 근사할 때

$$\text{분산}: npq = np(1-p) \geq 10$$

이 성립하면 높은 정밀도로 근사할 수 있다고 알려져 있습니다.

그런데 왜 시행 횟수 n이 커지면 2항분포를 정규분포로 근사할 수 있을까요? 앞에서 이야기했던 대로 드무아브르와 라플라스가 증명한 수학적인 증명은 꽤 어려워서 생략하겠지만 직관적으로 다음과 같이 생각하면 받아들일 수 있을 것입니다.

296쪽에서 살펴봤듯이 이산확률변수 X가 2항분포 $B(n,\ p)$를 따를 때 n회 중 r회 성공하는 (주목하고 있는 사건이 일어날) 확률은 다음과 같았습니다.

$$P(X = r) = {}_n\mathrm{C}_r\, p^r (1 - p)^{n-r}\ (0 \le r \le n)$$

이 식의 우변을 '${}_n\mathrm{C}_r$'과 '$p^r(1-p)^{n-r}$'로 나눠봅시다.

표 2–55는 ${}_n\mathrm{C}_r$ 값을

$$n = 10,\quad 30,\quad 50$$

인 경우에 계산한 결과입니다.

▼ 표 2–55 $n=10, 30, 50$일 때 r에 따른 ${}_n\mathrm{C}_r$의 값

r	0	5	10	15	20
$n = 10$	1	252	1		
$n = 30$	1	142,506	30,045,015	155,117,520	30,045,015
$n = 50$	1	2,118,760	약 102억	약 2조	약 47조

25	30	35	40	45	50
142,506	1				
약 126조	약 47조	약 2조	약 102억	2,118,760	1

모든 행이 좌우대칭인 값이고 중앙 부근에서 최댓값이 됩니다. 이 내용은 〈다시 확률 통계(확률편)〉 101쪽에서 소개했던 '파스칼의 삼각형'을 떠올리면 받아들일 수 있습니다. 그리고! 주목했으면 하는 부분은 n이 커지면서 ${}_n\mathrm{C}_r$ 값이 **폭**

발적으로 커진다는 사실입니다.[134]

그러면 $p^r (1-p)^{n-r}$ 항은 어떨까요?

그림 2-42에 보인 그래프는 369쪽의 예와 마찬가지로 성공 확률 $p = \dfrac{1}{6}$인 경우의 $p^r (1-p)^{n-r}$ 값을

$$n = 10\text{과 } n = 30$$

인 경우에 대해 계산하여 그린 그래프입니다. 그림에서 $n = 50$인 경우에는 값이 너무 작아서 이 스케일에서는 보이지 않으므로 생략했습니다.

▼ 그림 2-42 $n = 10, 30$일 때 $p^r (1-p)^{n-r}$의 그래프

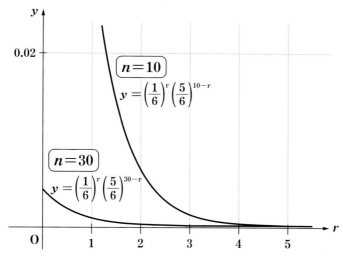

둘 다 r이 커질수록 y가 작아지는 감소함수인데, 이는 이번에는 성공 확률 $\left(p = \dfrac{1}{6}\right)$가 실패 확률 $\left(p = \dfrac{5}{6}\right)$보다 작기 때문입니다. 성공 확률이 크면 증가함수가 됩니다. 어느 쪽이든 주목했으면 하는 부분은 $n = 10$일 때보다 $n = 30$일 때가 **변화 정도가 완만하다**는 점입니다. $n = 50$일 때는 더 완만해집니다.

---

134 〈다시 확률 통계(확률편)〉 117쪽에서는 '조합 폭발' 이야기도 했습니다.

결국 2항분포 확률 $_nC_r\,p^r(1-p)^{n-r}$에서 n이 커지면 $_nC_r$ 쪽의 변화 정도가 폭발적으로 격렬해지지만 '$p^r(1-p)^{n-r}$' 쪽은 변화 정도가 완만해지므로 $p = \dfrac{n}{2}$ 부근에 정상이 있고 정상을 끼고 증가 양상과 감소 양상이 대칭적이라는 $_nC_r$ 변화의 특징이 전체 분포의 특징에 강하게 영향을 미치게 됩니다.

▼ 표 2-56 $_{10}C_r$ 값

r	0	1	2	3	4	5	6	7	8	9	10
$n = 10$	1	10	45	120	210	252	210	120	45	10	1

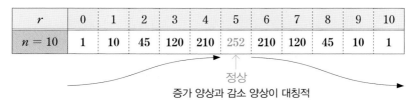

정상
증가 양상과 감소 양상이 대칭적

지금까지 이번처럼 성공 확률과 실패 확률이 같지 않다고 해도 분포 그래프가 좌우 대칭에 가까워지는 이유를 직관적으로 설명했습니다

> 주: 이후 이어지는 내용은 고등학교 수학과 대학 신입생 수준의 미적분 지식이 있음을 전제하고 썼습니다. 이 내용을 '행간이 없도록' 쓰려고 하면 따로 또 한 권을 써야 할 정도의 분량이 되므로 부디 이해 부탁드립니다. 또한, **이 내용은 건너뛰어도 2장 4절(이번 장 마지막 절입니다!)의 이해에는 영향을 미치지 않으므로 안심해도 됩니다.**

보충설명 | 가우스 적분

정규분포의 확률밀도함수 값을

$$f(x) = \frac{1}{\sqrt{2\pi}\,\sigma}e^{-\frac{(x-m)^2}{2\sigma^2}}$$

가 확률밀도함수이기 위한 조건(332~333쪽)

$$\int_{-\infty}^{\infty} f(x)dx = 1$$

을 만족함을 보이기 위해 우선

$$\int_{-3}^{3} e^{-x^2} dx = \sqrt{\pi} \quad \cdots \, ☆$$

를 보입니다.

식 ☆의 적분은 단순해(?) 보이면서 실은 전혀 단순하지 않습니다. e^{-x^2}의 원시함수(미분하면 e^{-x^2}가 되는 함수)는 단순히는 찾기 어렵고 고등학교 수학에서 공부하는 치환적분이나 부분적분 등의 방법을 구사해도 계산이 막다른 골목에 막힙니다. 식 ☆의 적분에 **가우스 적분**이라는 이름이 붙어있는 이유는 바로 이것 때문입니다.

물론 식 ☆을 적분하는 데 처음 성공한 사람은 가우스가 아닙니다. 이 적분을 처음 성공한 사람은 **라플라스**(383쪽 칼럼에서 자세하게 소개합니다)입니다. 그런데도 정규분포와 밀접한 관련이 있고 정규분포는 가우스 분포라고도 부르기에 식 ☆는 '가우스 적분'이라고 불리게 됐습니다.

참고로 가우스가 1809년에 발표한 저작 중에서 이 적분을 언급한 부분에도 '라플라스에게 발견된 아름다운 정리로부터'라는 문장이 실려있습니다.

그러면 실제로 식 ☆를 계산해 봅시다.

갑자기 기교를 사용하여

$$\left(\int_{-\infty}^{\infty} e^{-x^2} dx \right)^2 = \int_{-\infty}^{\infty} e^{-x^2} dx \cdot \int_{-\infty}^{\infty} e^{-x^2} dx$$

> 정적분이므로
> $$\int_{-3}^{3} e^{-x^2} dx = \int_{-3}^{3} e^{-y^2} dy$$

$$= \int_{-\infty}^{\infty} e^{-x^2} dx \cdot \int_{-\infty}^{\infty} e^{-y^2} dy$$

$$= \int_{-\infty}^{\infty} \int_{-\infty}^{\infty} e^{-x^2} \cdot e^{-y^2} dx dy$$

$$= \int_{-\infty}^{\infty} \int_{-\infty}^{\infty} e^{-(x^2+y^2)} dx dy \quad \cdots ①$$

임을 이용합니다.

여기서

$$\begin{cases} x = r\cos\theta \\ y = r\sin\theta \end{cases}$$

이라고 하면(극좌표로 변환합니다)

$$dxdy = rd\theta dr$$

$$\begin{cases} -\infty < x < \infty \\ -\infty < y < \infty \end{cases} \Rightarrow \begin{cases} 0 < r < \infty \\ 0 < \theta < 2\pi \end{cases}$$

로부터 식 ①에서

$$\left(\int_{-\infty}^{\infty} e^{-x^2} dx \right)^2 = \int_{-\infty}^{\infty} \int_{-\infty}^{\infty} e^{-(x^2+y^2)} dxdy$$

$$\begin{cases} x = r\cos\theta \\ y = r\sin\theta \\ x^2 + y^2 = r^2 \end{cases}$$

$$= \int_0^{2\pi} \int_0^{\infty} e^{-r^2} rd\theta dr$$

변수분리형 중적분
공식 사용

$$= \int_0^{2\pi} d\theta \cdot \int_0^{\infty} e^{-r^2} rdr$$

$$= \int_0^{2\pi} d\theta \cdot \int_0^{\infty} re^{-r^2} dr \quad \cdots②$$

을 얻을 수 있습니다.

우선

$$\int_0^{2\pi} d\theta = \int_0^{2\pi} 1 \cdot d\theta = \Big[\theta \Big]_0^{2\pi} = 2\pi - 0 = 2\pi$$

입니다. 또한,

$$(e^{-r^2})' = e^{-r^2} \cdot (-2r) = -2re^{-r^2}$$

$$\Rightarrow \quad \left(-\frac{1}{2}e^{-r^2}\right)' = re^{-r^2}$$

> [합성함수의 미분]
> $$\{f(g(x))\}' = f'(g(x))g'(x)$$

> $$(e^x)' = e^x, \quad (-x^2)' = -2x$$
> 이고 '합성함수의 미분'으로부터
> $$\{e^{f(x)}\}' = e^{f(x)} \cdot f'(x)$$

로부터 다음과 같이 구할 수 있습니다.

> 미분
> $$-\frac{1}{2}e^{-r^2} \quad re^{-r^2}$$
> 적분

$$\int re^{-r^2}\,dr = -\frac{1}{2}e^{-r^2}$$

$$\Rightarrow \int_0^\infty re^{-r^2}\,dr = \left[-\frac{1}{2}e^{-r^2}\right]_0^\infty$$

> 일반적으로 $f'(x) = g(x)$일 때
> $$\int g(x)dx = f(x)$$
> (적분상수는 생략)

$$= -\frac{1}{2}(e^{-\infty} - e^0) = -\frac{1}{2}\left(\frac{1}{e^\infty} - 1\right) = \frac{1}{2}$$

지금까지 계산으로 식 ②는 다음과 같이 정리할 수 있습니다.

$$\left(\int_{-\infty}^\infty e^{-x^2}dx\right)^2 = \int_0^{2\pi} d\theta \cdot \int_0^\infty re^{-r^2}\,dr$$

$$= 2\pi \cdot \frac{1}{2} = \pi$$

$$\Rightarrow \int_{-3}^3 e^{-x^2}dx = \sqrt{\pi} \quad \cdots ③$$

> $e^{-x^2} > 0$으로부터
> $$\int_{-3}^3 e^{-x^2}dx > 0$$

이렇게 식 ☆를 보였습니다. 다음으로 정규분포 확률밀도함수

$$\int_{-\infty}^\infty \frac{1}{\sqrt{2\pi}\,\sigma}e^{-\frac{(x-m)^2}{2\sigma^2}}dx$$

에서 $t = \dfrac{x-m}{\sqrt{2}\,\sigma}$ 로 치환하면

$$\frac{dt}{dx} = \frac{1}{\sqrt{2}\,\sigma} \quad \Rightarrow \quad \sqrt{2}\,\sigma dt = dx$$

x	$-\infty$	$\rightarrow$	∞
t	$-\infty$	$\rightarrow$	∞

에 따라 다음과 같이 구할 수 있습니다.

$$\int_{-\infty}^{\infty} \frac{1}{\sqrt{2\pi}\,\sigma} e^{-\frac{(x-m)^2}{2\sigma^2}}\,dx = \frac{1}{\sqrt{2\pi}\,\sigma} \int_{-\infty}^{\infty} e^{-t^2} \sqrt{2}\,\sigma dt$$

$$= \frac{\sqrt{2}\,\sigma}{\sqrt{2\pi}\,\sigma} \int_{-\infty}^{\infty} e^{-t^2}\,dt$$

$$= \frac{1}{\sqrt{\pi}} \int_{-\infty}^{\infty} e^{-t^2}\,dt$$

$$= \frac{1}{\sqrt{\pi}} \int_{-\infty}^{\infty} e^{-t^2}\,dt$$

③으로

$$= \frac{1}{\sqrt{\pi}} \cdot \sqrt{\pi} = 1$$

증명 끝

보충설명 | **연속확률변수의 변수변환**

352쪽에서 약속했던 대로 연속확률변수 X에 대해

$$E(X) = m, \quad V(X) = \sigma^2$$

일 때 $Y = aX + b$라고 하면

$$E(Y) = E(aX + b) = aE(X) + b = am + b$$
$$V(Y) = V(aX + b) = a^2 V(X) = a^2 \sigma^2$$

가 성립함을 증명합니다.

X의 확률밀도함수가 $f(x)$일 때

$$P(x \leq X \leq x + \Delta x) \fallingdotseq f(x)\Delta x$$
$$\to \quad P(x \leq X \leq x + dx) = f(x)dx \quad \cdots ①$$

$$f(x)\Delta x \xrightarrow[\Delta x \to 0]{} f(x)dx$$

라고 생각할 수 있습니다.

확률변수를 $Y = aX + b$라고 변환했을 때 Y의 확률밀도함수는 $g(y)$라고 하면 마찬가지로

$$P(y \leq Y \leq y + \varDelta y) \fallingdotseq g(y)\varDelta y$$

$$\rightarrow \quad P(y \leq Y \leq y + dy) = g(y)dy \quad \cdots ②$$

$$g(y)\varDelta y \xrightarrow[\varDelta y \to 0]{} g(y)dy$$

입니다.

그런데 $Y = aX + b$일 때 그림 2–43처럼 X가 $x \leq X \leq x + dx$라는 것과 Y가 $y \leq Y \leq y + dy$라는 것은 동치라고 생각할 수 있습니다.[135]

▼ 그림 2–43 X와 Y의 관계

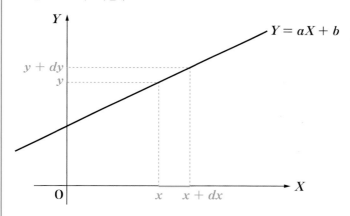

즉, X가 $x \leq X \leq x + dx$일 확률과 Y가 $y \leq Y \leq y + dy$일 확률은 같으므로[136] 식 ①과 ②로부터

$$f(x)dx = g(y)dy$$

임을 알 수 있습니다.

---

[135] $Y = aX + b$가 아니어도 X와 Y가 일대일 대응하는 변수이기만 하면 마찬가지로 X가 　라는 것과 Y가 　라는 것은 동치입니다.

[136] 예를 들어 섭씨온도를 X도(℃) 화씨온도를 Y도(℉)라고 할 때 두 온도 사이의 변환식을 입니다. 섭씨온도가 '어떤 범위'가 될 확률은 화씨온도가 섭씨온도의 해당 범위에 대응하는 화씨온도의 '어떤 범위'가 될 확률과 같습니다.

이제 X가 될 수 있는 값의 범위는 $\alpha \leq X \leq \beta$, Y가 될 수 있는 값의 범위는
$\alpha' \leq Y \leq \beta'$라고 하면

$$E(Y) = \int_{\alpha'}^{\beta'} yg(y)dy$$

> **[연속확률변수의 기댓값(평균)]**
> $$E(X) = \int_{\alpha}^{\beta} xf(x)dx$$

$$= \int_{\alpha}^{\beta} (ax+b)f(x)dx$$

$$= \int_{\alpha}^{\beta} \{axf(x)+bf(x)\}dx$$

$$= a\int_{\alpha}^{\beta} xf(x)dx + b\int_{\alpha}^{\beta} f(x)dx$$

> X가 될 수 있는 값의 범위가
> $\alpha \leq X \leq \beta$일 때
> $$\int_{\alpha}^{\beta} f(x)dx = 1$$

$$= aE(X) + b \cdot 1$$

$$= am + b$$

그리고 $V(Y)$도 정리합니다.

$$V(Y) = \int_{\alpha'}^{\beta'} \{y - E(Y)\}^2 g(y)dy$$

$$= \int_{\alpha'}^{\beta'} \{(ax+b)-(am+b)\}^2 g(y)dy$$

> 피적분함수가 y에서
> x로 바뀝니다.

$$= \int_{\alpha}^{\beta} (ax-am)^2 f(x)dx$$

$$= \int_{\alpha}^{\beta} a^2(x-m)^2 f(x)dx$$

$$= a^2 \int_{\alpha}^{\beta} (x-m)^2 f(x)dx$$

> **[연속확률변수의 분산]**
> $$V(X) = \int_{\alpha}^{\beta} (x-m)^2 f(x)dx$$

$$= a^2 V(X) = a^2$$

증명 끝

❯ 정규분포의 역사

이 칼럼에서는 정규분포의 역사를 전체적으로 쭉 훑어봅니다. 정규분포의 발견·연구의 역사를 풀어나가면 정규분포가 얼마나 확률·통계의 역사에 막중한 역할을 했는지를 알 수 있습니다.

정규분포의 발견자, 드무아브르

정규분포를 최초로 발견한 사람은 프랑스의 수학자 **아브라암 드무아브르**(1667–1754)입니다.

파스칼과 페르마가 주고받은 편지(250쪽)로 여명을 맞이한 확률론은 야코프 베르누이의 '추측법'(298쪽)에 의해 기초가 세워졌습니다. 그리고 베르누이를 잇는 공로자가 드무아브르입니다. '추측법'보다 5년 늦은 1718년에 출판된 드무아브르의 〈**우연의 이론**〉[137]은 확률론의 첫 교과서라고 말할 수 있습니다.

드무아브르 시대에는 아직 확률분포라는 개념이 없었을뿐더러 자연로그의 밑(309쪽)을 나타내는 기호(e)도 없었습니다. 하지만 '〈우연의 이론〉' 2판에서 2항분포를 근사하기 위해서 도출해 보인 수식은 현대에 이야기하는 **정규분포를 나타내는 확률밀도함수**(344쪽) 바로 그것이었습니다.

확률분포라는 개념은 없었어도 수식으로 정확하게 표현했다는 점에 있어서 드무아브르는 틀림없는 '정규분포의 발견자'입니다.

오차가 있는 곳에 정규분포가 있다

드무아브르 이후에 이른바 고전적 확률론을 완성했다고 언급되는 사람이 같은 프랑스인인 피에르 **시몬 라플라스**(1749–1827)입니다.[138]

베르누이의 '추측법'이 고안된 지 약 100년 후(1812년)에 출판된 라플라스의 〈확률의 해석적 이론〉은 그 후 20세기에 이르기까지 확률론에서 최고의 교과서로 전 세계에서 사용되었습니다. 또한, 그 2년 후에 출판된 〈확률의 철학적 시론〉도 수식을 사용하지 않는 확률론의 계몽서로 명저로 유명한 책입니다.

라플라스는 〈확률의 해석적 이론〉에서 드무아브르의 연구 성과를 확장하는 형태로 2항분포가 정규분포로 가까워진다는 사실을 더 엄밀히 보였습니다. 이 덕분에 2항분포를 정규분포로 근사할 수 있다는 사실을 **드무아브르-라플라스 정리**라고 부릅니다.

---

137 The doctrine of Chances

138 〈다시 확률 통계(확률편)〉에서 소개했던 확률의 정의(우리들이 확률이라고 들어서 보통 떠올리는 것)는 라플라스의 정의에 따른 확률입니다. 또한, 그때까지 $a:b$처럼 비로 표현됐던 확률을 0~1의 숫자로 나타낼 것을 제안한 사람도 라플라스입니다.

더 나아가 이 연구를 발전시켜 (나중에 이야기하는 가우스의 연구를 인용하면서) **'대부분의 관측은 표본(샘플) 수가 어느 정도 커지면 표본의 평균과 모집단의 참 평균과의 차이(오차)는 정규분포로 근사할 수 있다'**[139]라는 이른바 **중심극한정리**(Central Limit Theorem)를 유도했습니다.

표본 수만 어느 정도 확보할 수 있으면 모집단 분포가 정규분포가 아니라도 오차는 정규분포가 된다는 사실은 놀랍습니다.[140] 중심극한정리를 사용하면 표본을 어느 정도 추출하면 오차를 어느 정도 작게 만들 수 있는지를 계산할 수 있습니다. 선거의 출구조사나 시청률 조사에서 필요한 표본 수도 이 내용을 응용해서 산출합니다. 참고로 '중심극한정리'라는 말은 '통계학에서 중심적으로 중요(central importance)한 극한(한없이 가까워지는 것)의 정리'라는 의미이고 이름을 붙인 사람은 라플라스가 아니라 **포여 죄르지**(1887–1985)[141]입니다.

오차에도 규칙이 있다고 생각한 가우스

정규분포와 오차의 관계에 관해 처음으로 눈부신 성과를 낸 사람은 독일의 **카를 프리드리히 가우스**(1777–1855)입니다. 당시 유럽 수학계의 중심은 프랑스였고 드무아브르, 라플라스, 푸아송(308쪽), 코시[142] 등 쟁쟁한 인물들이 활약하고 있었습니다. 하지만 모두가 모여도 이길 수 없는 사람은 가우스였습니다. 이런 일화가 남아 있습니다. 프랑스 수학계의 중심적인 존재였던 라플라스에게 어떤 귀족이 '독일 최고의 수학자는 누구인가?'라는 질문을 받았을 때입니다.

> 라플라스: 그건 파프[143]일 것입니다'
> 귀족: 응? 가우스 아니야?
> 라플라스: 오오, 가우스는 세계 최고의 수학자입니다.

실제로 가우스는 아르키메데스, 뉴턴과 함께 세계 3대 수학자 중 한 사람으로 칭해지고 그 거대한 공적으로 근대 수학의 거의 모든 분야에 영향을 미쳤다고 회자됩니다.

가우스는 또한 라플라스와 마찬가지로 '오차'에 큰 관심이 있었습니다. 그래서 그는 천체관

---

139 표본과 모집단의 자세한 해설은 다음 절(387쪽)을 참고해 주세요.

140 단, 모집단의 흩어진 정도가 너무 클 때(이를 통계에서는 '분산이 존재하지 않는다'고 말합니다)는 중심극한정리는 사용할 수 없습니다.

141 명저 〈어떻게 문제를 풀 것인가〉(교우사, 2008)의 저자이기도 합니다.

142 오귀스탱 루이 코시(1789–1857). 미분적분학 분야의 수렴과 극한에 관한 개념을 명확히 하고 현대해석학의 기초를 굳혔습니다. '프랑스의 가우스'라는 별명도 있습니다.

143 요한 프리드리히 파프(1765–1825). 가우스가 파프를 존경했다는 것 같지만 후세에 남길 정도의 성과는 없습니다.

측의 오차에 관해 몇 가지 가설을 세워서 미분방정식의 해로 (라플라스가 2항분포에서 유도한 것과는 전혀 다른 방법으로) 정규분포의 밀도함수를 유도했습니다.

가우스가 획기적이었던 이유는 **오차에도 규칙이 있다**고 생각했던 것 때문입니다. 오차는 과학자의 실수로 생기는 값(나쁜 것)이 아니라 어떤 법칙에 편승해 필연적으로 생기는 것이라고 생각하고 다음 세 가지 법칙을 가정했습니다.

① 작은 오차는 큰 오차보다 발생하기 쉽다.
② 매우 큰 오차는 거의 발생하지 않는다
③ 양수 오차와 음수 오차는 대칭성이 있다(같은 크기의 음수 양수 오차는 같은 정도로 발생한다)

가우스는 이 셋을 가정한 후 **오차는 실제 관측값이 주어질 확률이 최대가 되도록 분포하는 것**이라고 간주하고 계산을 진행했습니다.

이는 현대에는 **최우법**(maximum likelihood estimation)이라고 하는 방법입니다.

'최우법'이란 '가장 가능성 있는 값을 추정한다'는 의미이고 식으로 정리된 것은 현대적인 통계학의 기초를 많이 쌓은 20세기 통계학자 피셔(23쪽)입니다. 피셔보다 100년도 더 전에 그 원형이라고 할 수 있는 방법을 사용하고 있다는 사실에 혀를 내두를 수밖에 없습니다.

가우스의 대담하면서 간단한 계산 방법은 당시의 수학자들을 모두 놀라게 했다고 전해집니다. 정규분포에 관해서는 가우스보다도 먼저 드무아브르와 라플라스라는 선구자가 있었지만 도출 방법에 얼마나 큰 충격이 있었는지 어느샌가 정규분포는 **가우스 분포**(Gaussian distribution)라고 불리게 됐습니다.[144]

▼ 그림 2-44 독일 구 10마르크 지폐

가우스와 정규분포 곡선이 디자인된 독일 구 10마르크 지폐

---

144 그림 2-44에서 볼 수 있듯이 독일 구 10마르크 지폐에는 가우스의 초상 옆에 정규분포를 나타내는 곡선이 그려져 있었습니다.

참고로 '정규'를 뜻하는 normal의 어원은 라틴어 norma이고 norma는 당시의 벽돌공이나 목수가 직각을 만들기 위해 사용하던 T형 직각자를 가리킵니다. 거기에서 직각을 '일반적(normal)인 직각'이라고 부르게 되어서 결국 normal은 '보통 상태'나 '존재해야 할 상태'를 가리키게 됐습니다.

라플라스가 중심극한정리로부터 혹은 가우스가 오차의 분포에서 유도한 곡선에 처음으로 '**정규분포＝보통 곡선**(normal curve)'이라고 이름 붙인 사람은 **프랜시스 골턴**(185쪽)입니다. 1877년 일이었습니다.

골턴은 말하자면 발명에 재능이 있었던 인물로 185쪽에서도 소개했던 대로 상관계수를 제창하기도 하고 통계학에서 **모집단**이라는 용어를 처음으로 사용하기도 했으며 기상학의 천기도, 지문을 사용한 범죄자 확인 방법 등을 고안하기도 했습니다. 그 후 골턴의 후계자이기도 했던 **칼 피어슨**(185쪽)이 1890년경부터 강의에서 '정규분포＝보통 분포(normal distribution)'라는 단어를 사용하기 시작한 후 이 이름이 급속히 퍼졌다고 합니다.

정규분포 지상주의 시대로

가우스가 대담한 방법으로 오차의 분포로 정규분포의 확률밀도함수를 유도한 것이 1809년.

라플라스가 이를 인용하는 형태로 일반 분포에 관해 중심극한정리를 증명한 것이 1810년.

그리고 라플라스가 집대성했다고도 할 수 있는 '확률의 해석적 이론'과 '확률의 철학적 시론'을 저술한 것이 1812년과 1814년.

그 후 19세기는 케틀레(82쪽)와 골턴을 중심으로 하는 정규분포 지상주의 시대가 시작합니다.

정규분포의 탄생으로 확률·통계학의 새로운 시대의 문이 열린 것은 틀림없습니다. 정규분포는 드무아브르의 기초 위에 라플라스와 가우스라는 두 명의 천재가 마련한 새로운 기준점이었기 때문입니다.

04 추측 통계:
표본과 모집단의 엇갈림을 고찰

골프장 연못에 떨어져 있는 공(로스트 볼)을 잠수해서 줍는 '골프 다이버'라는 직업이 있다는 걸 아시나요? 생소하지만 해외에서는 꽤 알려진 직업이라고 합니다. 산소통을 메고 깊게는 10m 정도의 연못에 잠수해서 하루에 수천 개가 되는 골프공을 줍기도 한답니다.

이제 여러분의 눈앞에 그렇게 모은 엄청난 수의 골프공이 있다고 합시다. 개수는 10만 개보다는 많습니다.

자, 골프공 제조사는 여러 군데가 있는데 주요 브랜드로 추려내면 10개 정도의 회사가 시장을 나누고 있는 상황입니다. 만약 여러분 눈앞에 있는 10만 개 이상인 로스트 볼의 각 회사 비율을 알고 싶다면 어떻게 해야 할까요?

전수조사와 표본조사: 모두 또는 표본수집

물론 모든 공을 조사해서 제조사별로 개수를 기록하면 정확한 비율을 알 수 있습니다. 이렇게 **대상이 되는 집단의 성분을 모두 조사하는 방법**을 전수조사 (complete survey)라고 합니다.

하지만 아무리 그렇다고 해도 여러분 눈앞에 있는 공은 10만 개 이상이므로 전수조사를 하려면 엄청난 시간과 노력이 듭니다. 이때 '대충 비율만 알면 된다'고 하고 조금 더 간단히 조사하는 방법도 있습니다. 바로 10만 개 중 예를 들어 100개를 선택하여 선택한 공의 제조사 비율이 로스트 볼 전체의 제조사 비율에 가깝다고 생각하는 방법입니다. 이렇게 **대상이 되는 집단의 일부를 조사하**

여 그 결과로부터 전체의 상황을 추측하는 **방법**을 표본조사(sample survey)라고 합니다.

일반적으로 **조사 대상이 되는 집단**을 모집단(population), **모집단 성분의**[145] 개수를 **모집단 크기**(population size)[146]라고 합니다. 또한, **모집단에서 뽑은 성분**을 표본(sample), **표본에 포함된 성분의 개수**를 표본 크기(sample size)라고 합니다.

> 앞 예에서는 골프 다이버가 모은 로스트 볼 전체가 모집단, 로스트 볼 개수 (10만 개 이상)가 모집단 크기, 이 중에서 대략적인 비율을 구하기 위해 뽑은 공이 표본, 표본의 개수 100이 표본 크기입니다.

그리고 **모집단에서 표본을 꺼내는 작업**은 추출(sampling)이라고 합니다. 추출에는 매번 표본을 원래대로 되돌려 놓으며 다음 표본을 1개씩 뽑는 **복원추출**과 뽑은 표본을 원래대로 되돌려 놓지 않고 계속해서 추출하는 **비복원추출**이 있습니다.

로스트 볼 예에서 100개를 추출할 때 비복원추출이면 2개째부터 공이 선택되는 방법은 앞에서 뽑은 공의 영향을 받으므로 엄밀히는 독립인 시행[147]이라고 말할 수 없습니다. 하지만 10만 개에서 100개와 같이 모집단 크기가 표본 크기와 비교해서 충분히 큰 경우에는 비복원추출과 복원추출의 차이는 작아집니다.

실제 통계에서는 보통 모집단의 크기가 매우 크므로 이제부터는 특별히 이야기하지 않으면 **추출은 모두 복원추출이라고 생각합니다.**

---

145 어떤 집단에 포함되는 하나하나를 말합니다.

146 동사 populate에는 '(어떤 지역에) 사람을 살게 하다', '(표 등에) 데이터를 입력하다'라는 의미가 있고 population은 전자의 명사일 때는 '인구(사는 사람 모두)' 후자일 때는 '모집단(입력된 값 전부)'이 됩니다.

147 결과가 서로 영향을 미치지 않는 시행을 말합니다.

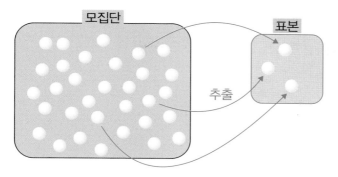
▼ 그림 2-45 모집단, 표본, 추출

일반적으로 골프공 10만 개 이상과 같이 **개수가 매우 많은 경우**나 전자 제품의 내구성 검사처럼 **모든 제품을 조사하기 불가능한**(상품 가치가 떨어지기 때문에) 경우, 또는 6월 시점에 그 해의 출생률을 검토할 때처럼 애초에 **현시점에서는 알 수 없는 요소가 있는 경우** 등은 표본조사를 수행합니다.

표본조사를 기반으로 하는 추측 통계 방법은 크게 추정(estimation)과 검정(test)으로 두 종류가 있습니다.

추정은 모집단 평균이나 분산과 같은 값이 **어떤 값인지를 추측**하는 방법입니다. 검정은 모집단 분포나 성질 등에 관해 어떤 가설이 옳은지 틀린 지를 Yes나 No로 판단하는 방법입니다.

예를 들어 자판기에서 주스를 사서 농도를 조사했더니 78%였다고 합시다. 이 때 산 주스는 전국에서 판매되는 같은 제품인 모든 주스를 모집단으로 하는 표본이라고 할 수 있습니다. 그리고 78%라는 농도로 그 제품의 농도 분포를 수치로 추측하는 방법이 추정입니다. 반면 실제로 농도가 78%일 때 패키지에 쓰여 있는 농도(예를 들면 80%)가 옳다고 할 수 있는지를 판단하는 방법이 검정입니다. 달리 말하면 **추정은 정량적**[148]이고 **검정은 정성적**[149]이라 할 수도 있습니다.

---

148 수치화해서 나타내는 방법

149 수치화하지 않고 나타내는 방법

추정은 또다시 나뉘는데, 표본 조사 결과를 가지고 모집단의 평균과 분산과 같은 값을 **한 값으로 추정하는** 점추정(point estimation)과 **폭을 추정하는** 구간추정(interval estimation)으로 나뉩니다.

▼ 그림 2-46 추측 통계

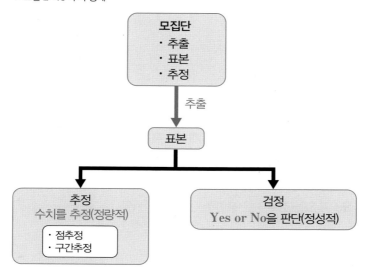

무작위 추출과 난수: 임의는 매우 여러운 기술

표본조사를 통해서 모집단의 상황을 추측하려고 할 때 가장 중요한 것은 **표본이 모집단을 되도록 옳게 축소한 형태여야 한다**는 것입니다.

된장국을 맛볼 때 냄비 전체를 잘 섞은 후에 맛보는 것에 빗댈 수 있습니다. 된장국 전체가 거의 균일하게 섞인 상태일 때만 적당히 뜬 한 숟가락 맛으로 된장국 전체의 맛을 추측할 수 있기 때문입니다.

일부를 조사해서 전체를 추측하려는 추측 통계의 첫 번째 조건은 **모집단에서 편향되지 않게 표본을 추출하는 것**입니다. 바꿔 말하면 모집단의 어느 요소도 추출될 확률이 같아야 한다는 말입니다. 그런 편향되지 않은 추출을 무작위추출

(random sampling)이라고 하고 무작위추출로 뽑힌 표본(샘플)을 **무작위표본**(random sample)이라고 합니다.

하지만 사람의 손으로 수행할 때 '임의'라는 건 생각보다 어렵습니다. 임의에 관해 피셔(23쪽)는 저서 〈The design of experiments〉(Hafner, 1951)에서 다음과 같이 기술했습니다.

> '무작위 순서라는 건 사람이 뽑아서 마음대로 정하는 게 아니라 내기에서 사용하는 물리적 기구, 즉, 카드, 주사위, 룰렛 등을 실제로 사용해서 정한 순서 또는 더 신속히 하려면 그런 조작을 통한 실험 결과를 부여하기 위해 발표된 난수열을 사용해 정한 순서이다.'

주사위를 던져서 나온 수를 나열한 것과 같이 완전히 무질서하면서 출현 확률이 모두 같은 수의 나열을 난수(random numbers)[150]라고 하는데 추측 통계에서 무작위추출(랜덤 샘플링)을 할 때는 이 난수가 매우 중요합니다.

실제로 1927년에 통계학자 **레오나드 헨리 케일럽 티페트**(L.H.C. 티페트, 1902-1985)는 영국 각 교구의 넓이에서 숫자를 뽑아서 나열했을 뿐인 〈난수책〉을 출간하여 베스트셀러가 됐습니다.

된장국 맛을 보려면
잘 저어 줘야 해요!

어디 맛 좀 볼까

---

150 보통 주사위를 던져서 만드는 난수는 1~6으로 한정되기 때문에 0~9의 난수를 만들 때는 '난수 주사위'를 사용합니다.
난수 주사위란 정이십면체인 주사위로 0~9의 숫자가 2개씩 쓰여있는 주사위를 말합니다.

난수(임의의 수열)가 되려면 **주기성이 없고 규칙성도 없으면서(예측할 수 없으면서) 기록하지 않는 한 재현성이 없다**는 조건을 만족해야 합니다.

참고로 엑셀에는 'RAND'라는 함수가 마련되어 있어서 원하는 값 범위에서 '난수'를 만들 수 있는데, RAND 함수로 만들어진 '난수'는 어떤 프로그램(법칙)에 따라 만들어지므로 엄밀히는 난수가 아닙니다. 그래서 RAND 함수로 만들어지는 '난수'는 의사난수라고 부릅니다.

이럴 때 필요한 것이 난수표(random number table)입니다.

난수표는 0부터 9까지 수를 마구잡이 순서로 나열한 표로 상하좌우 대각선 중 어떤 나열을 취해도 0~9의 수가 대체로 같은 확률로 나타나도록 만들어져 있습니다. 다음 표는 50행 40열짜리 난수표입니다. 단, 이 난수표에서는 보기 쉽도록 숫자를 2개씩 묶었습니다.

이제 난수표 사용 방법을 살펴봅시다.

▼ 표 2-57 난수표

1	67 11	09 48	96 29	94 59	84 41	68 38	04 13	86 91	02 19	85 28
2	67 41	90 15	23 62	54 49	02 06	93 25	55 49	06 96	52 31	40 59
3	78 26	74 41	76 43	35 32	07 59	86 92	06 45	95 25	10 94	20 44
4	32 19	10 89	41 50	09 06	16 28	87 51	38 88	43 13	77 46	77 53
5	45 72	14 75	08 16	48 99	17 64	62 80	58 20	57 37	16 94	72 62
6	74 93	17 80	38 45	17 17	73 11	99 43	52 38	78 21	82 03	78 27
7	54 32	82 40	74 47	94 68	61 71	48 87	17 45	15 07	43 24	82 16
8	34 18	43 76	96 49	68 55	22 20	78 08	74 28	25 29	29 79	18 33
9	04 70	61 78	89 70	52 36	26 04	13 70	60 50	24 72	84 57	00 49
10	38 69	83 65	75 38	85 58	51 23	22 91	13 54	24 25	58 20	02 83
11	05 89	66 75	80 83	75 71	64 62	17 55	03 30	03 86	34 96	35 93
12	97 11	78 69	79 79	06 98	73 35	29 06	91 56	12 23	06 04	69 67
13	23 04	34 39	70 34	62 30	91 00	09 66	42 03	55 48	78 18	24 02
14	32 88	65 68	80 00	66 49	22 70	90 18	88 22	10 49	46 51	46 12
15	67 33	08 69	09 12	32 93	06 22	97 71	78 47	21 29	70 29	73 60
16	81 87	77 79	39 86	35 90	84 17	83 19	21 21	49 16	05 71	21 60
17	77 53	75 79	16 52	57 36	76 20	59 46	50 05	65 07	47 06	64 27
18	57 89	89 98	26 10	16 44	68 89	71 33	78 48	44 89	27 04	09 74
19	25 67	87 71	50 46	84 98	62 41	85 51	29 07	12 35	97 77	01 81
20	50 51	45 14	61 58	79 12	88 21	09 02	60 91	20 80	18 67	36 15
21	30 88	39 88	37 27	98 23	00 56	46 67	14 88	18 19	97 78	47 20
22	60 49	39 06	59 20	04 44	52 40	23 22	51 96	84 22	14 97	48 08
23	36 45	19 52	10 42	83 86	78 87	30 00	39 04	30 38	06 92	41 51
24	45 71	08 61	71 33	00 87	82 21	35 63	46 07	03 56	48 94	36 04
25	69 63	12 03	07 91	34 05	01 27	51 94	90 01	10 22	41 50	50 56
26	41 82	06 87	49 22	16 34	03 13	20 02	31 13	03 92	86 49	69 69
27	09 85	92 32	12 06	34 50	72 04	08 76	61 95	04 84	93 09	84 05
28	57 71	05 35	47 59	65 38	38 41	57 91	61 96	87 63	24 45	17 72
29	82 06	47 67	53 22	36 49	68 86	87 04	18 80	66 96	57 53	88 83
30	17 95	30 06	64 99	33 89	27 84	65 47	78 11	01 86	61 05	05 28
31	70 55	98 92	19 44	85 86	65 73	69 73	75 41	78 51	05 57	36 33
32	97 93	30 87	34 49	28 29	77 84	31 09	35 59	41 39	71 46	53 57
33	31 55	49 69	17 12	22 20	41 50	45 63	52 13	46 20	70 72	30 57
34	30 92	80 82	37 16	01 46	81 22	48 80	55 77	99 11	30 14	65 29
35	98 05	49 50	04 94	71 34	12 49	85 82	82 67	17 38	22 86	15 93
36	00 86	28 06	39 03	29 04	84 41	20 84	01 97	53 50	90 12	94 67
37	74 76	84 09	68 33	73 25	97 71	65 34	72 55	62 50	50 59	01 93
38	63 84	36 95	80 28	36 19	26 50	72 55	80 54	55 68	58 94	96 50
39	48 12	39 00	88 05	86 29	37 96	18 85	07 95	37 06	78 96	32 89
40	20 60	42 30	95 71	77 03	14 88	81 15	91 68	38 07	45 47	37 75
41	13 21	96 10	43 46	00 95	62 09	45 43	87 40	08 00	12 35	35 06
42	12 84	54 72	35 75	88 47	75 20	21 27	73 48	33 69	10 13	77 36
43	57 38	76 05	12 35	29 61	10 48	02 65	25 40	61 54	13 54	59 37
44	25 18	75 82	11 89	13 90	53 66	56 26	38 89	04 79	76 22	82 53
45	10 88	94 70	76 54	45 07	71 24	53 48	10 01	51 99	93 52	12 68
46	78 44	49 86	29 82	12 44	11 54	32 54	68 28	52 27	75 44	22 50
47	99 33	67 75	86 16	90 53	40 48	15 12	01 10	79 58	73 53	35 90
48	38 51	64 06	53 30	50 06	84 55	91 70	48 46	52 37	46 83	58 78
49	45 96	10 96	24 02	17 29	31 14	10 86	37 20	92 79	72 32	84 57
50	75 40	42 25	66 84	22 05	61 93	56 61	62 02	55 31	56 20	99 07

▆ 예 15 ▆ 난수표를 이용해서 50개에서 10개를 무작위로 추출하기

[순서]

1. 50개 성분에 1~50 번호를 붙인다.
2. 난수표의 출발 지점을 선택하기 위해 난수표의 전체 행 수와 같도록 카드 50장을 준비하여 카드에 번호를 붙인다.
3. 카드를 잘 섞은 후 1장을 뽑아서 그 번호의 행을 출발 지점으로 정한다.
4. 이제 난수표의 각 행 그룹 수와 같은 카드 20장을 준비해서 같은 방식으로 출발하는 조합을 정한다.

카드를 이용해 예를 들어 21행 3 조합이 선택된다고 하면 이 그룹에서 오른쪽으로 진행하며[151] 숫자 조합을 뽑아갑니다. 그러면 다음과 같습니다.

$$39, \quad \underline{88}, \quad 37, \quad 27, \quad \underline{98}, \quad 23, \quad \underline{00}, \quad \underline{56}, \quad 46, \quad \underline{67},$$
$$14, \quad \underline{88}, \quad 18, \quad 19, \quad \underline{97}, \quad \underline{78}, \quad 47, \quad 20, \cdots$$

이 예에서 성분의 수는 50개이므로 00과 51 이상인 수(밑줄 그은 수)는 제외합니다. 이렇게 구한 수에서 처음부터 10개를 선택하면 다음과 같습니다.

$$39, \quad 37, \quad 27, \quad 23, \quad 46, \quad 14, \quad 18, \quad 19, \quad 47, \quad 20$$

이 숫자가 붙은 성분을 뽑으면 무작위추출이 되고 이렇게 얻은 표본은 무작위 표본이 됩니다.

매스컴에서 수행하는 '여론조사'에서도 무작위추출이 되도록 주의를 기울입니다. 조사원이 방문하여 직접 조사하는 **방문면접법**에서는 지도상 점을 무작위로 선택해서 방문처를 결정하는 것이 원칙이고 전화로 조사하는 **전화법**에서는 보통 난수표나 컴퓨터를 사용한 의사 난수를 사용하여 전화번호를 선택합니다. 하지만 이런 무작위추출을 통한 '여론조사'여도 그 결과를 그대로 받아들여서

---

[151] 진행하는 방향은 상하좌우 대각선 어느 방향이든 일직선이면 됩니다.

는 안 됩니다. 여론조사를 참고할 때는 **유효 응답률**과 **조사 방법**도 살핍시다. **유효 응답률**이란 표본의 크기에 대한 유효 응답 수의 비율입니다. 응답을 거부하는 사람이 많은 경우 응답자가 특정 층으로 편향될 위험이 있으므로 유효 응답률은 60% 이상이 바람직하다고 알려져 있습니다.

조사 방법에 따른 응답의 편향도 우려됩니다. 예를 들면 방문면접법에서는 조사원에게 직접 응답하기 때문에 정직하게 답하기 어려운 경우가 적지 않습니다. 전화법도 유효 응답률이 낮아지기 쉽다는 단점이 있고 전화를 가지고 있지 않은 사람의 의견은 무시되기도 합니다.

또한, '거리 앙케트'나 '인터넷 조사'는 애초에 응답자가 무작위로 선택되지 않으므로 전 국민을 모집단으로 하는 여론의 표본이라고 생각할 수 없습니다.

모집단과 표본: 둘과 밀접한 관계가 있기 때문이다

일반적으로 모집단의 어떤 **변량**[152]에 관한 분포를 그 변량의 **모집단분포**(population distribution)라고 하고 모집단분포를 특징짓는 **상수**를 **모수**(parameter)라고 합니다. 모수에는 **모평균**(population mean), **모분산**(population variance), **모표준편차**(population standard deviation) 등이 있습니다.

무작위표본은 모집단의 일부를 임의로 추출한 것이므로 모집단에 속하는 성분 중 어느 성분이 추출될지는 알 수 없습니다. 표본이 다르면 일반적으로 그 표본을 통계적으로 처리한 결과로 얻어지는 수치도 다릅니다. 이것이 모집단을 전수조사하는 경우와의 큰 차이입니다.

모집단의 크기[153]가 N일 때 전수조사를 수행하면 한 변량에 관해 N개 값을 얻을 수 있고 전부를 조사하므로 적어도 조사 시점에 값은 확정됩니다. 하지만 표본조사일 때는 조사할 때마다 '매번 다른 값이 나온다'고 예상할 수 있습니다.

---

152 변량이란 질량이나 점수같이 계측 대상이 되는 항목을 가리키는 '수치가 들어가는 곳'입니다.

153 모집단에 포함되는 성분의 개수입니다(388쪽).

이때 표본의 크기[154]가 n이라면(n은 N보다 작은 수입니다), 구할 수 있는 n개 변량값은 **확률변수라고 생각하고** 각각을

$$X_1, \ X_2, \ X_3, \ \cdots\cdots, \ X_n$$

로 대문자로 나타내기로 합시다.

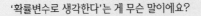

'확률변수로 생각한다'는 게 무슨 말이에요?

확률변수라는 말은 될 수 있는 값의 범위와 특정한 값이 될 확률을 안다, 즉 확률분포가 정해져 있다는 의미입니다. 이제부터 자세히 살펴봅시다.

크기 N인 모집단에서 변량 x가 될 수 있는 값을

$$x_1, \ x_2, \ x_3, \ \cdots\cdots, \ x_r$$

이라고 하고 각 값이 되는 성분 개수를

$$f_1, \ f_2, \ f_3, \ \cdots\cdots, \ f_r$$

이라고 하면 모집단에 관한 다음과 같은 도수분포표를 구할 수 있습니다.

---

154 표본에 포함되는 성분 개수입니다(388쪽).

▼ 표 2-58 변량 x의 도수분포표

계급값	도수
x_1	f_1
x_2	f_2
x_3	f_3
⋮	⋮
x_r	f_r
합	N

이 모집단에서 변량 x의 **평균값을 m, 분산을 σ^2, 표준편차를** σ라고 하면 1장 기술 통계에서 배운 정의에 따라 다음과 같이 쓸 수 있습니다.

$$m = \frac{x_1 f_1 + x_2 f_2 + x_3 f_3 + \cdots\cdots + x_r f_r}{N} = \sum_{k=1}^{r} \frac{x_k f_k}{N} = \sum_{k=1}^{r} x_k \frac{f_k}{N} \quad \cdots ①$$

$$\sigma^2 = \frac{(x_1 - m)^2 f_1 + (x_2 - m)^2 f_2 + (x_3 - m)^2 f_3 + \cdots\cdots + (x_r - m)^2 f_r}{N}$$

$$= \sum_{k=1}^{r} \frac{(x_k - m)^2 f_k}{N} = \sum_{k=1}^{r} (x_k - m)^2 \frac{f_k}{N} \quad \cdots ②$$

$$\sigma = \sqrt{\sum_{k=1}^{r} (x_k - m)^2 \frac{f_k}{N}} \quad \cdots ③$$

m, σ^2, σ는 각각 변량 x의 모평균, 모분산, 모표준편차입니다.

> [기술 통계 정의]
>
> 평균값 $= \dfrac{\text{값의 합}}{\text{개수}}$, 분산 $= \dfrac{(\text{평균과의 차})^2 \text{의 합}}{\text{개수}}$, 표준편차 $= \sqrt{\text{분산}}$

이제 이 모집단에서 n개 성분을 무작위로 복원추출할 때 어떤 변량 x에 대한 n

개 값 X_1, X_2, X_3, ……, X_n은 서로 독립인 확률변수이고 각각 $x_1 \sim x_r$ 중 어떤 값이 될지는 다음 확률분포를 따릅니다.[155]

▼ 표 2-59 가 각 값이 될 확률분포

X_k	x_1	x_2	x_3	……	x_r	합
P	$\dfrac{f_1}{N}$	$\dfrac{f_2}{N}$	$\dfrac{f_3}{N}$	……	$\dfrac{f_r}{N}$	1

$$(k = 1, \ 2, \ 3, \ \cdots\cdots, \ \ n)$$

모집단 크기 N이 표본 성분 개수 n과 비교해서 충분히 클 때는 비복원추출이라도 X_1, X_2, X_3, ……, X_n은 표 2-59를 따르는 서로 독립인 확률변수로 취급할 수 있습니다.

▼ 그림 2-47 표본 추출을 빗댄 그림

표본 각 값 $(X_1 \sim X_n)$은
모집단 분포로 정해지는 확률변수!

---

155 X_1, X_2, X_3, ……, X_n은 각각이 여러 가지 값이 될 수 있는 확률변수이고 대문자로 나타낼 때가 많고 $x_1 \sim x_r$은 실제로 표본을 추출했을 때의 구체적인 값(실현값이라고도 합니다)이므로 구별하기 위해 소문자로 나타낼 때가 많습니다.

$k=1,\ 2,\ 3,\ \cdots\cdots,\ n$이라고 할 때 X_k의 기댓값(또는 평균)을 $E(X_k)$, 분산을 $V(X_k)$, 표준편차를 $\sigma(X_k)$로 나타내면 이산확률변수의 각 정의로부터 다음과 같이 나타낼 수 있습니다.

$$E(X_k) = x_1\frac{f_1}{N} + x_2\frac{f_2}{N} + x_3\frac{f_3}{N} + \cdots\cdots + x_r\frac{f_r}{N} = \sum_{k=1}^{r}x_k\frac{f_k}{N} \quad \cdots ④$$

$$V(X_k) = E((X_k - m)^2)$$

$$= (x_1 - m)^2\frac{f_1}{N} + (x_2 - m)^2\frac{f_2}{N} + (x_3 - m)^2\frac{f_3}{N} + \cdots\cdots + (x_r - m)^2\frac{f_r}{N}$$

$$= \sum_{k=1}^{r}(x_k - m)^2\frac{f_k}{N} \quad \cdots ⑤$$

$$\sigma(X_k) = \sqrt{V(X_k)} = \sqrt{\sum_{k=1}^{r}(x_k - m)^2\frac{f_k}{N}} \quad \cdots ⑥$$

[이산확률변수 정의]
기댓값(또는 평균) = '각 값×각 확률'의 합
분산 = (평균과의 차이)²의 기댓값
표준편차 = √분산

식 ①~③과 ④~⑥를 비교해 보면

$$E(X_k) = m,\ \ V(X_k) = \sigma^2,\ \ \sigma(X_k) = \sigma$$

$$(k = 1,\ 2,\ 3,\ \cdots\cdots,\ n)$$

임을 알 수 있습니다. 즉, 다음과 같습니다.

$$E(X_1) = E(X_2) = E(X_3) = \cdots\cdots = E(X_n) = m$$
$$V(X_1) = V(X_2) = V(X_3) = \cdots\cdots = V(X_n) = \sigma^2$$
$$\sigma(X_1) = \sigma(X_2) = \sigma(X_3) = \cdots\cdots = \sigma(X_n) = \sigma$$

이는 모집단에서 추출한 n개 표본이 있을 때 각각의 기댓값(또는 평균), 분산, 표준편차는 모평균, 모분산, 모표준편차와 일치함을 의미합니다.

모집단은 '모기댓값'이라고 하지는 않는 건가요?

좋은 질문입니다. 그렇습니다. 모집단은 전수조사를 수행하면 단 하나의 평균이 확정돼야 하므로 모평균을 '모기댓값'이라고는 보통 말하지 않습니다.

표본의 평균 · 분산 · 기댓값: 대학 입학 시험을 예로

추상적인 이야기만 계속했으니 조금 구체적으로 생각해 봅시다.

지금까지의 대학 입학 시험이 어땠는지 과거 모든 수험생의 국어 점수 평균을 조사하고 싶다고 합시다.

최근 점수 데이터는 웹 사이트에서 확인할 수 있었지만 시간이 많이 지난 데이터는 바로 구할 수 없었습니다. 그래서 조사원 10명을 전국에 파견하여 '방문면접법'(394~395쪽)으로 과거 대학 입학 시험을 봤던 수험생에게 국어 점수를 물으며 돌아다니기로 했습니다.[156]

조사 방법은 이렇습니다.

전국으로 흩어진 조사원이 무작위(랜덤)로 뽑은 집 등을 방문해 방문처의 사람에게 '대학 입학 시험 국어 시험을 치렀는지'를 물어봅니다. '치렀다'라고 답했을 경우에는 점수를 물어본 후 조사원이 본부에 전합니다.

---

156 실제로는 당시 점수를 기억하지 못한다고 말하는 사람이 많을지 모르겠지만 여기서는 점수를 정확하게 기억하고 있다고 합시다.

조사원 10명을 A_1, A_2, A_3, ……, A_{10}라고 하고

A_1이 만난 1명에게 물어본 국어 점수를 X_1

A_2가 만난 1명에게 물어본 국어 점수를 X_2

A_3이 만난 1명에게 물어본 국어 점수를 X_3

……

A_{10}이 만난 1명에게 물어본 국어 점수를 X_{10}

이라고 합시다.

그러면 1회 조사로 10명분 국어 점수가 모아집니다. 이 값들의 평균을 $\overline{X}$라고 하면[157] 다음과 같습니다.

$$\overline{X} = \frac{X_1 + X_2 + X_3 + \cdots\cdots + X_{10}}{10} = \frac{1}{10}\sum_{k=1}^{10} X_k \ \cdots ☆$$

또한, 조사원 10명이 조사한 $X_1 \sim X_{10}$ 값에 대해

$$S^2 = \frac{(X_1 - \overline{X})^2 + (X_2 - \overline{X})^2 + (X_3 - \overline{X})^2 + \cdots\cdots + (X_{10} - \overline{X})^2}{10}$$

$$= \frac{1}{10}\sum_{k=1}^{10}(X_k - \overline{X})^2$$

> [기술 통계의 분산 정의]
>
> 분산 = $\dfrac{\text{(평균과의 차)}^2\text{의 합}}{\text{개수}}$

을 계산하면 조사할 때마다 10개 값의 **분산** S^2이 구해집니다. 물론 **표준편차** S도

$$S = \sqrt{S^2} = \sqrt{\frac{1}{10}\sum_{k=1}^{10}(X_k - \overline{X})^2}$$

로 계산할 수 있습니다.

---

157 평균은 위에 'ᅳ(바)'를 붙였습니다.

뭔가 앞이랑 기호가 달라 보여요…….

기호가 엄밀히 정해져 있진 않고 실제로 책마다 다르지만 이 책에서는 (가장 일반적인 표기에 맞춰) 기술 통계일 때 표준편차는 소문자 s, 분산은 V로 표기했습니다. 그리고 추측 통계의 표본 표준편차는 대문자 S로 표기하고 분산은 (표준편차의 제곱이라는 의미로) S^2으로 표기했습니다.

일반적으로 모집단에서 무작위추출한 크기 n인 표본으로 구할 수 있는 n개 변량값을(확률변수로 취급하여)

$$X_1, \quad X_2, \quad X_3, \quad \cdots\cdots, \quad X_n$$

이라고 하면, 다음과 같이 **표본평균**(sample mean), **표본분산**(sample variance), **표본표준편차**(sample standard deviation)가 정의됩니다.

[표본평균]

$$\overline{X} = \frac{X_1 + X_2 + X_3 + \cdots\cdots + X_n}{n} = \frac{1}{n}\sum_{k=1}^{n} X_k$$

[표본분산]

$$S^2 = \frac{1}{n}\sum_{k=1}^{n}(X_k - \overline{X})^2$$

[표본표준편차]

$$S = \sqrt{\frac{1}{n}\sum_{k=1}^{n}(X_k - \overline{X})^2}$$

표본평균의 기댓값 · 분산 · 표준편차: 기대했던 그대로의 관계

그런데 401쪽에서 구한 식 $\overline{X}$의 값은 과거 31년 동안의 모든 수험자를 조사했을 때의 평균과 같을까요? 조사원 각각이 임의로 선택한 10명의 점수라고는 하지만 우연히 국어를 잘하는 사람들로 편향되거나 반대로 못하는 사람들 점수를 모았을 가능성도 있습니다. 즉, 식 ☆의 평균은 진짜 평균과 완전히 같다고 할 수는 없고 오히려 조금 다르다고 생각하는 게 타당합니다. 이때 이렇게 조사를 몇 번이고 계속해서 그때마다 식 ☆의 평균을 계산해 보기로 했습니다. 표 2-60은 조사를 반복했을 때 처음 10번의 결과라고 생각해 주세요.[158]

▼ 표 2-60 각 회차마다 표본평균을 계산

	X_1	X_2	X_3	X_4	X_5	X_6	X_7	X_8	X_9	X_{10}	$\overline{X}$
1회	191	163	93	156	146	99	123	159	132	179	**144.1**
2회	131	117	107	50	171	80	147	95	84	55	**103.7**
3회	158	178	79	84	98	143	111	54	90	98	**109.3**
4회	108	120	91	127	90	57	166	132	53	56	**100.0**
5회	77	172	105	169	140	182	85	184	126	108	**134.8**
6회	62	55	99	81	145	99	58	62	161	107	**92.9**
7회	68	78	133	156	79	72	157	138	155	50	**108.6**
8회	152	151	117	129	190	91	174	172	50	189	**141.5**
9회	58	198	162	118	68	86	90	193	106	189	**126.8**
10회	101	149	70	169	154	146	156	159	161	120	**138.5**

(단위: 점)

조사할 때마다 $X_1 \sim X_{10}$ 값이 바뀌므로 평균 $\overline{X}$도 매번 다른 값이 됩니다. 하지만 $X_1 \sim X_{10}$ 값은 이상한 값이 아니라 모집단 분포(과거 31년 동안의 대학 입학 시험 국어 수험생 득점 분포)를 따르는 확률변수이므로 $\overline{X}$도 확률변수라

---

158 각 회의 표본평균($\overline{X}$)은 소수점 이하 둘째 자리에서 반올림했습니다.

고 볼 수 있습니다.[159] 즉, $\overline{X}$에 대해서도 기댓값(또는 평균)을 생각할 수 있습니다.

$\overline{X}$ 자체도 평균이니까 '$\overline{X}$의 평균'이라는 말은 **평균의 평균**이라는 말인가요?

바로 맞췄습니다. 하지만 $\overline{X}$도 확률변수이므로 평균이 동시에 기댓값이기도 합니다. '$\overline{X}$의 평균'이란 **표본 평균으로 기대되는 값**이라는 뉘앙스로 받아들이는 게 이해하기 쉽습니다. 또한, $\overline{X}$는 확률변수이므로 기댓값(또는 평균)뿐만 아니라 **분산과 표준편차**를 구할 수도 있습니다.

이제 모평균 m, 모표준편차 σ인 모집단에서 크기 n인 무작위표본을 추출했을 때 그 표본이 갖는 변량 x 값이 되는 확률변수를

$$X_1, \quad X_2, \quad X_3, \quad \cdots\cdots, \quad X_n$$

이라고 합시다.

$X_1 \sim X_n$이 확률변수인 이상 표본평균 $\overline{X}$도 확률변수라고 생각할 수 있으므로 $\overline{X}$의 기댓값(또는 평균)과 분산, 표준편차를 구할 수 있습니다.

우선 **표본평균 $\overline{X}$의 기댓값(또는 평균) $E(\overline{X})$**를 구해 봅시다.

399쪽에서 구한

$$E(X_1) = E(X_2) = E(X_3) = \cdots\cdots = E(X_n) = m$$

---

159   $X_1 \sim X_{10}$ 값이 모집단에서 표본을 추출하는 시행의 결과로 값이 정해지는 확률변수인 이상, $X_1 \sim X_{10}$의 합을 10으로 나눈 $\overline{X}$도 표본을 추출하는 시행의 결과에 의해 결정되는 확률변수입니다.

과 '$Y = aX + b$의 기댓값 공식'(240쪽) 그리고 '확률변수 합의 기댓값 공식'(265쪽)을 사용합니다.

$$E(\overline{X}) = E\left(\frac{X_1 + X_2 + X_3 + \cdots\cdots + X_n}{n}\right)$$

$$= E\left(\frac{1}{n}(X_1 + X_2 + X_3 + \cdots\cdots + X_n)\right)$$

$$= \frac{1}{n}E(X_1 + X_2 + X_3 + \cdots\cdots + X_n)$$

> $Y = aX + b$의 기댓값
> $E(aX + b) = aE(X) + b$

$$= \frac{1}{n}\{E(X_1) + E(X_2) + E(X_3) + \cdots\cdots + E(X_n)\}$$

> 확률변수 합의 기댓값
> $E(X + Y) = E(X) + E(Y)$

$$= \frac{1}{n}(m + m + m + \cdots\cdots + m)$$

> $E(X_1) = E(X_2) = E(X_3) = \cdots\cdots = E(X_n) = m$

$$= \frac{1}{n} \cdot nm = m$$

다음으로 **표본평균 $\overline{X}$의 분산 $V(\overline{X})$와 표준편차 $E(\overline{X})$를** 구해 봅시다.

이번에는 399쪽에서 구한 다음 관계를 사용합니다.

$$V(X_1) = V(X_2) = V(X_3) = \cdots\cdots = V(X_n) = \sigma^2$$

또한, 모집단의 크기가 표본의 크기와 비교해서 충분히 크면 복원추출일 경우뿐만 아니라 비복원추출일 경우에도 $X_1, X_2, X_3, \cdots\cdots, X_n$은 **서로 독립인 확률변수로 볼 수 있으므로** '$Y = aX + b$의 분산 공식'(244쪽) 그리고 '독립인 확률변수 합의 분산 공식'(281쪽)을 사용할 수 있습니다.

$$V(\overline{X}) = V\left(\frac{X_1 + X_2 + X_3 + \cdots + X_n}{n}\right)$$

$$= V\left(\frac{1}{n}(X_1 + X_2 + X_3 + \cdots + X_n)\right)$$

> $Y = aX + b$의 분산
> $V(aX + b) = a^2 V(X)$

$$= \frac{1}{n^2} V(X_1 + X_2 + X_3 + \cdots + X_n)$$

$$= \frac{1}{n^2}\{V(X_1) + V(X_2) + V(X_3) + \cdots + V(X_n)\}$$

> 독립인 확률변수 합의 분산
> $V(X + Y) = V(X) + V(Y)$

> $V(X_1) = V(X_2) = V(X_3) = \cdots = V(X_n) = \sigma^2$

$$= \frac{1}{n^2}(\sigma^2 + \sigma^2 + \sigma^2 + \cdots + \sigma^2)$$

$$= \frac{1}{n^2} \cdot n\sigma^2 = \frac{1}{n}\sigma^2$$

따라서 다음과 같이 정리할 수 있습니다.

$$\sigma(\overline{X}) = \sqrt{V(\overline{X})} = \sqrt{\frac{1}{n}\sigma^2} = \frac{1}{\sqrt{n}}\sigma$$

이렇게 **모평균 m, 모분산 σ^2, 모표준편차 σ**인 모집단에서 **크기 n인 무작위표본**을 추출할 때 $X_1 \sim X_{10}$이 서로 독립이라고 생각할 수 있다면 **표본평균 $\overline{X}$**의 기댓값(또는 평균), 분산, 표준편차는 각각 다음과 같이 정리할 수 있습니다.

표본평균의 기댓값, 분산, 표준편차

[표본평균의 기댓값(또는 평균)]

$$E(\overline{X}) = m$$

[표본평균의 분산]

$$V(\overline{X}) = \frac{1}{n}\sigma^2$$

[표본평균의 표준편차]

$$\sigma(\overline{X}) = \frac{1}{\sqrt{n}}\sigma$$

(n: 표본 크기, m: 모평균, σ: 모표준편차)

이건 어디에 쓰는 거예요?

우리의 목표는 어디까지나 모집단을 예측하는 것입니다.

표본평균 $\overline{X}$는 표본을 추출할 때마다 다른 값이 되는 확률변수이므로 값의 변화가 있습니다. 만약 그 변화 방식이 모집단과 관계가 없다면 표본을 조사하는 의미가 없습니다.

하지만 실제로는 표본평균의 기댓값(또는 평균), 분산, 표준편차는 모집단의 참 평균, 분산, 표준편차와 (단어 뜻 그대로 기대되는) 이런 밀접한 관계가 있습니다. 그렇기 때문에 표본을 조사하는 데 의미가 있고 '추정'이 가능합니다.

그림 2-48은 1~100의 숫자(정수)를 하나씩 포함하는 모집단(모집단 크기는 100)에서 표본 크기 n(추출하는 개수)을 바꿔가며 **1000번 무작위 복원추출**을 했을 때 표본평균 $\overline{X}$의 분포입니다.[160] n이 커지면 커질수록 표본평균 표준편차(흩어진 정도)가 작아지는 모습을 알 수 있습니다.

❤ 그림 2-48 n이 커질수록 표준편차가 작아진다

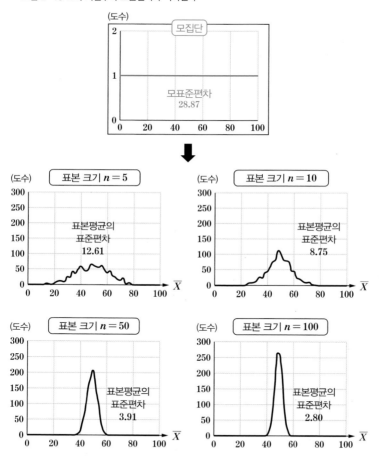

---

160 표본 크기별로 엑셀에서 1~100(정수)의 의사난수를 1000번 만든 후 그 표본평균의 도수분포를 그래프로 그린 그림입니다.

말할 필요도 없지만 만약 여러분이 엑셀을 사용해서 같은 작업(표본 크기별로 1000번 무작위 복원추출)을 할 때 구해지는 표본평균 $\overline{X}$의 분포는 그림 2-48과는 (경향은 같아도) 조금 다른 그림이 됩니다. 지겹게 반복해 이야기하지만 표본평균은 추출을 할 때마다 다른 값이 된다는 사실을 기억하세요.

▤ 예 16 ▤   어떤 동네의 20세 남성

어떤 동네의 20대 남성의 몸무게 평균이 65.3kg, 표준편차가 11.2kg이라는 사실을 알고 있습니다. 이 동네의 20대 남성을 100명 무작위추출로 뽑았을 때 100명 몸무게의 평균을 $\overline{X}$라고 하면

$\overline{X}$의 기댓값 $E(\overline{X})$는

$$E(\overline{X}) = \mathbf{65.3}\,(\mathrm{kg})$$

이고 $\overline{X}$의 표준편차 $\sigma(\overline{X})$는 다음과 같습니다.

$$\sigma(\overline{X}) = \frac{1}{\sqrt{100}} \cdot 11.2 = \frac{11.2}{10} = \mathbf{1.12}\,(\mathrm{kg})$$

> 표본평균의 기댓값 = 모집단의 평균
>
> 표본평균의 표준편차 $= \dfrac{1}{\sqrt{\text{표본 크기}}} \cdot$ 모집단의 표준편차

혈액형이 A형

예제 11

어떤 나라 사람의 혈액형은 5명 중 2명 비율로 A형임이 알려져 있습니다. 이 나라에서 400명을 무작위로 추출해서 표본으로 하고 k번째 추출된 사람의 혈액형이 A형이라면 1, A형이 아니라면 0을 대응시키는 확률변수를 X_k라고 합시다.

이때 표본평균

$$\overline{X} = \frac{X_1 + X_2 + X_3 + \cdots\cdots + X_{400}}{400}$$

의 기댓값과 표준편차를 구하세요.

해답

이 나라 국민을 모집단으로 보고 한 명을 추출했을 때 A형이라면 1, A형이 아니라면 0을 대응시키는 확률변수를 X라고 하면 모집단의 확률분포는 표 2–61과 같습니다.

▼ 표 2-61 X의 확률분포

X	0	1	합
P	$\dfrac{3}{5}$	$\dfrac{2}{5}$	1

이로부터 모평균 m은

$$m = 0 \times \frac{3}{5} + 1 \times \frac{2}{5} = \frac{2}{5}$$

> 분산 계산 공식
> 분산 = (제곱의 평균) − (평균)²

가 되고, 모분산 σ^2는

$$\sigma^2 = \left(0^2 \times \frac{3}{5} + 1^2 \times \frac{2}{5}\right) - \left(\frac{2}{5}\right)^2 = \frac{2}{5} - \frac{4}{25} = \frac{6}{25}$$

이 됩니다. 따라서 모표준편차 σ는 다음과 같습니다.

$$\sigma = \sqrt{\frac{6}{25}} = \frac{\sqrt{6}}{5}$$

이렇게 표본평균 $\overline{X}$의 기댓값 $E(\overline{X})$는

$$E(\overline{X}) = \frac{2}{5}$$

$$\boxed{\begin{array}{l} E(\overline{X}) = m \\ \sigma\,\overline{X} = \dfrac{1}{\sqrt{n}}\,\sigma \end{array}}$$

이고 $\overline{X}$의 표준편차 $\sigma(\overline{X})$는 다음과 같습니다.

$$\sigma(\overline{X}) = \frac{1}{\sqrt{400}} \cdot \frac{\sqrt{6}}{5} = \frac{\sqrt{6}}{20 \times 5} = \frac{\sqrt{6}}{100}$$

'모집단의 확률분포'는 뭐였지요?

'모집단의 확률분포'는 **'모집단 상대도수의 분포'**로 바꿔 말할 수 있습니다.

예제 11 의 나라는 '5명 중 2명 비율(40%)로 A형'이므로 이 나라의 인구를 1억 명이라고 하면 A형인 사람은 4000만 명이라는 말입니다. 그러면 모집단에서 한 명만 추출했을 때 그 사람이 A형일 확률은 $\dfrac{4000만}{1억} = \dfrac{2}{5}$라고 생각할 수 있습니다.

이때 X라는 확률변수는 모집단(이 나라)에서 1명을 추출했을 때 그 사람이 A형이라면 1, A형이 아니라면 0이 되므로(그런 확률변수를 만들었습니다) $X=1$이 되는 성분(국민)의 도수(사람 수)는 4000만(명)이고 $X=0$이 되는 성분의 도수는 6000만입니다. 따라서 X의 도수분포표는 표 2-62와 같습니다.

▼ 표 2-62 X의 도수분포표

X	0	1	합
도수	6000만	4000만	1억

예제 11 의 '해답'에 실린 확률분포표는 표 2-62의 도수를 도수 합(인구)으로 나눈 값(=상대도수)을 '1명을 추출했을 때의 확률'로 보고 정리했다고 할 수 있습니다.

큰 수의 법칙: 쇼와에 태어난 동전

〈다시 확률 통계(확률편)〉 칼럼 '확률의 옳음이란?'에서 '계산으로 구한 확률'과 '실제로 얻은 데이터에서 구한 비율'과의 차이에 관해 베르누이는 '서로 독립인 시행을 n번 반복할 때 n이 한없이 커질수록 데이터상의 비율은 수학적 계산으로 구한 확률에 한없이 가까워진다'고 결론짓고, 이를 큰 수의 법칙(law of large numbers)이라고 부르기로 한 내용을 소개했습니다.

실은 **이 큰 수의 법칙과 앞에서 구한 표본평균의 기댓값(또는 평균), 분산, 표준편차는 밀접한 관계가 있습니다.**

다음 예로 생각해 봅시다.

여러분은 500엔[161] 동전 저금을 하고 있습니다. 딱 100개가 모였습니다. 그럼 저금통 안에 쇼와 시대[162]에 주조된 동전은 몇 개 들어 있을까요?

---

161 역주 엔화는 일본의 공식 통화입니다.

162 역주 20세기 일본의 연호 중 하나로, 1926~1989년을 의미합니다.

일본 조폐국이 매년 발표하는 '연도별 화폐 주조 개수'에 따르면 1982년에 주조되기 시작한 500엔 주화는 지금까지 약 100억 개[163] 주조되었고 그중 쇼와 시대에 주조된 동전은 약 12억 개[164]입니다. 단순화하기 위해 여기서는 각각 딱 100억개와 12억개라고 합시다.

이 세상에 존재하는 500엔 동전 중 12%는 쇼와 시대에 주조된 것[165]이므로 **무작위로 잡은 500엔 동전이 쇼와 시대에 주조된 동전일 확률은 12%**라고 생각하는 게 타당합니다. 이 값이 **계산으로 구한 확률**입니다. 그렇지만 여러분의 저금통에 있는 100개의 500엔 동전 중에 쇼와 시대에 주조된 동전이 항상 딱 12개 포함돼 있다고 할 수는 없습니다. 10개일 때도 있고 15개일 때도 있습니다. **실제로 얻은 데이터에서 구한 비율**은 '여러 가지 값'입니다.

베르누이가 말하는 '큰 수의 법칙'은 꺼내는 동전 개수가 많으면 많을수록 이 둘의 차이가 작아진다는 것을 의미합니다. 이번 경우에서는 500엔 동전을 1,000개 또는 10,000개를 모은다면 그중에 쇼와 시대에 주조된 500엔짜리 동전의 비율은 12%와 차이가 많이 나지 않는다는 것이지요.

실제로 계산해 봅시다.

500엔짜리 동전의 총 개수는 100억 개로 정말 많은 개수이므로 설령 1만 개를 (비복원추출로) 모으더라도 각 500엔짜리 동전이 쇼와 시대에 주조된 동전인지를 조사하는 시행은 서로 독립이라고 생각해도 됩니다.

500엔짜리 동전 1개가 쇼와 시대에 주조된 동전일 때를 '성공', 그 외의 동전일 때를 '실패'라고 생각하면 500엔짜리 동전이 쇼와 시대에 주조됐는지 조사하는 시행은 성공 확률이 12%(0.12)인 베르누이 시행[166]이고 성공 횟수(쇼와 시대에 주조된 500엔짜리 동전의 개수)는 2항분포(296쪽)를 따릅니다. 500엔짜리 동

---

[163] 정확히는 2018년까지 96억 5483만 5000개(1000개 미만은 반올림)

[164] 정확히는 11억 9699만 5000개(1000개 미만은 반올림)

[165] $\frac{12억개}{100억개} = 0.12 = 12\%$

[166] 결과(사건)가 양자택일인 독립시행을 베르누이 시행이라고 합니다. 베르누이 시행을 n번 반복할 때 그 사건이 일어나는 횟수(성공하는 횟수)는 2항분포를 따랐습니다(298쪽).

전 n개를 조사해서 그중 쇼와 시대에 주조된 동전이 X개 포함돼 있다고 하면 X는 확률변수이고 그 확률은 다음과 같습니다.[167]

$$P(X = r) = {}_nC_r \cdot 0.12^r \cdot (1 - 0.12)^{n-r} \ (0 \leq r \leq n)$$

X가 이 식으로 계산되는 2항분포를 따른다는 것을 **X는 $B(n, 0.12)$를 따른다** 고 했습니다(298쪽). 그리고 확률변수 X가 $B(n, 0.12)$를 따를 때 X의 기댓값 (또는 평균) $E(X)$와 분산 $V(X)$는 다음과 같습니다.

$$E(X) = n \cdot 0.12 = 0.12\,n \ \cdots ①$$
$$V(X) = n \cdot 0.12 \cdot (1 - 0.12) = 0.1056\,n \ \cdots ②$$

> X가 $B(n, p)$를 따를 때
> $E(X) = np$
> $V(X) = npq$
> $(q = 1 - p)$

여기까지는 복습이군요.

맞습니다. 이어서

$$E(aX + b) = aE(X) + b,$$
$$V(aX + b) = a^2\,V(X)$$

등(240쪽, 244쪽)을 사용해 500엔짜리 동전 n개 중에 포함된 쇼와시 대에 주조된 동전 의 비율이 계산해서 구한 확률(12%)과 얼마 나 비슷한지를 살펴봅시다.

---

167 일반적으로 1회 시행에서 사건 A가 일어날 확률이 p일 때 이 시행을 n번 반복하는 반복시행에서 사건 A가 일어나는 횟수를 X라고 하면
$$P(X = r) = {}_nC_r \cdot p^r \cdot (1 - p)^{n-r} \ (0 \leq r \leq n)$$

이제 500엔자리 동전 n개 중 X개가 쇼와 시대에 주조된 동전이라고 생각하고 **n개에 포함된 쇼와 시대에 주조된 500엔짜리 동전의 비율을 R**이라고 하면 다음과 같습니다.

$$R = \frac{X}{n}$$

이 R의 **기댓값(또는 평균)** $E(R)$과 **분산** $V(R)$을 계산해 봅시다. 식 ①과 ②로부터 다음과 같이 구할 수 있습니다.

$$E(R) = E\left(\frac{X}{n}\right)$$

$$= E\left(\frac{1}{n}X\right) = \frac{1}{n}E(X) = \frac{1}{n} \cdot 0.12\,n = 0.12 \quad \boxed{E(aX) = aE(X)}$$

$$V(R) = V\left(\frac{X}{n}\right)$$

$$\boxed{V(aX) = a^2\,V(X)}$$

$$= V\left(\frac{1}{n}X\right) = \left(\frac{1}{n}\right)^2 V(X) = \frac{1}{n^2} \cdot 0.1056\,n = \frac{0.1056}{n}$$

$E(R) = 0.12$는 500엔짜리 동전 n개에 포함된 쇼와 시대에 주조된 동전 비율의 기댓값(또는 평균)이 '계산으로 구한 확률'과 같아진다는 점을 나타냅니다. 그리고 $V(R) = \dfrac{0.1056}{n}$은 n이 커지면 커질수록 실제 데이터상의 비율과 계산으로 구한 확률과의 차이는 작아진다는 점을 나타냅니다. 이 내용이야말로 **큰 수의 법칙이 말하고자 하는 내용**입니다.

여기서 조금 시점을 바꿔봅시다.

여러분의 저금통에 저금한 500엔짜리 동전 100개는 지금까지 주조된 모든 500엔짜리 동전을 모집단으로 하는 **표본 중 하나**라고 할 수 있지 않을까요? 그렇다면 앞에서 구한 결과로 표본 중 쇼와 시대에 주조된 동전의 비율은 표본의 크기가 커지면 커질수록 모집단의 쇼와 시대에 주조된 동전의 비율에 가까워진다고 해석할 수 있습니다.

500엔짜리 동전 예에서는 표본 중 쇼와 시대에 주조된 동전의 개수 X가 2항분포를 따른다는 전제로 이야기를 진행했습니다. 그러면 모집단이 2항분포가 아닌 경우에는 어떻게 될까요?

407쪽에서 모집단에서 크기 n인 무작위표본을 추출할 때 $X_1 \sim X_n$이 서로 독립이라고 볼 수 있다면 표본평균 $\overline{X}$의 기댓값(또는 평균)은 모집단의 기댓값과 같아진다는 내용과 n이 커지면 커질수록 표본평균의 분산과 표준편차는 작아진다는 내용을 살펴보았습니다.

실은 X_1, X_2, X_3, ……, X이 서로 독립이고 모두 같은 확률분포를 따른다면(그 확률분포가 어떤 것이든!) n이 커지면 커질수록 표본평균 $\overline{X}$가 모평균 m에 가까운 값이 될 확률은 1에 가까워진다는 사실이 알려져 있습니다.

❤ 그림 2-49 표본평균은 모평균에 가까워진다

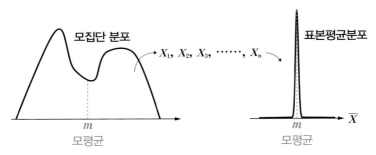

이 성질이 모집단의 분포에 영향을 받지 않는다는 사실은 놀랍습니다. 실제로 408쪽에서 보였던 '1000번 무작위 복원추출'의 모집단도 1~100 사이의 정수를 하나씩 갖는 균일분포이고 정규분포 같은 형태를 하고 있는 분포는 아니었습니다.

원래는 확률론에서 탄생한 '큰 수의 법칙'을 통계학적으로 해석하면 **표본의 크기가 충분히 크면 표본에서 관측된 평균값은 모집단의 참 평균(모평균)과 거의 같다고 보아도 좋다**가 됩니다. 이 인식이야말로 **추측 통계**가 탄생하게 된 계기가 되었습니다.

> 덧붙여 큰 수의 법칙을 증명하려면 '체비쇼프 부등식'을 사용합니다. 수학적으로는 조금 어렵지만 나중에 465쪽에서 증명하니 흥미가 있다면 참고하세요.

중심극한정리: 계속해서 쇼와 시대에 태어난 동전으로 생각해보자

큰 수의 법칙 덕분에 모집단이 어떤 분포이더라도 모집단에서 무작위로 추출된 표본의 평균은 표본 수가 커지면 모평균에 뾰족한 봉우리가 있는 분포가 된다는 사실을 알았습니다. 이 내용은 통계학 역사상 그야말로 획기적인 발견이었는데 표본평균에 관해서는 더 놀라운 사실이 알려져 있습니다. 바로 지금까지도 몇 번이나 등장했던 중심극한정리(Central Limit Theorem)입니다.

중심극한정리에는 몇 가지 표현이 있는데 가장 자주 사용되는 표현은 다음과 같습니다.

> **정리** | **중심극한정리**
>
> 모평균 m, 모분산 σ^2인 모집단에서 크기 n인 무작위표본을 추출할 때 X_1, X_2, X_3, ……, X_n이 서로 독립이라면 n이 커짐에 따라
>
> 표본평균 $\overline{X}$는 정규분포 $N(m, \dfrac{\sigma^2}{n})$에 가까워진다.

또한, **모집단 분포가 정규분포일 때는 n이 커지면 표본평균 $\overline{X}$는 항상 정규분포를 따른다**는 사실도 알려져 있습니다.

중심극한정리를 증명하기는 수학적으로도 매우 어렵고 '모멘트 모함수'라는 중급 이상의 통계 지식도 필요하므로 이 책에서는 생략하지만 느낌을 맛보기 위해 '표본비율'이라는 표본평균의 특별한 케이스를 살펴보기로 합시다.

일반적으로 **모집단 안에서 어떤 특성 A가 있는 성분의 비율**을 그 특성 A의 모비율(population proportion)이라고 합니다.

앞의 500엔짜리 동전 예에서는 모든 500엔짜리 동전 중 쇼와 시대에 주조된 동전의 비율 $\dfrac{12억개}{100억개} = 0.12(12\%)$가 모비율입니다. 반면, 추출된 **표본 안에서 특성 A가 있는 성분의 비율**을 표본비율(sample proportion)이라고 합니다. 500엔짜리 동전 예에서는 저금통 안의 500엔짜리 동전 100개 중에 쇼와 시대에 주조된 동전이 차지하는 비율이 표본비율입니다.

이제 특성 A의 모비율이 p인 충분히 큰 모집단[168]에서 크기 n인 무작위 표본을 추출하고 각각에 대해 값을 다음과 같이 정합니다.

$$\text{특성 A가 있을 때} \cdots\cdots \quad X_k = 1 \ (k = 1, \ 2, \ 3, \cdots\cdots, \ n)$$
$$\text{특성 A가 없을 때} \cdots\cdots \quad X_k = 0 \ (k = 1, \ 2, \ 3, \cdots\cdots, \ n)$$

---

168 '충분히 큰'이란 비복원추출이어도 $X_1 \sim X_n$을 서로 독립인 확률변수로 볼 수 있을 정도로 크다라는 의미입니다.

모비율이 p일 때 표본 하나의 성분이 특성 A가 있을 확률은 p라고 생각할 수 있으므로 $X_1, X_2, X_3, \cdots\cdots, X_n$ 각각은 표 2–63으로 나타낼 수 있는 **동일한 확률분포를 따릅니다.**

❤ 표 2–63 $X_1, X_2, X_3, \cdots\cdots, X_n$ 각각이 따르는 확률분포

X_k	0	1	합
P	$1-p$	p	1

$$(k = 1, \ 2, \ 3, \cdots\cdots, \ n)$$

300쪽에서 2항분포의 기댓값과 분산 등을 구할 때 사용했던 확률분포와 같습니다.

여기서 다시

$$X = X_1 + X_2 + X_3 + \cdots\cdots + X_n$$

라고 두면 X는 **크기 n인 표본에서 특성 A가 있는 성분의 개수를 나타내는** 확률변수입니다. 여기에 모비율을 p, 표본비율을 R이라고 하면

$$\overline{X} = \frac{X_1 + X_2 + X_3 + \cdots\cdots + X_n}{n} = \frac{X}{n} = R$$

로부터 이 경우의 **표본평균 $\overline{X}$는 표본비율 R이다**라고 할 수 있습니다.

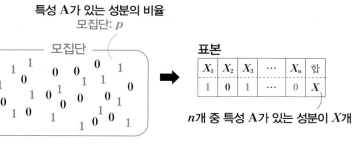

특성 A가 있는 성분을 '성공'이라고 한다면 X는 성공 확률이 p인 베르누이 시행을 n번 반복할 때의 성공 횟수이기도 합니다. 즉, X는 2항분포 $B(n, p)$를 따릅니다. 이때 $R = \dfrac{X}{n}$의 기댓값(또는 평균)과 분산은 415쪽과 완전히 같은 형태로 다음과 같습니다(단, $q = 1 - p$).

$$E(R) = E\left(\frac{X}{n}\right) = E\left(\frac{1}{n}X\right) = \frac{1}{n}E(X) = \frac{1}{n} \cdot np = p$$

$$V(R) = V\left(\frac{X}{n}\right) = V\left(\frac{1}{n}X\right) = \left(\frac{1}{n}\right)^2 V(X) = \frac{1}{n^2} \cdot npq = \frac{pq}{n}$$

그런데 확률변수 X가 2항분포를 따를 때 시행 횟수 n이 크다면 X는 원래 2항분포와 같은 기댓값(또는 평균)과 분산을 갖는 정규분포를 근사적으로 따랐습니다(371쪽).

사실은 X가 $B(n, p)$를 따르고 근사적으로 정규분포 $N(np, npq)$를 따를 때

$$\text{표본비율 } R = \text{표본평균 } \overline{X} = \frac{X}{n} \text{는 } N\left(p, \frac{pq}{n}\right)$$

를 따른다[169]는 사실이 알려져 있습니다(단, $q = 1 - p$).

---

169 확률변수가 기댓값(또는 평균) m, 분산 σ^2인 정규분포를 따른다는 것을 '$N(m, \sigma^2)$를 따른다'로 나타냈습니다(346쪽).

X가 $B(n, p)$를 따를 때

	X	$R = \dfrac{X}{n}$
기댓값 (또는 평균)	$E(X) = np$	$E(R) = p$
분산	$V(X) = npq$	$V(R) = \dfrac{pq}{n}$
n이 클 때 ⬇ 근사 ⬇		
정규분포	$N(np, npq)$	$N\left(p, \dfrac{pq}{n}\right)$

$$(단, q = 1 - p)$$

351쪽에서 소개했던 대로 정규분포에는 'X가 정규분포 $N(m, \sigma^2)$를 따를 때 $Y = aX + b$는 정규분포 $N(am + b, a^2\sigma^2)$을 따른다'는 성질이 있습니다. 이를 사용하면 X가 (근사적으로) 정규분포 $N(np, npq)$를 따를 때 $R = \dfrac{X}{n} = \dfrac{1}{n} \cdot X + 0$는 (근사적으로) 다음을 따른다는 것을 알 수 있습니다.

$$N\left(\frac{1}{n} \cdot np + 0, \left(\frac{1}{n}\right)^2 \cdot npq\right) = N\left(p, \frac{pq}{n}\right)$$

정규분포 $N\left(p, \dfrac{pq}{n}\right)$에서 n을 한없이 크게 하면

$$분산 \ \sigma^2 = \frac{pq}{n} \to 0$$

가 되어서 분산이 한없이 0에 가까워져서 그림 2-51처럼 막대 같은 분포[170]가 되므로 $\overline{X}$는 p 이외의 값을 갖지 않게 됩니다.[171]

---

[170] 그래프가 이런 형태가 되면서 확률밀도함수의 조건(333쪽)을 만족하는 함수를 **델타함수**라고 하고 $\sigma_p(x)$로 나타냅니다.

[171] 그림 2-51에서 'n이 충분히 크다'는 $npq \geq 10$을 만족하는 정도입니다(373쪽). 또한, 'n이 한없이 크다'란 $n \to \infty$ 극한을 뜻합니다

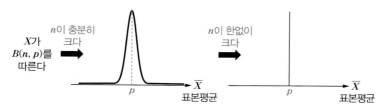

▼ 그림 2-51 n이 커질 때 이항분포의 변화

모집단에서 특성 A가 있을 때는 1, 없을 때는 '0'이 되는 변량 x를 생각하면

$$p = \frac{\text{특성 A를 갖는 성분 합}}{\text{모집단 성분 개수}}$$

로 표현되는 모비율 p는 변량 x의 모평균이기도 합니다.

지금까지의 내용을 통해 표본평균의 특별한 경우인 **표본비율은 표본의 크기가 충분히 크다면** 근사적으로 모평균에 정점이 있는 정규분포를 따르고 분산은 n이 크면 클수록 작아진다는 사실을 살펴보았습니다.

중심극한정리란 결국 표본비율이 아니더라도 표본평균 전반에 대해 같은 법칙이 성립한다는 사실을 보증해주는 정리입니다.

또한, 383쪽 칼럼에서는 중심극한정리 내용을 '대부분의 관측에서 표본(샘플) 수가 어느 정도 커지면 표본의 평균과 모집단의 참평균과의 차이(오차)는 정규 분포로 근사할 수 있다'라는 식으로 소개했습니다. 이는 표본평균 $\overline{X}$가 모평균 m에 봉우리가 있는 정규분포에 가까워진다면 **오차 $\overline{X}-m$은 0에 봉우리가 있는 정규분포**[172]를 따르기 때문입니다. 오차 $\overline{X}-m$의 분포는 표본평균 $\overline{X}$의 분포를 모평균 m 만큼 원점 방향으로 평행이동한 값이라고도 생각할 수 있습니다.

더 이야기하자면 모분산이 σ^2이고 표본의 크기가 n일 때 표본평균 $\overline{X}$가 가까워 지는 정규분포의 분산은 $\dfrac{\sigma^2}{n}$이므로

---

172 '모평균에 봉우리가 있는 정규분포'란 기댓값(또는 평균)이 모평균과 같은 정규분포라는 의미입니다.

$$Z = \frac{\overline{X} - m}{\sqrt{\dfrac{\sigma^2}{n}}}$$

> X가 정규분포 $N(m, \sigma^2)$를 따를 때
> $$Z = \frac{X - m}{\sigma}$$
> 는 표준정규분포 $N(0, 1)$을 따른다.

로 변수변환[173](351쪽)하면 Z는 0에 봉우리가 있고 표준편차가 1인 **표준정규분포 $N(0, 1)$**에 가까워집니다.

▼ 그림 2-52 표본평균분포, 편차 분포, 표준정규분포

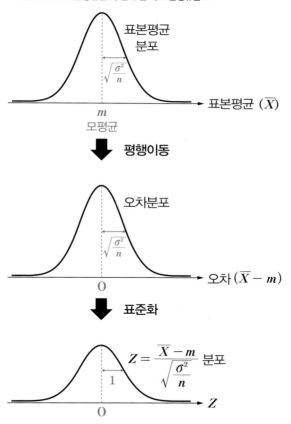

173 표준화라고도 합니다.

큰 수의 법칙과 중심극한정리는 닮지 않았어요?
뭐가 다른 건가요??

이 둘은 자주 헷갈리므로 다시 한번 정리합시다.

큰 수의 법칙과 중심극한정리는 둘 다 무작위추출된 표본 $X_1 \sim X_n$가 서로 독립이라는 것이 전제입니다. 모집단의 모평균이 m, 모분산이 σ^2일 때 표본의 크기 n이 커지면 큰 수의 법칙과 중심극한정리는 각각 다음과 같이 정리할 수 있습니다.

▼ 표 2-64 큰 수의 법칙과 중심극한정리

큰 수의 법칙	중심극한정리
표본평균 $\overline{X}$는 모평균 m에 가까워진다	표본평균 $\overline{X}$는 기댓값 m, 분산 $\dfrac{\sigma^2}{n}$인 정규분포를 근사적으로 따른다

중심극한정리는 큰 수의 법칙 내용을 포함하므로 중심극한정리는 큰 수의 법칙을 보다 정밀하게 표현한 정리라 할 수도 있습니다.

▌ 예 17 ▌　쇼와 시대에 주조된 동전

앞에서 이야기했던 대로 지금까지 주조된 500엔짜리 동전 중 12%는 쇼와 시대에 주조됐다는 사실을 알고 있습니다. 이때 500엔짜리 동전 1000개를 조사했을 때 쇼와 시대에 주조된 동전의 비율이 $12\% \pm 0.5\%$ 범위에 들어갈 확률을 구해 봅시다.

420쪽에서 살펴본 대로 모비율이 p일 때 크기 n인 표본비율 $R = \dfrac{X}{n}$은 근사적으로 정규분포 $N\!\left(p, \dfrac{pq}{n}\right)$를 따릅니다.

지금은 모비율이 $p = 0.12$, $n = 1000$입니다.

$$pq = p(1 - p) = 0.12 \cdot (1 - 0.12) = 0.1056$$

이므로 표본비율 R은 근사적으로 정규분포 $N\!\left(0.12, \dfrac{0.1056}{1000}\right)$을 따릅니다.

이 근사를 사용하여 R이 12%±0.5% 범위에 들어갈 확률을 구하기 위해 R을 표본정규분포[174]로 분포하는 Z로 변환합니다.

> X가 정규분포 $N(m, \sigma^2)$를 따를 때
> $$Z = \dfrac{X - m}{\sigma}$$
> 은 표준정규분포 $N(0, 1)$을 따른다

$$Z = \dfrac{R - 0.12}{\sqrt{\dfrac{0.1056}{1000}}} \fallingdotseq \dfrac{R - 0.12}{0.0103}$$

$$\sqrt{\dfrac{0.1056}{1000}} = 0.0102761\cdots$$

이므로 $0.115 \leq R \leq 0.125$라면[175]

$$\dfrac{0.115 - 0.12}{0.0103} \leq Z \leq \dfrac{0.125 - 0.12}{0.0103} \;\Rightarrow\; -0.4854\cdots \leq Z \leq 0.4854\cdots$$

라고 하고 357쪽의 정규분포표를 사용하여 계산해 보면

$$P(-0.49 \leq Z \leq 0.49) = p(0.49) \times 2 = 0.1879 \times 2 = \mathbf{37.58\%}$$

500엔짜리 동전 1000개에서 쇼와 시대에 주조된 동전이 차지하는 비율이 11.5% 이상 12.5% 이하일 확률이 크다고 할 수는 없습니다.

---

174 기댓값(또는 평균)이 0이고 분산이 1인 정규분포

175 12%−0.5%=11.5%=0.115, 12%+0.5%=12.5%=0.125

그러면 $n = 10,000$일 때는 어떨까요?

$$Z = \frac{R - 0.12}{\sqrt{\dfrac{0.1056}{10000}}} \fallingdotseq \frac{R - 0.12}{0.00325}$$

$$\sqrt{\frac{0.1056}{10000}} = 0.0102761\cdots$$

이므로 $0.115 \leq R \leq 0.125$라면

$$\frac{0.115 - 0.12}{0.00325} \leq Z \leq \frac{0.125 - 0.12}{0.00325} \quad \Rightarrow \quad -1.538\cdots \leq Z \leq 1.538\cdots$$

라고 하고 357쪽의 정규분포표를 사용하여 계산해 보면 다음과 같습니다.

$$P(-1.54 \leq Z \leq 1.54) = p(1.54) \times 2 = 0.4382 \times 2 = \mathbf{87.64\%}$$

여기서 한 계산은 358쪽에서 연습했던 거군요.

n이 커지면 커질수록 500엔짜리 동전 n개에서 쇼와 시대에 주조된 동전이 차지하는 비율이 12%에 가까워질($\pm 0.5\%$에 들어갈) 확률이 커집니다.

큰 수의 법칙은 결국 **샘플을 많이 모으면 모집단의 상황을 정확하게 반영시킬 수 있겠다**라는 우리의 직감을 뒷받침해주는 법칙이고, 큰 수의 법칙을 발전시킨 형태인 중심극한정리는 **모집단이 어떤 분포더라도 표본평균의 분포는 정규분포로 가까워진다**는 놀라운 사실을 가르쳐 주는 정리입니다.

점추정: 모집단을 딱 찍어서 추정

여기부터는 무작위 추출된 표본에서 **모수[176]값을 딱 찍어서 추정하는** 점추정을 공부해 봅시다.

예를 들어 여러분의 지인으로 세 명의 20세 남성이 있고 셋의 키가 각각 165cm, 170cm, 175cm일 때 셋의 키 평균이 170cm[177]라는 사실로부터 '20세 한국인 남성 키의 평균은 170cm입니다'와 같이 추정하는 방법이 점추정입니다.

뭔가 대충 하는것 같은데요…….

당연히 겨우 세 명의 값으로 20세 한국인 남성의 키를 추정하려는 건 무모합니다. 실제로 참값에서 크게 멀어지는 경우도 충분히 있을 수 있습니다. 그러면 좀 더 정밀한 예측을 하려면 어떻게 해야 할까요? 그렇습니다. 예를 들어 '20세 한국인 남성 300명'의 값을 모으면 더 정밀하게 추정할 수 있습니다. 세 명을 조사하는 것보다 300명을 조사하는 게 더 진짜 값(모집단의 참 평균값)에 가까운 평균값을 구할 수 있을 것이라고 많은 사람이 당연하게 느끼는 '직감'을 뒷받침하는 내용이 큰 수의 법칙이고 중심극한정리였습니다.

모집단에서 크기 n인 표본 X_1, X_2, X_3, ……, X_n을 추출했을 때 **모수를 추정하기 위해 이 표본에서 구하려는 통계량[178]**을 **추정값**(estimator)이라고 합니다.

---

176 모집단 평균과 분산, 표준편차 등 모집단 분포를 특징짓는 상수(395쪽)

177 $(165 + 170 + 175) \div 3 = 170$으로 계산했습니다.

178 데이터의 특징을 보여주는 값. 평균, 분산, 표준편차 등

$X_1 \sim X_n$은 각각 모집단의 분포에 따라 어떤 값이 될 것인가의 확률이 정해진 확률변수이며 $X_1 \sim X_n$에서 계산되는 통계량 역시 확률변수입니다.

한편, 추출해서 구체적으로 n개의 값(실현값)을 얻을 수 있을 때, 그 n개의 값에서 추정량을 실제 숫자로 계산할 수 있습니다. 우리가 현실 데이터에서 계산하는 값은 추정값이고 이 값은 추정량이 될 수 있는 값 중 하나가 실현된 값입니다.

▼ 그림 2-53 모집단, 표본, 추정량

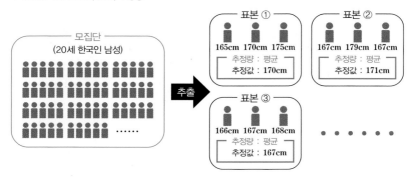

점추정이란 결국 어떤 추정량이 실현된 추정값으로부터 모수값을 추정하는 방법을 말합니다.

그러면 우리는 어떤 통계량을 추정량으로 해야 할까요? 말할 필요도 없이 **표본에서 계산된 추정값은 참 모수값에 가까우리라 기대되어야 합니다.** 이 기대를 만족시키기 위해 추정량이 가져야 하는 조건이 몇 개 있지만 특히 다음 두 개는 중요합니다.

정리　**추정량이 가져야 하는 성질**

성질 ① 비편향성
　　　기댓값(또는 평균)이 참 모수값과 같습니다
성질 ② 일치성
　　　표본의 크기가 커지면 참 모수값에 가까워집니다

성질 ①을 갖는 추정량을 **비편향 추정량**(unbiased estimator)이라고 합니다. 그리고 성질 ②를 갖는 추정량은 **일치 추정량**(consistent estimator)라고 합니다.

예를 들어 어떤 변량의 최댓값은 데이터의 특징을 보여주는 값이므로 분명히 '통계량'이지만 '최댓값'을 추정량으로 하는 건 적절할까요? 보통 그렇게 좋은 추정량이라고는 할 수 없습니다.

앞에서도 예로 들었던 20세 한국인 남성의 키를 조사하는 경우 표본 최댓값의 기댓값(또는 평균)이 모집단의 참 최댓값과 같아지리라고는 생각하기 어려우므로 비편향성에 문제가 생기기 때문입니다.[179]

중심극한정리와 큰 수의 법칙이 보증하듯이 표본평균 $\overline{X}$는 기댓값(또는 평균)이 모평균과 일치하고 분산이 $\dfrac{\sigma^2}{n}$이므로 비편향성과 일치성 모두 문제가 없는 추정량입니다.

그러면 402쪽에서 보인 표본분산

$$S^2 = \frac{1}{n} \sum_{k=1}^{n} (X_k - \overline{X})^2$$

은 어떨까요?

우선 비편향성을 검증합니다. 조금 계산이 길지만 S^2의 기댓값 $E(S^2)$을 구해서 그 값이 모분산 σ^2과 같은지를 확인합시다.

모집단의 모평균은 m, 모분산은 σ^2이라 하고 크기 n인 표본 X_1, X_2, X_3, ……, X_n은 서로 독립이라고 합시다.

$$E(S^2) = E\left[\frac{1}{n} \sum_{k=1}^{n} (X_k - \overline{X})^2 \right]$$

$$\boxed{E(aX) = aE(X)}$$

$$= \frac{1}{n} E\left[\sum_{k=1}^{n} (X_k - \overline{X})^2 \right]$$

$$\boxed{(a-b)^2 = a^2 - 2ab + b^2}$$

---

179 표본의 크기가 커지면 표본의 최댓값이 모집단의 최댓값에 가까워지는 경향이 있으므로 일치성이 있다고 할 수 있습니다.

$$= \frac{1}{n} E\left[\sum_{k=1}^{n}\{X_k{}^2 - 2X_k\overline{X} + (\overline{X})^2\}\right] \qquad \boxed{\sum_{k=1}^{n}(pa_k+qb_k)=p\sum_{k=1}^{n}a_k+q\sum_{k=1}^{n}b_k}$$

$$= \frac{1}{n} E\left[\sum_{k=1}^{n}X_k{}^2 - 2\overline{X}\sum_{k=1}^{n}X_k + \sum_{k=1}^{n}(\overline{X})^2\right] \qquad \boxed{\overline{X}=\frac{1}{n}\sum_{k=1}^{n}X_k \Rightarrow \sum_{k=1}^{n}X_k=n\overline{X}}$$

$$= \frac{1}{n} E\left[\sum_{k=1}^{n}X_k{}^2 - 2\overline{X}\cdot n\overline{X} + n(\overline{X})^2\right] \qquad \boxed{\sum_{k=1}^{n}c=nc}$$

$$= \frac{1}{n} E\left[\sum_{k=1}^{n}X_k{}^2 - 2n(\overline{X})^2 + n(\overline{X})^2\right]$$

$$= \frac{1}{n} E\left[\sum_{k=1}^{n}X_k{}^2 - n(\overline{X})^2\right]$$

$$\boxed{E(X+Y)=E(X)+E(Y)}$$

$$= \frac{1}{n}\left\{E\left[\sum_{k=1}^{n}X_k{}^2\right] - E[n(\overline{X})^2]\right\}$$

$$= \frac{1}{n}\{E(X_1{}^2+X_2{}^2+X_3{}^2+\cdots+X_n{}^2) - nE[(\overline{X})^2]\}$$

$$\boxed{E(X+Y)=E(X)+E(Y)}$$

$$= \frac{1}{n}\{E(X_1{}^2)+E(X_2{}^2)+E(X_3{}^2)+\cdots+E(X_n{}^2) - nE[(\overline{X})^2]\}$$

$$= \frac{1}{n}\left\{\sum_{k=1}^{n}E(X_k{}^2) - nE[(\overline{X})^2]\right\} \qquad \boxed{\begin{array}{l}V(X)=E(X^2)-\{E(X)\}^2 \\ \Rightarrow\ E(X^2)=V(X)+\{E(X)\}^2\end{array}}$$

$$= \frac{1}{n}\left[\sum_{k=1}^{n}\{V(X_k)+(E(X_k))^2\} - n\{V(\overline{X})+(E(\overline{X}))^2\}\right]$$

$$= \frac{1}{n}\left[\sum_{k=1}^{n}(\sigma^2+m^2) - n\left\{\frac{\sigma^2}{n}+m^2\right\}\right] \qquad \boxed{\begin{array}{l}V(X_1)=V(X_2)=V(X_3)=\cdots \\ \qquad\qquad\quad = V(X_n)=\sigma^2\end{array}}$$

$$= \frac{1}{n}\left[n(\sigma^2+m^2) - n\left\{\frac{\sigma^2}{n}+m^2\right\}\right] \qquad \boxed{\begin{array}{l}E(X_1)=E(X_2)=E(X_3)=\cdots \\ \qquad\qquad\quad = E(X_n)=m\end{array}}$$

$$= \frac{1}{n}(n\sigma^2+nm^2-\sigma^2-nm^2) \qquad \boxed{\begin{array}{l}E(\overline{X})=m \\ V(\overline{X})=\frac{1}{n}\sigma^2\end{array}} \quad \boxed{\sum_{k=1}^{n}c=nc}$$

$$= \frac{n-1}{n}\sigma^2$$

이렇게 표본분산 S^2는 비편향 추정량[180]이 아닙니다. S^2은 기댓값(또는 평균)이 모분산의 $\dfrac{n-1}{n}$배가 됩니다. 이때 S^2은 비편향성을 갖도록 보정한 ($\dfrac{n}{n-1}$배한) 다음 식 U^2이 비편향성을 갖는 분산 추정량으로 정의됩니다.[181] 이를 비편향 분산(unbiased variance)라고 합니다.

$$U^2 = \frac{n}{n-1}S^2 = \frac{n}{n-1} \cdot \frac{1}{n}\sum_{k=1}^{n}(X_k - \overline{X})^2 = \frac{1}{n-1}\sum_{k=1}^{n}(X_k - \overline{X})^2$$

정의　**비편향 분산**

같은 모집단에서 추출된 크기 n인 표본 $X_1 {\sim} X_n$이 서로 독립일 때

$$U^2 = \frac{1}{n-1}\sum_{k=1}^{n}(X_k - \overline{X})^2$$

를 비편향 분산이라고 한다.

표본에는 S^2와 U^2로 두 종류 분산이 있다는 말인가요? 어느 걸 사용해야 하나요?

180　기댓값(또는 평균)이 모수 참값과 같은 추정량

181　이 책은 비편향 분산을 unbiased의 첫 글자를 따서 U^2으로 나타냈지만 비편향 분산은 $\widehat{S^2}$이나 $\widehat{\sigma^2}$으로 표기할 때가 많습니다. '⌒(햇)'은 추정량임을 나타낼 때 자주 사용하는 기호입니다.

다른 책에서는 앞의 식을 '표본분산'이라고 할 때도 있어서 자주 혼동합니다.[182]

기술 통계 발전에 크게 공헌한 피어슨(185쪽)은 표본에서 모분산 추정값으로 S^2를 사용했지만, 추측 통계를 지지하던 피셔(23쪽)는 S^2으로는 참값(모분산)보다 작게 추정된다고 하며 U^2를 사용해야 한다고 주장했습니다.

다윈이 주장한 자연도태설에 기여한 피어슨과 멘델이 주장한 유전학에 협력한 피셔는 연구에 사용한 통계 방법에 대해 때때로 논쟁했지만 표본의 분산에 관해서도 의견 차이가 있었던 듯합니다. 당초 비편향 분산이라는 개념은 새로웠기에 U^2은 아직까지 받아들여지지 않았지만 현재는 **모분산 추정량으로는 U^2를 사용해야 한다는 것이 일반적인 생각**입니다.

▼ 표 2-65 표본분산과 비편향 분산

이름	표본분산	비편향 분산 또는 표본분산정의식
대표적인 기호	S^2	U^2 또는 $\widehat{S}$ 또는 σ^2
정의식	$\dfrac{1}{n}\displaystyle\sum_{k=1}^{n}(X_k - \overline{X})^2$	$\dfrac{1}{n-1}\displaystyle\sum_{k=1}^{n}(X_k - \overline{X})^2$
비편향추정량	×	○
일치추정량	○	○

덧붙여 S^2과 U^2 모두 일치 추정량임이 알려져 있습니다.[183]

또한, 전자계산기 등을 사용해서 U^2를 계산할 경우에는 정의식보다 다음 계산 공식을 사용하는 게 편합니다. 429~430쪽 계산 전반 부분과 거의 같은 계산식에서부터 다음과 같이 정리할 수 있습니다.

---

182 그때는 대부분 표본분산을 한 종류만 소개합니다.

183 증명은 생략하지만 표본분산, 비편향 분산뿐만 아니라 많은 추정량이 일치추정량(n이 커짐에 따라 모수값에 가까워지는 추정량)이 된다는 사실이 알려져 있습니다.

$$U^2 = \frac{1}{n-1}\sum_{k=1}^{n}(X_k - \overline{X})^2$$

$$= \frac{1}{n-1}\sum_{k=1}^{n}\{X_k{}^2 - 2X_k\overline{X} + (\overline{X})^2\}$$

$$= \frac{1}{n-1}\left\{\sum_{k=1}^{n}X_k{}^2 - 2\overline{X}\sum_{k=1}^{n}X_k + \sum_{k=1}^{n}(\overline{X})^2\right\}$$

$$= \frac{1}{n-1}\left\{\sum_{k=1}^{n}X_k{}^2 - 2\overline{X}\cdot n\overline{X} + n(\overline{X})^2\right\} = \frac{1}{n-1}\left\{\sum_{k=1}^{n}X_k{}^2 - n(\overline{X})^2\right\}$$

[비편향 분산 계산 공식]

$$U^2 = \frac{1}{n-1}\left\{\sum_{k=1}^{n}X_k{}^2 - n(\overline{X})^2\right\}$$

한편 표본분산 으로 계산할 수 있는

$$S = \sqrt{S^2} = \sqrt{\frac{1}{n}\sum_{k=1}^{n}(X_k - \overline{X})^2}$$

를 표본표준편차라고 하므로(402쪽) 비편향 분산 U^2으로 계산할 수 있는

$$U = \sqrt{U^2} = \sqrt{\frac{1}{n-1}\left\{\sum_{k=1}^{n}X_k{}^2 - n(\overline{X})^2\right\}} \quad \cdots ①$$

를 '비편향 표준편차'라고 하지 않을까 생각하는 분도 많을 수 있습니다. 실제로 식 ①을 '비편향 표준편차'라고 부를 때도 있습니다. 하지만 (이 부분이 조금 까다로운 부분인데) 식 ①의 **U는 비편향 추정량이 아닙니다.** 식 ①의 기댓값(또는 평균)이 모표준편차와 일치하지 않는다는 사실은 감마함수 등 고등 수학이 필요하므로 자세한 설명은 생략하겠지만 비편향 분산의 양의 제곱근[184]인 식 ①이 비편향 추정량이 아니라는 사실은 알아두면 좋습니다. 단, 추정량으로써 표본의 분산은 U^2을 선호하므로 표본의 표준편차로 식 ①을 자주 사용합니다.

---

184 'a의 제곱근'은 $\pm\sqrt{a}$. 'a의 양의 제곱근'은 $\sqrt{a}$.

▌ 예 18 ▐ 주사위 5개

주사위 5번을 던졌습니다. 표 2-66은 그 결과입니다.

❤ 표 2-66 주사위 5번을 던졌을 때 나온 눈

X_1	X_2	X_3	X_4	X_5
1	3	1	3	6

이 결과를 사용하여 주사위에서 나오는 눈의 평균과 분산의 추정값을 점추정해 봅시다. 비편향 분산 계산은 '비편향 분산 계산 공식'을 사용합니다.

[표본평균]

$$\overline{X} = \frac{1}{n}\sum_{k=1}^{n} X_k = \frac{X_1 + X_2 + X_3 + X_4 + X_5}{n}$$

$$= \frac{1+3+1+3+6}{5} = \frac{14}{5} = 2.8$$

[비편향 분산]

$$U^2 = \frac{1}{n-1}\sum_{k=1}^{n}(X_k - \overline{X})^2 = \frac{1}{n-1}\left\{\sum_{k=1}^{n} X_k{}^2 - n(\overline{X})^2\right\}$$

$$= \frac{1}{5-1}\left\{\sum_{k=1}^{5} X_k{}^2 - 5\left(\frac{14}{5}\right)^2\right\}$$

$$= \frac{1}{4}\left(1^2 + 3^2 + 1^2 + 3^2 + 6^2 - \frac{14^2}{5}\right) = \frac{21}{5}$$

$$= 4.2$$

이렇게 **추정값**은 다음과 같습니다.

평균: 2.8, 분산: 4.2

덧붙여 주사위에서 나오는 눈의 이론적 기댓값(또는 평균)과 분산을 실어둡니다.

주사위에서 나오는 눈을 X라고 할 때, X 확률분포는 표 2−67과 같습니다.

▼ 표 2-67 주사위에서 나오는 눈 X의 확률분포

X	1	2	3	4	5	6	합
P	$\dfrac{1}{6}$	$\dfrac{1}{6}$	$\dfrac{1}{6}$	$\dfrac{1}{6}$	$\dfrac{1}{6}$	$\dfrac{1}{6}$	1

$$E(X) = 1 \cdot \frac{1}{6} + 2 \cdot \frac{1}{6} + 3 \cdot \frac{1}{6} + 4 \cdot \frac{1}{6} + 5 \cdot \frac{1}{6} + 6 \cdot \frac{1}{6} = \frac{7}{2} = 3.5$$

$$E(X^2) = 1^2 \cdot \frac{1}{6} + 2^2 \cdot \frac{1}{6} + 3^2 \cdot \frac{1}{6} + 4^2 \cdot \frac{1}{6} + 5^2 \cdot \frac{1}{6} + 6^2 \cdot \frac{1}{6} = \frac{91}{6}$$

$$V(X) = E(X^2) - \{E(X)\}^2 = \frac{91}{6} - \left(\frac{7}{2}\right)^2 = \frac{35}{12} = 2.9166\cdots$$

이므로 **이론값(참값)**은 다음과 같습니다.

기댓값(또는 평균): 3.5, 분산: 약 2.92

아무래도 이번에는 표본의 크기가 겨우 '5'로 작았기 때문에 결코 좋은 추정값이 아닙니다.

점추정은 값이 딱 나와서 간단명료하지만 이 예에서처럼 표본의 크기에 의한 오차를 고려할 수 없어서 불편합니다. 그래서 나온 것이 바로 이어서 설명할 구간추정입니다.

구간추정: 모집단을 범위를 이용하여 추정

중심극한정리(384쪽)로부터 모평균 m, 모분산 σ^2인 모집단에서 크기 n인 무작위표본을 추출할 때 $X_1, X_2, X_3, \cdots\cdots, X_n$이 서로 독립이라면 표본평균이

근사적으로 정규분포 $N\left(m, \dfrac{\sigma^2}{n}\right)$을 따른다는 것을 알고 있으므로 423쪽에서 이야기했던 대로

$$Z = \frac{\overline{X} - m}{\sqrt{\dfrac{\sigma^2}{n}}} \quad \cdots ①$$

라는 변수변환(351쪽)을 수행하면 Z는 근사적으로 **표준정규분포 $N(0, 1)$을 따릅니다.** 여기서 정규분포표(357쪽)로부터

$$P(-1.96 \leq Z \leq 1.96) = p(1.96) \times 2 = 0.4750 \times 2 = \textbf{95.00\%} \quad \cdots ②$$

였던 내용을 떠올리세요(358쪽).

▼ 그림 2-54 표준정규분포의 95% 영역

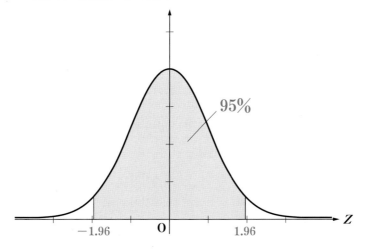

이는 **표준정규분포를 따르는 Z가** -1.96 이상 1.96 이하가 될 확률이 95%라는 의미였습니다.

구간추정에서는 이 내용을 사용합니다.

$-1.96 \leq Z \leq 1.96$일 때, 식 ①로부터 다음과 같이 구할 수 있습니다.

$$-1.96 \leq Z \leq 1.96 \Leftrightarrow -1.96 \leq \dfrac{\overline{X} - m}{\sqrt{\dfrac{\sigma^2}{n}}} \leq 1.96$$

$$\Leftrightarrow -1.96\sqrt{\dfrac{\sigma^2}{n}} \leq \overline{X} - m \leq 1.96\sqrt{\dfrac{\sigma^2}{n}}$$

$$\Leftrightarrow -\overline{X} - 1.96\sqrt{\dfrac{\sigma^2}{n}} \leq -m \leq -\overline{X} + 1.96\sqrt{\dfrac{\sigma^2}{n}}$$

$a \leq b \leq c$ 일 때
$-a \geq -b \geq -c$
임에 주의

$$\Leftrightarrow \overline{X} + 1.96\sqrt{\dfrac{\sigma^2}{n}} \geq m \geq \overline{X} - 1.96\sqrt{\dfrac{\sigma^2}{n}}$$

$$\Leftrightarrow \overline{X} - 1.96\sqrt{\dfrac{\sigma^2}{n}} \leq m \leq \overline{X} + 1.96\sqrt{\dfrac{\sigma^2}{n}}$$

이런 식 변형은 동치변형(어떤 수식을 수학적으로 완전히 같은 의미를 갖는 다른 식으로 변형하는 일)이므로 Z가

$$-1.96 \leq Z \leq 1.96$$

이라는 말과 모평균 m이

$$\overline{X} - 1.96\sqrt{\dfrac{\sigma^2}{n}} \leq m \leq \overline{X} + 1.96\sqrt{\dfrac{\sigma^2}{n}}$$

라는 말은 같은 말입니다. 따라서 식 ②로부터 다음과 같습니다.

$$P(-1.96 \leq Z \leq 1.96) = 95.00\%$$

$$\Leftrightarrow P\left(\overline{X} - 1.96\sqrt{\dfrac{\sigma^2}{n}} \leq m \leq \overline{X} + 1.96\sqrt{\dfrac{\sigma^2}{n}}\right) = 95.00 \quad \cdots ③$$

또 뭔가 어려운 수식이 튀어나왔어요…….

확실히 딱 봤을 때 눈이 휘둥그레질 수 있지만 실은 식 ②로부터 간단한 부등식 변형을 했을 뿐입니다. 구체적인 숫자를 시험삼아 넣어 봅시다.

▦ 예 19 ▦ 20세 남성의 키

20세 남성 키의 표준편차가 5.60(cm)라고 합니다. 이제 20세 남성 400명을 무작위로 뽑아서 키를 조사했더니 400명 평균이 171.00cm였습니다. 이 값을 식 ③에 대입해 봅시다.

$$\text{모집단 표준편차 } \sigma = 5.60$$
$$\text{표본 크기 } n = 400$$
$$\text{표본평균 } \overline{X} = 171.00$$

이므로 식 ③으로부터 다음과 같이 식이 정리됩니다.

$$P\left(171.00 - 1.96\sqrt{\frac{5.60^2}{400}} \leq m \leq 171.00 + 1.96\sqrt{\frac{5.60^2}{400}}\right) = 95.00\%$$

$$\Rightarrow P\left(171.00 - 1.96 \times \frac{5.60}{20} \leq m \leq 171.00 + 1.96 \times \frac{5.60}{20}\right) = 95.00\%$$

$$\Rightarrow P(171.00 - 0.5488 \leq m \leq 171.00 + 0.5488) = 95.00\%$$

$$\Rightarrow P(170.4512 \leq m \leq 171.5488) = 95.00\%$$

그러면 마지막 노란색으로 쓴 결과는 어떻게 이해할 수 있을까요? 글자 그대로 받아들이면

'모평균 m이 170.45cm 이상 171.59cm 이하일 확률이 95.00%'

라는 의미인데[185] 이렇게 말하면 어폐가 있습니다. 왜냐하면 실제 모평균, 즉 20세 남성 모두의 키를 조사해서 계산하여 구할 수 있는 평균은 어떤 특정한 값이어야 하기 때문입니다. 모평균 m의 확률분포를 (억지로) 생각해 본다고 하면 표 2-68처럼 될 것입니다.

---

185 170.4512와 171.5488을 소수점 아래 셋째 자리에서 반올림했습니다.

▼ 표 2-68 억지로 생각해본 모평균 m의 확률분포

m	참 평균	참 평균 밖	합
P	1	0	1

이런 m에 대해 'OO 이상 OO 이하일 확률이 95%'라고 표현하는 건 적당하지 않습니다.

$$P(a \le m \le b) = 95.00\%$$

는 결국 **이 값을 구한 계산과 같은 계산을 반복했을 때 100번 중 95번 정도는 참 모평균 m이 a 이상 b 이하의 범위에 포함된다**는 의미입니다. 변하는 값은 참 모평균이 아니라 표본에서 계산한 a와 b 값이라는 점을 주의하세요.

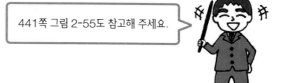

441쪽 그림 2-55도 참고해 주세요.

일반적으로 **미지의 모수 θ(세타)**[186]가 표본에서 구한 실현값[187]을 사용하여

$$P(a \le \theta \le b) = \frac{r}{100}$$

일 때 '$a \le \theta \le b$'를 $r\%$ **신뢰구간**(confidence interval) 또는 신뢰도 $r\%$인 신뢰구간이라고 합니다.

또한, 이때

$$a\text{를 신뢰하한}(\text{lower confidence limit})$$

$$b\text{를 신뢰상한}(\text{upper confidence limit})$$

이라고 합니다.

---

186 θ는 각도를 나타내는 기호로도 자주 사용하는데 통계에서는 추정량과 모수를 나타낼 때도 사용합니다(왜 이 문자를 자주 사용하는지는 잘 모릅니다).

187 앞에서 170.45cm와 171.59cm처럼 표본을 모아서 구한 구체적인 값

그리고 미지의 모수를 포함하는 **구간 $a \leq \theta \leq b$를** 어떤 확률을 기준으로 추정할 때를 **구간추정**(interval estimation)이라고 합니다.

신뢰구간으로 자주 사용하는 구간은 **95% 신뢰구간**이지만 90% 신뢰구간이나 99% 신뢰구간도 사용합니다.

예 19에서 구한 '170.45cm 이상 171.59cm 이하'는 20세 남성의 평균 키에 관한 95% 신뢰구간이었습니다. 또한 신뢰하한은 170.45cm, 신뢰상한은 171.59cm였습니다.

따라서 437쪽의 식 ③으로부터 다음과 같이 말할 수 있습니다.

정리 | **모평균 m의 95% 신뢰구간**

표본의 크기 n이 클 때 모분산이 σ^2이라면 모평균 m에 대한 95% 신뢰구간은 다음과 같습니다.

$$\overline{X} - 1.96\sqrt{\frac{\sigma^2}{n}} \leq m \leq \overline{X} + 1.96\sqrt{\frac{\sigma^2}{n}}$$

모평균의 95% 신뢰구간이라는 게 뭔지 아직 확실하게 모르겠어요.

추정한 구간이 모집단의 참평균 m을 포함할 확률이 95%라는 의미인데, 이는 다음과 같이 해석할 수 있습니다.

표본평균 $\overline{X}$는 확률변수이므로 추출할 때마다 다른 값이 됩니다. k번째에 추출한 표본으로 실제로 계산한 평균값(실현값)을 $\overline{x_k}$라고 하면[188] $\overline{x_k}$로 추정되는 '신뢰구간'도 다른 범위가 될 것입니다. **모평균 m에 대한 95% 신뢰구간**이라는 말은 추출과 추정을 100회 수행했을 때 95회 정도는 모평균이 그 범위에 포함될 것으로 **(추정이 성공할 것으로)** 기대되는 구간이라는 의미입니다.

▼ 그림 2-55 95% 신뢰구간의 의미

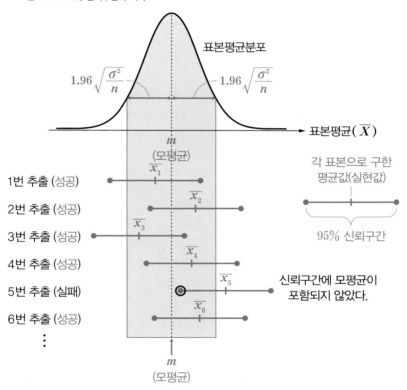

그런데 실제로 추정을 수행할 때는 모평균은 모르지만 모분산만 알고 있는 경우는 거의 없습니다. 대부분은 모평균과 모분산 모두 모를 때 모평균을 추정하

---

188 $\overline{X_k}$는 실제로 구한 구체적인 값이므로 소문자로 썼습니다.

려는 경우가 압도적으로 많습니다.

어떻게 해야 할까요?

안심하세요. **모집단이 정규분포를 따르는 (또는 근사적으로 정규분포를 따르는) 것이 전제지만** 모분산을 알지 못해도 모평균을 추정하는 방법을 선배들이 이미 도출해냈습니다. 단, 사용하는 분포는 정규분포가 아닙니다. t분포(t-distribution)라고 부르는 새로운 확률분포를 사용합니다.

자유도: 달려나가기 전 준비

t분포 설명을 시작하기 전에 t분포와 크게 연관이 있는 **자유도**(degree of freedom)[189]를 먼저 살펴봅시다. 자유도란 **자유롭게 결정할 수 있는 값의 수**를 말하는데 이 용어를 어려워하는 사람이 많습니다.

크기가 3인 표본을 추출한다고 합시다.

추출한 표본이 $\{-1, 0, 1\}$이었을 경우 표본평균 $\overline{X}$와 표본분산 S^2을 구해 봅시다.

$$\overline{X} = \frac{1}{n}\sum_{k=1}^{n} X_k = \frac{-1+0+1}{3} = 0$$

이고

$$S^2 = \frac{1}{n}\sum_{k=1}^{n}(X_k - \overline{X})^2 = \frac{(-1-0)^2+(0-0)^2+(1-0)^2}{3} = \frac{2}{3} \quad \cdots ①$$

입니다.

그러면 여기서 표본분산 S^2를 계산할 때 표본평균이 $\overline{X}=0$이라는 걸 **전제로 하고 있다**는 점에 주목하세요. 바꿔 말하면 식 ① 계산은 표본평균이 0인 표본에 대해서만 할 수 있는 계산입니다.

---

189 자유도는 'df'라는 축약어를 자주 사용합니다.

말할 필요도 없이 표본평균이 '0'이 되는 표본은 많이 있습니다. 하지만 표본의 크기가 3일 때 표본평균이 0인 표본이 되도록 자유롭게 선택할 수 있는 성분 수는 2개입니다. 왜냐하면 세 성분을 $\{a, b, c\}$라고 하면 자유롭게 선택한 a와 b에 대해 마지막 c는 $c = -(a+b)$가 되어야 하기 때문입니다.[190]

❤️ 그림 2-56 표본 크기가 3인 표본의 자유도

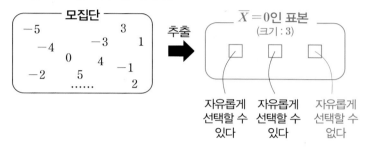

즉, **표본평균이 $\overline{X} = 0$이고 크기 3인 표본**이 있을 때

$$S^2 = \frac{(a-0)^2 + (b-0)^2 + (c-0)^2}{3}$$

라는 계산식으로 계산할 수 있는 표본분산의 **자유도는 2**입니다.

일반적으로 표본평균이 $\overline{X}$이고 크기 n인 표본이 있을 때

$$S^2 = \frac{1}{n} \sum_{k=1}^{n} (X_k - \overline{X})^2$$

로 계산할 수 있는 표본분산 S^2의 자유도는 $n-1$입니다.

431쪽에서 소개한 비편향 분산

$$U^2 = \frac{1}{n-1} \sum_{k=1}^{n} (X_k - \overline{X})^2$$

도 마찬가지로 계산에 $\overline{X}$를 사용하므로 표본분산 U^2의 자유도도 $n-1$입니다.

---

190 평균이 0이라는 말은 합이 0이라는 뜻이므로 c는 $a+b+c=0 \Rightarrow c=-(a+b)$로 값이 정해집니다.

❤ 그림 2-57 분산, 표본분산 그리고 비편향 분산과의 관계

$$\sum_{k=1}^{n}(X_k - \overline{X})^2 \quad \begin{array}{c} \text{표본 크기로} \\ \text{나눈 값} \end{array} \rightarrow \boxed{\text{표본분산}} \; S^2 = \frac{1}{n}\sum_{k=1}^{n}(X_k - \overline{X})^2$$

$$\begin{array}{c} \text{자유도로} \\ \text{나눈 값} \end{array} \rightarrow \boxed{\text{비편향 분산}} \; U^2 = \frac{1}{n-1}\sum_{k=1}^{n}(X_k - \overline{X})^2$$

t분포: 시원하게 달려서

't분포'로 되돌아갑시다.

t분포를 발견한 사람은 영국의 **윌리엄 고셋**(1876-1937)입니다. 고셋은 옥스포드 대학의 뉴칼리지에서 수학과 자연과학을 공부한 후 유명한 맥주 회사 '기네스 맥주'에 취직했습니다. 대학에서 공부한 통계학 지식을 맥주 품질 관리 등에 적용하며 현장 연구를 계속하던 중 표본 크기 n이 작을 때는 정규분포를 사용한 추정으로는 오차가 커진다는 사실을 발견하였고 이 발견이 't분포'의 발견으로 연결됐습니다. 하지만 당시 기네스 맥주에서는 사내 정보 누설을 우려하여 종업원의 학술 논문 발표를 금지했기 때문에 고셋은 'student'라는 필명으로 논문을 발표했습니다. 고셋의 스승이었던 피어슨(40쪽)은 이 논문을 그다지 높게 평가하지 않았던 듯하지만 나중에 피셔(23쪽)가 그 중요성을 간파하고 **스튜던트의 t분포**(Student's t-distribution)라고 부르기 시작한 것으로 이 이름이 정착됐다고 알려져 있습니다.

첫 번째로 t분포를 나타내는 확률밀도함수를 살펴봅시다.

다음 수식은 보는 것만으로 충분합니다. 이해할 필요도 기억할 필요도 (적어도 지금 단계에서는) 없습니다.

연속확률변수 X에 대해 확률밀도함수 $f(x)$가

$$f(x) = \frac{\Gamma\left(\dfrac{m+1}{2}\right)}{\sqrt{m\pi} \cdot \Gamma\left(\dfrac{m}{2}\right)} \cdot \left(1 + \frac{x^2}{m}\right)^{-\frac{m+1}{2}} \ (m \geq 1)$$

로 표현되는 **확률분포를 자유도 m인 t분포**라고 합니다.[191]

이 식에서 $\Gamma(m)$은 다음과 같이 정의되는 **감마함수**입니다.[192]

$$\Gamma(x) = \int_0^\infty x^{n-1} e^{-x} dx \ (n > 0)$$

감마함수는 다음과 같은 성질을 갖는다고 알려져 있습니다.

(1) $\Gamma(1) = 1$

(2) $\Gamma\left(\dfrac{1}{2}\right) = \sqrt{\pi}$

(3) $\Gamma(m + 1) = n!$

(4) $\Gamma\left(\dfrac{m}{2}\right) = \begin{cases} \left(\dfrac{m}{2} - 1\right)! & (m: \ \text{짝수}) \\ \left(\dfrac{m}{2} - 1\right) \cdot \left(\dfrac{m}{2} - 2\right) \cdot (m - 3) \cdots\cdots \dfrac{1}{2} \cdot \sqrt{\pi} & (m: \ \text{홀수}) \end{cases}$

X가 자유도 m인 t분포를 따를 때 X의 **기댓값 (또는 평균) $E(X)$와 분산 $V(X)$**
는 각각 다음과 같습니다.[193](증명은 생략합니다).

191 자유도를 나타내는 알파벳으로 n이 아니라 m을 사용한 이유는 나중에 표본수와 혼동하지 않게 하기 위해서입니다.

192 감마함수는 대학 수학에서 등장하는 함수로 통계학에서도 때때로 등장하는데, 이 책 수준의 통계를 이해하는 데 감마함수까지 이해할 필요는 없습니다.

193 $m = 1$일 때(즉 자유도가 1일 때), t분포는 '코시 분포'로 불리는 분포와 일치하며 코시 분포에는 기댓값과 분산이 없어서 중심극한정리도 사용할 수 없음이 알려져 있습니다(더 이상 깊게 파고들지 않습니다).

[t분포의 기댓값(또는 평균)과 분산]

$$E(X) = 0 \ (m \geq 2)$$

$$V(X) = \frac{m}{m-2} \ (m \geq 3)$$

뭐, 하나도 모르겠어요…….

괜찮습니다! t분포에서 중요한 점은 이후 그래프의 형태와 사용 방법(t분포표를 보는 방법)뿐입니다.

t분포 그래프: 자유도에 따라 변형

t분포 그래프는 **표준정규분포 $N(0, 1)$**[194]과 많이 닮은 종형 곡선(bell curve)입니다. 큰 차이점은 **자유도에 따라 형태가 변한다**는 점입니다. 그림 2-58은 자유도 1인 t분포와 자유도 5인 t분포, 그리고 표준정규분포 $N(0, 1)$ 그래프를 겹쳐서 그린 그림입니다.

---

194 기댓값(또는 평균)이 0이고 표준편차가 1인 정규분포

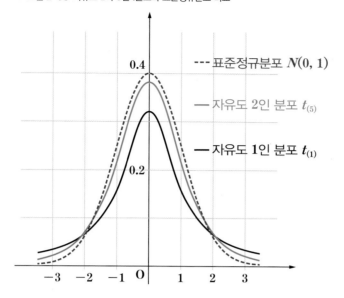

자유도 m이 작으면 정규분포와 비교해서 정점이 낮고 어깨가 두꺼운 분포가 되고, 자유도 m이 커지면 표준정규분포에 가까워진다고 알려져 있습니다. 대략 $m \geq 30$이면 t분포는 거의 표준정규분포가 된다고 생각해도 괜찮습니다.

이제 여기부터가 중요합니다!

정규분포를 따르는 모집단에서 **크기 n인 표본을 추출한 후 표본평균 $\overline{X}$와** 비편향 분산 U^2를 사용하여 새로운 확률변수

$$T = \frac{\overline{X} - m}{\sqrt{\dfrac{U^2}{n}}}$$

를 만들면 T는 자유도 $(n-1)$인 t분포를 따릅니다. 이 T를 스튜던트의 t통계량 (Student's t-statistic) 또는 단순하게 t통계량이라고 합시다.

《Z와 T 비교》

$$Z = \frac{\overline{X} - m}{\sqrt{\dfrac{\sigma^2}{n}}} \qquad T = \frac{\overline{X} - m}{\sqrt{\dfrac{U^2}{n}}}$$

모분산 σ^2을 사용 비편향 분산 U^2을 사용

표준정규분포   자유도 $(n-1)$인 t분포

$N(0, 1)$

정리   **t분포와 t통계량**

기댓값(또는 평균)이 m이고 분산이 σ^2인 정규분포 $N(m, \sigma^2)$를 따르는 모집단에서 크기 n인 표본을 추출할 때 t통계량

$$T = \frac{\overline{X} - m}{\sqrt{\dfrac{U^2}{n}}} \quad (\overline{X}: \text{표본평균}, \ U^2: \text{비편향 분산})$$

은 자유도 $(n-1)$인 t분포를 따릅니다

음…… 무슨 내용이었지요?

t분포 설명이 길어졌습니다. 원래는 모분산을 모를 때 모평균 추정 방법을 생각해 보자는 내용이었습니다!

t분포표: 정규분포표와는 보는 방법이 다르다

지금까지 배운 내용을 모분산을 모를 때 모평균을 추정하는 데 사용해 봅시다.

표 2-69는 t분포표(상측확률)입니다.

t분포표도 정규분포표(357쪽)와 마찬가지로 확률밀도함수를 정적분한 결과를 정리한 표인데, 보는 방법이 다르므로 주의합시다.

이제 자유도 m인 t분포를 따르는 확률변수 T가 어떤 값 이상이 될 확률이 p일 때 그 '어떤 값'을 $t_m(p)$으로 나타내면 다음과 같습니다.

$$P(T \geq t_m(p)) = p$$

일반적으로 확률변수가 어떤 값보다 커질 확률을 상측확률이라고 하고 그 확률분포에 대해 상측확률이 $p\%$가 되는 값을 상측 $p\%$ 점(percent point)이라고 합니다. $t_m(p)$는 t분포의 상측 $p\%$ 점입니다.

▼ 그림 2-59 확률분포에서 상측확률과 상측 $p\%$ 점

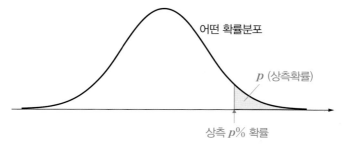

t분포표(상측확률)에는 자유도별로 자주 사용되는 확률 p에 대한 $t_m(p)$ 값이 몇 개 실려 있습니다.

예를 들어 표 2-69를 보면 $t_{10}(0.025) = 2.228$이므로 자유도 10인 t분포를 따르는 T가 2.228이상이 될 확률은 0.025(2.5%)임을 알 수 있습니다. 덧붙여 표 2-69의 t분포표에서는 이후 추정에서 정말 자주 사용하는 $p = 0.025$ 열[195]에

---

195 왜 이 열을 정말 자주 사용하는지는 금방 알게 됩니다.

노란색으로 표시해 두었습니다.

▼ 표 2-69 t분포표(상측확률)

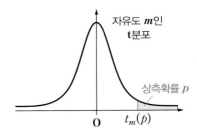

m \ p	0.100	0.050	0.025	0.010	0.005	0.001
1	3.078	6.314	12.706	31.821	63.657	318.309
2	1.886	2.920	4.303	6.965	9.925	22.327
3	1.638	2.353	3.182	4.541	5.841	10.215
4	1.533	2.132	2.776	3.747	4.604	7.173
5	1.476	2.015	2.571	3.365	4.032	5.893
6	1.440	1.943	2.447	3.143	3.707	5.208
7	1.415	1.895	2.365	2.998	3.499	4.785
8	1.397	1.860	2.306	2.896	3.355	4.501
9	1.383	1.833	2.262	2.821	3.250	4.297
10	1.372	1.812	2.228	2.764	3.169	4.144
11	1.363	1.796	2.201	2.718	3.106	4.025
12	1.356	1.782	2.179	2.681	3.055	3.930
13	1.350	1.771	2.160	2.650	3.012	3.852
14	1.345	1.761	2.145	2.624	2.977	3.787
15	1.341	1.753	2.131	2.602	2.947	3.733
16	1.337	1.746	2.120	2.583	2.921	3.686
17	1.333	1.740	2.110	2.567	2.898	3.646
18	1.330	1.734	2.101	2.552	2.878	3.610
19	1.328	1.729	2.093	2.539	2.861	3.579
20	1.325	1.725	2.086	2.528	2.845	3.552
21	1.323	1.721	2.080	2.518	2.831	3.527
22	1.321	1.717	2.074	2.508	2.819	3.505
23	1.319	1.714	2.069	2.500	2.807	3.485
24	1.318	1.711	2.064	2.492	2.797	3.467
25	1.316	1.708	2.060	2.485	2.787	3.450
26	1.315	1.706	2.056	2.479	2.779	3.435
27	1.314	1.703	2.052	2.473	2.771	3.421
28	1.313	1.701	2.048	2.467	2.763	3.408
29	1.311	1.699	2.045	2.462	2.756	3.396
30	1.310	1.697	2.042	2.457	2.750	3.385
100	1.290	1.660	1.984	2.364	2.626	3.174
500	1.283	1.648	1.965	2.334	2.586	3.107
1000	1.282	1.646	1.962	2.330	2.581	3.098
∞	1.282	1.645	1.960	2.326	2.576	3.090

표 2-69에서 가장 아래 자유도가 ∞일 때의 각 값은 표준정규분포를 사용해서 계산한 값과 같습니다.

t분포는 정규분포와 마찬가지로 좌우대칭이므로 T가 -2.228 이하일 확률도 $0.025(2.5\%)$입니다. 이로부터

$$P(-2.228 \leq T \leq 2.228) = 1 - 0.025 \times 2 = 0.95\,(95\%)$$

임을 알 수 있습니다.[196]

▼ 그림 2-60 t분포 그래프를 사용하여 이해하기

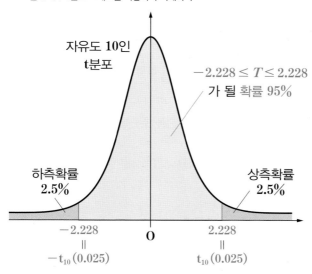

자유도 10인
t분포

$-2.228 \leq T \leq 2.228$
가 될 확률 95%

하측확률
2.5%

상측확률
2.5%

-2.228
$\|$
$-t_{10}(0.025)$

O

2.228
$\|$
$t_{10}(0.025)$

---

196 t분포는 확률분포이므로 그래프(곡선) 아래 전체 넓이는 1입니다.

이렇게 t분포의 좌우 대칭성을 사용하면 각 자유도 m을 따르는 T에 대해

$$P(-t_m(0.025) \leq T \leq t_m(0.025)) = 0.95 \quad (95\%) \quad \cdots ☆$$

가 됩니다.

95%가 되는 구간을 알고 싶을 때가 많기 때문에 t분포표에서 0.025 열을 자주 사용하는 거군요.

모분산을 모를 때 모평균 추정(표본의 크기가 작을 때)

자, 많이 기다리셨습니다.

그러면 드디어 t분포를 분산을 모를 때 모집단의 모평균 추정에 사용해 봅시다.

이미 공부했던 것처럼 기댓값(또는 평균)이 m이고 분산이 σ^2인 정규분포 $N(m, \sigma^2)$를 따르는 모집단에서 크기 n인 표본을 추출할 때 t통계량

$$T = \frac{\overline{X} - m}{\sqrt{\dfrac{U^2}{n}}} \quad (\overline{X}: \text{표본평균}, \quad U^2: \text{비편향 분산})$$

은 자유도 $(n-1)$인 t분포를 따릅니다.

식 ☆의 자유도를 $m \to n-1$로 바꿔 쓰면

$$P(-t_{n-1}(0.025) \leq T \leq t_{n-1}(0.025)) = 0.095 \quad \cdots ①$$

가 됩니다. 다음은 437쪽과 마찬가지로 변형합니다.

$$-t_{n-1}(0.025) \leq T \leq t_{n-1}(0.025)$$

$$\Leftrightarrow \quad -t_{n-1}(0.025) \leq \frac{\overline{X} - m}{\sqrt{\dfrac{U^2}{n}}} \leq t_{n-1}(0.025)$$

$$\Leftrightarrow \quad -t_{n-1}(0.025)\sqrt{\frac{U^2}{n}} \leq \overline{X} - m \leq t_{n-1}(0.025)\sqrt{\frac{U^2}{n}}$$

$$\Leftrightarrow \quad -\overline{X} - t_{n-1}(0.025)\sqrt{\frac{U^2}{n}} \leq -m \leq -\overline{X} + t_{n-1}(0.025)\sqrt{\frac{U^2}{n}}$$

$$\Leftrightarrow \quad \overline{X} + t_{n-1}(0.025)\sqrt{\frac{U^2}{n}} \geq m \geq \overline{X} - t_{n-1}(0.025)\sqrt{\frac{U^2}{n}}$$

$$\Leftrightarrow \quad \overline{X} - t_{n-1}(0.025)\sqrt{\frac{U^2}{n}} \leq m \leq \overline{X} + t_{n-1}(0.025)\sqrt{\frac{U^2}{n}}$$

이 부등식을 식 ①에 대입하면 다음과 같습니다.

$$P\left(\overline{X} - t_{n-1}(0.025)\sqrt{\frac{U^2}{n}} \leq m \leq \overline{X} + t_{n-1}(0.025)\sqrt{\frac{U^2}{n}} \right) = 95\%$$

이 식을 사용하면 모집단이 정규분포를 따를 때 모분산을 모르더라도 모평균을 추정할 수 있습니다.

정리 **모평균 m의 95% 신뢰구간(모분산을 모를 때)**

정규분포를 따르는 모집단에서 크기 n인 표본을 추출했을 때 표본의 비편향 분산이 U^2라면 모평균 m의 95% 신뢰구간은 다음과 같습니다.

$$\overline{X} - t_{n-1}(0.025)\sqrt{\frac{U^2}{n}} \leq m \leq \overline{X} + t_{n-1}(0.025)\sqrt{\frac{U^2}{n}}$$

복잡하게 보이지만 표준정규분포를 사용한 신뢰구간 부등식(440쪽)에서

$$1.96 \rightarrow t_{n-1}(0.025), \quad v^2 \rightarrow U^2$$

로 치환했을 뿐입니다.

▤ 예 20 ▤ 헤이세이 마지막 1주일의 최고 기온

헤이세이 마지막 1주일 동안(2019년 4월 24일~4월 30일) 도쿄의 최고 기온은 다음과 같았습니다.

$$20.6℃, \quad 24.3℃, \quad 12.4℃, \quad 13.2℃, \quad 18.7℃, \quad 19.8℃, \quad 17.4℃$$

모집단이 정규분포를 따른다고 하고 모평균의 95% 신뢰구간을 구해 봅시다. 표본으로 얻은 7일 동안의 기온을 표 2-70이라 하면

▼ 표 2-70 7일 동안의 기온 데이터

X_1	X_2	X_3	X_4	X_5	X_6	X_7
20.6	24.3	12.4	13.2	18.7	19.8	17.4

$$\sum_{k=1}^{7} X_k = 126.4, \quad \sum_{k=1}^{7} X_k^2 = 2387.34$$

와 같이 계산할 수 있습니다. 그러면 표본평균은

$$\overline{X} = \frac{1}{7} \sum_{k=1}^{7} X_k = \frac{126.4}{7}$$

비편향 분산은 433쪽으로 소개한 계산 공식으로부터

$$U^2 = \frac{1}{7-1}\left\{ \sum_{k=1}^{7} X_k{}^2 - 7\,(\overline{X})^2 \right\}$$

$$U^2 = \frac{1}{n-1}\left\{ \sum_{k=1}^{n} X_k{}^2 - n\,(\overline{X})^2 \right\}$$

$$= \frac{1}{6}\left\{ 2387.34 - 7\left(\frac{126.4}{7}\right)^2 \right\} \fallingdotseq 17.4862$$

표본 크기는 7이므로 자유도는 6임에 주의하며 표 2−69의 t분포표에서 t_{7-1} $(0.025) = t_6\,(0.025)$ 값을 찾으면 다음과 같습니다.

$$t_6\,(0.025) = 2.447$$

따라서 구하려는 모평균 m의 95% 신뢰구간은

$$\overline{X} - t_{7-1}(0.025)\sqrt{\frac{U^2}{7}} \leq m \leq \overline{X} + t_{7-1}(0.025)\sqrt{\frac{U^2}{7}}$$

$$\Rightarrow \quad \frac{126.4}{7} - 2.447 \times \sqrt{\frac{17.4862}{7}} \leq m \leq \frac{126.4}{7} + 2.447 \times \sqrt{\frac{17.4862}{7}}$$

$$\Rightarrow \quad 14.189\cdots \leq m \leq 21.924\cdots$$

따라서 모평균 m의 95% 신뢰구간은 약

$$14.19\,(\text{℃}) \leq m \leq 21.92\,(\text{℃})$$

와 같습니다.

범위가 꽤 넓군요.

표본 크기가 7로 작은 데다가 표본으로 구한 값도 흩어진 정도가 컸기 때문에 어쩔 수가 없습니다……. 하지만 이렇게 표본 크기가 작다는 사실과 표본으로 얻은 값이 흩어진 정도가 제대로 반영되었다고 말할 수도 있습니다.

모분산을 모를 때 모평균을 추정(표본이 클 때)

모집단이 정규분포를 따르지 않아도 표본 크기 n이 충분히 크면 중심극한정리로부터 표본평균은 근사적으로 정규분포를 따른다고 이야기했습니다(418쪽). 중심극한정리를 사용할 수 있는 표본 크기는 경우에 따라 다르기 때문에 구체적으로 표현하기가 쉽지 않지만 **표본 크기가 수백을 넘을 때는 (모집단에 정규분포를 가정하지 않아도) 표본평균은 정규분포를 근사적으로 따른다**고 생각하면 좋습니다.

표본 크기가 커지면 t분포는 표준정규분포에 가까워집니다. 표본 크기가 30을 넘어갈 때에는 t분포는 거의 정규분포라고 보아도 상관없다고 이야기했습니다(447쪽).

여기서 중심극한정리를 사용할 수 있는 정도인 n의 크기를 **큰 표본**(large sample)이라고 하기로 하면 **큰 표본에서는 t분포와 표준정규분포는 거의 같아지므로**

$$t_{n-1}(0.025) \fallingdotseq 1.96$$

입니다.[197] 또한, **큰 표본에서는**

$$U^2 = \frac{1}{n-1} \sum_{k=1}^{n} (X_k - \overline{X})^2 \fallingdotseq \frac{1}{n} \sum_{k=1}^{n} (X_k - \overline{X})^2 = S^2$$

라 생각할 수도 있습니다.[198]

이렇게 큰 표본에서는 모평균의 95% 신뢰구간을 다음과 같이 생각해도 좋습니다.

---

197 표준정규분포를 따르는 Z가 -1.96 이상 1.96 이하가 될 확률은 2.5%(-1.96 이하가 될 확률도 2.5%)입니다.

198 수백보다 큰 n일 때 $\frac{1}{n}$과 $\frac{1}{n-1}$의 차이는 아주 작다.

정리	**모평균 m의 95% 신뢰구간(모분산을 모르고 큰 표본일 때)**

표본 크기 n이 충분히 클 때 표본분산이 S^2이라면 모평균 m의 95% 신뢰구간은 다음과 같습니다.

$$\overline{X} - 1.96\sqrt{\frac{S^2}{n}} \leq m \leq \overline{X} + 1.96\sqrt{\frac{S^2}{n}}$$

모분산을 알고있을 때 추정구간(440쪽)의 모분산 σ^2을 표본분산 S^2로 치환했을 뿐입니다.

여기까지 내용을 정리합시다.

❤ 표 2-71 모평균 추정에 사용하는 분포와 분산

⌈ 추정에 사용하는 분포 ⌉
⌊ 추정에 사용하는 분산 ⌋

모집단		표본		
분포	모분산	$n \leq 30$	$30 < n <$ 수백	수백 $< n$
정규분포	안다 →	표준정규분포 모분산	표준정규분포 모분산	표준정규분포 모분산
	모른다 →	t분포 비편향 분산	표준정규분포 비편향 분산	표준정규분포 비편향 분산 또는 표본분산
불분명	안다 →			표준정규분포 모분산
	모른다 →			표준정규분포 비편향 분산 또는 표본분산

↑
중심극한정리를
사용할 수 있는 큰 표본

모집단 분포가 불분명한데 표본의 크기가 수백 미만일 때는 포기하나요?

난이도가 높은 내용이므로 여기서 깊이 다루진 않지만 컴퓨터 시뮬레이션 중 하나인 **부트스트랩 방법**이라 불리는 방법이 있습니다. 이 방법은 실제로 얻은 표본(원래 표본)에서 몇 번이고 복원추출을 반복하여 (재표본이라고 합니다) 모수를 추정하는 방법입니다.

▒ 예 21 ▒ 와인 소비량

어떤 나라에서 무작위로 추출한 2500세대의 연간 와인 소비량을 조사했더니 평균 $\overline{X} = 10.0$, 표준편차 $S = 3.6$(L)이었습니다. 이 나라의 연간 와인 소비량을 m(L)라고 할 때 m의 95% 신뢰구간을 구해 봅시다.

표본 크기 n이 2500이어서 큰 표본이므로

$$\text{분포는 표준정규분포 } N(0,\, 1)$$
$$\text{분산은 표본분산 } S^2$$

를 사용할 수 있습니다.

$$1.96\sqrt{\frac{S^2}{n}} = 1.96 \times \sqrt{\frac{3.6^2}{2500}} = 1.96 \times \frac{3.6}{50} = 0.14112$$

이므로 m의 95% 신뢰구간은 다음과 같습니다.

$$\overline{X} - 1.96\sqrt{\frac{S^2}{n}} \leq m \leq \overline{X} + 1.96\sqrt{\frac{S^2}{n}}$$
$$\Rightarrow \quad 10 - 0.14112 \leq m \leq 10 + 0.14112$$
$$\Rightarrow \quad 10 - 0.14112 \leq m \leq 10 + 0.14112$$
$$\Rightarrow \quad 9.85888 \leq m \leq 10.14112$$

따라서 모평균 m의 95% 신뢰구간은 대략

$$9.86(\text{L}) \leq m \leq 10.14(\text{L})$$

가 됩니다.

모비율 추정

다음으로 모비율 추정도 해 봅시다.

모집단 안에서 어떤 특성 A를 갖는 모비율이 p일 때 크기 n인 표본 중에서 특성 A가 있는 표본의 개수를 X라고 합시다. 이때 n이 충분히 크면 표본비율 $R = \dfrac{X}{n}$은 근사적으로 정규분포 $N\left(p, \dfrac{pq}{n}\right)$을 따랐습니다(단, $q = 1 - p$, 420쪽). 이 내용을 사용하면 표본비율에서 모비율을 구간추정할 수 있습니다. 표본비율은 표본평균의 특별한 경우라고 볼 수 있고 모비율은 모평균이라고도 볼 수 있으므로(422쪽) 모평균 m의 95% 신뢰구간이

$$\overline{X}\text{가 근사적으로 정규분포 } N\left(m, \frac{\sigma^2}{n}\right)\text{을 따른다}$$

$$\downarrow$$

$$\overline{X} - 1.96\sqrt{\frac{\sigma^2}{n}} \leq m \leq \overline{X} + 1.96\sqrt{\frac{\sigma^2}{n}}$$

이므로 모비율 p의 95% 신뢰구간은

$$R\text{이 근사적으로 정규분포 } N\left(p, \frac{p(1-p)}{n}\right)\text{을 따른다}$$

$$\downarrow$$

$$R - 1.96\sqrt{\frac{p(1-p)}{n}} \leq p \leq R + 1.96\sqrt{\frac{p(1-p)}{n}} \quad \cdots ①$$

고 할 수 있습니다.[199]

단, p 추정을 하려는데 아래쪽 신뢰 한계와 위쪽 신뢰 한계에 p가 들어 있으면 곤란합니다. 하지만 괜찮습니다. 큰 수의 법칙(417쪽)으로부터 **n이 충분히 크면 p는 R에 가깝다**고 생각해도 큰 차이가 없습니다. 즉, **p를 R로 치환해도 큰 차이가 없다**는 말입니다. 그러면 식 ①의 신뢰구간은 다음과 같이 쓸 수 있습니다.

---

199 437쪽과 완전히 같은 식 변형을 하면 이 식을 얻을 수 있습니다.

정리 **모비율 p의 95% 신뢰구간**

표본 크기 n이 클 때 모평균 m의 95% 신뢰구간은 다음과 같습니다.

$$R - 1.96 \sqrt{\frac{R(1-R)}{n}} \leq p \leq R + 1.96 \sqrt{\frac{R(1-R)}{n}}$$

p를 R로 치환해도 되면 일부터 이렇게 하지 않고 처음부터 p(모비율)$=R$(표본비율)이라고 말하면 되는 거 아닌가요?

심정은 이해합니다. 실제로 표본비율은 비평균 추정량이고 일치 추정량(428~429쪽)이므로 점추정으로 $p = R$이라고 생각하는 건 결코 이상한 게 아닙니다.
다만 정밀도를 생각하면 이 구간추정이 더 좋다는 게 알려져 있습니다. 또한, 다음과 같이 생각하면 $R(1-R)$은 **표본분산과 같다**고 할 수 있으므로 앞에서 공부한 큰 표본일 때의 모평균 추정을 사용할 수 있다고 이해해도 좋습니다.

크기 n인 표본에서 특성 A가 있는 표본의 개수를 나타내는 확률변수를 X라고 하면

$$X = X_1 + X_2 + X_3 + \cdots\cdots + X_n$$

로 하기 위해 X_1, X_2, X_3, $\cdots\cdots$, X_n 값을 다음과 같이 정했습니다(418쪽).

특성 A가 있을 때 $\cdots\cdots$ $X_k = 1$ $(k = 1, 2, 3, \cdots\cdots, n)$

특성 A가 없을 때 $\cdots\cdots$ $X_k = 0$ $(k = 1, 2, 3, \cdots\cdots, n)$

여기서

$$X_k = 0 \text{ 또는 } 1 \iff X_k(X_k - 1) = 0 \iff X_k{}^2 = X_k$$

이고

$$R = \frac{X}{n} = \frac{X_1 + X_2 + X_3 + \cdots\cdots + X_n}{n} = \frac{1}{n}\sum_{k=1}^{n} X_k = \overline{X}$$

이므로 **$R(1-R)$은 표본분산과 같다**는 것을 보일 수 있습니다.

$$
\begin{aligned}
S^2 &= \frac{1}{n}\sum_{k=1}^{n}(X_k - \overline{X})^2 \\
&= \frac{1}{n}\left[\sum_{k=1}^{n}\{X_k{}^2 - 2X_k\overline{X} + (\overline{X})^2\}\right] \\
&= \frac{1}{n}\left\{\sum_{k=1}^{n}X_k{}^2 - 2\overline{X}\sum_{k=1}^{n}X_k + \sum_{k=1}^{n}(\overline{X})^2\right\} \\
&= \frac{1}{n}\left\{\sum_{k=1}^{n}X_k{}^2 - 2\overline{X}\cdot n\overline{X} + n(\overline{X})^2\right\} \\
&= \frac{1}{n}\left\{\sum_{k=1}^{n}X_k{}^2 - 2n(\overline{X})^2 + n(\overline{X})^2\right\} \\
&= \frac{1}{n}\left\{\sum_{k=1}^{n}X_k{}^2 - n(\overline{X})^2\right\} \\
&= \frac{1}{n}\left\{\sum_{k=1}^{n}X_k - n(\overline{X})^2\right\} \\
&= \frac{1}{n}\sum_{k=1}^{n}X_k - \frac{1}{n}\cdot n(\overline{X})^2 \\
&= \overline{X} - (\overline{X})^2 \\
&= R - R^2 \\
&= R(1-R)
\end{aligned}
$$

$$(a-b)^2 = a^2 - 2ab + b^2$$

$$\sum_{k=1}^{n}(pa_k + qb_k) = p\sum_{k=1}^{n}a_k + q\sum_{k=1}^{n}b_k$$

$$\overline{X} = \frac{1}{n}\sum_{k=1}^{n}X_k \Rightarrow \sum_{k=1}^{n}X_k = n\overline{X}$$

$$\sum_{k=1}^{n}c = nc$$

$$X_k{}^2 = X_k$$

$$\overline{X} = R$$

표본비율이 근사적으로 정규분포를 따른다고 본다는 말은 중심극한정리를 사

용할 수 있을 정도로 큰 표본이라는 말이므로 모평균 m의 95% 신뢰구간은

$$\overline{X} - 1.96\sqrt{\frac{S^2}{n}} \leq m \leq \overline{X} + 1.96\sqrt{\frac{S^2}{n}}$$

처럼 쓸 수 있고(457쪽)

표본평균 $\overline{X}$ → 표본평균 R, 모평균 m → 모비율 p, S^2 → $R(1-R)$

이므로

$$R - 1.96\sqrt{\frac{R(1-R)}{n}} \leq p \leq R + 1.96\sqrt{\frac{R(1-R)}{n}}$$

이 됩니다.

▦ 예 22 ▦ 시청률

시청률 조사 회사에서 어떤 지역 약 2000만 세대 중에서 900세대를 무작위로 선택해서 시청률 조사 기기를 붙였습니다. 이 900세대 중 A라는 채널을 90세대가 봤을 경우 이 지역에서 A 채널 시청률의 95% 신뢰구간을 추정해 봅시다.

시청률 조사기기를 붙인 900세대가 표본이므로 표본 크기는

$$n = 900$$

입니다. 큰 표본이라고[200] 생각해도 됩니다.

표본비율(시청률 조사기기를 붙인 900세대 중 시청률)을 R이라고 하면

$$R = \frac{90}{900} = \frac{1}{10} = 0.1$$

입니다.

---

200 큰 표본이다 → 중심극한정리를 사용할 수 있다 → 표본비율(표본평균)이 근사적으로 정규분포를 따른다고 생각해도 된다
→ (460쪽의) 95% 신뢰구간을 사용할 수 있다

$$1.96\sqrt{\frac{R(1-R)}{n}} = 1.96 \times \sqrt{\frac{0.1 \times (1-0.1)}{900}}$$

$$= 1.96 \times \sqrt{\frac{0.09}{900}} = 1.96 \times \sqrt{\frac{1}{10000}} = \frac{1.96}{100} = 0.0196$$

로부터 구하려는 **시청률(모비율)을 p라고 하면** p의 95% 신뢰구간은

$$R - 1.96\sqrt{\frac{R(1-R)}{n}} \leq p \leq R + 1.96\sqrt{\frac{R(1-R)}{n}}$$

$$\Rightarrow \quad 0.1 - 0.0196 \leq p \leq 0.1 + 0.0196$$

따라서 이 지역에서 A 채널 시청률 p의 95% 신뢰구간은 다음과 같습니다.

$$0.0804(8.04\%) \leq p \leq 0.1196(11.96\%)$$

 예제 12
몇 명 이상을 추출해야 하나?

어떤 정책에 대한 찬성 여론 비율은 약 60%라고 예상합니다. 이 정책에 대한 찬성률을 95% 신뢰구간 폭이 8% 이하가 되도록 추정하고 싶다면 몇 명이상 추출해야 할까요?

해설

'찬성 여론 비율은 약 60%이다'라고 예상하므로 표본비율은 $R = 0.6$이라고 생각하는 부분이 포인트입니다. 물론 실제로는 다르겠지만 가령 60%라고 하면 몇 명 이상 추출할 필요가 있는지를 조사하는 문제라고 생각해 주세요.

해답

표본비율을 $R = 0.6$, 필요한 추출 명수를 n이라고 합시다.

신뢰도 95%인 모비율 추정구간은

$$R - 1.96\sqrt{\frac{R(1-R)}{n}} \le p \le R + 1.96\sqrt{\frac{R(1-R)}{n}}$$

이므로 '신뢰구간 폭'은

$$\left(R + 1.96\sqrt{\frac{R(1-R)}{n}}\right) - \left(R - 1.96\sqrt{\frac{R(1-R)}{n}}\right)$$

$$= 2 \times 1.96\sqrt{\frac{R(1-R)}{n}} = 3.92 \times \sqrt{\frac{0.6 \times (1-0.6)}{n}}$$

$$= 3.92 \times \sqrt{\frac{0.24}{n}}$$

이를 8% 이하로 하고 싶으므로

$$3.92 \times \sqrt{\frac{0.24}{n}} < \frac{8}{100} \quad \Rightarrow \quad \frac{3.92^2 \times 0.24}{n} \le \frac{8^2}{100^2}$$

$$\Rightarrow \quad \frac{3.92^2 \times 0.24 \times 100^2}{8^2} \le n$$

$$\Rightarrow \quad 576.24 \le n$$

따라서 **577명 이상** 추출하면 됩니다.

이렇게 추정하는 구간 폭을 어느 값 이하로 하고 싶을 경우 필요한 표본 크기는 표본비율의 대략 얼마로 어림잡으면 되는지에 따라 변하는 부분에 주의해야 합니다.

참고로 이 정책의 찬성률을 95% 신뢰구간 폭이 4%(89의 절반) 이하가 되도록 추정하고 싶을 경우

$$3.92 \times \sqrt{\frac{0.24}{n}} \leq \frac{4}{100} \quad \Rightarrow \quad \frac{3.92^2 \times 0.24}{n} \leq \frac{4^2}{100^2}$$

$$\Rightarrow \quad \frac{3.92^2 \times 0.24 \times 100^2}{4^2} \leq n$$

$$\Rightarrow \quad 2304.96 \leq n$$

라는 계산으로부터 **2305명 이상 추출해야 한다**는 걸 알 수 있습니다.

일반적으로 표본 크기가 크면 클수록 구간추정 폭은 작아지는데 구간 폭은 $\sqrt{n}$ 에 반비례하므로 구간 폭을 절반으로 하려면 4배 큰 표본이, 구간 폭을 $\frac{1}{10}$으로 하려면 100배 큰 표본이 필요합니다.

> 주: 이 다음은 자연 계열을 선택한 고등학생이 이수하는 수학 교육 과정을 배웠다는 전제하에 썼습니다. 읽지 않고 건너뛰어도 470쪽 이후 **가설검정을 이해하는 데는 영향이 없으므로** 안심하세요.

보충설명 | **큰 수의 법칙 증명(체비쇼프 부등식)**

먼저 다음 체이쇼프 부등식을 증명합시다.

정리 | **체비쇼프 부등식**

연속확률변수 X의 기댓값(또는 평균)이 m, 분산이 σ^2일 때 임의의 양의 정수 k에 대하여 다음 부등식이 성립합니다.

$$P(|X - m| \geq k\sigma) \leq \frac{1}{k^2}$$

증명

연속확률변수의 분산 정의(336쪽)로부터 $V(X) = \sigma^2$이라고 하면

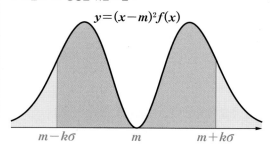

$$\sigma^2 = \int_{-\infty}^{\infty} (x-m)^2 \cdot f(x) dx$$

σ^2는 그림 2-61의 전체 넓이

$$= \int_{-\infty}^{m-k\sigma} (x-m)^2 \cdot f(x) dx + \int_{m-k\sigma}^{m+k\sigma} (x-m)^2 \cdot f(x) dx$$

양수   양수

$$+ \int_{m+k\sigma}^{\infty} (x-m)^2 \cdot f(x) dx$$

양수

$$\geq \int_{-\infty}^{m-k\sigma} (x-m)^2 \cdot f(x) dx + \int_{m+k\sigma}^{\infty} (x-m)^2 \cdot f(x) dx \quad \cdots ①$$

여기서 식 ① 적분에서 첫 번째 항은 $x \leq m-k\sigma$, 두 번째 항은 $m+k\sigma \leq x$의 정적분이므로 $k\sigma > x$이라는 것을 주의하면

$$\begin{cases} x \leq m-k\sigma \\ m+k\sigma \leq x \end{cases} \Rightarrow \begin{cases} k\sigma \leq m-x \\ k\sigma \leq x-m \end{cases} \Rightarrow \begin{cases} (k\sigma)^2 \leq (m-x)^2 \\ (k\sigma)^2 \leq (x-m)^2 \end{cases} \Rightarrow (x-m)^2 \geq k^2\sigma^2$$

입니다. 따라서

$$\int_{-\infty}^{m-k\sigma} (x-m)^2 \cdot f(x) dx \geq \int_{-\infty}^{m-k\sigma} k^2\sigma^2 \cdot f(x) dx \geq k^2\sigma^2 \int_{-\infty}^{m-k\sigma} f(x) dx$$

$$\int_{m+k\sigma}^{\infty} (x-m)^2 \cdot f(x) dx \geq \int_{m+k\sigma}^{\infty} k^2\sigma^2 \cdot f(x) dx \geq k^2\sigma^2 \int_{m+k\sigma}^{\infty} f(x) dx$$

가 됩니다. 따라서 식 ①은 다음과 같이 정리됩니다.

$$① \geq k^2\sigma^2 \int_{-\infty}^{m-k\sigma} f(x)dx + k^2\sigma^2 \int_{m+k\sigma}^{\infty} f(x)dx$$

$$= k^2\sigma^2 \left\{ \int_{-\infty}^{m-k\sigma} f(x)dx + \int_{m+k\sigma}^{\infty} f(x)dx \right\} \cdots ②$$

식 ②의 { } 안쪽은 그림 2-62의 노란색 넓이고 이 넓이는 $X \leq m - k\sigma$ 또는 $m + k\sigma \leq X$ 확률을 가리키므로

▼ 그림 2-62 증명을 위한 그림 2

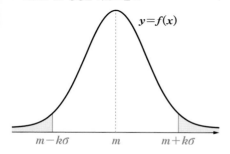

$$② = k^2\sigma^2 \cdot P(X \leq m - k\sigma, m + k\sigma \leq X)$$

$$= k^2\sigma^2 P(|X - m| \geq k\sigma)$$

> 일반적으로 양의 상수 c에 대해
> $|x| \geq c \Leftrightarrow x \leq -c$ 또는 $c \leq x$

식 ① ≥ 식 ②이므로 결국 다음 부등식을 구할 수 있습니다.

$$\sigma^2 \geq k^2\sigma^2 P(|X - m| \geq k\sigma)$$

$$\Rightarrow \quad P(|X - m| \geq k\sigma) \leq \frac{1}{k^2}$$

증명 끝

그러면 이 체비쇼프[201] 부등식을 사용해서 드디어 **큰 수의 법칙**[202](417쪽)을 증

---

201 벌써 여러 번 등장했지만 **파프누티 체비쇼프**(1821-1894)는 19세기 러시아의 수학자입니다. 통계학과 수론(정수에 관한 수학) 분야에서 업적을 남겼습니다.

202 큰 수의 법칙이란 '표본평균 $\overline{X}$는 n이 커짐에 따라 모평균 m에 가까워진다'였습니다.

명합시다. 여기서

$$\overline{X} = \frac{X_1 + X_2 + X_3 + \cdots\cdots + X_n}{n}$$

라고 하면

$$E(\overline{X}) = m, \quad V(\overline{X}) = \frac{1}{n}\sigma^2$$

이므로(407쪽) 앞에서 증명했던 체비쇼프 부등식에서

$$X \to \overline{X}, \quad m \to m, \quad \sigma^2 \to \frac{\sigma^2}{n} \left(\text{즉}, \quad \sigma \to \frac{\sigma}{\sqrt{n}} \right)$$

로 하면

$$P\left(|\overline{X} - m| \geq k\frac{\sigma}{\sqrt{n}} \right) \leq \frac{1}{k^2}$$

가 됩니다.

k는 임의의 양의 정수이므로[203] 양의 정수 ε을 사용하여

$$k = \frac{\varepsilon\sqrt{n}}{\sigma} \quad \cdots ③$$

로 두면

$$P\left(|\overline{X} - m| \geq \frac{\varepsilon\sqrt{n}}{\sigma}\frac{\sigma}{\sqrt{n}} \right) \leq \frac{1}{\left(\frac{\varepsilon\sqrt{n}}{\sigma} \right)^2} \Rightarrow P(|\overline{X} - m| \geq \varepsilon) \leq \frac{\sigma^2}{\varepsilon^2 n} \quad \cdots ④$$

가 됩니다.

여기서 $|\overline{X} - m| \geq \varepsilon$가 될 확률이 $\dfrac{\sigma^2}{\varepsilon^2 n}$ 이하라면 $|\overline{X} - m| < \varepsilon$이 될 확률은 $1 - \dfrac{\sigma^2}{\varepsilon^2 n}$ 이상이 되는 것에 주의하면 식 ④로부터

$$P(|\overline{X} - m| < \varepsilon) \geq 1 - \frac{\sigma^2}{\varepsilon^2 n} \Rightarrow P(|\overline{X} - m| < \varepsilon) \geq 1 - \frac{1}{n} \cdot \left(\frac{\sigma}{\varepsilon} \right)^2 \quad \cdots ⑤$$

---

[203] k는 양의 정수라면 어떤 값이든 상관없으므로(임의의) 큰 수의 법칙 증명에 유용하도록 마음대로 정합니다. 식 ③처럼 두면 유용한 이유는 계속되는 내용을 읽어 주세요. 덧붙여 ε(입실론)은 매우 작은 양을 나타낼 때 자주 사용하는 그리스 문자입니다.

입니다. 또한, 모든 확률의 합은 1이므로 $|\overline{X} - m| \geq \varepsilon$이 될 확률은 당연히 1 이하입니다. 따라서 식 ⑤로부터

$$1 - \frac{1}{n} \cdot \left(\frac{\sigma}{\varepsilon} \right)^2 \leq P(|\overline{X} - m| < \varepsilon) \leq 1 \quad \cdots ⑥$$

을 얻을 수 있습니다. 식 ⑥에서 $n \to \infty$로 하면 $\frac{\sigma}{\varepsilon}$은 상수이므로 제일 왼쪽 변은 1에 가까워집니다. 내용을 종합하면

$$\lim_{n \to \infty} \left\{ 1 - \frac{1}{n} \cdot \left(\frac{\sigma}{\varepsilon} \right)^2 \right\} \leq \lim_{n \to \infty} P(|\overline{X} - m| < \varepsilon) \leq \lim_{n \to \infty} 1$$

$$\Rightarrow \quad 1 \leq \lim_{n \to \infty} P(|\overline{X} - m| < \varepsilon) \leq 1$$

입니다. 따라서 '샌드위치 원리'라는 원리에 따라 다음과 같이 정리할 수 있습니다.

$$\lim_{n \to 3} P(|\overline{X} - m| < \varepsilon) = 1 \quad \cdots ⑦$$

그런데 식 ③으로부터

$$k = \frac{\varepsilon \sqrt{n}}{\sigma} \quad \Rightarrow \quad \varepsilon = \frac{k\sigma}{\sqrt{n}}$$

이므로 식 ⑦의 ε은 n이 커지면 0에 한없이 가까워집니다.

즉, 식 ⑦은 $n \to \infty$일 때 $|\overline{X} - m| \geq \varepsilon$이 될 확률은 한없이 1에 가깝다는 것을 시사합니다. 즉,

$$n \to \infty \text{일 때}, \quad \overline{X} = m$$

가 된다는 것이 한없이 확실하다는 말입니다.

이는 **표본평균 $\overline{X}$는 n이 커짐에 따라 모평균 m에 가까워진다**라는 **큰 수의 법칙** 그 자체입니다.

증명 끝

가설검정: 다이어트 보조 음료의 효과

드디어 마지막 항목입니다.

여기서는 어떤 주장(가설)이 옳은지를 통계적으로 판단하는 **가설검정**(hypo-thesis testing)을 공부합니다.

▼ 그림 2-63 다이어트 음료의 효과가 있나?

100명 중 62명이
'효과가 있었다!'

'효과가 없다'라고 하면
불합리한가?

예를 들어 어떤 다이어트 보조 음료에 관해 설문 조사를 했더니 같은 상품을 사용해 본 100명 중 62명이 '다이어트 효과가 있었다'라고 답했다고 합시다. 이 다이어트 보조 음료는 정말로 다이어트 효과가 있다고 말할 수 있을까요? 이때 설문 조사는 다이어트 효과가 '있었다'와 '없었다'로 두 가지 선택지만 있었다고 합시다.

가설검정에서는 이럴 때 우선 **'효과가 없었다'고 가정**합니다. 실제로 효과가 없었다면 설문 조사에 답한 100명은 효과가 '있었다'와 '없었다'를 $\frac{1}{2}$ 확률로 선택할 것입니다. 그 경우 62명이 '있었다'라고 답할 확률은 어느 정도인지를 생각하여 예를 들어 그 확률(우연히 100명 중 62명이 '있었다'라고 답할 확률)이 5% 이하라면 **효과가 없다고는 할 수 없다**고 판단하기로 합시다.

100명이 '있었다'와 '없었다'를 $\frac{1}{2}$ 확률로 선택하는 경우 '있었다'라고 답한 사람 수를 X로 두면 이 시행은 성공 확률이 $\frac{1}{2}$인 베르누이 시행[204]입니다. 따라서 X 는 **2항분포** $B\left(100, \frac{1}{2}\right)$**를 따릅니다.** 시행횟수가 많으므로 X는 **근사적으로 정규분포**

$$N\left(100 \times \frac{1}{2}, 100 \times \frac{1}{2} \times \frac{1}{2}\right) = N(50, 25)$$

> X가 $B(n, p)$를 따를 때 n이 크다면 X는 근사적으로 정규분포 $N(np, npq)$를 따른다(단, $q = 1 - p$).

를 따른다고 생각해도 좋습니다.[205] 이때

$$Z = \frac{X - 50}{\sqrt{25}} = \frac{X - 50}{5}$$

는 표준정규분포 $N(0, 1)$을 따릅니다.

> X가 $N(m, \sigma^2)$를 따를 때
> $$Z = \frac{X - m}{\sigma}$$
> 의 Z는 $N(0, 1)$을 따른다.

$X = 62$일 때

$$Z = \frac{62 - 50}{5} = 2.4$$

인데

$$P(-1.96 \leq Z \leq 1.96) = 95\%$$

임을 기억하면(358쪽) $Z > 1.96$이 된다는 말은 '거의 일어나지 않는 일'이라고 말할 수 있습니다.

---

204 결과(사건)이 양자택일인 독립시행. 베르누이 시행을 n번 반복할 때 성공 확률이 p라고 하면 성공 횟수 X는 2항분포 $B(n, p)$를 따릅니다(298쪽).

205 기준치로 $np(1 - p) \geq 10$이라면 2항분포를 근사적으로 정규분포로 봐도 좋습니다(373쪽).

▼ 그림 2-64 표준 정규분포와 사건의 희귀도

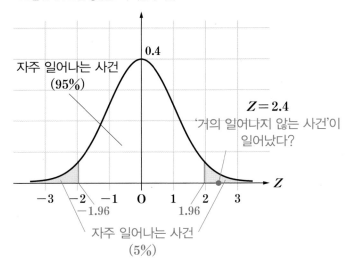

이번 경우에는 '다이어트 보조 음료는 효과가 없다'라고 가정하면 거의 일어나지 않아야 할 $Z=2.4$라는 값이 실현됐다는 말이 됩니다. 그리고 **가설검정에서는** '거의 일어나지 않는 일이 일어났다'는 결론이 된 이유는 가설이 틀렸기 때문이라고 생각할 수 있습니다. 이번에는 100명 중 62명이 '효과가 있었다'고 답한 다이어트 보조 음료에 다이어트 효과가 없다고 말할 수 없다, 즉 **'다이어트 효과가 있다'**라고 판단합니다.

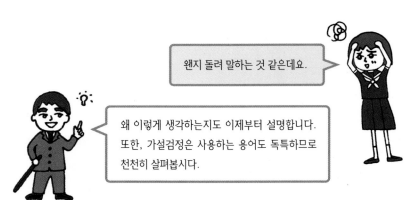

왠지 돌려 말하는 것 같은데요.

왜 이렇게 생각하는지도 이제부터 설명합니다.
또한, 가설검정은 사용하는 용어도 독특하므로
천천히 살펴봅시다.

일반적으로 모르는 모수 θ[206]는 과 같다는 가설

$$H_0: \ \theta = \theta_0$$

를 세워서 이 가설을 가지고 표본값으로 계산한 어떤 **추정량 T**[207]의 실현값 t[208]
가 확률적으로 있을 수 있는지를 검증해서 **가설 H_0가 옳은지를 판단하는 방법**
을 가설검정이라고 합니다.

가설 H_0을 귀무가설(null hypothesis)이라고 하고 가설 H_0가 틀렸다(성립하지
않는다)고 판단된 경우에 채용하는 **H_0의 부정**

$$H_1: \ \theta \neq \theta_0 \ \ \text{또는} \ \ \theta < \theta_0 \ \ \text{또는} \ \ \theta_0 < \theta$$

을 **대립가설**(alternative hypothesis)이라고 합니다.

'귀무가설'이라니 이상한 이름이네요.

이 이름의 유래에는 두 가지 설이 있습니다. 첫 번째
는 제일 처음에 세운 $\theta = \theta_0$라는 가설은 폐기해서
무로 돌려보내고 싶다(없었던 일로 하고싶다)에서
왔다라는 설. 두 번째는 $\theta = \theta_0 \Rightarrow \theta - \theta_0 = 0$으로
부터 무(0)을 유도하는 가설이기 때문이라는 설입니
다. 기호에 H_0을 사용하는 이유는 후자의 뉘앙스가
강합니다.

---

206 θ(세타)는 추정량과 모수를 나타낼 때 자주 사용한다고 했습니다(439쪽). 여기서는 θ는 모르는 값, θ_0는 검증하는 사람
이 설정한 가짜 값입니다.

207 가설검정에 사용하는 추정량 T는 검정통계량(test statistic)이라고 합니다. 알파벳 T는 test의 첫 글자입니다.

208 여러 가지 값이 될 수 있는 표본값($X_1, X_2, X_3, \cdots\cdots, X_n$)에 실제로 관측된 값을 대입해서 얻은 T의 구체적인 값(398
쪽 각주). 실현값이므로 소문자입니다.

$\theta = \theta_0$이라는 가설과 표본값$(X_1,\ X_2,\ X_3,\ \cdots\cdots,\ X_n)$으로 구하는 추정량 T는 확률변수이므로 T는 어떤 확률분포를 따릅니다. 그 확률분포를 결정하고 추정량의 실현값 t가 **확률적으로 거의 일어날 수 없는 범위** 값이었을 때 가설 H_0는 기각(reject)되고 대립가설인 H_1이 채택(accept)됩니다. 이 '확률적으로 거의 일어날 수 없는 범위'를 **기각역**(rejection region)이라고 하고 기각역 외 범위는 **채택역**(acceptance region)이라고 합니다.

추정량 T의 **실현값 t가 기각역에 들어갈 확률** α를 유의수준(significance level), 또는 위험률이라고 합니다. 보통은 $\alpha = 0.05(5\%)$로 설정되는 경우가 많은데 $\alpha = 0.01(1\%)$일 때나 더 작은 값을 에 설정하는 경우도 있습니다.[209]

기각역은 대립가설을 어떻게 설정하는지에 따라 달라집니다.

❤ 그림 2–65 양쪽검정과 한쪽검정의 기각역과 채택역

(1) $H_1\colon \theta \neq \theta_0$일 때

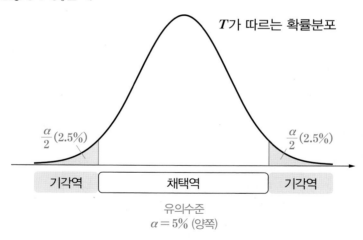

---

209 2013년 노벨 물리학상의 대상이 된 힉스 입자의 존재를 확인하는 실험에서는 유의수준이 $\alpha = 0.00003\%$라는 매우 엄격한 기준이 사용됐습니다.

(2) $H_1: \theta < \theta_0$일 때

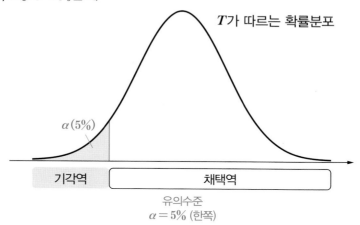

T가 따르는 확률분포

$\alpha(5\%)$

기각역 채택역

유의수준
$\alpha = 5\%$ (한쪽)

(3) $H_1: \theta_0 < \theta$일 때

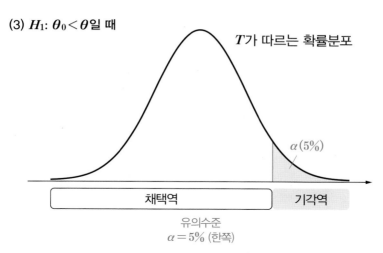

T가 따르는 확률분포

$\alpha(5\%)$

채택역 기각역

유의수준
$\alpha = 5\%$ (한쪽)

$H_1: \theta \neq \theta_0$일 때의 검정을 양쪽검정(two-tailed test)이라고 합니다(그림 2-65의 (1)).

$H_1: \theta = \theta_0$일 때의 검정을 좌측검정이라고 합니다. 귀무가설이 기각됐을 때 참 모수의 θ가 가설의 모수 θ_0의 왼쪽에 있어서 이런 이름이 붙었습니다(그림 2-65의 (2)).

H_1: $\theta > \theta_0$일 때의 검정을 우측검정이라고 합니다. 귀무가설이 기각됐을 때 참모수의 θ가 가설의 모수 θ_0의 오른쪽에 있어서 이런 이름이 붙었습니다(그림 2–65의 (3)).

그림 2–65의 (2)와 (3)을 합쳐서 **한쪽검정**(one-tailed test)라고도 합니다.

어느쪽이든 한쪽에 주목하면 한쪽검정이 양쪽검정보다 기각역이 넓어지므로 (2.5% → 5%) 한쪽검정이 귀무가설을 기각하기 쉬워지는 경향이 있습니다.

▼ 그림 2–66 한쪽검정은 기각역이 2배

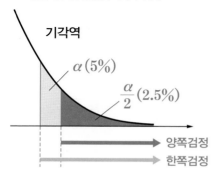

하지만 이는 나중에 480쪽에서 소개하는 **가설검정의 과오**로 연결될 우려도 커지므로 특별한 사정[210]이 없는 한 양쪽검정이 바람직하다는 의견도 있습니다.

▼ 그림 2–67 실현값이 기각역에 위치

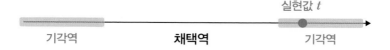

가설검정에서는 추정량(가설검정량) T의 실현값 t가 기각역에 있을 때 **거의 일어나지 않는 일이 일어났다＝확률적으로 거의 있을 수 없는 결론이 나왔다**고 생각해서 귀무가설은 틀렸을 가능성이 높다라고 판단하여 **귀무가설 H_0을 기각**(즉

210　모수 θ 값이 가짜로 설정한 값 θ_0보다 크다(또는 작다)는 것이 분명할 때나 $\theta > \theta_0$인지 아닌지에만(또는 $\theta < \theta_0$인지 아닌지에만) 관심이 있을 때 등

대립가설 H_1을 채택)합니다.

❤ 그림 2-68 실현값이 채택역에 위치

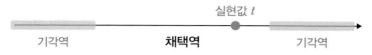

반대로 실현값 t가 채택역에 있을 때는 **자주 일어나는 일이 일어났다＝확률적으로 이상한 결론이 아니다**라 생각하여 귀무가설은 부정할 수 없다라고 생각합니다. 하지만 그렇다고 해서 **귀무가설이 옳다고 말할 수 있는 것도 아닙니다**. 왜냐하면 그림 2-69처럼 실현값 t가 채택역에 들어 있는 가설은 H_0과는 다른 가설 H_0'이 옳을 때도 있을 수 있기 때문입니다.

❤ 그림 2-69 실현값 t가 H_0와 H_0' 모두의 채택역에 존재

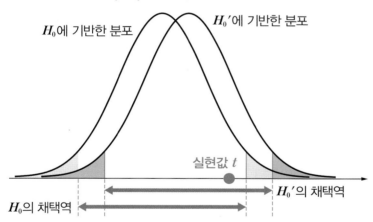

'채택역'이라고 말하긴 하지만 실현값 t가 채택역에 들어 있다고 해서 H_0을 채택할 수 있는 건 아님에 주의하세요. 그때는 단지 검정으로 H_0을 기각(부정)할 근거를 적극적으로 얻을 수 없었을 뿐입니다.

가설검정을 통해 어떤 결론을 얻는 것은 실현값 t가 기각역에 들어있을 때에 한정됩니다. 바꿔 말하면 이 말은 기각역 범위에 따라서 어떤 t 값에 의미가 있는지(결론이 나는지 아닌지)가 정해진다는 말입니다. 기각역을 정하는 확률 α를 '유의수준'이라고 부르는 이유는 이 때문입니다.

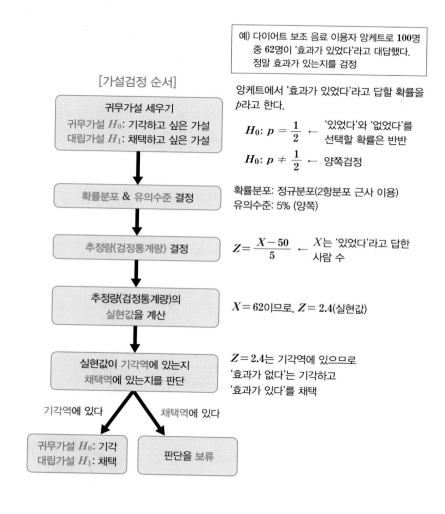

예) 다이어트 보조 음료 이용자 앙케트로 100명 중 62명이 '효과가 있었다'라고 대답했다. 정말 효과가 있는지를 검정

[가설검정 순서]

귀무가설 세우기
귀무가설 H_0: 기각하고 싶은 가설
대립가설 H_1: 채택하고 싶은 가설

앙케트에서 '효과가 있었다'라고 답할 확률을 p라고 한다.

$H_0: p = \dfrac{1}{2}$ ← '있었다'와 '없었다'를 선택할 확률은 반반

$H_0: p \neq \dfrac{1}{2}$ ← 양쪽검정

확률분포 & 유의수준 결정

확률분포: 정규분포(2항분포 근사 이용)
유의수준: 5% (양쪽)

추정량(검정통계량) 결정

$Z = \dfrac{X - 50}{5}$ ← X는 '있었다'라고 답한 사람 수

추정량(검정통계량)의 실현값을 계산

$X = 62$이므로, $Z = 2.4$(실현값)

실현값이 기각역에 있는지 채택역에 있는지를 판단

$Z = 2.4$는 기각역에 있으므로 '효과가 없다'는 기각하고 '효과가 있다'를 채택

기각역에 있다   채택역에 있다

귀무가설 H_0: 기각
대립가설 H_1: 채택

판단을 보류

'귀무가설'을 채택할 수는 없다는 말인가요?

그렇습니다. 귀무가설은 기각이 될지 말지밖에 없으므로 **주장하고 싶은 가설은 대립가설로 설정**해야 합니다. 이는 증명하고 싶은 결론의 부정을 가정하여 모순을 유도해서 증명하는 **귀류법**과 닮았습니다. 실제로 가설검정을 확률부 귀류법이라고 부르는 사람도 있습니다.

지금까지의 내용대로 가설검정으로는 추정량(검정통계량) T의 실현값 t가 어떤 가설의 채택역에 있다고 해서 그 가설이 옳다고 증명되지는 않습니다. 하지만 실현값 t가 기각역에 있다면 그 가설이(100%는 아니더라도 높은 확률로) 틀렸음을 증명할 수 있습니다. 가설검정에서 주정하려는 가설을 직접적으로 검증하지 않는 최대 이유가 바로 이것입니다.

또한, 가설검정에서 증명하려는 많은 것들은 '효과가 있다'나 '중대한 차이가 인정된다' 등 부등식($A > B$나 $A < B$)으로 표현되는 사건들인데 처음 가정해야 할 둘의 차이가 얼마나 큰지를 판단하기가 어려울 때가 적지 않습니다. 하지만 등호($A = B$)로 나타내는 귀무가설은 가정하기도 쉽고 추정량(검정통계량)을 계산하기도 쉽습니다. 법정 드라마 등에서 어떤 사건의 용의자가 스스로 무죄를 증명하고 싶을 때 '범행 시간에 다른 장소에 있었다'라는 알리바이를 사용하는 장면을 자주 보았습니다. 그건 '범인이 아니다'라는 사실을 직접적으로 보이기 어렵기 때문에 '범인이라고 가정하면 알리바이가 있는 게 이상하다(모순이다)'라는 논리(전형적인 **귀류법**입니다)를 사용합니다. 가설검정은 이와 비슷한 논리입니다.

가설검정의 과오에 관해: 두 종류의 판정 실수

가설검정은 확률을 사용하기에 판정이 틀릴 때도 있으니 주의해야 합니다. 가설검정의 판정실수에는 다음 두 종류가 있습니다.

1) 1종 오류(type I error)

정말 옳은 귀무가설 H_0을 기각해버리는 오류입니다. 유의수준 α가 너무 크면 실현값 t가 기각역에 들어가는 이 오류가 발생하기 쉽습니다. α를 위험률이라고도 부르는 이유는 α의 크기는 1종 오류에 직접적으로 관계가 있기 때문입니다. 공장에서의 표본검사에서 이 오류가 발생하면 출하할 수 있었을 합격품이 불합격이 되기 때문에 α를 **생산자 리스크**라고 부를 때도 있습니다.

▼ 그림 2-70 1종 오류

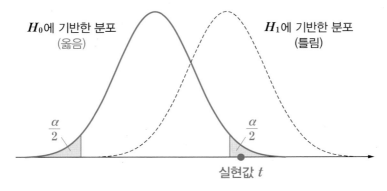

2) 2종 오류(type II error)

대립가설 H_1이 옳지만 대립가설을 채택할 수 없는 오류입니다. 그림 2-71의 β 확률이 크면 (α가 너무 작으면) 이 실수가 발생하기 쉬워집니다. 공장 표본 검사에서 이 오류가 발생하면 불합격품이 합격되어서 소비자에게 피해를 입히기 때문에 β를 **소비자 리스크**라고 부를 때도 있습니다.

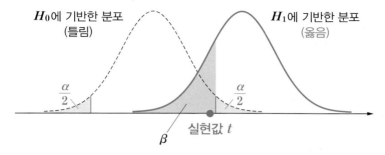

▼ 그림 2-71 2종 오류

H_0에 기반한 분포
(틀림)

H_1에 기반한 분포
(옳음)

$\dfrac{\alpha}{2}$

$\dfrac{\alpha}{2}$

β

실현값 t

가설검정의 개략은 여기까지입니다.

이 다음에는 연습으로 **모평균과 모비율** 검정을 해 봅시다.

모평균 검정

▎ **예 23** ▎ **정미 공장 포장기**

어떤 공장에서는 5kg으로 표기된 봉지 쌀을 생산합니다. 최근 포장기가 이상하다는 보고가 올라왔습니다. 그래서 표본검사를 수행하고 무작위로 선택된 8봉에 대해 내용량(봉지 안에 들어 있는 쌀의 무게)을 측정했더니 다음과 같은 결과를 얻었습니다. 포장기는 고장 났다고 할 수 있을까요?

단, 모집단(이 공장에서 생산되는 모든 봉지 쌀)의 내용량은 정규분포를 따른다고 합시다.

▼ 표 2-72 봉지 쌀 표본 8개 검사 결과

	①	②	③	④	⑤	⑥	⑦	⑧	합
X	5.4	5.2	4.9	5.3	5.6	5.5	5.3	4.8	42.0
X^2	29.16	27.04	24.01	28.09	31.36	30.25	28.09	23.04	221.04

[가설을 세운다]

내용량 모평균을 m(kg)이라고 합시다. 귀무가설은 등호(＝)로 묶이는 조건으로 설정하고 싶으므로 가설은 다음과 같이 합시다.

귀무가설 H_0: $m = 5.00$ (쌀 내용량은 표기와 같다).

대립가설 H_1: $m \neq 5.00$

[확률분포와 유의수준을 결정]

이번에는 모평균이 정규분포를 따른다는 것을 알고 있지만 모분산을 모르므로 t분포를 따른다고 합시다.

또한, 유의수준은 양쪽으로 5%(한쪽 2.5%)로 합니다.

[추정량(검정통계량) 결정]

모평균 m, 표본크기 n, 표본평균 $\overline{X}$, 비편향 분산 U^2일 때 448쪽에서 배운 대로

$$T = \frac{\overline{X} - m}{\sqrt{\dfrac{U^2}{n}}}$$

은 **자유도 $n-1$인 t분포를 따르므로** 이 값을 검정통계량으로 합니다.

[추정량(검정통계량)의 실현값 계산]

주어진 8개 값과 합으로부터

$$\overline{X} = \frac{42.0}{8} = 5.25$$

비편향 분산은 433쪽에서 소개한 계산 공식으로부터

$$U^2 = \frac{1}{8-1}\left\{ \sum_{k=1}^{8} X_k^{\,2} - 8\,(\overline{X})^2 \right\} \qquad \boxed{U^2 = \frac{1}{n-1}\left\{ \sum_{k=1}^{n} X_k^{\,2} - n\,(\overline{X})^2 \right\}}$$

$$= \frac{1}{7}\{221.04 - 8 \cdot (5.25)^2\} = 0.07714\cdots \fallingdotseq \mathbf{0.0771}$$

이렇게 해서

$$T = \frac{\overline{X} - m}{\sqrt{\dfrac{U^2}{n}}} = \frac{5.25 - 5.00}{\sqrt{\dfrac{0.0771}{8}}} = 2.54658 \cdots \fallingdotseq \mathbf{2.55}$$

[실현값이 기각역에 들어가는지 채택역에 들어가는지 판정]

여기서 표본 크기는 8이므로 자유도는 7임에 주의하며 450쪽 t분포표에서 $t_{0-1}(8-1) - t_7(0.025) = t_7(0.025)$ 값을 찾으면

$$t_7(0.025) = \mathbf{2.365}$$

이므로 기각역은 다음과 같습니다.

$$T < -2.635 \ \ \text{or} \ \ 2.365 < T$$

▼ 그림 2-72 문제의 상황

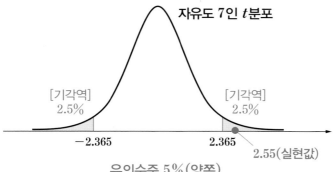

자유도 7인 t분포

[기각역]
2.5%

[기각역]
2.5%

-2.365　　　2.365

2.55(실현값)

유의수준 5%(양쪽)

따라서 이번 실현값 2.55는 기각역에 들어갑니다.

즉,

$$\text{귀무가설 } H_0 \colon \ m = 5.00$$

은 기각되고

$$\text{대립가설 } H_1 \colon \ m \neq 5.00$$

이 채택되었습니다.

이는 공장에서 생산되는 쌀 내용량 표기 5kg대로라고는 할 수 없다는 걸 보여주므로 포장기 수리를 검토하는 게 좋겠습니다.

모비율 검정

▓ 예 24 ▓ 주문이 많은 건 레드인가 화이트인가

어떤 레스토랑에서 과거 2개월 동안의 와인 매출을 조사했더니 레드, 화이트를 합쳐서 500병 주문이 있었고 그중 레드 와인 병의 수는 266병이었습니다. 이 가게에서는 레드 와인이 화이트 와인보다 주문이 많다고 할 수 있을까요? 단, 이 가게는 로제 와인은 없다고 합니다.

[가설을 세운다]

모집단(모든 와인 매출)의 모비율(레드 와인이 차지하는 비율)을 p라고 합시다. 가설은 다음과 같이 세웁시다.

　　귀무가설 $H_0 : p = 0.5$ (레드 와인과 화이트 와인 주문은 같은 수)

　　대립가설 $H_0 : p \neq 0.5$

[확률분포와 유의수준 결정]

표본 크기 n이 $n = 500$으로 충분히 크므로 표본비율 R은 근사적으로 정규분포를 따른다고 생각해도 좋습니다.

또한, 유의수준은 양쪽 5%(한쪽 2.5%)로 합니다.

[추정량(검토통계량) 결정]

420쪽에서 배운 대로 표본비율 $R = \dfrac{X}{n}$은 모비율이 p로 표본 크기 n이 충분히 클 때 근사적으로 정규분포 $N\left(p, \dfrac{p(1-p)}{n}\right)$을 따릅니다.

따라서

$$Z = \frac{R - p}{\sqrt{\dfrac{p(1-p)}{n}}}$$

> X가 정규분포 $N(m, \sigma^2)$을 따를 때
> $$Z = \frac{X - m}{\sigma}$$
> 는 표준정규분포 $N(0, 1)$을 따른다

는 **표준정규분포 $N(0, 1)$을 따릅니다.**

따라서 이 Z를 검정통계량으로 합니다.

[추정량(검정통계량)의 실현값 계산]

지난 2개월 동안의 매출 정보에서 500병 중 266병이 레드 와인이라고 알고 있으므로 표본비율은

$$R = \frac{266}{500} = 0.532$$

따라서 검정통계량 Z값은 다음과 같습니다.

$$Z = \frac{R - p}{\sqrt{\dfrac{p(1-p)}{n}}} = \frac{0.532 - 0.5}{\sqrt{\dfrac{0.5(1-0.5)}{500}}} = 1.4310\cdots \fallingdotseq 1.43$$

[실현값이 기각역에 들어가는지 채택역에 들어가는지 판정]

정규분포표에서

$$P(Z \geq 1.96) = 0.5 - p(1.96) = 0.5 - 0.4750 = \mathbf{2.5\%}$$

이므로 기각역은 다음과 같습니다.

$$Z < -1.96 \quad \text{또는} \quad 1.96 < Z$$

따라서 이번 실현값 1.43은 채택역에 들어갑니다.

즉,

$$\text{귀무가설 } H_0 : \ p = 5.00$$

은 기각될 수 없습니다.

▼ 그림 2-73 문제의 상황

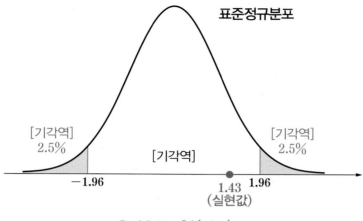

표준정규분포

[기각역]
2.5%

[기각역]

[기각역]
2.5%

−1.96

1.43
(실현값)

1.96

유의수준 5%(양쪽)

이는 지난 2개월 동안의 데이터로는 레드 와인이 화이트 화인보다 주문이 많다고는 할 수 없다(단, 그렇다고 해서 같은 수라고도 할 수 없습니다)는 걸 의미합니다. 또한, 다시 데이터를 모아서 검증을 계속하는 게 좋겠습니다.

❯ 가설검정 오용과 p값 지상주의에의 경고

〈다시 확률 통계(확률편)〉 '시작하며'에서 많은 학술 논문이 '통계적 유의성'을 오용하고 있어서 그 사실이 과학에 심각한 손해를 끼치고 있다는 논문[211]이 800명을 넘는 과학자의 서명과 함께 영국 과학 학술지 〈Nature〉에 게재된 사실을 소개했습니다.

사실 이건 이 절에서 배운 가설검정의 오용이 원인입니다.

이미 공부했던 대로 가설검정에서는 실현값이 채택역에 들어갔다고 해서 귀무가설이 옳다고 증명한 게 되지는 않습니다.

예를 들어 A와 B라는 2종류의 재료를 사용해서 같은 크기의 톱니바퀴를 만들어서 따로따로 회전이 얼마나 부드러운지를 비교했다고 합시다. 재료 차이에 의해 부드러운 회전에 차이가 없다는 가설을 세우고 대립가설로는 2종류 톱니바퀴 회전의 부드러움이 다르다는 가설을 세웁니다(양쪽검정). 그렇게 어떤 검정통계량에 관한 실험 데이터로 실현값을 계산하게 됩니다.

물론 그 실현값이 기각역에 들어가면 귀무가설은 기각되고 재료에 따라 회전의 부드러움에 차이가 없다는 대립가설이 옳음을 주장할 수 있습니다. 문제는 실현값이 채택역에 들어갔을 경우입니다. 그때는 단순히 그때의 실험 데이터로는 귀무가설이 기각될 수 없을 뿐이고 실현값이 채택역에 들어갔다는 사실을 근거로 A를 사용하든 B를 사용하든 재료에 의한 차이는 없다고 말할 수 있는 것은 아닙니다.

하지만 〈Nature〉에 게재된 논문에 의하면 791개 문헌 중 절반을 넘는 51%의 논문이 위와 같은 경우로 **통계적으로 유의한 차이가 없기 때문에 두 데이터는 차이가 없다**는 잘못된 추론을 하고 있다고 합니다. 참고로 이 논문은 다음과 같이 끝맺고 있습니다.

> "통계적 유의성의 오용은 과학계와 과학적 조언에 의지하는 사람에게 큰 손해를 끼쳤다. p값[212], 신뢰구간, 그 외의 통계적 척도는 모두 그 역할이 있지만 통계적 유의성은 버려야 할 때가 됐다."

사실은 이이와 관련된 내용으로 2016년에는 미국 통계학회가 p**값에 관한 성명문**[213]을 발

---

211 Scientists rise up against statistical significance(https://www.nature.com/articles/d41586-019-00857-9)

212 나중에 설명합니다.

213 The ASA's Statement on p-Values: Context, Process, and Purpose(https://amstat.tandfonline.com/doi/full/10.1080/00031305.2016.1154108#.XPyjJVz7QuU)

표했습니다. 이 절에서는 다루지 않았지만 통계에 흥미가 있는 분이라면 'p값'이라는 단어는 들어본 적이 있을 것입니다.

p값(p-value)이란 그림 2-74의 귀무가설 분포에 대해 **검정통계량(Z와 T 등) 실현값보다도 극단적인 (바깥쪽) 값이 관측될 확률**을 말합니다. 유의확률이라고도 합니다. '유의수준'과 닮았지만 유의수준은 '5%'나 '1%'로 스스로 설정하는 값(474쪽)인 데 반해 유의확률(p값)은 어떤 귀무가설 분포를 기반으로 실제 관측된 값 이상(또는 이하)의 극단적인 값을 얻을 확률을 계산으로 구한 값입니다.

p값이 작으면 작을수록 예상했던 귀무가설 하에서는 구한 실현값이 나타낼 가능성이 낮다(거의 일어나지 않는 일이 우연히 나타났다)고 할 수 있습니다. 논문에서는 자신이 세운 귀무가설 분포에 대한 실현값의 p값이 얼마였는지는 명확하게 기술하는 게 매너입니다.

▼ 그림 2-74 p값

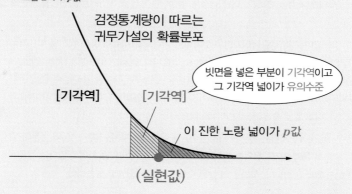

p값이 유의수준 α보다 작아진다(양쪽검정인 경우는 $\frac{\alpha}{2}$보다 작아진다)는 말은 검정통계량의 실현값이 기각역에 들어간다는 것을 의미합니다. 그렇게 되면 귀무가설이 기각되고 대립가설을 채택할 수 있어서 무언가 의미 있는 결론을 얻을 수 있습니다. 그렇기 때문일까요? 특히 학생과 젊은 과학자 중에서는 여러 가지 통계 방법을 구사해서 어떻게든 유의수준보다 작은 p값을 도출하려고 혈안이 되는 사람이 많다는 인상을 받습니다. 하지만 단순히 p값을 작게 하려는 것을 목표로 다른 합리적인 이유도 없이 닥치는 대로 여러 가지 방법을 사용하면 '데이터에서 진실을 발굴'한다는 원래 목적을 잃어버릴 수 있습니다. 게다가 아무리 p값이 작아졌다고 해도 그만큼 실제로 관측된 값(실현값)의 유의성이 증가했다(더 중요한 의미가 있는 사실이 발견됐다)는 것도 아닙니다.

앞의 미국 통계학회 성명문은 세상에 만연한 'p값 지상주의'적 경향에 경종을 울리는 것이었습니다. 성명에서는 p값의 해석에 관해서 6가지 원칙을 밝혔습니다. 자세한 내용은 인터넷에 공개된 원문(487쪽 각주 URL 참조) 등을 참조하면 좋겠습니다. 다음 인용은 내용 중 눈에 띄는 한 문장입니다.

"과학적 결론 및 비즈니스 또는 정책상 결정은 p값이 특정 한곗값[214]을 넘는지 그렇지 않은지만을 가지고 수행되지 말아야 합니다."

통계는 양날의 검

지금까지 많은 지면을 할애해서 이 책에 통계의 기술과 의의를 하나씩 자세하게 기술했습니다. 그리고 통계가 판단과 예측에 대해 얼마나 확고한 지침을 보여주는지도 전달했습니다. 하지만 그렇다고 해서 통계가 이끄는 숫자를 맹신하고 그 뒤에 있는 풍부한 진실을 놓쳐서는 안 됩니다. 가장 중요한 것은 수학이 전달하는 메시지를 깊고 넓게 해독한다는 진지한 태도를 잊지 않는 것입니다.

과학자들도 오용한다는 사실을 통해 통계는 양날의 검이고 어디까지나 수단이라는 사실을 다시 한번 알려주고 싶어서 마지막 칼럼은 이런 주제를 선택했습니다.

---

214 p값이 유의수준보다 작은지를 판단하는 경계값입니다.

우선 〈다시 확률 통계(통계편)〉을 끝까지 읽어 주신 데 마음 깊은 감사와 경의를 표합니다. 감사합니다.

〈다시 확률 통계(확률편)〉의 '지은이의 말'에 썼던 대로 이 책의 콘셉트는 '행간을 철저히 메우자'는 것입니다. 이미 통계를 어느 정도 알고 있는 사람에겐 익숙하거나 반복되는 것처럼 느껴질지 모르지만, 입문자에게 도움이 될 거라고 생각해 오랫동안 다양한 사람들을 지도하며 쌓은 경험을 바탕으로 쉽고 자세하게 설명했습니다.

이렇게 쓰고 싶은 것, 전하고 싶은 것을 거리낌 없이 쓸 수 있는 출판사는 그렇게 많지 않습니다. 쪽수나 단락에 제한이 있는 편이 보통입니다. 좀처럼 완성되지 않는 원고를 참을성 있게 기다려 주신 스바루샤 출판사에 이 자리를 빌려 감사의 말을 전합니다.

이 책은 '다시~'라고 명명하면서, '행간을 철저히 메우기' 위해 고등학교에서 접하지 않는 내용도 일부 담고 있습니다. 그만큼 수식이 길어져서 어렵게 느끼는 부분이 있겠지만, 포기하지 않고 천천히 읽어 나가면 이후에 대학 수학으로 넘어가더라도 이 책에서 배운 것을 바탕으로 보다 편하게 읽을 수 있을 것입니다.

'조사한다-모은다-정리한다-읽고 이해한다-가치를 매긴다'

이것은 1988년, 오랫동안 일본의 통계 교육을 추진해 온 전국통계교육연구 협의회에서 기무라 스테오 선생이 통계 교육의 새로운 목표로 내건 슬로건입니다. 통계를 처음 배우는 사람들도 쉽게 이해할 수 있는 지침이라고 생각합니다. 시대는 계속 바뀌어 왔습니다. 이제는 '가치를 매기는' 추측 통계의 영역이 필수 단원이 됩니다.

인공지능과 머신 러닝이 주목을 받으면서 시대는 크게 바뀔 것입니다. 숫자가 시대를 석권한다고 해도 과언이 아닐지 모릅니다. 저는 숫자가 인간이 가진 언어 중에서 가장 강한 메시지를 담고 있다고 생각합니다. 그렇기 때문에 통계가 산출하는 숫자를 절대시하는 것이 아니라 확률의 이해와 함께 올바르게 판단해야만 숫자에게 농락당하지 않습니다.

앞으로는 숫자가 전달하는 정보를 십분 활용하면서 동시에 숫자를 통해 소통하는 진정한 통계 리터러시를 가진 인재가 점점 필요할 것입니다.

이런 시대에서 통계를 잘 쓰지 않았거나 잘 모르는 분에게 이 책이 도움이 된다면 필자로서 최고의 기쁨이 될 것입니다.

다시 만날 수 있으면 좋겠습니다.

나가노 히로유키